Helmut Gründl | Mirko Kraft (Hrsg.)

Solvency II – Eine Einführung

Grundlagen der neuen Versicherungsaufsicht

W0334535

Herausgegeben von
Helmut Gründl | Mirko Kraft

Solvency II – Eine Einführung

Grundlagen der neuen Versicherungsaufsicht

2. Auflage

Prof. Dr. Helmut Gründl	Kapitel 4.1
Prof. Dr. Mirko Kraft	Kapitel 3.2–3.6, 7
Sabine Pelzer	Kapitel 5.1–5.2
Dr. Thomas Post	Kapitel 4.2–4.3.1
Andreas Probst	Kapitel 1, 2, 3.1–3.2, 6
Prof. Dr. Sebastian Schlütter	Kapitel 4.1
Dr. Roman N. Schulze, CFA	Kapitel 4.3.2–4.5
Dr. Claudius Vievers	Kapitel 5.3–5.4

vvw.de

Bibliografische Information der Deutschen Nationalbibliothek

Die Deutsche Nationalbibliothek verzeichnet diese Publikation in der Deutschen Nationalbibliografie; detaillierte bibliografische Daten sind im Internet über http://dnb.d-nb.de abrufbar.

© 2016 Verlag Versicherungswirtschaft GmbH Karlsruhe

Das Werk einschließlich aller seiner Teile ist urheberrechtlich geschützt. Jede Verwertung, die nicht ausdrücklich vom Urhebergesetz zugelassen ist, bedarf der vorherigen Zustimmung des Verlags Versicherungswirtschaft GmbH, Karlsruhe. Jegliche unzulässige Nutzung des Werkes berechtigt den Verlag Versicherungswirtschaft GmbH zum Schadenersatz gegen den oder die jeweiligen Nutzer.
Bei jeder autorisierten Nutzung des Werkes ist die folgende Quellenangabe an branchenüblicher Stelle vorzunehmen:
© 2016 Verlag Versicherungswirtschaft GmbH, Karlsruhe

Jegliche Nutzung ohne die Quellenangabe in der vorstehenden Form berechtigt den Verlag Versicherungswirtschaft GmbH zum Schadenersatz gegen den oder die jeweiligen Nutzer.

Beachten Sie bitte stets unseren Aktualisierungsservice auf unserer Homepage unter **vvw.de→Service→Ergänzungen/Aktualisierungen**
Dort halten wir für Sie wichtige und relevante Änderungen und Ergänzungen zum Download bereit.

Gleichstellungshinweis
Zur besseren Lesbarkeit wird auf geschlechtsspezifische Doppelnennungen verzichtet.

ISBN 978-3-89952-912-8

Geleitwort zur 2. Auflage

Solvency II ist da. Mehr als zehn Jahre nach Beginn der Verhandlungen gelten für die Versicherungsbranche seit dem 1. Januar 2016 die Regeln des neuen, risikobasierten Aufsichtssystems.

Für alle beteiligten Akteure war – und ist – es ein langer Weg vom Müller-Report, der bereits 1997 eine verstärkte Berücksichtigung des Kapitalanlagerisikos anmahnte, über die Verabschiedung der Solvency II-Rahmenrichtlinie im Jahr 2009 bis zum tatsächlichen Inkrafttreten 2016. Der europäische Gesetzgeber, die Unternehmen und Verbände haben während dieser Zeit intensiv um die besten Ansätze gerungen. Stark geprägt wurden diese Debatten durch das anhaltende Zinstief, welches das Geschäftsmodell der Versicherer vor ungeahnte Herausforderungen stellt. Seit der 1. Auflage dieses Buches hat die Situation sich noch einmal verschärft: Schließlich haben wir es mittlerweile nicht mehr nur mit einer Niedrigzinsphase, sondern zum Teil mit einer Null- oder gar Negativzinsphase zu tun.

Vor diesem Hintergrund sammeln die Anwender von Solvency II aktuell die ersten praktischen Erfahrungen. Sie haben sich bereits mit den quantitativen Anforderungen der Säule I beschäftigt, etwa bei der Ermittlung ihrer individuellen Solvenzkapitalanforderung. Bei der Erstellung ihres ORSA-Berichts haben sie ihre Risikosituation intensiv analysiert und der Aufsicht mit der Erstberichterstattung Zahlen geliefert. Während dieser ersten Schritte haben sie die Erfahrung gemacht, dass der Boden unter ihnen sich weiterhin bewegt – Solvency II ist auch nach Inkrafttreten „work in progress“ und mit Anpassungen war und ist zu rechnen. Ein positives Beispiel hierfür sind die Ergänzungen der Delegierten Verordnung, welche unter anderem die so dringend erforderlichen Investitionen in Infrastruktur erleichtern, etwa durch die Schaffung einer eigenen Anlageklasse.

Was lange währt, wird endlich gut? Entscheidend ist, dass alle beteiligten Akteure gemeinsam daran arbeiten, dass die neuen Regeln sich bestmöglich „warmlaufen“ können und dabei die sich verändernden Realitäten im Blick behalten. Denn eines steht fest: Die Herausforderungen für die Versicherungsbranche vor dem Hintergrund der schwelenden Finanzkrise werden bald weitere Aktualisierungen und Anpassungen von Solvency II erzwingen, während die geplante Einführung globaler Kapitalstandards immer stärker Kontur gewinnt.

Dieses Buch arbeitet die Rechtssystematik und die Anforderungen der drei Säulen von Solvency II verständlich und übersichtlich heraus und ist somit eine große Hilfe für alle, die sich einen Überblick über die Bausteine und die Weiterentwicklung des neuen Systems verschaffen wollen.

Dr. Axel Wehling

Mitglied der Geschäftsführung des
Gesamtverbandes der Deutschen Versicherungswirtschaft e. V. (GDV)

Vorwort zur 2. Auflage

Ab 01.01.2016 ist ein neues Aufsichtssystem – Solvency II – von Versicherungsunternehmen und -gruppen in der EU anzuwenden. Nach einer Vorbereitungsphase auf die neue Versicherungsaufsicht von Oktober 2013 bis Ende des Jahres 2015 endet die Anwendung des bisherigen Solvency I-Regimes und startet Solvency II, wenn auch noch mit Übergangsregelungen für einen gleitenden Übergang vom alten in das neue Regelwerk (Abbildung 0-1). Da nun die rechtlichen Rahmenbedingungen auch auf deutscher Ebene weitgehend festgezurrt sind, ist es ein guter Zeitpunkt, die 2., aktualisierte und überarbeitete Auflage dieser Einführung in die neue Versicherungsaufsicht herauszugeben.

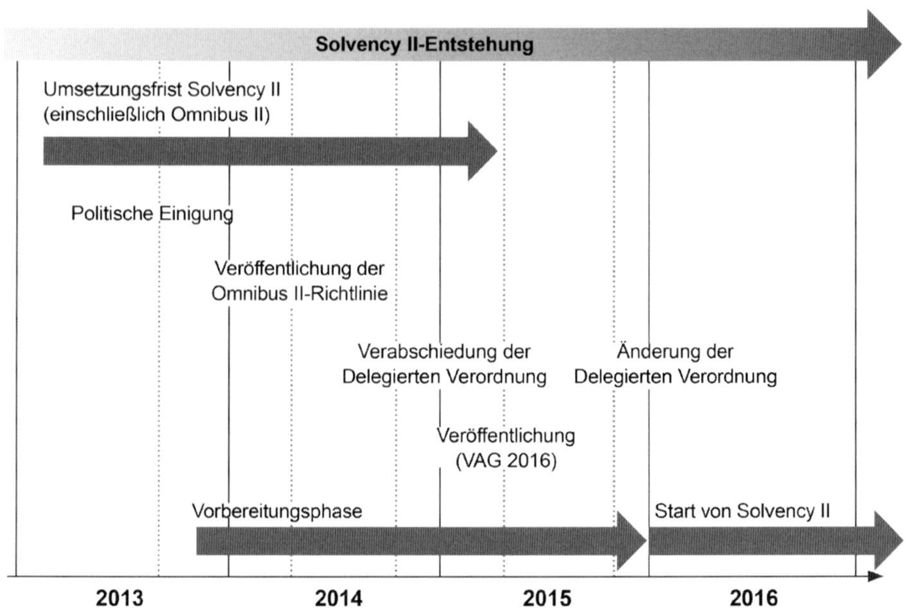

Abbildung 0-1: Solvency II-Zeitplan – Start ist erfolgt

Vielleicht fühlen Sie sich persönlich – im Gegensatz zu den meisten Unternehmen und Versicherungsaufsichtsbehörden – noch nicht ausreichend vorbereitet. Dann soll Ihnen dieses Buch in seiner 2. Auflage helfen. Die neue Auflage beinhaltet die auch im Lehrbetrieb und in der Weiterbildung bewährte Konzeption der 1. Auflage. Festgehalten wurde am Charakter einer Einführung mit Schwerpunkt auf ökonomischen Konzepten und weniger auf rechtlichen (siehe zum Adressatenkreis auch das Vorwort zur 1. Auflage). Allerdings wird Solvency II für den „normalen" Bürger in seiner Komplexität immer eine Herausforderung bleiben, die auch die besten Autoren nicht durch lesergerechte Aufbereitung gänzlich vermeiden werden können.

Die Überarbeitungen der 2. Auflage reflektieren die neuen rechtlichen Rahmenbedingungen, insbesondere auf Ebene 2 die Delegierte Verordnung zur Solvency II-Richtlinie (Delegierte Verordnung (2015)) sowie das neue deutsche Versicherungsaufsichtsgesetz (VAG 2016), die bei der 1. Auflage noch nicht oder nur im Entwurf vorlagen. Berücksichtigt sind aber auch die fortgesetzten politischen und fachlichen Diskussionen teilweise aufgrund der Entwicklungen im wirtschaftlichen Umfeld in den Jahren 2014/2015. Zu nennen ist ausdrücklich die andauernde Niedrigzinsphase, die in Teilen Folge einer lockeren Geldpolitik der Europäischen Zentralbank (EZB) ist. Ein anderes Beispiel sind die sog. Infrastruktur-Investitionen (z. B. in Erneuerbare Energien). In diesem Feld ist es noch vor dem Start von Solvency II zu rechtlichen Änderungen auf europäischer Ebene gekommen (Delegierte Verordnung zur Änderung der Delegierten Verordnung (2016)).

Solvency II wird u. a. als *risikobasiertes* Aufsichtssystem bezeichnet (z. B. EIOPA (2016b)). Diese Kennzeichnung ist – wie andere Kennzeichnungen ggf. auch – erläuterungsbedürftig.

Zu behaupten, Solvency II sei risikobasiert, impliziert, dass Solvency I kein risikobasiertes Aufsichtssystem war. Mitnichten kann jedoch behauptet werden, dass unter Solvency I die Beaufsichtigung von Versicherungsunternehmen und -gruppen nicht nach den Risiken erfolgte. Seit jeher ist Versicherungsaufsicht daran ausgerichtet, die Risiken der Versicherungsnehmer zu reduzieren, insbesondere die Risiken durch den Ausfall eines Versicherungsunternehmens. Auch das beste Aufsichtssystem für freie Versicherungsmärkte wird allerdings die Insolvenz eines Versicherungsunternehmens nicht gänzlich verhindern, sondern immer nur die Wahrscheinlichkeit der Insolvenz eines Versicherungsunternehmens und die sich daraus ergebenden Auswirkungen für die Versicherungsnehmer verringern. Der Schutz der Versicherungsnehmer war und bleibt Hauptziel der Beaufsichtigung und ist damit der Kernauftrag der Aufsichtsbehörden.

Risikobasiert könnte auch dahingehend missverstanden werden, dass die Versicherungsunternehmen und -gruppen bisher ihr Geschäft nicht unter Berücksichtigung der eingegangenen Risiken aus beispielsweise Versicherungsverträgen und der Kapitalanlage betrieben hätten. Vielmehr ist das Versicherungsgeschäft seit jeher ein Geschäft mit dem Risiko. Zudem sind in den letzten 20 Jahren seit der Deregulierung Mitte der 1990er Jahre sehr große Fortschritte im Controlling und Risikomanagement in Versicherungsunternehmen und -gruppen zu verzeichnen gewesen. Speziell große kapitalmarktorientierte und internationale Versicherungsunternehmen steuern ihre kapitalintensiven Geschäfte seit langem unter wert- und risikoorientierten Gesichtspunkten. Für solche Unternehmen wird Solvency II hoffentlich gerade nicht zu einem Paradigmenwechsel in ihrer Risikokultur führen.[1]

1 So jedoch postuliert in EIOPA (2016b) und BaFin (2016a). Im Gegensatz dazu ist aufgrund des geänderten EU-Versicherungsaufsichtsrechts mit der nationalen Solvency II-Einführung für die Aufseher der Aufsichtsbehörden zumindest in Teilen ein tatsächlicher Paradigmenwechsel, nämlich bei der operativen Beaufsichtigung von Versicherungsunternehmen und -gruppen verbunden.

Richtig ist, dass Solvency II diese ökonomischen Entwicklungen nun auch im Versicherungsaufsichts*recht* reflektiert und damit ein weltweit führendes Aufsichtsregime ist. Die Solvency II-Richtlinie und die darauf aufbauenden europäischen und nationalen Rechtsetzungsebenen sind mit ihren tiefgreifenden Änderungen ein gewaltiger Fortschritt in rechtlicher Hinsicht. Hervorzuheben sind besonders die stärker risikobasierten Solvenzkapitalanforderungen (Säule I). Sie basieren auf einer Solvency II-Marktwertbilanz mit marktkonsistent bewerteten Vermögensgegenständen und Verpflichtungen. Grundlage sind zudem risikotheoretische Konzepte, u. a. die Kalibrierung der Solvenzkapitalanforderung (SCR) durch den Value at Risk zu einer vorgegebenen Sicherheit (Konfidenzniveau von 99,5 %) bei einer Ein-Jahres-Sicht und die Anrechnung von Diversifizierungseffekten durch Korrelationsfaktoren bei der Risikoaggregation sowie ein Kapitalkostenansatz bei der Risikomarge (Cost of Capital-Marge). Außerdem wird gutes Risikomanagement nun konkreter durch Funktionen und Bestandteile des Governance-Systems rechtlich vorgeschrieben und einem aufsichtlichen Überprüfungsprozess unterzogen (Säule II).

Spätestens im Mai 2016 ist von den Versicherungsunternehmen, die unter die Solvency II-Regeln fallen, erstmalig nach den Solvency II-Vorgaben inklusive der quantitativen Berichtsformate an die nationalen Aufsichtsbehörden (sog. Day 1-Reporting) zu berichten gewesen (Säule III). Die Berichterstattungspflichten werden trotz des Proportionalitätsprinzips als generellem Vorbehalt gerade bei kleineren Versicherungsunternehmen zu hohen Belastungen führen, die nicht durch deren Risikoprofil gerechtfertigt sind (z. B. bei kleinen VVaGs im Privatkundengeschäft).

Bis Mai 2017 ist die erstmalige Veröffentlichung der Solvency II-Risikoberichte vorgesehen. Bis dahin müssen sich nicht nur die Versicherungsunternehmen und -gruppen sowie Aufsichtsbehörden, sondern auch die Öffentlichkeit auf die erhöhte Transparenz über die Risiken und die eventuell auch volatilen, wirtschaftlichen Verhältnisse einstellen. Wichtig wird u. a. sein, dass Verbraucher, Investoren sowie die Medien die Aussagekraft einer Solvenzquote als Quotient aus anrechnungsfähigen Eigenmitteln und Solvenzkapitalanforderung richtig interpretieren können, um die intendierten positiven Effekte auf Versicherungsmärkte durch Marktdisziplin, also durch risikogerechte Prämien und Börsenbewertungen der Unternehmen, zu erzielen.

Mit den drei Säulen und der Gruppenaufsicht sind auch die vier inhaltlichen Kernkapitel dieses Buches genannt (Kapitel 4–7). Einführende Kapitel geben davor Überblicke über Solvency II, die Ziele von Solvency II und den Rechtsrahmen (Kapitel 1–3). Abgerundet wird das Buch durch ein Stichwortverzeichnis und ein Glossar der Solvency II-Begriffe.

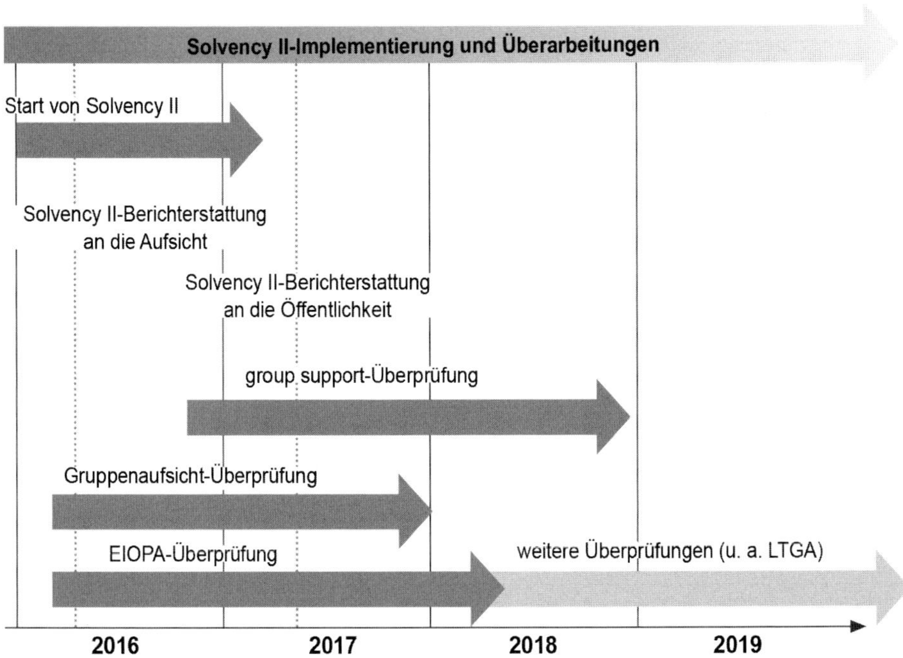

Abbildung 0-2: Solvency II-Zeitplan – Überarbeitungen stehen an

Es ist sicher zu leichtfertig, zu glauben, dass mit dem weitgehenden Abschluss des politischen Gesetzgebungs- und des Rechtsetzungsprozesses, der Vorbereitungsphase und dem Beginn der Anwendung von Solvency II eine längere Pause in der Regulierung für und von Versicherungsunternehmen einsetzen wird. Sowohl von „innen“ als auch von „außen“ wird es Druck geben, die Regeln anzupassen oder um neue Regeln zu ergänzen. Von „innen“ kommt der Druck durch den bis 2018 vorgesehenen Überprüfungsprozess durch EIOPA (Abbildung 0-2). Nicht auszuschließen sind auch Krisen einzelner Versicherungsunternehmen oder Marktsegmente. Von außen sind die Entwicklungen auf globaler Ebene durch die Organisation der weltweiten Versicherungsaufsichtsbehörden (IAIS) zu weltweiten Versicherungskapitalstandards (Insurance Capital Standards, ICS) für zumindest international aktive Versicherungsgruppen zu nennen. Solche Entwicklungen werden dann in einer der nächsten Auflagen zu berücksichtigen sein.

Nicht alles ist (schon) gut an dem neuen Aufsichtssystem Solvency II, aber es kann zu einer besseren Aufsicht über Versicherungsunternehmen in der EU führen, als dies mit Solvency I möglich gewesen wäre. Positive Folgen wären eine höhere Sicherheit für die Kunden, mehr Innovationen bei Versicherungslösungen, stabilere Finanzmärkte und höheres Wirtschaftswachstum. Voraussetzung dafür ist vor allem auch eine sachgerechte Umsetzung der Regulierung im Zusammenspiel der Aufsichtsbehörden untereinander und mit den beaufsichtigten Unternehmen. Dazu gehört insbesondere eine richtlinienkonforme, an den Solvency II-Zielen orientierte und harmonisierte Ausgestaltung auf europäischer und nationaler Ebene.

Die Europäische Kommission hat die Aufgabe, die Umsetzung von Solvency II sorgfältig zu überwachen. Diese Überwachung sollte neben den rechtlichen Möglichkeiten wie Vertragsverletzungsverfahren auch erreicht werden in offenen, demokratischen und konvergenten Prozessen mit allen Beteiligten. EIOPA in der Zwitterrolle einer europäischen Agentur und als Zusammenschluss der nationalen Aufsichtsbehörden, die mit Mehrheit entscheiden, könnte und sollte in der jetzt beginnenden Phase wichtige hilfreiche Beiträge liefern, die der Relevanz und Bedeutung der Versicherungswirtschaft für die Bürger und Unternehmen in der EU gerecht werden.

Der Wunsch von Seiten der Wissenschaft ist es, dass die dazu notwendige unabhängige versicherungswissenschaftliche Forschung noch stärker institutionell und in Kooperationsprojekten gefördert wird (z. B. auch durch die Bereitstellung von Daten). Die Forschungsergebnisse sollten dann im Sinne einer evidenzbasierten Rechtsetzung im Hinblick auf die politischen und gesellschaftlichen Regulierungsziele Berücksichtigung finden.

Frau Anke Brueske von der Deutschen Versicherungsakademie (DVA) sind wir auch bei der 2. Auflage zu größtem Dank verpflichtet. Sie hat auch dieses Fortsetzungsprojekt mit großer Umsicht und großem Engagement von Anbeginn begleitet.

Vor allem dürfen wir den Autoren der einzelnen Abschnitte für die gute Zusammenarbeit und ihre hervorragenden Aktualisierungen und Überarbeitungen danken, die die 2. Auflage qualitativ nochmal ein gewaltiges Stück vorangebracht haben.

Des Weiteren danken wir herzlich dem Verlag Versicherungswirtschaft, der uns bereits nach weniger als einem Jahr nach Erscheinen der 1. Auflage zu einer überarbeiteten Neuauflage gedrängt hat und dem zu einem großen Teil zu verdanken ist, dass die gedruckten Exemplare der 1. Auflage so schnell vergriffen waren.

Danken möchten wir auch den studentischen Hilfskräften der Hochschule Coburg, Frau Katrin Seuffert und Frau Johanna Burkard, die zum Gelingen dieser Auflage beigetragen haben.

Ein weiterer Dank gilt unseren Leserinnen und Lesern für die Rückmeldungen, die uns zur 1. Auflage erreicht haben und die wir versucht haben, in der 2. Auflage aufzugreifen. Sicherlich werden trotz großer Sorgfalt auch in dieser Auflage Ungenauigkeiten und Fehler zu finden sein. Anmerkungen und Korrekturhinweise können gerne gesendet werden an:

mirko.kraft@hs-coburg.de sowie gruendl@finance.uni-frankfurt.de

Aktualisierungen finden Sie online unter:
vvw.de → Service → Ergänzungen/Aktualisierungen

Wir wünschen viel Freude beim Lesen.

Frankfurt am Main / Coburg, Juli 2016

Prof. Dr. Helmut Gründl   Prof. Dr. Mirko Kraft

Vorwort zur 1. Auflage

Die Neugestaltung und Harmonisierung der EU-Versicherungsaufsicht wird mit Solvency II (Solvabilität II) bezeichnet. Solvency II wird Teil der staatlichen Regulierung des Versicherungssektors. Regulierung heißt, Regeln für die Marktteilnehmer zu schaffen. Festzulegen ist, wie und von welchen Institutionen diese Regeln überwacht werden. Diese Beaufsichtigung konstituiert zusammen mit der Regulierung als Basis ein Aufsichtssystem. Aufssichtssysteme verursachen Kosten – Sicherheit hat ihren Preis. Regulierung und Aufsicht können jedoch dazu beitragen, dass sich die Kosten für den Staat (sprich: die Steuerzahler) verringern, beispielsweise durch Vermeidung von Rettungsmaßnahmen bei insolventen Finanzinstitutionen. Umgekehrt erhöht mehr Regulierung die Kosten für die Unternehmen, die diese Regeln erfüllen müssen, und damit letztlich auch die Kosten für die Kunden (u. a. durch höhere Gebühren, teurere Produkte und geringere Renditen). Solvency II ist eine neue Antwort auf die Frage, welche und wieviel Regulierung der Versicherungssektor benötigt.

Die Umsetzung der Solvency II-Vorgaben ist sowohl für die Versicherungsunternehmen und -gruppen als auch für die Aufseher in der EU eine große Herausforderung. Dabei zeigt sich, dass hoher Einführungs- und Umsetzungsaufwand des neuen ökonomischen, risikobasierten Aufsichtsregimes gerade an Stellen lauert, an denen dieser nicht vorrangig vermutet wurde und auch nicht mit dem Risikoprofil begründet werden kann.

Hohe Aufmerksamkeit genossen im ersten Jahrzehnt des 21. Jahrhunderts quantitative Säule I-Vorschriften, insbesondere zum sog. Standardansatz (auch als Standardformel bezeichnet). Weitere Bereiche sind die qualitativen Anforderungen an das Risikomanagement aus Säule II und speziell auch Säule III-Berichtspflichten zur Marktdisziplin durch Transparenz. Diese sind erst nach Veröffentlichung der Solvency II-Richtlinie im Jahre 2009 verstärkt in den Vordergrund gerückt.

Die Verzögerungen im politischen Prozess haben dazu geführt, dass die (nationale) Scharfschaltung von Solvency II nicht bereits zum 01.11.2012 (Frist in der ursprünglich verabschiedeten Solvency II-Richtlinie) bzw. zum 01.01.2014 (Frist nach der Quick-fix-I-Richtlinie) erfolgte, sondern momentan vom 01.01.2016 für den Beginn der Solvency II-Beaufsichtigung der Unternehmen auszugehen ist. Allerdings wird Solvency II mit teilweise lang geltenden Übergangsregeln starten.

Abgewartet wurden die Erkenntnisse und Ergebnisse aus dem sog. Long-Term Guarantee Assessment (LTGA), um dann die Omnibus II-Richtlinie zu verabschieden. Das Europäische Parlament hat am 11.03.2014 den Kompromiss im Trilog zur Omnibus II-Richtlinie vom November 2013 verabschiedet. Angenommen wurde er dann am 14.04.2014 auch formal vom Rat der Europäischen Union. Ab der Veröffentlichung im EU-Amtsblatt am 22.05.2014 und dem Inkrafttreten der Omnibus II-Richtlinie am Tag nach der Veröffentlichung konnten die Durchführungsbestimmungen (in Form von delegierten Rechtsakten, technischen Regulierungs- oder Durchführungsstandards) von der Europäischen Kommission erlassen werden. Am 10.10.2014 hat die Europäische Kommission die delegierte Verordnung zur Ergänzung der Solvency II-Richtlinie verabschiedet und veröffentlicht. Europäisches Parlament und Rat können der Verordnung innerhalb von 3 Monaten widersprechen. Die Frist kann um weitere 3 Monate verlängert werden. Von einem Veto ist momentan allerdings nicht auszugehen, sodass die Durchführungsbestimmungen spätestens ab April 2015 endgültig in Kraft treten.

Der Test der Auswirkungen der Übergangsregeln ab Beginn von Solvency II zu langfristigen Garantien (u. a. Zinstransitional und Rückstellungstransitional) ist Bestandteil der in 2014 durchgeführten BaFin-Erhebung bei Lebensversicherungsunternehmen gewesen. Erkenntnisse daraus könnten zukünftig zu weiteren Änderungen des Regelwerks führen.

Zu Beginn von Solvency II sind ergänzende Leitlinien der Europäischen Aufsichtsbehörde für das Versicherungswesen und die betriebliche Altersversorgung (European Insurance and Occupational Pensions Authority, EIOPA) in verschiedenen Themenfeldern von Solvency II zu erwarten.

Im Fokus der Entwicklung von Solvency II standen vorrangig Einzelunternehmen. Gruppenaspekte hingegen, die in gleicher Weise und parallel zur Einführung auf Solo-Ebene betroffen sind, fanden weit weniger Beachtung. Neben den unterschätzten Governance-Anforderungen (u. a. über die MaRisk hinausgehende Anforderungen an die unternehmenseigene Risiko- und Solvabilitätsbeurteilung, ORSA) als Teil der Säule II und neben den ausufernden Säule III-Berichtspflichten gegenüber Aufsehern und Öffentlichkeit sind die Gruppenanforderungen, speziell die Gruppensolvenzberechnungen, ein Feld, das in Theorie und Praxis eher (zu) wenig beachtet wurde.

Damit sind die Themenfelder dieses Buches bereits benannt. Einer Einführung entsprechend werden die Grundlagen zu den Säulen I, II und III sowie zur Gruppenaufsicht behandelt. Vorangestellt ist diesen Inhalten eine Einführung in die Ziele und in den (europäischen) Rechtsrahmen von Solvency II.

Es wird weniger auf die konkreten Detailregelungen eingegangen, da sich diese (noch) in der rechtlichen und praktischen Ausgestaltung befinden. Wie in der prinzipienbasierten Solvency II-Rahmenrichtlinie (SII RRL) wird in den jeweiligen Themenfeldern der Schwerpunkt auf die wesentlichen Konzepte und die damit verfolgten Ziele gelegt. Die Hoffnung ist, dass der hier berücksichtigte Diskussionsstand (inkl. der Omnibus II-Richtlinie und den LTGA-Erkenntnissen, den Übergangsleitlinien für die Vorbereitungsphase, der delegierten Verordnung sowie dem VAG-Regierungsentwurf vom 03.09.2014) eine gute Basis ist und größere Änderungen durch den laufenden Rechtsetzungsprozess (Ebene 2 durch die Europäische Kommission, EIOPA-Leitlinien und die nationale VAG-Umsetzung) nicht (mehr) zu erwarten sind.

Die Entscheidung, dieses Buch zu diesem Zeitpunkt herauszugeben, entstammt auch der Erkenntnis, dass es keinen „optimalen" Zeitpunkt gibt und auch nicht geben wird, an dem das Solvency II-Projekt als abgeschlossen betrachtet werden könnte.

Mit der delegierten Verordnung liegen konkretere Regelungen vor, die allerdings noch nicht rechtsgültig sind. Dazu passende technische Standards und Leitlinien liegen noch nicht vor. Um Inkonsistenzen zu vermeiden, wird in diesem Buch auf die in der Vorbereitungsphase auf Solvency II geltenden Regelungen Bezug genommen. Es ist zu erwarten, dass die endgültigen Regelungen sich nicht essentiell von diesem Set an Regeln unterscheiden werden.

Große Hoffnungen auf einen zukünftigen dauerhaft festen Stand des Solvency II-Regelwerks sollte man sich nicht machen: Sobald die Einführung erfolgt ist, sind auch schon die ersten Überprüfungsverfahren (u. a. bis Dezember 2018, vgl. Erwägungsgrund 150 der delegierten Verordnung) zu erwarten und damit mit hoher Wahrscheinlichkeit die ersten Änderungen. Beispielsweise wird EIOPA die Möglichkeit haben, bereits nach einem Übergangszeitraum von zwei Jahren Aktualisierungsvorschläge für bestimmte delegierte Rechtsakte der Europäischen Kommission vorzulegen. Änderungen könnten sich auch aus der Überprüfung der drei europäischen Aufsichtsbehörden EIOPA, EBA und ESMA (zusammen ESAs) sowie des Europäischen Ausschusses für Systemrisiken (ESRB) ergeben. Zudem sind die Diskussionen zur Kapitalunterlegung von langfristigen Investitionen (in Infrastrukturprojekte) nicht abgeschlossen.

Ein wichtiges Kennzeichen des neuen Aufsichtssytems wird sein, dass es viel häufiger Änderungen unterliegen wird als das bisherige Solvency I-Aufsichtssystem. Druck erzeugen auch insbesondere weltweite Überlegungen zur Beaufsichtigung von Versicherungsunternehmen, die durch die weltweite Vereinigung der Versicherungsaufseher, IAIS (International Association of Insurance Supervisors), vorangetrieben werden. Zu nennen sind insbesondere die Überlegungen zu globalen Standards für international aktive Gruppen (sog. ComFrame) und ein weltweiter Kapitalstandard (sog. „basic capital requirement", BCR). Damit nähert sich die Solvency II-Welt einer IFRS-Welt an, die auch international und dynamisch ist.

Auch wenn es sich bei Solvency II um Versicherungsaufsichts*recht* als Teil des öffentlichen Wirtschaftsrechts handelt, ersetzt dieses Buch keinen juristischen Kommentar. Aus der Schwerpunktsetzung auf Grundlagen ergibt sich, dass dieses Buch sowohl für Praktiker in den Unternehmen als auch für Studierende in Versicherungsschwerpunkten und -studiengängen sehr gut geeignet ist. Auch Versicherungsaufsehern und anderen Interessierten, die direkt oder indirekt von Solvency II betroffen sind, sei dieses Buch empfohlen. Unterstützend kann diese Einführung im Hinblick auf die Erfüllung der fachlichen Eignung von Personen, die den „fit & proper"-Kriterien auf Solo- oder Gruppenebene unterliegen (Art. 42 bzw. Art. 246 (1) SII RRL), eingesetzt werden. Dieses Buch bietet solide Grundkenntnisse, insbesondere zum regulatorischen Rahmen und zu den regulatorischen Anforderungen. Ebenso gilt es, Solvency II bereits bei der Ausbildung zukünftiger Mitarbeiter und Mitarbeiterinnen in Versicherungsunternehmen zu berücksichtigen. *Solvency II – Eine Einführung* soll einen Beitrag dazu leisten, den Lesern einen Überblick über die Grundlagen von Solvency II in der Breite und einer angemessenen Tiefe zu verschaffen. Für weitere Vertiefungen sei auf die mittlerweile vorhandene Spezialliteratur bzw. aktuelle Veröffentlichungen in den einschlägigen Fachzeitschriften verwiesen.

Frau Anke Brueske von der Deutschen Versicherungsakademie (DVA) sind wir zu größtem Dank verpflichtet. Sie hat dieses Buchprojekt mit großer Umsicht und großem Engagement von Anbeginn begleitet. Ohne sie gäbe es dieses Buch nicht.

Vor allem dürfen wir den Autoren der einzelnen Abschnitte für ihre hervorragende Arbeit danken. Dies ist besonders deswegen hervorzuheben, da das Buch unter großem Zeitdruck innerhalb nur weniger Monate entstanden ist.

Des Weiteren danken wir herzlich dem Verlag Versicherungswirtschaft, dass er sich bereiterklärt hat, dieses Buch zu verlegen, sowie für die vielfältigen Hilfestellungen, die zum Gelingen des Werks nötig waren.

Nicht unerwähnt bleiben sollen die studentischen Hilfskräfte der Hochschule Coburg, Frau Verena Bartels, Frau Christina Utz und Frau Katrin Rebhan, die zur Fertigstellung dieses Buches beigetragen haben.

Sicherlich wird sich auch in dieses Buch der Fehlerteufel eingeschlichen haben. Insofern können Anmerkungen und Korrekturhinweise gerne gesendet werden an:

mirko.kraft@hs-coburg.de sowie gruendl@finance.uni-frankfurt.de.

Aktualisierungen finden Sie online unter: vvw.de → Service → Ergänzungen/Aktualisierungen

Frankfurt am Main / Coburg, 21. Oktober 2014

Prof. Dr. Helmut Gründl

Prof. Dr. Mirko Kraft

Inhaltsverzeichnis

Abkürzungsverzeichnis

AEUV	Vertrag über die Arbeitsweise der Europäischen Union: *auch als Lissabon-Vertrag bezeichnet*
AktG	Aktiengesetz
ALM	Asset-Liability-Management: *Aktiv-Passiv-Steuerung*
AMSB	Administrative, Management or Supervisory Body: *Verwaltungs-, Management- oder Aufsichtsorgan (in Deutschland: Vorstand und/oder Aufsichtsrat)*
ASM	Available Solvency Margin: *Eigenmittel*
BCR	Basic Capital Requirement
BilMoG	Gesetz zur Modernisierung des Bilanzrechts (Bilanzrechtsmodernisierungsgesetz)
BSCR	Basis-SCR
CAT	Katastrophenrisiken
CDR	Counterparty Default Risk: *(Gegenpartei-)Ausfallrisiko*
CEGBPI	Commission Expert Group on Banking, Payments and Insurance: *Expertengruppe der Europäischen Kommission zu Banken, Zahlungsverkehr und Versicherungen*
CEIOPS	Committee of European Insurance and Occupational Pensions Supervisors: *Ausschuss der Europäischen Aufsichtsbehörden für das Versicherungswesen und die betriebliche Altersversorgung*
CLN	Credit Linked Notes
COBIT	Control Objectives for Information and Related Technology
ComFrame	Common Framework: *IAIS-Rahmenwerk für die Beaufsichtigung von international aktiven Versicherungsgruppen*
COSO	Committee of Sponsoring Organizations of the Treadway Commission
CP	Consultation Paper
CP	Countercyclical Premium
CP	Counterparties
DA	Delegated Acts: *Delegierte Rechtsakte*
DAV	Deutsche Aktuarvereinigung e. V.
DRS	Deutscher Rechnungslegungsstandard
EBA	European Banking Authority
EbAV	Einrichtungen der betrieblichen Altersversorgung
EIB	European Investment Bank

EIOPA	European Insurance and Occupational Pensions Authority: *Europäische Aufsichtsbehörde für das Versicherungswesen und die betriebliche Altersversorgung*
EIOPC	European Insurance and Occupational Pensions Committee: *Europäischer Ausschuss für das Versicherungswesen und die betriebliche Altersversorgung*
ESFS	European System of Financial Supervision: *Europäisches System der Finanzaufsicht*
ESMA	European Securities and Markets Authority
ESRB	European Systemic Risk Board
EU	Europäische Union
EuGH	Europäischer Gerichtshof
EWR	Europäischer Wirtschaftsraum: *Mitgliedstaaten der EU sowie Island, Liechtenstein und Norwegen*
EZB	Europäische Zentralbank
FLAOR	Forward Looking Assessment of Own Risks
FX	Foreign Exchange: *Wechselkurs/Fremdwährung*
G-SII	Global Systemically Important Insurer
GDV	Gesamtverband der Deutschen Versicherungswirtschaft e. V.
GL	Guidelines
HLA	Higher Loss Absorbency: *zusätzliche Kapitalanforderung für G-SIIs*
HGB	Handelsgesetzbuch
HR	Hochrechnung
IA	Implementing Acts: *Durchführungsrechtsakte*
IAIG	Internationally Acitve Insurance Group
IAIS	International Association of Insurance Supervisors: *weltweite Vereinigung der Versicherungsaufseher*
IAS	International Accounting Standards
ICS	Insurance Capital Standards: *globale Versicherungskapitalstandards*
IFRS	International Financial Reporting Standards: *Internationale Rechnungslegungsstandards*
IKS	Internes Kontrollsystem
IM	Implementing Measures: *Durchführungsmaßnahmen*
Intang	Intangible Assets: *Immaterielle Vermögensgegenstände*
ISKS	Internes Steuerungs- und Kontrollsystem
ITS	Implementing Technical Standards: *Technische Durchführungsstandards*

KOM	Europäische Kommission
KonTraG	Gesetz zur Kontrolle und Transparenz im Unternehmensbereich
KPMG	*Wirtschaftsprüfungsgesellschaft*
LGD	Loss-Given-Default
LTGA	Long-Term Guarantee Assessment: *Überprüfungsverfahren zu langfristigen Garantien*
MaRisk VA	Mindestanforderungen an das Risikomanagement (Versicherungsaufsicht)
MCR	Minimum Capital Requirement: *Mindestkapitalanforderung*
n. u.	nicht umgesetzt
NAV	Net Asset Value: *Ökonomisches Eigenkapital*
NCP	Non-Controlled Participations: *Nicht-kontrollierte Einheiten*
OECD	Organisation for Economic Cooperation and Development: *Organisation für wirtschaftliche Zusammenarbeit und Entwicklung*
OFS	Other Financial Sector: *Finanzunternehmen anderer Sektoren*
ORSA	Own Risk and Solvency Assessment: *Unternehmenseigene Risiko- und Solvabilitätsbeurteilung*
PRA	Prudential Regulation Authority
QIS	Quantitative Impact Study: *Quantitative Auswirkungsstudie*
QK	Qualitätsklasse
QRT	Quantitative Reporting Template: *Quantitatives Berichtsformat*
RfB	Rückstellung für Beitragsrückerstattung
RM	Risikomanagement
RORAC	Return On Risk Adjusted Capital
RSR	Regular Supervisory Reporting: *Regelmäßige Berichterstattung an die Aufsicht*
RTS	Regulatory Technical Standards: *Technische Regulierungsstandards*
SII DV	Delegierte Verordnung zur Solvency II-Richtlinie
SII RRL	Solvency II-(Rahmen-)Richtlinie
SCR	Solvency Capital Requirement: *Solvenzkapitalanforderung*
SEG	Solvency II Expert Group
SFCR	Solvency and Financial Condition Report: *Berichterstattung an die Öffentlichkeit*
SPV	Special Purpose Vehicles: *Zweckgesellschaften*
SÜAF	Schlussüberschussanteilfonds

UFR	Ultimate Forward Rate: *Zielzins*
URCF	unabhängige Risikocontrollingfunktion
USP	Unternehmensspezifische Parameter
VA	Versicherungsaufsicht
VAG	Versicherungsaufsichtsgesetz
VaR	Value-at-Risk
VO	Verordnung
ZVersWiss	Zeitschrift für die gesamte Versicherungswissenschaft

Abbildungs- und Tabellenverzeichnis

1 Einführung und Überblick

Solvency II, dessen neue Regeln nun ab dem 01.01.2016 gelten, ist eines der bedeutendsten Projekte in der europäischen Versicherungswirtschaft. Europa ist mit jährlich fast 1,2 Billionen € Prämieneinnahmen und einem Kapitalanlagebestand von 9,9 Billionen € größter Versicherungsmarkt der Welt (Insurance Europe (2015)). Das neue Aufsichtssystem wird daher über die EU hinaus Signalwirkung für die weltweite Regulierung von Versicherungsunternehmen haben. Nach mehr als fünfzehnjähriger Entwicklung[1] steht nunmehr die stufenweise Implementierung des neuen Aufsichtsregimes an. Dies führt sowohl auf der Seite der Versicherungsunternehmen und -gruppen als auch auf der Seite der Versicherungsaufseher zu Veränderungen.

Ausgehend von einer eher regelorientierten Aufsicht soll nun ein europäisch harmonisiertes Aufsichtssystem eingeführt werden, welches in seiner Grundsystematik zunächst Prinzipien beinhaltet, deren Ausgestaltung individuell unter Berücksichtigung des Umfangs, der Komplexität, des Geschäftsmodells und der eingegangenen Risiken des Versicherungsunternehmens vom Unternehmen selbst und von der Aufsicht vorgenommen werden muss (sog. Proportionalitätsprinzip). Um dieser Herausforderung gerecht zu werden, ist eine Auseinandersetzung mit dem neuen Aufsichtsregime auf verschiedenen Ebenen, Hierarchiestufen und in vielen Bereichen in Versicherungsunternehmen erforderlich.

Dieses Buch ist so aufgebaut, dass zunächst in der Breite ein Überblick über die Regelungsbereiche und Rechtsgrundlagen verschafft wird und sodann entsprechend der Drei-Säulen-Struktur von Solvency II jeweils die Säulen vertieft werden. Dies umfasst die Säule I mit den quantitativen Solvenzkapitalanforderungen und den Anforderungen an die Eigenmittelausstattung, die Säule II mit dem Governance-System und die Säule III mit den Berichtsanforderungen. Am Ende des Buches wird auf die Gruppenaufsicht eingegangen.

In der Solvency II-Richtlinie (Richtlinie 2009/138/EG des Europäischen Parlaments und des Rates vom 25.11.2009 betreffend die Aufnahme und Ausübung der Versicherungs- und der Rückversicherungstätigkeit (Solvabilität II)) wird jeweils von „Versicherungs- und Rückversicherungsunternehmen" gesprochen. Die Solvency II-Beaufsichtigung der Rückversicherungstätigkeit sollte zwar den besonderen Merkmalen des Rückversicherungsgeschäfts Rechnung tragen, insbesondere ihrem globalen Charakter und der Tatsache, dass die Versicherungsnehmer selbst Versicherungs- oder Rückversicherungsunternehmen sind (Erwägungsgrund 22 der Solvency II-Richtlinie). Diese Vorgabe äußert sich allerdings mit wenigen Ausnahmen nicht in unterschiedlichen Vorgaben für Erst- bzw. Rückversicherungsunternehmen in der Solvency II-Richtlinie.

1 Der Beginn des Solvency II-Projektes wird allgemein mit 1999 angesetzt (vgl. beispielsweise Renz/Best (2005), S. 318). Im Jahre 1999 veröffentlichte die Europäische Kommission ein Dokument, in dem ein Solvency II-Review angekündigt wurde (vgl. Europäische Kommission (1999), S. 1).

Da sich die in diesem Buch dargestellten Anforderungen für Erst- und für Rückversicherungsunternehmen i. d. R. auch nicht unterscheiden[2], bezeichnet „Versicherungsunternehmen" *zugleich* Erst- *und* Rückversicherungsunternehmen. Damit wird auch dem Sprachgebrauch des neuen VAG Rechnung getragen, der Versicherungsunternehmen als Erst- oder Rückversicherungsunternehmen definiert (§ 7 Nr. 33 VAG 2016).

Die Definition von Versicherungsunternehmen nach dem VAG (§ 7 Nr. 33 VAG 2016) umfasst allerdings mehr Versicherungsunternehmen als die Definition nach der Solvency II-Richtlinie (Art. 13 Nr. 1 bzw. Nr. 3 SII RRL). Wenn in diesem Buch von Versicherungsunternehmen gesprochen wird, sind i. d. R. die Versicherungsunternehmen gemeint, die den neuen Solvency II-Vorgaben unterliegen (Solvency II-Versicherungsunternehmen). Im VAG sind aber beispielsweise auch „kleine Versicherungsunternehmen" definiert, die im Wesentlichen (noch) nicht oder nur sehr eingeschränkt den Solvency II-Vorgaben unterliegen (Solvency I-Unternehmen).

Die Solvency II-Richtlinie wie das VAG unterscheiden bei den Solvency II-Regeln konzeptionell nicht zwischen Versicherungsunternehmen verschiedener Rechtsformen, sodass mit Versicherungsunternehmen sowohl Versicherungsaktiengesellschaften, Versicherungsvereine auf Gegenseitigkeit (VVaGs) als auch öffentlich-rechtliche Versicherer (Anstalt/Körperschaft öffentlichen Rechts) gemeint sind. In anderen Mitgliedstaaten können Versicherungsunternehmen auch andere Rechtsformen haben (z. B. die Rechtsform einer Genossenschaft).

Im weiteren Text werden Artikel aus der Solvency II-Richtlinie (Ebene 1/„Level 1") mit „SII RRL" gekennzeichnet. Um deutlich zu machen, dass es sich um die Solvency II-Richtlinie vor den Änderungen durch die Omnibus II-Richtlinie handelt, dient der Zusatz „a. F." bzw. „n. F." für die Solvency II-Richtlinie mit den Änderungen durch die Omnibus II-Richtlinie. Eine nicht-offizielle, konsolidierte Fassung liegt vor (Solvency II-Richtlinie (2015)). Man beachte, dass eine Berichtigung der Solvency II-Richtlinie vorgenommen wurde (Solvency II-Richtlinien-Berichtigung (2014)).

Artikel der Delegierten Verordnung zur Solvency II-Richtlinie (Delegierte Verordnung (2015)) werden mit dem Zusatz „SII DV" versehen. Mit „SII DV n. F." werden Artikel in dieser Delegierten Verordnung gekennzeichnet, die durch die Delegierte Verordnung zur Änderung der Delegierten Verordnung (2016) geändert wurden.

Das deutsche Versicherungsaufsichtsgesetz (VAG), in dem die Solvency II-Richtlinie umgesetzt ist, wird als „VAG 2016" angegeben. Das VAG, dessen Vorschriften bis zum 31.12.2015 galten, wird im Folgenden durch „VAG 2015" kenntlich gemacht.

2 Zur Entwicklung der Rückversicherungsaufsicht in Deutschland und Europa vgl. Schneider (2005), S. 403 f.

2 Ziele von Solvency II

Im Kern von Solvency I und Solvency II stand bzw. steht der Gedanke des Schutzes des Versicherungsnehmers (und der Begünstigten von Versicherungsleistungen). Der Schutz der Versicherungsnehmer wird in der Solvency II-Richtlinie und entsprechend im neuen deutschen VAG als Hauptziel der Beaufsichtigung genannt (Art. 27 SII RRL / § 294 (1) VAG 2016). Um dieses vor weiteren Zielen der Beaufsichtigung vorrangige Ziel zu erreichen, verlangt die Solvency II-Richtlinie, dass die nationalen Versicherungsaufsichtsbehörden über die dazu notwendigen Mittel verfügen (Art. 27 SII RRL). Dies schließt mit ein, dass die Aufsichtsbehörden das rechtliche Mandat, das relevante Fachwissen und ausreichende Kapazitäten haben (Art. 27 SII RRL). Die Mitgliedstaaten sind verpflichtet, den besonderen Schutzbedarf der Versicherungsnehmer – unabhängig davon, ob es sich um Versicherungsnehmer in ihrem Mitgliedstaat selbst handelt – durch die Beaufsichtigung durch ihre nationalen Aufsichtsbehörden sicherzustellen.

Zwischen den Versicherungsnehmern auf der einen Seite und den Versicherungsunternehmen auf der anderen Seite besteht eine asymmetrische Verteilung von Informationen. Infolgedessen besteht ein besonderer Schutzbedarf auf der Seite der Versicherungsnehmer, da diese von der Insolvenz ihres Versicherungsunternehmens in erheblicher Weise betroffen sein können (Verlust der Altersvorsorge bzw. des Versicherungsschutzes sowie Verlust der Ansprüche aus Schäden). Diese Auswirkungen werden auch als externe Effekte bezeichnet, da nicht nur die Eigentümer des Versicherungsunternehmens durch die Insolvenz betroffen sind, sondern auch Dritte.

Der Schutzbedarf vor den Konsequenzen asymmetrischer Informationsverteilung kommt einerseits durch besondere Informations- und Aufklärungspflichten, Marktzugangsbeschränkungen (z. B. Sachkundeerfordernis für Versicherungsvermittler) und andererseits durch ein entsprechendes Versicherungsaufsichtsregime zum Ausdruck.

Das bis 31.12.2015 existierende Aufsichtssystem wird als Solvency I bezeichnet. Ihm zugrunde lagen insbesondere die Richtlinien 2002/13/EG (Schadenversicherung) bzw. 2002/83/EG (Lebensversicherung), die in nationales Recht umgesetzt waren. Im bisherigen deutschen Versicherungsaufsichtsgesetz (VAG 2015) vor Umsetzung der Solvency II-Richtlinie hieß es (§ 53c (1) VAG 2015):

> *„Versicherungsunternehmen sind verpflichtet, zur Sicherstellung der dauernden Erfüllbarkeit der Verträge stets über freie unbelastete Eigenmittel mindestens in Höhe der geforderten Solvabilitätsspanne zu verfügen, die sich nach dem gesamten Geschäftsumfang bemisst.“*

Unter Solvabilität war demnach zu verstehen, dass ein Versicherungsunternehmen mit ausreichend Kapital ausgestattet sein muss, um die gegenüber den Versicherungsnehmern eingegangenen Verpflichtungen erfüllen zu können.[3]

3 Auch nach dem neuen VAG hat die Aufsichtsbehörde im Rahmen der Finanzaufsicht für die gesamte Geschäftstätigkeit auf die dauernde Erfüllbarkeit der Verpflichtungen aus den Versicherungen zu achten (§ 294 (4) VAG 2016).

Unter dem vormaligen deutschen Aufsichtssystem konnten Ausfälle von Versicherungsleistungen für die Versicherungsnehmer erfolgreich verhindert werden. Unabhängig davon war es der Wille der Europäischen Kommission, das Projekt Solvency II zu starten, da in mehreren Analysen bzw. Berichten die Empfehlung ausgesprochen wurde, die Fortentwicklung des Solvenzsystems vor einem europäischen Hintergrund zu betreiben.

Maßgeblich hierfür war die Feststellung, dass im vormaligen Aufsichtssystem zum Beispiel entscheidende Risiken im Hinblick auf die Kapitalausstattung unberücksichtigt bleiben. Dies betraf insbesondere die Marktpreisrisiken, die Kreditrisiken (u. a. Ausfall von Rückversicherungsforderungen) und die operationellen Risiken, um einige Risikokategorien stellvertretend zu nennen. Diese wurden nicht explizit in den pauschalen Berechnungsformeln für die Solvency I-Kapitalanforderungen („Solvabilitätsspanne") berücksichtigt.

Der Bedarf zur Anpassung der Versicherungsaufsicht kam insbesondere zum Ausdruck bei den Solvency II zugrunde liegenden Analysen der Wirtschaftsprüfungsgesellschaft KPMG (sog. KPMG-Bericht, veröffentlicht im Mai 2002) und einer Gruppe von Aufsehern („Arbeitsgruppe der Konferenz der europäischen Versicherungsaufsichtsbehörden der Mitgliedstaaten der Europäischen Union") unter Leitung von Paul Sharma (sog. Sharma-Report, veröffentlicht im Dezember 2002). In deren Folge und auf Basis der in beiden Berichten formulierten Empfehlungen wurde die Systematik von Solvency II entwickelt.

Mit Solvency II soll erreicht werden, dass

- aktuellen Entwicklungen im Versicherungsgewerbe, beim Risikomanagement, bei den Finanzierungstechniken, der internationalen Rechnungslegung, den Aufsichtsstandards usw. Rechnung getragen wird,
- die Beaufsichtigung von Versicherungskonzernen gestrafft und die wirtschaftliche Realität des praktischen Funktionierens von Versicherungskonzernen berücksichtigt wird,
- die Befugnisse der für die Konzern-/Gruppenaufsicht zuständigen Stelle gestärkt werden und gleichzeitig sichergestellt wird, dass konzernweite Risiken nicht unbeachtet bleiben,
- eine engere Zusammenarbeit zwischen den Aufsichtsbehörden gewährleistet wird.

Darüber hinaus soll es Konzernen ermöglicht werden, konzernweite Modelle zu verwenden und die Vorteile einer konzernweiten Diversifizierung nutzen zu können (zu Gruppen-Diversifikationseffekten siehe 7.3). Eine weitere Zielsetzung von Solvency II besteht darin, die unterschiedlichen, national geprägten aufsichtsrechtlichen Anforderungen in den Mitgliedstaaten zu harmonisieren und somit ein einheitliches „level playing field" für alle Marktteilnehmer zu schaffen und in einem sog. „single rule book" zu kodifizieren.

Die in der Omnibus II-Richtlinie genannten Ziele (vgl. Erwägungsgrund 65 der Omnibus II-Richtlinie) bestätigen die Solvency II-Ziele und unterstreichen das Ziel der Finanzmarktstabilität (vgl. Abbildung 2-1).

Ziele der Omnibus II-Richtlinie
• Verbesserung der Funktionsweise des Binnenmarkts durch Gewährleistung eines hohen, wirksamen und kohärenten Maßes an Regulierung und Aufsicht
• Schutz der Versicherungsnehmer und Begünstigten und somit der Unternehmen und Verbraucher
• Sicherung der Integrität, Effizienz und geordneten Funktionsweise von Finanzmärkten
• Erhaltung der Stabilität des Finanzsystems
• Verstärkung der internationalen Koordinierung zwischen den Aufsichtsbehörden

Abbildung 2-1: Ziele der Omnibus II-Richtlinie[4]

Im neuen VAG wird faktisch als zusätzliches Ziel der Beaufsichtigung eine sog. Missstandsaufsicht definiert: Missstände bei Erstversicherungsunternehmen sind durch geeignete und erforderliche Maßnahmen zu vermeiden oder zu beseitigen (§ 298 (1) VAG 2016). Als Missstand wird jedes Verhalten eines Versicherungsunternehmens angesehen, das den – nach dem Schutz der Versicherungsnehmer (§ 294 (1) VAG 2016) – nachrangigen Aufsichtszielen widerspricht (§ 298 (1) i. V. m. § 294 (2) VAG 2016). Missstände sind laut dem deutschen VAG allerdings auch Schwächen oder Mängel, die die Aufsichtsbehörde im aufsichtlichen Überprüfungsverfahren festgestellt hat (§ 298 (1) VAG 2016).

Abgestellt werden soll wohl insbesondere auf die ausreichende Wahrung der Belange der Versicherten als zusätzliches Aufsichtsziel für Erstversicherungsunternehmen (§ 294 (2) VAG 2016). Damit ist das Verhältnis dieses „deutschen“ Nebenziels der Beaufsichtigung zum „europäischen“ Hauptziel der Beaufsichtigung, nämlich dem Schutz der Versicherungsnehmer, jedoch nicht geklärt. Falls damit die Wahrung der Interessen der Gesamtheit der Versicherungsnehmer oder eines Versichertenkollektivs („kollektiver Verbraucherschutz“) gemeint wäre, widerspräche dies dem EU-Recht: Die Solvency II-Richtlinie gibt als Ziel vor, für jeden Versicherungsnehmer individuell ein Mindestschutzniveau zu gewährleisten, das nicht durch ein kollektives Schutzniveau (national) unterschritten werden darf. Sofern die Wahrung der Belange der Versicherungsnehmer auf Erstversicherungskunden im Sinne von Verbrauchern (als natürlichen Personen) abzielte, wäre dies eine unzulässige Diskriminierung. Europarechtskonform (siehe 3.1.2) ist nur der Schutz aller Versicherungsnehmer, unabhängig davon ob Verbraucher, Unternehmen oder Erstversicherungsunternehmen (als Versicherungsnehmer eines Rückversicherungsunternehmens).

4 Die Formulierungen entsprechen dem Erwägungsgrund 65 der Omnibus II-Richtlinie.

Letztlich ist das primäre Ziel von Solvency II eine Stärkung des Schutzes der Versicherungsnehmer. Der Fortbestand von einem Versicherungsunternehmen (Insolvenzvermeidung) oder mehreren Versicherungsunternehmen (Finanzstabilität) ist daher nur sekundäres Ziel, insbesondere im Hinblick auf die Verringerung der Folgen einer Insolvenz.

3 Rechtsrahmen

3.1 Rechtssystematik

Das Projekt Solvency II war ein Vorhaben zur Schaffung von europäischem Sekundärrecht. Es basiert auf der europarechtlichen Zuständigkeit der Europäischen Union (EU) für den Binnenmarkt („single market"). Für die Rechtsanwendung stellt sich deshalb insbesondere die Frage, in welchem Verhältnis das europäische und das nationale Recht der Mitgliedstaaten zueinander stehen. Zur Ableitung der Antwort auf diese Frage ist das Europarecht zunächst strukturell in das sog. Primärrecht und das Sekundärrecht einzuteilen.

Das *Primärrecht* ist die zentrale Rechtsquelle des Europarechts. Es besteht im Wesentlichen aus den zwischen den Mitgliedstaaten geschlossenen Verträgen (Gründungs-, Revisions- und Beitrittsverträge). Die Rechtsprechung des Europäischen Gerichtshofes (EuGH) zum Verhältnis des nationalen Rechts zum Unionsrecht ist geprägt vom Grundsatz der einheitlichen Anwendung des Unionsrechts. Insoweit ist das Unionsrecht Teil des nationalen Rechts, geht aber dem nationalen Recht vor.

Das *Sekundärrecht* umfasst die auf der Grundlage des Primärrechts von den Organen der Europäischen Union (Parlament, Rat, Kommission, Gerichtshof, Zentralbank, Rechnungshof und weitere) erlassenen Rechtsakte. Hierzu gehören Verordnungen (Art. 288 (2) AEUV), Richtlinien (Art. 288 (3) AEUV), Beschlüsse (Art. 288 (4) AEUV), Empfehlungen (Art. 288 (5) AEUV) und Stellungnahmen (Art. 288 (5) AEUV).

Maßgeblich im Kontext von Solvency II sind als Rechtsakte die *Richtlinie* und die *Verordnung*. Die *Verordnung* gilt nach Art. 288 (2) AEUV unmittelbar. Unmittelbare Geltung bedeutet dabei, dass es keines Umsetzungsaktes in den Mitgliedstaaten durch die Legislative bedarf. Die Richtlinie ist gemäß Art. 288 (3) AEUV hinsichtlich des vorgegebenen Ziels verbindlich. Eine *Richtlinie* bedarf hingegen einer nationalen Umsetzung. Die Mitgliedstaaten haben aber hinsichtlich der Art und Weise bzw. in der Wahl der Mittel zur Umsetzung der Ziele der Richtlinie entsprechende Freiheiten. Insoweit können Mitgliedstaaten auch über die vorgegebenen Regelungen der Richtlinie hinaus national strengere Regelungen schaffen.

3.1.1 Single rule book

Solvency II stellt darauf ab, einen europaweit einheitlichen Rechtsrahmen für die Versicherungsunternehmen und -gruppen zu schaffen. Dadurch soll eine einheitliche Anwendung des Aufsichtsrechts gewährleistet werden. Das in diesem Zusammenhang zu erstellende Regelwerk, welches die Einheitlichkeit und Harmonisierung der Aufsichtsregeln abbildet, wird vielfach auch als „single rule book" bezeichnet, ein einheitliches Regelbuch für alle Marktteilnehmer. Dies ist jedoch insoweit nicht wörtlich aufzufassen, als dass es sich um ein „Regelbuch" handelt, sondern vielmehr umfasst das „single rule book" aufsichtsrechtliche Vorgaben, die weiterhin in europäischen Richtlinien, Verordnungen, EIOPA-Leitlinien („guidelines") und auch nationalen Vorgaben kodifiziert sind.

Der Rechtsanwender wird demnach auch zukünftig Normen beachten müssen, die auf verschiedenen Rechtsetzungsebenen verankert sind. Ein Nebeneinander der Normen auf europäischer und nationaler Ebene wird dabei eher die Regel als die Ausnahme sein. Das „single rule book" sorgt insoweit vielmehr für innere Ordnung und (weitestgehende) konsistente Umsetzung der rechtlichen Vorgaben in Europa.

Ein entscheidender Schritt zur Verbesserung der Rechtsetzung in Europa und zur Ermöglichung des „single rule book" ist der Abschluss und das Inkrafttreten des Vertrags von Lissabon. Dieser Vertrag ist ein völkerrechtlicher Vertrag zwischen den (damals) 27 Mitgliedstaaten der Europäischen Union, der am 01.12.2009 in Kraft trat. Mit dieser Vereinbarung wurden der Vertrag über die Europäische Union (EU-Vertrag) und der Vertrag zur Gründung der Europäischen Gemeinschaft (EG-Vertrag) reformiert. Im Besonderen wurden hierbei die, auch für das Projekt Solvency II relevanten, Rechtsetzungsprozesse und die hierfür notwendigen Kompetenzen, insbesondere das Komitologieverfahren, neu geregelt.

Mit der Reform des Vertrags über die Gründung der Europäischen Gemeinschaft (EG-Vertrag), der nunmehr den Namen „Vertrag über die Arbeitsweise der Europäischen Union (AEUV)" erhielt, wurden mit Art. 290 und Art. 291 AEUV zwei neue Rechtsgrundlagen geschaffen, welche die Bereiche regulieren, die vormals unter Komitologie bekannt waren. Komitologie bezeichnet in diesem Kontext ein Verfahren, das es der Legislative ermöglicht, sich im politischen Entscheidungsprozess auf wesentliche Rahmenbedingungen zu konzentrieren und anschließend den Fachleuten die technische Ausgestaltung zu überlassen. Diese Form der Rechtsetzung hat den Vorteil, dass Rechtsetzungsverfahren schneller und flexibler ablaufen können. Andererseits beanstanden Kritiker dieses Verfahrens ein mögliches Demokratiedefizit, da die technische Ausgestaltung von Gesetzen nicht immer nur unwesentliche Komponenten enthält. Eine im Komitologieverfahren vorgenommene Ausgestaltung würde weitestgehend ohne parlamentarische Kontrolle ablaufen. Aus diesem Grund wurde durch den Vertrag von Lissabon die parlamentarische Kontrolle gestärkt. Die Anwendung dieses neuen Komitologieverfahrens wird in 3.3 und 3.4 bei der Ausgestaltung von Solvency II skizziert.

3.1.2 Verhältnis zu deutschem Recht

Die Mitgliedstaaten der Europäischen Union haben durch den Abschluss und die Reform der Gründungsverträge ihre Gesetzgebungshoheit beschränkt und eine eigenständige Rechtsordnung geschaffen. Diese ist für die Mitgliedstaaten und die Rechtssubjekte in den Mitgliedstaaten verbindlich und auch von den Gerichten anzuwenden. Eine einheitliche und hierarchisch über dem nationalen Recht stehende Anwendung des Unionsrechts ist schon deshalb notwendig, weil mittels nationalen Rechts das EU-Recht nicht ausgehöhlt werden kann. Hierdurch entsteht eine Gesetzespyramide mit dem an der Spitze stehenden Unionsrecht.

Dieses Verhältnis von Unionsrecht zu nationalem Recht gilt auch für Solvency II. Auf oberster Ebene wurde eine Richtlinie geschaffen, die einer nationalen Umsetzung bedurfte (Umsetzungsfrist war der 31.03.2015).[5] Auf den darunter liegenden Ausgestaltungsebenen sind europäische Verordnungen erlassen worden, die unmittelbar Rechtskraft für die Rechtssubjekte in den EU-Mitgliedstaaten erlangen.

Als maßgebliches Verfahren zur Ausgestaltung von Solvency II war das Lamfalussy-Verfahren vorgesehen. Das Lamfalussy-Verfahren war als Verfahren zur Beschleunigung des EU-Gesetzgebungsprozesses konzipiert. Ziel war es, den komplexen und langwierigen regulären EU-Gesetzgebungsprozess durch einen Vier-Stufen-Plan zu vereinfachen und zu beschleunigen. Nach diesem Verfahren sollen das Europäische Parlament und der Rat in dem ihnen übertragenen Bereich im Wege des Mitentscheidungsverfahrens nur noch Rahmenrichtlinien beschließen. Die technischen Details werden dann im sog. Komitologieverfahren („Ausschussverfahren“) bestimmt. Auch das neue Rechtsetzungsverfahren kann angelehnt an das Lamfalussy-Verfahren im Wesentlichen durch die nachfolgenden vier Ebenen („levels“) skizziert werden kann.

Ebene 1

Auf Ebene 1 wurde für Solvency II von den europäischen Institutionen (Parlament, Rat, Kommission) ein umfassender rechtlicher Rahmen in Form einer Richtlinie (SII RRL) geschaffen (vgl. 3.2). Die Europäische Kommission machte einen Richtlinien-Vorschlag, der dann von den europäischen Gesetzgebern – Europäisches Parlament und Rat – im Mitentscheidungsverfahren verabschiedet wurde. Die ursprüngliche Richtlinie aus dem Jahre 2009 wurde 2014 durch eine Änderungsrichtlinie (Omnibus II-Richtlinie) angepasst und noch einmal verändert.

Ebene 2

Auf der Konkretisierungsebene 2 findet die rechtsverbindliche Ausgestaltung der in der Ebene 1 formulierten Prinzipien statt. Maßgeblich beteiligte Parteien sind hierbei die Europäische Kommission und die europäische Versicherungsaufsichtsbehörde EIOPA (vgl. 3.3). Als Rechtsakt ohne Gesetzescharakter ist auf Ebene 2 vor allem die Delegierte Verordnung zur Solvency II-Richtlinie (Delegierte Verordnung (2015)) zu nennen.

Ebene 3

Die Ebene 3 umfasst technische Durchführungsstandards und EIOPA-Leitlinien für die Zwecke einer harmonisierten Versicherungsaufsicht (vgl. 3.4).

Ebene 4

Ebene 4 enthält die nationale Umsetzung in den Mitgliedstaaten. Dies betrifft beispielsweise in Deutschland die Neufassung des Versicherungsaufsichtsgesetzes zur nationalen Umsetzung der Solvency II-Rahmenrichtlinie (vgl. 3.5).

---

5 Nicht alle Mitgliedstaaten haben diese Frist eingehalten. Die Europäische Kommission hat entsprechende Verfahren gestartet, um die Mitgliedstaaten zur Umsetzung der Solvency II-Richtlinie in nationales Recht zu bewegen (Vertragsverletzungsverfahren).

3.1.3 Drei-Säulen-Struktur

Die Struktur von Solvency II folgt einem Drei-Säulen-Ansatz. Diese drei Säulen umfassen die nachfolgenden Themenbereiche (siehe Abbildung 3-1):

Säule I: Quantitative Anforderungen an die Ausstattung mit Eigenmitteln in Abhängigkeit von der individuellen Geschäftstätigkeit und den sich daraus ergebenden Risiken (Mindestkapitalanforderungen)

Säule II: Qualitative Anforderungen an das Risikomanagement und die Unternehmenssteuerung (Governance-System) und deren aufsichtsrechtlichen Überprüfungsverfahren

Säule III: Markttransparenz und Berichtspflichten gegenüber Aufsicht und Öffentlichkeit

Hinzu kommt für Versicherungsunternehmen in Versicherungsgruppen noch die Gruppenaufsicht, die alle drei Säulen umfasst.

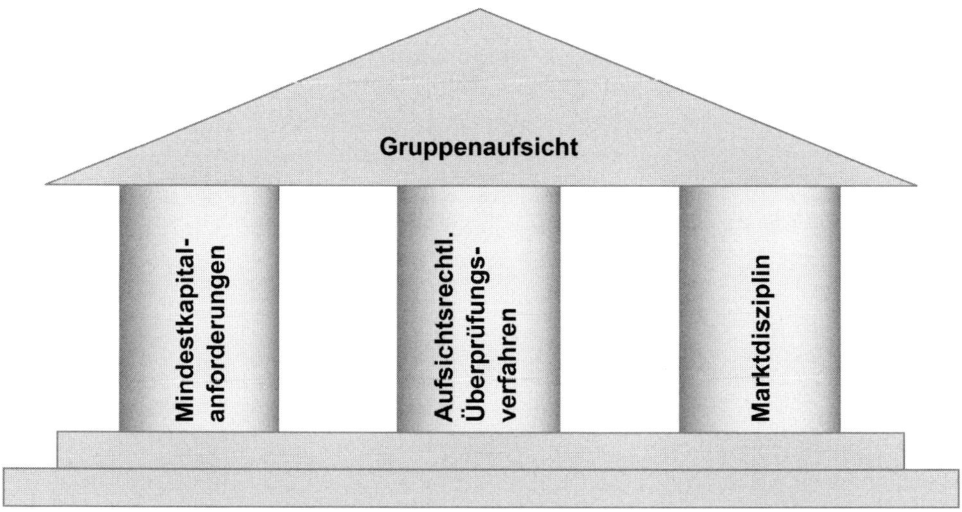

Abbildung 3-1: Drei-Säulen-Struktur von Solvency II: Säulen mit gleicher Bedeutung[6]

Diese Systematik wurde bereits im Bankensektor (Basel II) angewandt (Schulte-Mattler/ Manns (2005), S. 532). In dem KPMG-Bericht („Study into the methodologies to assess the overall financial position of an insurance undertaking from the perspective of prudential supervision"), der im Auftrag der Europäischen Kommission erstellt wurde, ist empfohlen worden, diese Systematik auch für Solvency II anzuwenden (KPMG (2002), S. 16).

Der Vorteil besteht darin, einerseits die Regeln für Kapitalanforderungen (quantitative Anforderungen der Säule I) und interne Anforderungen an die Unternehmenssteuerung (qualitative Anforderungen der Säule II) voneinander abzugrenzen und andererseits ver-

6 Quelle: in Anlehnung an Schubert (2005), S. 38. Zu Überlegungen zu einer Drei-Säulen-Struktur vgl. Europäische Kommission (2002), Kapitel 3. Zum Vergleich der Drei-Säulen-Konzepte nach Solvency II und Basel II siehe Rittmann (2009), S. 36 und S. 48.

bindende Elemente zu schaffen, die beispielsweise dafür sorgen, auch die aufsichtsrechtlichen Kapitalanforderungen (Säule I) in der Unternehmenssteuerung (Säule II) zu berücksichtigen. Diese Verbindung erfolgt in besonderem Maße durch den sog. ORSA-Prozess („own risk and solvency assessment"), eine unternehmenseigene Risiko- und Solvabilitätsbeurteilung, die von der Geschäftsleitung vorgenommen werden muss (vertiefend 5.3).

3.1.4 Prinzipienbasierter Ansatz

Die Solvency II-Richtlinie verfolgt einen an Prinzipien orientierten Ansatz in der Rechtsetzung.[7] Dies bedeutet: der Gesetzgeber gibt weitestgehend keine konkreten Regeln in der Solvency II-*Rahmen*richtlinie (SII RRL) vor, sondern formuliert Prinzipien, die jeweils eine bestimmte Zielsetzung verfolgen. Diese Vorschriften haben zunächst einen generellen, für alle Unternehmen allgemeingültigen Charakter. Die Anwendung der Prinzipien erfordert eine individuelle Prüfung des Einzelfalls, sowohl auf der Ebene der Unternehmen als auch auf der Ebene der Aufsicht. Durch eine Vielzahl von unbestimmten Rechtsbegriffen (wie z. B. „angemessen") erhöhen sich die Freiheitsgrade für die Unternehmen bei der Wahl der Umsetzungsalternativen.

3.2 Solvency II-Richtlinie (Ebene 1)

3.2.1 Regelungsbereiche

Der Entwicklungsprozess der Solvency II-Richtlinie ist auch ein Spiegelbild der wirtschaftlichen Entwicklungen und der Krisen an den Finanzmärkten während des Gesetz- und Rechtsetzungsverfahrens. So legte 2007 die Europäische Kommission dem Europäischen Parlament und dem Rat einen Vorschlag für eine Rahmenrichtlinie vor. Zeitlich in die Phase der intensiven Verhandlungen fiel die Insolvenz der Investmentbank Lehman Brothers. In Folge der sich anschließenden Verwerfungen an den Kapitalmärkten und der intensiv diskutierten Fragestellung, welche Konsequenzen für die Finanzaufsicht daraus gezogen werden müssten, stellte sich auch die Frage nach der Fortführung des Solvency II-Projekts.

Die von der Europäischen Kommission eingesetzte Arbeitsgruppe unter dem Vorsitz des früheren Präsidenten der Europäischen Bank für Wiederaufbau und früheren Präsidenten der französischen Nationalbank, Jacques de Larosière, kam bei der Aufarbeitung der Finanzmarktkrise 2009 zu dem Ergebnis: Das Projekt Solvency II soll fortgeführt werden, da es die richtigen Elemente zur Beaufsichtigung von Versicherungsunternehmen beinhaltet (Die de Larosière-Gruppe (2009), Empfehlung 5, S. 26). Vor diesem Hintergrund erfolgte eine Einigung auf die Solvency II-Rahmenrichtlinie (SII RRL) im sog. Trilog zwischen Europäischem Parlament und Rat sowie der Europäischen Kommission.

7 Vgl. zum Unterschied zur Regulierung durch Prinzipien und durch Regeln z. B. Eilert (2012).

Anfang April 2009 verabschiedete das Europäische Parlament die Solvency II-Richtlinie noch vor der Europawahl. Im gleichen Jahr erfolgte die Verabschiedung durch den Rat, sodass am 17.12.2009 die Veröffentlichung im EU-Amtsblatt erfolgte und die Mitgliedstaaten zunächst aufgefordert waren, die nationale Umsetzung bis zum 31.10.2012 vorzunehmen (ursprünglicher Art. 311 SII RRL). Dieses Datum wurde dann zunächst infolge der Verzögerungen im Rechtsetzungsverfahren durch eine sog. Quick-fix I-Richtlinie verschoben und dann erneut durch eine Quick-fix II-Richtlinie. Durch die Verabschiedung der Omnibus II-Richtlinie ist der Start von Solvency II auf den 01.01.2016 festgelegt worden. Umsetzungsfrist für die Mitgliedstaaten war jedoch bereits der 31.03.2015, damit bereits aufsichtsrechtliche Entscheidungen vor Beginn von Solvency II getroffen werden konnten (u. a. Genehmigung interner Modelle).

Neben den neuen Elementen, die das reformierte Aufsichtssystem Solvency II charakterisieren, umfasst die Solvency II-Richtlinie auch 14 bisher bestehende Richtlinien, die nun größtenteils in die Solvency II-Richtlinie integriert worden sind (sog. recast). Dies führte zur Aufhebung etlicher Richtlinien mit Solvency II-Beginn (Art. 310 i. V. m. Anhang VI Teil A SII RRL). Bei der Integration der bestehenden Richtlinien fanden i. d. R. nur redaktionelle Änderungen statt.[8]

Die neuen Solvency II-Teile lassen sich mit ihren wesentlichen Regelungsbereichen nach der Drei-Säulen-Struktur kategorisieren (vgl. Tabelle 1).

Säule I	SII RRL	VAG 2016
Solvenzbilanz (im VAG als Solvabilitätsübersicht bezeichnet)	Art. 75	§ 74
Bewertung der versicherungstechnischen Rückstellungen	Art. 76–86	§§ 75–88
Eigenmittel	Art. 87–99	§§ 89–96
Bestimmung der Eigenmittel	Art. 87–92	§§ 89, 90, 94, 96
Einstufung der Eigenmittel	Art. 93–97	§§ 91–93
Anrechnungsfähigkeit der Eigenmittel	Art. 98–99	§§ 94–95
Allgemeine Bestimmungen an die Solvenzkapitalanforderung	Art. 100–102	§§ 96–98
Solvenzkapitalanforderung in Form der Standardformel	Art. 103–111	§§ 99–110
Bestimmungen für die Genehmigung von internen Modellen in Form von Voll- oder Partialmodellen	Art. 112–127	§§ 111–121
Mindestkapitalanforderung – MCR	Art. 128–131	§§ 89, 122, 123, 342, 352
Versicherungs- und Rückversicherungsunternehmen in Schwierigkeiten oder in einer regelwidrigen Lage	Art. 136–144	§§ 132–137, 304
Durationsbasiertes Untermodul Aktienrisiko	Art. 304	n. u. (Option)

8 Mithilfe einer Entsprechungstabelle können die alten Regelungen in der Solvency II-Richtlinie wiedergefunden werden (Art. 310 i. V. m. Anhang VII SII RRL).

Säule II	SII RRL	VAG 2016
Aufsichtliches Überprüfungsverfahren	Art. 36	§§ 294 (5), 298 (1)
Kapitalzuschlag	Art. 37	§ 301
Beaufsichtigung outgesourcter Funktionen und Tätigkeiten	Art. 38	§§ 32, 306, 327
Governance-Anforderungen	Art. 40–49	§§ 23–32
Allgemeine Governance-Anforderungen	Art. 41	§ 23
Anforderungen an fachliche Qualifikation	Art. 42	§ 24
Zuverlässigkeitsnachweis	Art. 43	§ 24
Risikomanagement	Art. 44	§ 26
Unternehmenseigene Risiko- und Solvabilitätsbeurteilung	Art. 45	§ 27
Interne Kontrolle	Art. 46	§ 29
Interne Revision	Art. 47	§ 30
Versicherungsmathematische Funktion	Art. 48	§ 31
Outsourcing	Art. 49	§ 32

Säule III		
Offenlegung der Mitgliedstaaten	Art. 31	§ 318
Berichterstattung an die Aufsicht: Für Aufsichtszwecke beizubringende Informationen	Art. 35	§§ 43–45, 305
Veröffentlichungspflichten: Bericht über Solvabilität und Finanzlage	Art. 51–56	§§ 40–42, 341, 329
Pflichten der Abschlussprüfer	Art. 72	§ 35 (4)
Veröffentlichung der Gruppenstruktur	Art. 256a	§ 278

Gruppenaufsicht		
Begriffsbestimmungen	Art. 212	§ 7
Anwendungsbereich und Umfang der Gruppenaufsicht	Art. 213–214	§§ 245–246
Ebenen der Beaufsichtigung	Art. 215–217	§§ 247–249
Gruppensolvenzberechnungen	Art. 218–235	§§ 250–266
Beaufsichtigung bei Gruppen mit zentralisiertem Risikomanagement	Art. 236–243	§§ 267–272
Beaufsichtigung von Risikokonzentration und gruppeninterner Transaktionen	Art. 244–245	§§ 273–274
Maßnahmen zur Erleichterung der Gruppenaufsicht	Art. 247–259	§§ 279–287, 309, 276, 327, 293, 299
Dritt-Staaten-Äquivalenz bei Gruppenaufsicht	Art. 260–264	§§ 288–291
Gemischte Versicherungsholdinggesellschaften	Art. 265–267	§ 292

Sonstige/übergreifende Themen	SII RRL	VAG 2016
Gegenstand und Anwendungsbereich	Art. 1–12	§§ 1, 3, 5, 211, 218, 165
insbesondere größenabhängige Ausnahmen vom Anwendungsbereich	Art. 4	§§ 5, 211, 218
Ziele der Beaufsichtigung	Art. 27–28	§ 294 (1) + (2)
Allgemeine Aufsichtsbefugnisse	Art. 34	§§ 43, 296–299, 305–306
Grundsatz der unternehmerischen Vorsicht	Art. 132	§ 124 (1)
Dritt-Staaten-Äquivalenz bei Rückversicherung	Art. 172	An KOM gerichtet
Sanierung und Liquidation von Erstversicherungsunternehmen	Art. 267–296	§§ 312–317
Inflationsanpassung	Art. 300	An KOM gerichtet
Anpassungsklausel für technische Regulierungsstandards	Art. 301b n. F.	An KOM gerichtet
Übergangs- und Schlussbestimmungen	Art. 305–312	§§ 335–355
Übergangsregeln	Art. 308–308e n. F.	§§ 340–353
Frist für die nationale Umsetzung	Art. 309	
Personal und Ressourcen der EIOPA	Art. 310a n. F.	
Teil 1: Allgemeine Vorschriften	Art. 2–9, 11, 13	§§ 1–7
Teil 2: Vorschriften für die Erstversicherung und die Rückversicherung		
Kapitel 1: Geschäftstätigkeit		
Zulassung und Ausübung der Geschäftstätigkeit	Art. 15–26	§§ 8–15
Bedeutende Beteiligungen	Art. 57–62	§§ 16–22
Geschäftsorganisation	Art. 41–49	§§ 23–34
Allgemeine Berichtspflichten		
Abschlussprüfung		§§ 35–39
Bericht über Solvabilität und Finanzlage	Art. 51–54	§§ 40–42
Für Aufsichtszwecke beizubringende Informationen	Art. 35	§§ 43–47
Zusammenarbeit mit Versicherungsvermittlern		§§ 48–51
Verhinderung von Geldwäsche und von Terrorismusfinanzierung		§§ 52–56
Grenzüberschreitende Geschäftstätigkeit		
Dienstleistungsverkehr, Niederlassungen	Art. 145–149, 159	§§ 57–60
Unternehmen mit Sitz in einem Mitgliedstaat der Europäischen Union oder einem anderen Vertragsstaat des Abkommens über den Europäischen Wirtschaftsraum	Art. 155, 190	§§ 62–66
Unternehmen mit Sitz außerhalb des Europäischen Wirtschaftsraums	Art. 162–170	§§ 67–73

Kapitel 2: Finanzielle Ausstattung	**SII RRL**	**VAG 2016**
Solvabilitätsübersicht	Art. 75–85	§§ 74–88
Solvabilitätsanforderungen		
Bestimmung der Eigenmittel	Art. 87–98	§§ 89–95
Solvabilitätskapitalanforderung	Art. 101–110	§§ 97–110
Interne Modelle	Art. 112–125	§§ 111–121
Mindestkapitalanforderung	Art. 129 (1)–(4)	§§ 122–123
Anlagen-Sicherungsvermögen	Art. 132	§§ 124–131
Versicherungsunternehmen in besonderen Situationen	Art. 136–141	§§ 132–137
Kapitel 3: Besondere Vorschriften für einzelne Zweige		
Lebensversicherung		§§ 138–145
Krankenversicherung	Art. 206	§§ 146–160
Sonstige Nichtlebensversicherung	Art. 12, 158, 210, 211 (1)	§§ 165–170
Kapitel 4: Versicherungsvereine auf Gegenseitigkeit		§§ 171–210
Kapitel 5: Kleine Versicherungsunternehmen und Sterbekassen		
Kleine Versicherungsunternehmen		§§ 211–217
Sterbekassen		§§ 218–220
Teil 3: Sicherungsfonds		§§ 221–231
Teil 4: Einrichtungen der betrieblichen Altersversorgung		
Kapitel 1: Pensionskassen		§§ 232–235
Kapitel 2: Pensionsfonds		§§ 236–240
Kapitel 3: Grenzüberschreitende Geschäftstätigkeit von Einrichtungen der betrieblichen Altersversorgung		§§ 241–244
Teil 5: Gruppen		
Kapitel 1: Beaufsichtigung von Versicherungsunternehmen in einer Gruppe	Art. 213–217	§§ 245–249
Kapitel 2: Finanzlage		
Solvabilität der Gruppe	Art. 218–243	§§ 250–272
Risikokonzentration und gruppeninterne Transaktionen	Art. 244–245	§§ 273–274
Geschäftsorganisation, Berichtspflichten	Art. 246	§§ 275–278
Kapitel 3: Maßnahmen zur Erleichterung der Gruppenaufsicht	Art. 247–258	§§ 279–287
Kapitel 4: Drittstaaten	Art. 260–263	§§ 288–291
Kapitel 5: Versicherungs-Holdinggesellschaften und gemischte Finanzholding-Gesellschaften	Art. 265, 257	§§ 292–293

Teil 6: Aufsicht: Aufgaben und allgemeine Befugnisse, Organisation	SII RRL	VAG 2016
Kapitel 1: Aufgaben und allgemeine Vorschriften	Art. 27–38, 64–70, 144, 154, 253, 258, 279	§§ 294–310
Kapitel 2: Sichernde Maßnahmen	Art. 269–273, 275, 280–284, 296	§§ 311–317
Kapitel 3: Veröffentlichungen	Art. 31	§§ 318–319
Kapitel 4: Zuständigkeit		
Bundesaufsicht		§§ 320–325
Aufsicht im Europäischen Wirtschaftsraum	Art. 33, 38, 52, 65a, 68 (4), 71, 255, 155 (9), 176, 177 (1)	§§ 326–330
Teil 7: Straf- und Bußgeldvorschriften		§§ 331–334
Teil 8: Übergangs- und Schlussbestimmungen	Art. 51, 129, 308, 308b, 308c	§§ 335–355

Tabelle 1: Wesentliche Regelungsbereiche des neuen VAG und der Solvency II-Richtlinie nach der Drei-Säulen-Struktur

Die Zuordnung ist nicht vollständig[9] und teilweise auch nicht eindeutig. Sie gibt aber einen guten Überblick über die Struktur des neuen VAG und der Solvency II-Richtlinie.

3.2.2 Änderungen durch die Omnibus II-Richtlinie

Die Omnibus II-Richtlinie stellt im Wesentlichen eine Änderungsrichtlinie zur Solvency II-Richtlinie dar.[10] Die Bezeichnung wurde deshalb gewählt, da mit der Omnibus II-Richtlinie wie mittels der Vorgängerrichtlinie, der Omnibus I-Richtlinie, verschiedenste Richtlinien gleichzeitig geändert werden (eine Sammel-Richtlinie).

Mit der Änderungsrichtlinie wurden die Befugnisse der zum 01.01.2011 geschaffenen neuen europäischen Versicherungsaufsichtsbehörde EIOPA (European Insurance and Occupational Pensions Authority) abgebildet.[11] Zusätzlich wurden auch inhaltliche Anpassungen vorgenommen und die Ausgestaltungsermächtigungen (Ebene 2) an den Vertrag von Lissabon angepasst. Die Omnibus II-Richtlinie verändert die Solvency II-Richtlinie jedoch über diese eher formalen Punkte hinaus erheblich. So sind die Vorgaben zur Zinsstrukturkurve auf Basis der Diskussionen zu langfristigen Garantien deutlich ausgeweitet worden. Zudem sind Regeln, die ein „phasing-in“, ein stufenweises „Hineingleiten“ von Solvency I ins neue

9 Die Solvency II-Richtlinie enthält u. a. auch versicherungsvertragsrechliche Regelungen, z. B. vorvertragliche Anzeigepflichten (Art. 183–185 SII RRL) und Regelungen zu Rücktrittszeiträumen (Art. 186 SII RRL). Deren Umsetzung erfolgt nicht im Versicherungs*aufsichts*gesetz (VAG), sondern im Versicherungs*vertrags*gesetz (VVG).

10 Geändert wurden auch die Verordnungen zu den EU-Aufsichtsbehörden EIOPA und ESMA.

11 Zu rechtlichen Grundlagen und Grenzen EIOPAs vgl. z. B. Keune (2015).

System erlauben sollen (Art. 308a SII RRL / § 355 VAG 2016 i. V. m. Art. 3 des Gesetzes zur Modernisierung der Finanzaufsicht über Versicherungen vom 1. April 2015), und Übergangsregeln (Art. 308b–308e SII RRL / §§ 343–353 VAG 2016) festgelegt worden.

Wie bereits zum „single rule book" beschrieben (vgl. 3.1.1), sieht der Vertrag von Lissabon Rechtsakte ohne Gesetzescharakter vor, die dazu dienen, die Detailliertheit der Gesetzgebungsakte zu reduzieren:

(1) delegierte Rechtsakte

(2) Durchführungsrechtsakte

(3) Rechtsakte aufgrund der Verträge

Mit der Omnibus II-Richtlinie sind in der Solvency II-Richtlinie als Basisrechtsakt Ermächtigungen für die Verabschiedung von delegierten Rechtsakten (1) und Durchführungsrechtsakten (2) durch die Europäische Kommission geschaffen wurden. Rechtsakte aufgrund der Verträge (3) spielen im Solvency II-Kontext keine Rolle. Delegierte Rechtsakte und deren Spezialform, die technischen Regulierungsstandards, werden in 3.3, die Durchführungsrechtsakte in ihrer Spezialform technischer Durchführungsstandards in 3.4, näher behandelt.

3.3 Delegierte Rechtsakte und technische Regulierungsstandards (Ebene 2)

Als Rechtsakte ohne Gesetzescharakter werden im Folgenden delegierte Rechtsakte („delegated acts", DA) und technische Regulierungsstandards („regulatory technical standards", RTS) behandelt. Diese sind der „Ebene 2" (Level 2) zuzuordnen (vgl. 3.2.2). Sie sind klar von der Solvency II-Richtlinie, die auf „Ebene 1" steht, abzugrenzen. Die Abgrenzung zur „Ebene 3" wird unter 3.4 vorgenommen, wo technische Durchführungsstandards („implementing technical standards", ITS) und EIOPA-Leitlinien („guidelines", GL) erörtert werden.

Den Rechtscharakter der delegierten Rechtsakte und der technischen Regulierungsstandards zu erläutern, führt in die Tiefen des Europarechts. Dieses ist von Ambiguitäten geprägt, sodass die jeweilige Sichtweise beispielsweise stark davon abhängt, welche europäische Institution angesprochen wird. Außerdem ist der Rechtscharakter der verschiedenen Rechtsetzungsebenen noch nicht endgültig geklärt, selbst nachdem es eine Einigung zur Omnibus II-Richtlinie gegeben hat. Die Klärung ist weiterhin Teil interinstitutioneller Diskussionsprozesse der EU-Institutionen.

Zu beachten ist, dass delegierte Rechtsakte in allen Bereichen der EU-Rechtsetzung möglich sind und technische Regulierungsstandards nicht nur im Versicherungsbereich, sondern im gesamten Finanzdienstleistungsbereich vorgesehen sind (Rechtsgrundlagen in den Verordnungen für die drei EU-Aufsichtsbehörden für Banken, Versicherung und Wertpapiere).[12] Daher ist eine isolierte Betrachtung bezogen auf den Versicherungs-

12 Für einen Überblick über bestehende Ermächtigungen in Basisrechtsakten für Ebene 2-Maßnahmen vgl. Europäische Kommission (2016b).

sektor naturgemäß einschränkend und als nicht abschließend zu betrachten. Hier wird der Fokus jedoch auf relevante Aspekte innerhalb des Solvency II-Projektes gelegt und von weiteren rechtlichen Aspekten abstrahiert.

Zum Zeitpunkt der Verabschiedung der Omnibus II-Richtlinie waren die Arbeiten im Zusammenhang mit der Ausarbeitung eines ersten Maßnahmenpakets zur Durchführung der Rahmenbestimmungen der Solvency II-Richtlinie und die entsprechenden Konsultationen bereits weit fortgeschritten (vgl. Erwägungsgrund 16 der Omnibus II-Richtlinie). Damit diese Durchführungsmaßnahmen rechtzeitig vor Solvency II-Beginn zum Abschluss gebracht werden konnten, wurde der Europäischen Kommission während eines Übergangszeitraums bis 24.05.2016 erlaubt, die in der durch die Omnibus II-Richtlinie geänderten Solvency II-Richtlinie vorgesehenen, technischen Regulierungsstandards nach dem für delegierte Rechtsakte geltenden Verfahren *erstmalig* zu erlassen (vgl. Erwägungsgrund 16 der Omnibus II-Richtlinie und Art. 301b SII RLL). Davon hat sie mit der Verabschiedung der Delegierten Verordnung zur Ergänzung der Solvency II-Richtlinie Gebrauch gemacht (Delegierte Verordnung (2015)). Alle Änderungen dieser darauf aufbauenden delegierten Rechtsakte und alle nach Ablauf des Übergangszeitraums zur Umsetzung der Solvency II-Richtlinie vorgesehenen neuen technischen Regulierungsstandards sollen gemäß den Art. 10–14 EIOPA-VO erlassen werden (vgl. Erwägungsgrund 16 der Omnibus II-Richtlinie). Diese Regelung (in Art. 301b SII RLL) wurde in den Verhandlungen zur Omnibus II-Richtlinie als sog. „sunrise"-Anpassungsklausel bezeichnet.[13]

Damit blieb es – wie ursprünglich angedacht – bei einem „durchführenden" Rechtsakt für Ebene 2 zu Solvency II-Beginn. Die dafür gebrauchten Begriffe waren „Durchführungsmaßnahmen" („implementing measures", IM) oder „Durchführungsbestimmungen". Für die Gesamtheit der (konsolidierten) Ebene 2-Regelungen wird auch von der „Durchführungsverordnung" (DVO) gesprochen, was zum Ausdruck bringt, dass für die Durchführungsmaßnahmen die Rechtsform einer EU-Verordnung gewählt wurde. In den Bereichen, in denen in der ursprünglichen Solvency II-Richtlinie Durchführungsmaßnahmen zur Ergänzung oder Änderung bestimmter nicht wesentlicher Vorschriften der Solvency II-Richtlinie vorgesehen waren, sind durch die Omnibus II-Richtlinie delegierte Rechtsakte und/oder technische Regulierungsstandards vorgesehen (Erwägungsgrund 26 der Omnibus II-Richtlinie). Teilweise ergänzend finden sich auch technische Durchführungsstandards für die ursprünglichen Regelungsbereiche der Durchführungsmaßnahmen.

Nach einem Übergangszeitraum von zwei Jahren nach Inkrafttreten der Omnibus II-Richtlinie hat EIOPA die Möglichkeit, Vorschläge zur Aktualisierung einer Reihe von delegierten Rechtsakten in Form von technischen Regulierungsstandards vorzulegen (Erwägungsgrund 17 der Omnibus II-Richtlinie und Art. 301b SII RRL n. F.). EIOPA hat die Aktualisierungsvorschläge auf technische Aspekte der einschlägigen delegierten Rechtsakte zu beschränken – sie dürfen keine strategischen Beschlüsse oder politischen Entscheidungen enthalten (Erwägungsgrund 17 der Omnibus II-Richtlinie). Wenn EIOPA technische Regulierungsstandards zur Anpassung delegierter Rechtsakte an die tech-

13 Erfasst sind die technischen Regulierungsstandards nach den Art. 50, 58, 75, 86, 92, 97, 111, 135, 143, 244, 245, 248 und 249 SII RRL (Art. 301b SII RRL).

nischen Entwicklungen der Finanzmärkte vorbereitet und erstellt, hat die Europäische Kommission Sorge dafür zu tragen, dass dem Europäischen Parlament und dem Rat gleichzeitig, rechtzeitig und auf angemessene Weise Informationen über den Umfang dieser Entwürfe für technische Regulierungsstandards übermittelt werden (Erwägungsgrund 18 der Omnibus II-Richtlinie).

3.3.1 Charakter der delegierten Rechtsakte und der technischen Regulierungsstandards

Der Charakter der delegierten Rechtsakte und technischen Regulierungsstandards zur Solvency II-Richtlinie wird vereinfachend an folgenden Kriterien festgemacht:

1. Ermächtigungsgrundlage
2. Optionalität („may" oder „shall")
3. Nicht-Wesentlichkeit
4. Typ der Abänderung/Ergänzung
5. Rechtsform (Verordnung vs. Richtlinie)

Ermächtigungsgrundlage

Delegierte Rechtsakte und technische Regulierungsstandards bedürfen einer expliziten Ermächtigungsgrundlage im „Basis-Rechtsakt" auf Ebene 1, hier also in der Solvency II-Richtlinie. Die europäischen Gesetzgeber, Europäisches Parlament und Rat, haben in der ursprünglichen Solvency II-Richtlinie jeweils spezifisch für bestimmte Regelungsbereiche die Europäische Kommission ermächtigt, auf Ebene 2 Durchführungsmaßnahmen („implementing measures") zu verabschieden. In der Omnibus II-Richtlinie sind zur Anpassung an den Lissabon-Vertrag zwar die Rechtsakte in delegierte Rechtsakte und technische Regulierungsstandards abgeändert worden, allerdings sind die Regelungsbereiche weitestgehend beibehalten worden (zumeist sogar in Form eines unveränderten Wortlauts).

Eine eng begrenzte Rechtsetzungsbefugnis wird durch eine Ermächtigungsgrundlage auf die Europäische Kommission im Einzelfall delegiert (siehe auch 3.2.3). Die Gesetzgeber (Legislative) delegieren dabei in gewisser Weise ihre Gesetzgebungskompetenz an die Europäische Kommission (Exekutive). Die Europäische Kommission wird dadurch allerdings nicht zum (europäischen) Gesetzgeber. Vielmehr handelt es sich um eine Form der Rechtsetzung durch Rechtsakte ohne Gesetzescharakter und nicht durch (europäische) Gesetze.

Die Befugnisübertragung ist zudem nicht uneingeschränkt und nicht ohne Kontrollmechanismen. Hintergrund der Befugnisübertragung ist, dass Europäisches Parlament und Rat eine Überlastung des eigentlichen Gesetzgebungsverfahrens durch technische Detaildiskussionen vermeiden möchten (Beschleunigung des Gesetzgebungsverfahrens auf Ebene 1). Diese Detailregelungen nicht auf europäischer Ebene vorzunehmen, würde bedeuten, dass die Details durch die Mitgliedstaaten in unterschiedlicher Weise geregelt werden könnten. Insofern ist die Delegation auf die Europäische Kommission i. d. R. auch mit der Zielsetzung verbunden, möglichst einheitliche Detailregelungen (u. a. zur Bewertung der Vermögenswerte und Verbindlichkeiten, zu versicherungstechnischen Rückstellungen, zu Eigenmitteln, zur Standardformel für die Solvenzkapitalanforderung, zum Governance-System und zu Berichtspflichten) zu erhalten.

Ein Beispiel für eine solche Ermächtigungsgrundlage ist die Ermächtigung für weitere „Ebene 2-Regeln" zur Berichterstattung gegenüber der Aufsicht (Art. 35 (9) SII RRL):

> *„Die Kommission erlässt delegierte Rechtsakte gemäß Artikel 301a, in denen die in den Absätzen 1 bis 4 dieses Artikels genannten Informationen und die Fristen für die Übermittlung dieser Informationen spezifiziert werden, um die Konvergenz der Berichterstattung der Aufsichtsbehörden in angemessenem Maße sicherzustellen."*

Der Art. 301a SII RRL, auf den hier Bezug genommen wird, enthält Bedingungen, unter denen die Befugnisübertragung ausgeübt werden kann. Die Befugnisübertragung auf die Europäische Kommission ist beispielsweise zeitlich auf vier Jahre befristet (Art. 301a (2) SII RRL). Die Befugnisübertragung verlängert sich allerdings wieder um vier Jahre, wenn Europäisches Parlament und Rat nicht widersprechen (Art. 301a (2) SII RRL). Europäisches Parlament und Rat können zudem jederzeit die Befugnisübertragung widerrufen (Art. 301a (3) SII RRL).

Neben diesen generellen Kontrollmechanismen der zeitlichen Befristung und des Widerrufs können die Gesetzgeber, Europäisches Parlament und Rat, die Europäische Kommission auch in Bezug auf jeden einzelnen Rechtsakt kontrollieren. Wie ursprünglich bei den Durchführungsmaßnahmen handelt es sich auch bei der Befugnisübertragung zum Erlass delegierter Rechtsakte (und auch zum Erlass technischer Regulierungsstandards) um ein sog. Regelungsverfahren mit Kontrolle.

In diesem Regelungsverfahren wird dem Europäischen Parlament und dem Rat jeweils ein Einspruchsrecht als ultimatives Instrument der Kontrolle eingeräumt: Ein delegierter Rechtsakt, der von der Europäischen Kommission erlassen wurde, tritt nur dann in Kraft, wenn weder das Europäische Parlament noch der Rat innerhalb einer Frist von drei Monaten nach Übermittlung dieses Rechtsakts an das Europäische Parlament und den Rat Einwände erhoben haben oder wenn vor Ablauf dieser Frist sowohl das Europäische Parlament als auch der Rat der Europäischen Kommission mitgeteilt haben, dass sie keine Einwände erheben werden (Art. 301a (5) SII RRL). Auf Initiative des Europäischen Parlaments oder des Rates kann die Dreimonatsfrist für den Widerspruch zu delegierten Rechtsakten um weitere drei Monate verlängert werden (Art. 301a (5) SII RRL).

Das Europäische Parlament oder der Rat können auch gegen einen technischen Regulierungsstandard innerhalb einer Frist von drei Monaten ab dem Datum der Übermittlung des von der Europäischen Kommission erlassenen technischen Regulierungsstandards Einwände erheben (Art. 13 (1) EIOPA-VO). Auf Initiative des Europäischen Parlaments oder des Rates wird diese Frist – genau wie bei delegierten Rechtsakten – um drei

Monate verlängert (Art. 13 (1) EIOPA-VO). Für den Fall, dass der technische Regulierungsstandard auf einem EIOPA-Entwurf basiert, verkürzt sich die reguläre Einspruchsfrist auf einen Monat und die maximale Einspruchsfrist auf drei Monate (vgl. Art. 13 (1) Unterabs. 2 EIOPA-VO geändert durch die Omnibus II-Richtlinie): Erlässt die Europäische Kommission einen technischen Regulierungsstandard, bei dem es sich um den von EIOPA übermittelten Entwurf eines technischen Regulierungsstandards handelt, so beträgt der Zeitraum, in dem das Europäische Parlament und der Rat Einwände erheben können, einen Monat ab dem Datum der Übermittlung. Auf Initiative des Europäischen Parlaments oder des Rates wird diese Frist um einen Monat verlängert. Wiederum auf Initiative des Europäischen Parlaments oder des Rats ist eine weitere Verlängerung dieser Frist um einen Monat möglich.

Diese Vetorechte gegenüber der Verabschiedung von delegierten Rechtsakten und technischen Regulierungsstandards durch die Europäische Kommission stellen eine wirksame demokratische Kontrolle (Legislative) der Exekutive (= Europäische Kommission) sicher. Die Europäische Kommission ist also nicht unbegrenzt frei im Erlass von Regelungen, sondern muss sich gewiss sein, dass ihre Regelungen nicht auf Ablehnung durch die (qualifizierte) Mehrheit der Mitgliedstaaten oder der Mehrheit der EU-Parlamentarier stoßen. Praktisch mündet das formale Vetorecht nach Erlass in eine umfangreiche Einbindung in die Entwicklung der Regelungen vor Erlass. So wurden die Vertreter der Mitgliedstaaten beispielsweise in Form einer „Solvency II Expert Group“ (SEG) unter Leitung der Europäischen Kommission in die Erarbeitung der Solvency II-Detailregelungen eingebunden.

Das obige Beispiel einer Ermächtigungsgrundlage zeigt deutlich, dass die Ermächtigungsgrundlagen jeweils konkret an Regelungen in der Solvency II-Richtlinie selbst anknüpfen und diese spezifizieren sollen (vgl. den Bezug auf die Absätze 1 bis 4). Durch zusätzliche Angaben kann der Raum für Durchführungsmaßnahmen noch mehr eingeengt werden. Hier ist beispielsweise als Ziel für die Durchführungsmaßnahmen die Konvergenz der Berichterstattung der Aufsichtsbehörden genannt. Der Wille des Gesetzgebers zu einer europäischen Harmonisierung der Berichterstattung kommt dadurch zum Ausdruck; nationale Wahlrechte hätten also z. B. das Risiko eines Vetos erhöht.

Die Ermächtigungen zu delegierten Rechtsakten und technischen Regulierungsstandards betreffen viele Regelungsbereiche. Schwerpunkte sind Säule I-Bestimmungen (Bewertung, versicherungstechnische Rückstellungen, SCR, MCR, Eigenmittel), aber auch Säule II- und Säule III-Bestimmungen. Außerdem wird die Europäische Kommission ermächtigt, Durchführungsmaßnahmen für die Gruppenaufsicht zu verabschieden.

Optionalität

Die Ermächtigungsgrundlagen unterscheiden sich dadurch, dass die Europäische Kommission Durchführungsmaßnahmen teilweise erlassen soll („shall“) oder nur erlassen kann („may“). Da Europäisches Parlament und Rat letztlich keine Sanktionsmöglichkeiten gegenüber der Europäischen Kommission haben, wenn sie diese Durchführungsmaßnahmen nicht oder zumindest nicht zeitgerecht erlässt,[14] handelt es sich hier eher um einen differierenden Grad der Optionalität der Durchführungsmaßnahmen.

Im Solvency II-Kontext gilt:

- „shall" wird zeitlich dahingehend interpretiert, dass die Verabschiedung der Durchführungsmaßnahmen vor Solvency II-Beginn am 01.01.2016 erfolgen sollte;
- „may" kann eine spätere Verabschiedung bedeuten oder auch gar keine Verabschiedung, wenn von der Europäischen Kommission beispielsweise keine Erforderlichkeit gesehen wird.

Dementsprechend hat die Europäische Kommission „shall"-Regelungen weitgehend in der Delegierten Verordnung zur Solvency II-Richtlinie (Delegierte Verordnung (2015)) erlassen. Nicht jeweils für jede Ermächtigungsgrundlage ist ein separater Rechtsakt (Richtlinie oder Verordnung) vorgesehen, sondern Regelungen zu verschiedenen Ermächtigungsgrundlagen sind in der einen Verordnung zusammengefasst worden. Dies hat zum einen den Vorteil der Konsistenz und besseren Handhabbarkeit, bedingte aber zum anderen ein erhöhtes Risiko eines Vetos durch Europäisches Parlament und Rat für das Gesamtpaket.

Das obige Beispiel für delegierte Rechtsakte zur Konvergenz der aufsichtlichen Berichterstattung ist eine „shall"-Ermächtigung („The Commission shall adopt delegated acts ..."). Ein Beispiel für eine „may"-Ermächtigung („The Commission may adopt delegated acts ...") findet sich zu den zugelassenen Rechtsformen für Versicherungsunternehmen (Art. 17 (3) SII RRL n. F.):

> *„Die Kommission kann im Einklang mit Artikel 301a delegierte Rechtsakte zu der in Anhang III enthaltenen Liste der Rechtsformen von Unternehmen erlassen, ... "*

Trotz einiger „may"-Ermächtigungen sind wesentliche Regelungsbereiche durch „shall"-Ermächtigungen abgedeckt.

Nicht-Wesentlichkeit

Der Charakter delegierter Rechtsakte ist vereinfacht dadurch gekennzeichnet, dass nur nicht-wesentliche Regelungen in ihnen enthalten sein dürfen. Die formale Beschreibung dessen ist entsprechend dem Lissabon-Vertrag: „Rechtsakte ohne Gesetzescharakter mit allgemeiner Geltung zur Ergänzung oder Änderung bestimmter nicht wesentlicher Vorschriften des betreffenden Gesetzgebungsaktes" (Art. 290 (1) AEUV Unterabs. 1). Durch Ergänzung bzw. Änderung („supplement or amend") dürfen also nur nicht-wesentliche Teile der Solvency II-Richtlinie hinzugefügt bzw. abgeändert werden. Wesentliche Änderungen oder Hinzufügungen sind auf Ebene 2 nicht vorgesehen: Die wesentlichen Aspekte eines Bereichs sind dem Gesetzgebungsakt vorbehalten und eine Befugnis-

14 Als Gesetzgeber können Europäisches Parlament und Rat bei aus ihrer Sicht „fehlenden" Durchführungsmaßnahmen der Europäischen Kommission die Regelungen in einem normalen Gesetzgebungsverfahren natürlich selbst treffen. Auf europäischer Ebene hat jedoch nur die Europäische Kommission das Initiativrecht für Gesetzesvorhaben.

übertragung ist für sie deshalb ausgeschlossen (Art. 290 (1) Unterabs. 2 AEUV). In den betreffenden Gesetzgebungsakten sind Ziele, Inhalt, Geltungsbereich und Dauer der Befugnisübertragung für delegierte Rechtsakte ausdrücklich festzulegen (Art. 290 (1) Unterabs. 2 AEUV).

Bei der Nicht-Wesentlichkeit handelt es sich jedoch um einen unbestimmten Rechtsbegriff, der einer Auslegung im jeweiligen Kontext bedarf. Häufig wird Nicht-Wesentlichkeit bei technischen Detail-Regelungen angenommen. Nach herrschender juristischer Meinung sind allerdings unter wesentlichen Vorschriften insbesondere solche zu verstehen, die ausschlaggebend und/oder von tragender Bedeutung für die Ziele sind, die ein Gesetzgebungsakt hauptsächlich intendiert. Dies können auch Detailregelungen sein.

Neben einer formalen Betrachtung der Wesentlichkeit einzelner Solvency II-Bestimmungen, sind auch die Auswirkungen auf die von den Regelungen Betroffenen zu betrachten. Gerade technische Details können immense Effekte haben. Die Wesentlichkeit kann sich zudem letztlich auch an einer politischen Wichtigkeit festmachen. Die Einschätzung der Wesentlichkeit kann sich allerdings im Zeitablauf ändern.

Ein Beispiel dafür ist die Festlegung der relevanten risikofreien Zinsstrukturkurve, die in der im Jahr 2009 verabschiedeten Solvency II-Richtlinie (SII RRL) auf Ebene 2 delegiert wurde. Die Diskussionen zu Ebene 2 zwischen den Mitgliedstaaten und der Europäischen Kommission sowie die Diskussionen zur Omnibus II-Richtlinie haben jedoch gezeigt, dass es sich um eine weitreichende (politische) Entscheidung über langfristige Garantien und damit die Altersvorsorge von weiten Bevölkerungsteilen Europas handelt. Dementsprechend wurden im Gesetzgebungsverfahren zur Omnibus II-Richtlinie vom Europäischen Parlament und Rat dazu konkretere Regelungen für Ebene 1 verabschiedet (vgl. z. B. Art. 77a SII RRL n. F. zur Extrapolation der maßgeblichen risikofreie Zinskurve bzw. Art. 77 b SII RRL n. F.), auch wenn weitere Spezifizierungen auf den Ebenen 2 und 3 weiterhin für notwendig erachtet werden (vgl. z. B. Art. 86 (1) b) bzw. Art. 86 (3) SII RRL n. F.).

Die Diskussionen zu den Ebene 2-Texten haben an vielen Stellen gezeigt, dass in die delegierten Rechtsakte und die technischen Standards weitreichende politische Entscheidungen aus der Richtlinie „verlagert" worden sind. Hintergrund ist sicherlich sowohl die teilweise hohe technische Komplexität der zu regelnden Sachverhalte als auch die Notwendigkeit der Kompromissfindung zur Richtlinie. Die Verschiebung auf niedrigere Ebenen ist politisch legitim, führt aber auch dazu, dass eine Kennzeichnung vieler Ebene 2-Regelungen als nicht-wesentliche Abänderung der Prinzipien auf Richtlinien-Ebene schwer fällt (weitere Beispiele: Eigenmittel-Klassifikation und -(Sub-)Limitierung, Behandlung von Beteiligungen, Umfang und Detailliertheit der Berichtspflichten).

Da technische Regulierungsstandards einen Spezialfall delegierter Rechtsakte darstellen (ebenfalls auf der Rechtsgrundlage des Art. 290 AEUV, vgl. Art. 10 EIOPA-VO), gelten für sie die obigen Ausführungen zu delegierten Rechtsakten analog. Außerdem ist festgelegt, dass die technischen Regulierungsstandards technischer Art sind und keine strategischen oder politischen Entscheidungen beinhalten (Art. 10 (1) Unterabs. 2 EIOPA-VO). Ihr Inhalt wird durch die Gesetzgebungsakte, auf denen sie beruhen, begrenzt (Art. 10 (1) Unterabs. 2 EIOPA-VO). Das Verfahren zur Verabschiedung technischer Regulierungsstandards ist durch die Möglichkeit EIOPAs, Entwürfe für technische Regulierungsstandards zu erstellen (Art. 10 (1) EIOPA-VO), geprägt (vgl. zum Verfahren Art. 10–14 EIOPA-VO). Die Entwürfe für delegierte Rechtsakte erstellt die Europäische Kommission. Die Entscheidung der Gesetzgeber, eine Ermächtigungsgrundlage für einen delegierten Rechtsakt oder einen technischen Regulierungsstand zu schaffen, basiert auf einer Einschätzung, inwieweit die Expertise der nationalen Aufseher in EIOPA für die Erstellung von Ebene 2-Regelungen für notwendig erachtet wird.

Typ der Abänderung/Ergänzung

An die Frage der Nicht-Wesentlichkeit schließt sich die Art der Abänderung der Richtlinien-Bestimmungen an: Welche Typen von Änderungen und/oder Ergänzungen sind zulässig?

Die Grundidee ist, dass Durchführungsmaßnahmen eine Spezifizierung und/oder Konkretisierung der Prinzipien der Rahmenrichtlinie vornehmen. Die weitere Spezifizierung und/oder Konkretisierung von Ebene 2 erfolgt ggf. dann durch Ebene 3 (vgl. die Ausführungen zu technischen Durchführungsstandards und EIOPA-Leitlinien in 3.4). Im obigen Beispiel sollten Informationen und Fristen spezifiziert werden.

Grundsätzlich aber sind Änderungen möglich, die nicht eine einfache Spezifizierung der Prinzipien auf Ebene 1 sind. So ist eine Ergänzung neuer (nicht-wesentlicher) Bestimmungen erlaubt. Ein Beispiel dafür ist Folgendes: Die Europäische Kommission ist ermächtigt, neue Untermodule der SCR-Standardformel festzulegen (Art. 111 (1) b SII RRL). Dabei handelt es sich sicherlich um eine weitere Spezifizierung der SCR-Standardformel, ein neues Untermodul geht aber über die in der Richtlinie genannten Module für die SCR-Standardformel hinaus. Von diesem Ergänzungsrecht neuer Bestimmungen wurde in einem konkreten Fall Gebrauch gemacht, indem ein Modul für Risiken aus immateriellen Vermögensgegenständen („intangible assets") neu eingeführt wurde (vgl. Art. 87 i. V. m. Art. 203 SII DV).

Abänderungen, soweit durch die Ermächtigungsgrundlage gedeckt, bis hin zu Streichungen sind ebenfalls möglich. Die ergänzenden Durchführungsmaßnahmen sollten natürlich nicht im Widerspruch zu Regelungen auf Ebene 1 stehen. Der Umfang der Ermächtigung kann aber gerade eine solche Richtungsänderung nahe legen und wäre somit auch zulässig. Bei Widersprüchen könnte eine gerichtliche Klärung (auf europäischer Ebene) notwendig werden. Die Hürde, dass eine Ebene 2-Regelung als nichtig mit Verweis auf eine Ebene 1-Regelung angesehen wird, dürfte aber eher hoch liegen.

Zu beobachten sind unterschiedliche Grade der Konkretisierung der Ermächtigungsgrundlage. Tendenziell sind die Ermächtigungen eher weit gefasst, sodass die Europäische Kommission hohen Gestaltungsspielraum für die Ebene 2-Vorschriften hat. Diesen nutzt sie, soweit vorhersehbar, auch aus. Dafür spricht auch, dass EIOPA mit Leitlinien auf Ebene 3 eventuelle Lücken schließen könnte. Dadurch könnten politische oder technische Weichenstellungen der Europäischen Kommission berührt sein. Begrenzend wirken europäische Ebene 2-Vorschriften naturgemäß auch auf Unterschiede in der nationalen Ausgestaltung in den Mitgliedstaaten.

Rechtsform

Die Europäische Kommission kann delegierte Rechtsakte grundsätzlich (eventuell auch teilweise) verabschieden als:

- Richtlinie: schafft eine regulatorische Zielsetzung, die jedoch einer Umsetzung in nationales Recht bedarf (vgl. Art. 288 S. 3 AEUV) oder
- Verordnung: allgemeine unmittelbare Geltung in jedem Mitgliedstaat, keine Umsetzung in nationales Recht notwendig (vgl. Art. 288 S. 2 AEUV).

Zu beachten ist, dass der Ausdruck „Richtlinie" („directive") für ein EU-Gesetz steht und es sich nicht, wie der deutsche Begriff vermuten lässt, um eine eher unverbindliche Vorgabe handelt, nach der man sich richten kann, aber nicht muss. Eine Richtlinie ist rechtlich verbindlich. Ebenfalls missverständlich ist der Begriff der „Verordnung" („regulation"): Eine europäische Verordnung hat auf EU-Ebene ebenfalls Gesetzescharakter, ist also genau wie die „Richtlinie" ein EU-Gesetz. Nicht verwechselt werden sollte dies mit einer deutschen (Rechts-)Verordnung, die eine Rechtsnorm ohne ein Gesetzgebungsverfahren ist (z. B. von einem Bundesministerium erlassen). Um Verwechslungen zu vermeiden, wird teilweise von deutschen bzw. europäischen Verordnungen gesprochen.

Die technischen Regulierungsstandards können nur mittels Verordnungen oder Beschlüssen erlassen werden (Art. 10 (4) EIOPA-VO). Im Gegensatz zu delegierten Rechtsakten ist die Richtlinie für technische Regulierungsstandards keine zulässige Rechtsform. Die Europäische Kommission bevorzugt zur Harmonisierung auf EU-Ebene Verordnungen. Im Solvency II-Kontext wird diesem allgemeinen Trend einer stärkeren Vereinheitlichung („single rule book", vgl. 3.1.1) Rechnung getragen: Ebene 2-Regelungen sind als **Verordnung** und nicht als Richtlinie erlassen worden.

Richtlinien können dort sinnvoll sein, wo relevante nationale Besonderheiten zu berücksichtigen sind und auch entsprechende Umsetzungsspielräume bei den europäischen Vorgaben bestehen. Solche Spielräume könnten am ehesten noch in den „weichen" Säule II-Vorschriften gesehen werden, nicht jedoch in der Säule I. Die europäische Standardformel soll gerade die Vergleichbarkeit und Wettbewerbsgleichheit auf europäischer Ebene sicherstellen. Unterschiedliche nationale Umsetzungen würden diese Ziele eventuell konterkarieren.

3.3.2 Regelungsbereiche der delegierten Rechtsakte und technischen Regulierungsstandards

Was sind die Regelungsbereiche in den Durchführungsverordnungen? Natürlich ergeben sich diese aus den Ermächtigungsgrundlagen. Der Umfang und der Gehalt der Regelungen, bezogen auf eine Ermächtigung, können jedoch sehr unterschiedlich sein. Die einzelnen Regelungen werden teilweise bei den jeweiligen Themen angesprochen und dann im Zusammenhang mit Ebene 1 oder auch Ebene 3.

Die Ebene 2-Regeln sind das Ergebnis der Diskussionen (bis Mitte 2011) einer Arbeitsgruppe der Europäischen Kommission mit Vertretern der Mitgliedstaaten (aus Finanzministerien), der sog. „Solvency II Expert Group“ (SEG) unter Berücksichtigung der EIOPA-Konsultationspapiere („consultation papers“, CPs) und der QIS5-Ergebnisse und -Erkenntnisse (siehe dazu EIOPA (2011a) sowie BaFin (2011)). Zunächst wurden einzelne Themenbereiche auf Basis von Entwürfen der Europäischen Kommission diskutiert. Die Europäische Kommission fasste diese dann später zu einem „konsolidierten“ Entwurf zusammen, um die Konsistenz zu gewährleisten. Beim Stand der Fassung vom November 2011 (Europäische Kommission (2011)) handelte es sich um den „eingefrorenen“ Stand, da vor der Fortsetzung der Arbeiten hieran die Omnibus II-Richtlinie abgewartet wurde.

Die Arbeiten sind Mitte 2013 in einer Expertengruppe zu Banken, Zahlungsverkehr und Versicherungen (Commission Expert Group on Banking, Payments and Insurance, CEGBPI) in der Versicherungsbesetzung („insurance formation“) fortgesetzt worden. Diese Kommissionsarbeitsgruppe mit Vertretern aus den Mitgliedstaaten ist in Übereinstimmung mit Art. 290 AEUV zu delegierten Rechtsakten und der Deklaration 39 dazu von der Europäischen Kommission eingesetzt worden. Sie ist ein Beratungsgremium, bestehend aus nationalen Experten, mit dem Zweck, Ratschläge und Expertise für die Erstellung von Entwürfen für delegierte Rechtsakte im Bereich Banken, Zahlungsverkehr und Versicherungen der Kommission und ihren Dienststellen zu erteilen bzw. zur Verfügung zu stellen.

Frühere Komitologieausschüsse („Ebene 2-Ausschüsse“) wie der Europäische Ausschuss für das Versicherungswesen und die betriebliche Altersversorgung (European Insurance and Occupational Pensions Committee, EIOPC) spielen kein Rolle mehr im Zusammenhang mit delegierten Rechtsakten, wobei sie aber im Bereich der Durchführungsrechtsakte (nach Art. 291 AEUV) aktiv bleiben.[15]

Der offizielle Kommissionsvorschlag zu delegierten Rechtsakten ist am 10.10.2014 veröffentlicht worden und in Kraft getreten, da Europäisches Parlament und Rat keinen Widerspruch erhoben haben (Delegierte Verordnung (2015)).[16] Die durch die Omnibus II-Richtlinien geänderten Ermächtigungsgrundlagen und die neuen Rechtsetzungsverfahren nach dem Lissabon-Vertrag (Art. 290 und 291 AEUV) bzw. der EIOPA-Verordnung (Art. 10–14 EIOPA-VO) sind darin berücksichtigt.

Wesentliche Regelungsbereiche sind die Bewertung von Vermögensgegenständen und Verpflichtungen, insbesondere der versicherungstechnischen Rückstellungen, Eigenmittel, SCR, interne Modelle und MCR, also Säule I-Themen. Bezüglich Struktur und Regelungsinhalt der Säule I-Vorgaben basieren sie weitestgehend auf den QIS5- bzw.

15 Vgl. http://ec.europa.eu/internal_market/finances/expert-group/index_de.htm [09.05.2016].

16 Die ursprüngliche Delegierte Verordnung (2015) ist bereits durch eine Delegierte Verordnung zur Änderung dieser Delegierten Verordnung geändert (inhaltlich durch Ergänzungen und formal durch Fehlerkorrekturen) worden (vgl. Delegierte Verordnung zur Änderung der Delegierten Verordnung (2016)). Die Neuregelungen betreffen insbesondere Infrastrukturinvestments.

den LTGA-Technischen Spezifikationen (Europäische Kommission (2010) bzw. EIPOA (2013)). Neben den Säule I-Bestimmungen auf Ebene 2 sind Säule II- und Säule III- sowie Gruppen-Aspekte in den delegierten Rechtsakten und technischen Regulierungsstandards zu finden (vgl. Abbildung 3-2).

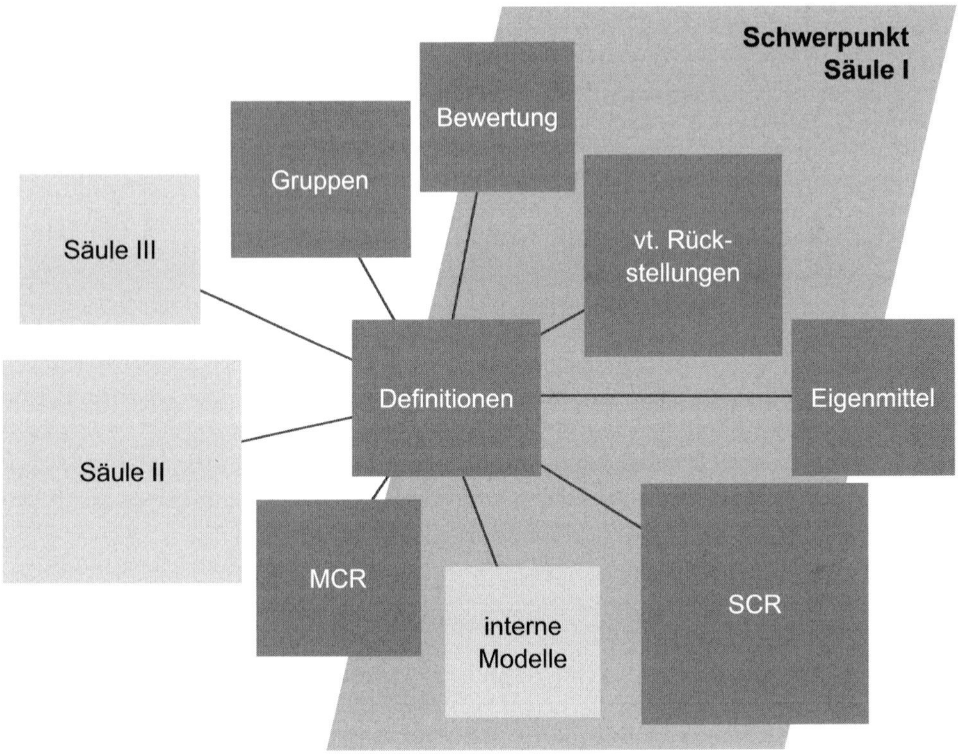

Abbildung 3-2: Überblick über die Regelungsbereiche von delegierten Rechtsakten und technischen Regulierungsstandards (Ebene 2)

Weiterhin sind Regelungen zur Verwendung von Ratings, zur Dritt-Staaten-Äquivalenz und zu Zweckgesellschaften (SPVs) enthalten. Nach Angaben der Europäischen Kommission waren etwa 40 gewichtige Gebiete der Rahmenrichtlinie durch Durchführungsmaßnahmen abgedeckt;[17] diese sind nun durch delegierte Rechtsakte bzw. technische Regulierungs- und/oder Durchführungsstandards abgedeckt. Die Neuregelungen in der Solvency II-Richtlinie sind weitestgehend durch Ebene 2 und 3 ergänzt.

Zusammengefasst lässt sich sagen, dass die delegierten Rechtsakte und technischen Regulierungsstandards die konkrete Ausgestaltung der Solvency II-Prinzipien regeln. Wesentliche Festlegungen, z. B. zu Parametern im Standardansatz wie die Sätze der Kapitalunterlegung von Anlageklassen, erfolgen erst auf Ebenen unterhalb der Sol-

17 Siehe http://ec.europa.eu/finance/insurance/solvency/solvency2/index_de.htm#implementing-rules [09.05.2016].

vency II-Richtlinie. Insbesondere bringen Ebene 2 und Ebene 3 (siehe 3.4) zusammen erst die Klarheit, wie die europäischen Vorgaben zu Solvency II aussehen. Die Kritik an Solvency II bezieht sich häufig weniger auf die prinzipienbasierten Vorgaben der Solvency II-Richtlinie als auf deren (detaillierte) Ausgestaltung auf Ebenen unterhalb der Solvency II-Richtlinie.

3.4 Technische Durchführungsstandards und EIOPA-Leitlinien (Ebene 3)

Im Folgenden werden der Rechtscharakter und die Regelungsbereiche der technischen Durchführungsstandards („implementing technical standards", ITS) und der EIOPA-Leitlinien („guidelines"), die die Ebene 3 der Rechtsetzung zu Solvency II ausmachen, erläutert.

Der Begriff „Leitlinie" ist allgemeiner Natur und könnte auch als interne Leitlinie in einem Versicherungsunternehmen verstanden werden. Zur besseren Abgrenzung wird der Begriff der „EIOPA-(Aufsichts-)Leitlinien" verwendet, der verdeutlicht, dass es sich nicht um schriftlich festgelegte Leitlinien im Sinne interner Regelungen (beispielsweise „written policies" zu Aspekten des Governance-Systems, Art. 41 (3) SII RRL / § 23 (3) VAG 2016) handelt, sondern um Regelungen, die von der EU-Versicherungsaufsichtsbehörde EIOPA entwickelt und herausgegeben werden.

3.4.1 Charakter der technischen Durchführungsstandards und EIOPA-Leitlinien

Die allgemeine Befugnis von EIOPA zur Herausgabe von Leitlinien (und Empfehlungen) ist in der EIOPA-Verordnung verankert (Art. 2 (2) c) mit Verweis auf Art. 16 EIOPA-VO). Die ursprüngliche Verankerung der Leitlinien in der Solvency II-Richtlinie (Art. 71 (3) SII RRL) ist durch die Omnibus II-Richtlinie entfallen. Leitlinien benötigen im Gegensatz zu technischen (Durchführungs-)Standards (vgl. Erwägungsgrund 9 der Omnibus II-Richtlinie) keinerlei konkrete Ermächtigungsgrundlage in der Solvency II-Richtlinie selbst.

Über die Omnibus II-Richtlinie wird EIOPA jedoch in der Solvency II-Richtlinie in einzelnen Fällen konkret aufgefordert, Leitlinien zu erarbeiten (Art. 35 (11) SII RRL, Art. 248 (6) SII RRL) bzw. in gewisser Weise ermächtigt, Leitlinien herausgeben zu können (Art. 231 (7) SII RRL / § 263 VAG 2016: „Die EIOPA kann Leitlinien für die Sicherstellung einer einheitlichen und kohärenten Anwendung dieses Absatzes erlassen." bzw. ähnlich Art. 248 (6) SII RRL).[18] Rechtlich kann EIOPA allerdings nicht zur Herausgabe von Leitlinien gezwungen werden. Diese setzen eine (qualifizierte) Mehrheitsentscheidung der nationalen Aufsichtsbehörden im Beschlussgremium von EIOPA, dem sog. Rat der Aufseher („board of supervisors"), voraus, die unabhängig entscheiden können (müssen).

18 Zu den Regelungsbereichen der Leitlinien vgl. 3.4.2.

Technische Durchführungsstandards („implementing technical standards", ITS) und EIOPA-Aufsichtsleitlinien („guidelines", GL) auf Ebene 3 werden sich in ihrer Rechtsverbindlichkeit unterscheiden:

- ITS (EIOPA-VO Art. 15): Verbindlich und unmittelbar geltendes Recht (nur in Form einer europäischen Verordnung bzw. von Beschlüssen möglich (EIOPA-VO Art. 15 (4));
- Leitlinien (EIOPA-VO Art. 16): Faktisch verbindlich, insbesondere durch einen comply-or-explain-Mechanismus, der bei Nicht-Einhaltung eine Veröffentlichungs- und Begründungspflicht nach sich zieht.

Von der Verbindlichkeit her unterscheiden sich die technischen Durchführungsstandards (ITS) nicht von technischen Regulierungsstandards („regulatory technical standards", RTS) als spezieller Form delegierter Rechtsakte („delegated acts", DA), deren Entwürfe EIOPA erstellt (vgl. 3.3.1). Die Europäische Kommission siedelt die technischen Standards auf einer Zwischenebene zwischen den Ebenen 2 (DA) und 3 (GL), also einem „Level 2.5", an.[19]

Die Diskussion der Nicht-Wesentlichkeit von Ebene 2 setzt sich auf Ebene 3 fort: Technische Durchführungsstandards sollen technischer Natur sein und keine strategischen oder politischen Entscheidungen beinhalten (Art. 15 (1) und Erwägungsgrund 21 EIOPA-VO).

Bei der Ermittlung der Bereiche, in denen technische Standards beschlossen werden, sollte das richtige Maß zwischen der Schaffung eines einheitlichen, harmonisierten Regelwerks und der Vermeidung einer unnötig komplizierten Regulierung und Durchsetzung gefunden werden (Erwägungsgrund 10 der Omnibus II-Richtlinie). Ausgewählt werden müssten ausschließlich Bereiche, in denen kohärente technische Vorschriften wahrscheinlich erheblich und effektiv zur Erreichung der Ziele der Solvency II-Richtlinie beitragen. Dabei sollte gleichzeitig sichergestellt werden, dass die politischen Entscheidungen vom Europäischen Parlament, vom Rat und von der Kommission nach ihren üblichen Verfahren getroffen werden (Erwägungsgrund 10 der Omnibus II-Richtlinie). Dies entspricht dem Vorrang der Politik vor der Verwaltung.

Technische Durchführungsstandards dienen der Festlegung von Bedingungen für die Anwendung der eigentlichen Gesetzgebungsakte und sorgen für eine einheitliche Anwendung verbindlicher EU-Rechtsvorschriften („standards for the uniform application of legally binding EU acts")[20]. Basisrechtsakt ist hier als eigentlicher Gesetzgebungsakt wiederum die Solvency II-Richtlinie. Technische Durchführungsstandards sind ein Spezialfall von (allgemeinen) Durchführungsrechtsakten nach Art. 291 AEUV (Art. 15 EIOPA-VO). Die Kontrollmechanismen sind im Vergleich zu delegierten Rechtsakten nach Art. 290 AEUV und dem Spezialfall von technischen Regulierungsstandards herabgesetzt: Ein Vetorecht von Europäischem Parlament und Rat besteht nicht.

Die Unterschiede der verschiedenen Rechtsakte bestehen also nicht in der Rechtsverbindlichkeit (in Abgrenzung zu den rechtlich nicht verbindlichen EIOPA-Leitlinien), son-

19 Siehe http://ec.europa.eu/finance/insurance/solvency/solvency2/index_de.htm#implementing-rules [09.05.2016].

20 Siehe http://ec.europa.eu/finance/insurance/solvency/solvency2/index_de.htm#implementing-rules [09.05.2016].

dern im Vetorecht von Europäischem Parlament und Rat sowie in der Mitwirkung von EIOPA an der Rechtsetzung durch die Möglichkeit, Entwürfe zu den Rechtsakten vorzulegen (siehe Abbildung 3-3). Reine Durchführungsrechtsakte („implementing acts“, IA) sind im Solvency II-Kontext nur in einem speziellen Fall vorgesehen (durch Änderung der Solvency II-Richtlinie im Zuge der Omnibus II-Richtlinie). Die Europäische Kommission kann Durchführungsrechtsakte oder sogar sofort geltende Durchführungsrechtakte zu bestimmten technischen Informationen zur Zinsstrukturkurve erlassen (Art. 77e (2) Unterabs. 1 bzw. Unterabs. 3).[21] Es gelten die Verfahrensregeln des Beratungsverfahrens bzw. die zusätzlichen Verfahrensregeln bei sofort geltenden Durchführungsrechtsakten (Art. 301 (2) bzw. (3) mit Verweis auf Art. 4 bzw. 8 der EU-Verordnung 182/2011).

Vetorecht / EIOPA	Vetorecht durch Europäisches Parlament und Rat	kein Vetorecht durch Europäisches Parlament und Rat
keine Entwürfe von EIOPA	delegierte Rechtsakte (delegated acts, DA) (nach Art. 290 AEUV)	Durchführungsrechtsakte (implementing acts, IA) (nach Art. 291 AEUV)
Entwürfe von EIOPA	technische Regulierungsstandards (regulatory technical standards, RTS) (nach EIOPA-VO Art. 10–14)	technische Durchführungsstandards (implementing technical standards, ITS) (nach EIOPA-VO Art. 15)

Abbildung 3-3: Überblick über die verschiedenen Rechtsakte

Die Entscheidung für eine Form der Rechtsetzung kann auch als Frage der Austarierung des interinstitutionellen Gleichgewichts auf EU-Ebene gesehen werden. Je nach Rechtsetzungsverfahren sind die Einflüsse der Mitgliedstaaten und des Europäischen Parlaments sowie der Europäischen Kommission unterschiedlich stark. Dass EIOPA Entwürfe technischer Standards erstellt, kann als Schwächung der Europäischen Kommission interpretiert werden, auch wenn die Europäische Kommission diese Entwürfe nicht unverändert erlassen muss. Dem Europäischen Parlament ist an einer Stärkung von EIOPA gelegen, um den etwaigen Einfluss der Mitgliedstaaten auf die Europäische Kommission zu schwächen. Umgekehrt ist EIOPA allerdings durch die Mehrheitsentscheidungen der nationalen Aufsichtsbehörden (und deren Abhängigkeit von beispielsweise den nationalen Finanzministerien) eine weniger durch eine europäische Sicht geprägte Institution als die Europäische Kommission selbst.

EIOPA-Leitlinien sind primär von den Aufsichtsbehörden an sich selbst gerichtet, um eine einheitliche Aufsichtspraxis nach dem EU-Recht in den Mitgliedstaaten zu gewährleisten. Aber auch für Aufsichtsbehörden sind Leitlinien rechtlich nicht verbindlich. Adressaten von Leitlinien können jedoch auch Versicherungsunternehmen sein (Art. 16 (1)

21 Dies geschieht mit Solvency II-Beginn und in der Folge alle drei Monate, um jeweils die aktuellen Zinsstrukturkurven zur Berechnung der versicherungstechnischen Rückstellungen unter Solvency II vorzugeben.

EIOPA-VO). Auch wenn Versicherungsunternehmen nicht direkt adressiert werden, können sich aus den Anforderungen für Aufsichtsbehörden indirekt Anforderungen für die Versicherungsunternehmen ergeben. Sowohl Aufsichtsbehörden als auch Finanzinstitute sollen alle erforderlichen Anstrengungen unternehmen, um Leitlinien nachzukommen (Art. 16 (3) EIOPA-VO).

EIOPA-Leitlinien enthalten im Gegensatz zu EU-Richtlinien aber keinen für die Mitgliedstaaten verbindlichen Umsetzungsbefehl. Vielmehr bedarf die Einhaltung der Vorgaben der Leitlinie einer *nationalen* Rechtsgrundlage: Die BaFin kann ihr Handeln rechtlich nicht auf eine Leitlinie stützen. Unterstellt wird, dass es keine (unmittelbare) europäische Rechtsgrundlage gibt, da sonst eine zusätzliche Leitlinie nicht notwendig wäre.

Die vorgesehene jährliche Veröffentlichung der Nicht-Einhaltung der Leitlinien durch EIOPA („comply-or-explain"-Mechanismus) erhöht den Druck auf die nationalen Aufsichtsbehörden und (indirekt) auch auf die Versicherungsunternehmen. In einer Leitlinie kann sogar festgelegt sein, dass auch Versicherungsunternehmen eine Nicht-Einhaltung der entsprechenden Leitlinie offenzulegen haben.

EIOPA hat zu gewährleisten, dass auch Leitlinien den Grundsatz der Verhältnismäßigkeit (das sog. Proportionalitätsprinzip) berücksichtigen, um eine verhältnismäßige („proportionale") Anwendung der Solvency II-Richtlinie, insbesondere auf kleine Versicherungsunternehmen, sicherzustellen (Art. 29 (4) SII RRL n. F.). Der Grundsatz der Verhältnismäßigkeit ist auch bei den von der Europäischen Kommission erlassenen technischen Regulierungs- und Durchführungsstandards zu beachten. Die dazu von EIOPA vorgelegten Entwürfe sollten daher bereits das Proportionalitätsprinzip berücksichtigen (Art. 29 (4) Unterabs. 2 SII RRL n. F.).[22]

3.4.2 Regelungsbereiche der technischen Durchführungsstandards und EIOPA-Leitlinien

Die Bereiche (Sets) der technischen Durchführungsstandards sind durch die Omnibus II-Richtlinie festgelegt, beispielsweise zu aufsichtlichen Berichtspflichten (Art. 31 (5) SII RRL), zu Kapitalzuschlägen (Art. 37 (8) SII RRL / § 301 VAG 2016) und zu externen Ratings (Art. 44 (4a) SII RRL / § 26 VAG 216). Begonnen wurde mit einem ersten Set zu aufsichtlichen Genehmigungsprozessen. Ein zweites Set umfasste Säule I, Säule II und Säule III sowie aufsichtliche Transparenz.[23] Analog folgten EIOPA-Leitlinien, die die aufsichtlichen Genehmigungsprozesse bzw. Säule II und III umfassten.

Leitlinien sollen innerhalb des Europäischen Systems der Finanzaufsicht (European System of Financial Supervision, ESFS) kohärente, effiziente und wirksame Aufsichtspraktiken schaffen und eine gemeinsame, einheitliche und kohärente Anwendung des

22 Ähnlich ist im deutschen VAG festgelegt, dass der Verordnungsgeber bei deutschen Verordnungen zum VAG den Grundsatz der Verhältnismäßigkeit berücksichtigt (§ 296 (2) VAG 2016).

23 Eine Übersicht über die technischen Durchführungsstandards findet sich unter: http://www.bafin.de/DE/Aufsicht/VersichererPensionsfonds/Aufsichtsregime/RechtsgrundlagenLeitlinien/rechtsgrundlagen_node.html#doc7461888bodyText3 [09.05.2016].

EU-Rechts sicherstellen (Art. 16 (1) EIOPA-VO). Aufsichtspraktiken der verschiedenen nationalen Versicherungsaufsichtsbehörden, die Teil des ESFS sind, sollen durch Leitlinien harmonisiert werden: Eine konkrete Leitlinie soll eine Aufsichtspraxis schaffen, die beispielsweise sowohl die BaFin in Deutschland als auch die britische PRA (Prudential Regulation Authority) konsistent durchführen. Die geschaffenen Leitlinien sollen effektiv, also ihr Ziel auch erreichen, und effizient sein, also z. B. nicht unnötig bürokratisch bei der Durchführung. Europarechtliche Vorgaben wie in der Solvency II-Richtlinie sollen durch Leitlinien von den nationalen Aufsichtsbehörden in den Mitgliedstaaten einheitlich und in konsistenter Weise angewendet werden.

Daher ergibt sich der Bedarf an Leitlinien vor allem dann, wenn EU-Recht bzw. dessen nationale Umsetzung nicht bereits so klar und eindeutig ist, dass die Aufsichtspraxis einheitlich ist. Unabhängig davon wäre eine tatsächliche, fortgesetzt, also über den Einzelfall hinausgehend systematisch, uneinheitliche Anwendung von EU-Recht durch nationale Versicherungsaufsichtsbehörden mit der Folge erheblicher Aufsichtsarbitrage ein Grund für eine EIOPA-Leitlinie als kurzfristige Gegenmaßnahme, eventuell bevor durch einen Gesetzgebungsprozess rechtliche Klarheit hergestellt ist (die Leitlinie selbst bringt die Rechtssicherheit hingegen nicht). Die Interpretationsspielräume und faktischen Ausführungsunterschiede sollten nicht unterschätzt werden. Diese rechtfertigen jedoch keinesfalls eine faktische Rechtsetzungsbefugnis von EIOPA.

In Bezug auf die Solvency II-Richtlinie gibt es wegen der noch fehlenden Aufsichtspraxis keine bestehenden Inkonsistenzen in der Anwendung; vielmehr soll mit Leitlinien im Vorgriff eine möglichst einheitliche Aufsichtspraxis und Anwendung des EU-Rechts von Beginn an erreicht werden. Bis jetzt hat EIOPA 29 Leitlinien zu Solvency II veröffentlicht (Stand: Mai 2016).[24] Themenbereiche sind u. a. das Basisrisiko (EIOPA (2015a)), die Bewertung versicherungstechnischer Rückstellungen (EIOPA (2015b)), unternehmensspezifische Parameter (EIOPA (2015c)), die Verwendung interner Modelle (EIOPA (2015d)), das Governance-System (EIOPA (2015f)), den Methoden für die Bestimmung von Marktanteilen für die Berichterstattung (EIOPA (2015g)), die Berichterstattung zum Zwecke der finanziellen Stabilität (EIOPA (2015h)) und die Gruppensolvabilität (EIOPA (2015i)).

Es besteht der Eindruck, dass die Leitlinien die Regelungsbereiche technischer Standards spiegeln.

3.5 Nationale Umsetzung (Ebene 4)

Als letzte Rechtsetzungsebene wird die nationale Umsetzung der Solvency II-Richtlinie (Ebene 4) behandelt. Die nationale Umsetzung der Solvency II-Richtlinie ist in Deutschland erfolgt: Das neue Versicherungsaufsichtsgesetz (VAG) wurde mit dem Gesetz zur Modernisierung der Versicherungsaufsicht zum 10.04.2015 wirksam. Anzuwenden waren die neuen VAG-Regelungen von den Versicherungsunternehmen allerdings erst ab 01.01.2016.

24 Siehe https://eiopa.europa.eu/publications/eiopa-guidelines [09.05.2016].

3.5.1 Charakter der nationalen Umsetzung

Wie bereits dargelegt, bedürfen Richtlinien – im Gegensatz zu (europäischen) Verordnungen – einer Umsetzung („transposition“) in nationales Recht. Adressaten der Richtlinie sind die Mitgliedstaaten. Bei der Umsetzung können daher die Anweisungen an die Mitgliedstaaten nicht einfach in nationale Gesetzesvorschriften „übersetzt“ werden. Die einzelstaatlichen Vorschriften, z. B. die deutschen VAG-Regelungen, sind ja nicht an die anderen Mitgliedstaaten oder an die Bundesrepublik Deutschland gerichtet. Auch wenn eine reine (wörtliche) Übersetzung der Vorschriften nicht sachgerecht ist, können die europäischen Vorgaben inhaltlich („eins zu eins“) in nationales Recht umgesetzt werden („1:1-Umsetzung“). In der Regel können nationale Umsetzungen europäische Vorgaben noch verschärfen, eine Abweichung „unter“ die europäischen Vorgaben ist hingegen nicht gestattet (sog. Mindestharmonisierung). Für den Fall, dass die europäischen Vorgaben explizit (z. B. einem Verbot der Abweichung)[25] oder implizit (europaweit-einheitlicher Wert) keine Abweichung nach „oben“ zulassen, spricht man von einer Vollharmonisierung.

Die Frage ist, ob die Solvency II-Richtlinie eine 1:1-Umsetzung verlangt und daher eine Vollharmonisierung anstrebt. Die Antwort darauf ist nicht eindeutig. Im neuen VAG wurde die Solvency II-Richtlinie im Wesentlichen eins zu eins umgesetzt. Bisherige Regelungen, wie die Bestimmungen zur Kapitalanlage (inkl. der früheren Anlageverordnung), wurden beispielsweise durch die neuen Solvency II-Vorschriften zu Anlagen ersetzt, also den Grundsatz der unternehmerischen Vorsicht („prudent person principle“) (Art. 132 SII RRL / § 124 (1) VAG 2016).

Andere VAG-Teile, basierend auf Teilen der Solvency II-Richtlinie, die aus bestehenden Richtlinien unverändert zusammengefasst wurden (sog. „recast“), blieben ebenfalls nahezu unverändert. Deutsche „Sonderregeln“, wie die Bestimmungen zum verantwortlichen Aktuar[26] oder zum Treuhänder des Sicherungsvermögens, die keine europäische Rechtsgrundlage haben, wurden beibehalten. Vorgesehen waren und sind jedoch Verordnungsermächtigungen zusätzlich zu den europäischen Durchführungsmaßnahmen, die abweichende nationale Regeln in deutschen Verordnungen beinhalten können.

Schaut man genauer in die Solvency II-Regelungen, so zielen diese zwar generell auf eine europäische Harmonisierung ab, jedoch werden beispielsweise produktspezifische Besonderheiten (wie die Anerkennung der ökonomisch bewerteten freien RfB als Tier 1-Eigenmittel als surplus funds nach Art. 91 (2) SII RRL / § 94 VAG 2016) berücksichtigt. Außerdem gibt es Mitgliedstaaten-spezifische Festlegungen, z. B. hinsichtlich zugelassener Rechtsformen (Art. 17 i. V. m. Anhang III SII RRL). Enthalten sind in der Solvency II-Richtlinie auch einige (explizite) Mitgliedstaaten-Optionen.

Teilweise sind auch nur Mindestvorgaben in der Solvency II-Richtlinie vorgegeben, z. B. Mindest-Eigenmittel-Limite, die erst auf Ebene 2 harmonisiert werden (Art. 82 SII DV).

---

25 Ein Beispiel dafür ist das Verbot der Anforderung, Versicherungsbedingungen oder Tarife vorab zu genehmigen (Art. 21 SII RRL).

26 Siehe zum verantwortlichen Aktuar und zur Abgrenzung von der versicherungsmathematischen Funktion DAV (2016), S. 8 f.

Hinzu kommen von der Solvency II-Richtlinie nicht abgedeckte Bereiche (bereits genanntes Beispiel: verantwortlicher Aktuar sowie die Beaufsichtigung von Versicherungsholdinggesellschaften), außerdem gewisse Freiheiten auf Aufseher- und Unternehmensseite, z. B. durch das Proportionalitätsprinzip oder das Aufsichtsermessen. Nicht aus den Augen zu verlieren ist zudem, dass die Richtlinie aufgrund der hohen Abstraktion („Rahmenrichtlinie") gar nicht zur Harmonisierung geeignet ist, sondern die Harmonisierung vielmehr erst durch Ebene 2 und 3 und durch EIOPA und die nationalen Aufsichtsbehörden vorangebracht werden kann.

Mitgliedstaaten-Wahlrechte sind sicherlich ein Einfallstor für eine uneinheitliche Regelungslandschaft. Beispiele für solche Optionen sind die Subgruppenaufsicht (Art. 216/217 SII RRL / §§ 348/349 VAG 2016, vgl. 7.2.3) und Übergangsbestimmungen für den Bericht über die Solvabilität und die Finanzlage (kein separater Ausweis der Kapitalzuschläge für die ersten fünf Jahre bis 31.12.2020, Art. 51 (2) SII RRL / § 341 VAG 2016, vgl. 6.4). Bei beiden ist die Umsetzung in Deutschland erfolgt. In anderen EU-Staaten ist jedoch teilweise keine Umsetzung vorgesehen worden. Umgekehrt ist das durationsbasierte Untermodul Aktienrisiko (Art. 304 SII RRL) in Deutschland nicht umgesetzt, in Frankreich ist es hingegen umgesetzt. Aus der unterschiedlichen Ausübung von Mitgliedstaaten-Wahlrechten, von denen noch weitere bereits in der ursprünglichen Solvency II-Richtlinie bestanden und zusätzlich durch die Omnibus II-Richtlinie geschaffen wurden (z. B. Art. 308b (15) und (16) SII RRL / § 349 VAG 2016), ergeben sich eventuell Wettbewerbsverzerrungen, die gerade durch europaweit einheitliche Regelungen im Binnenmarkt vermieden werden sollten.

Nicht hilfreich bei der deutschen Umsetzung ist die teilweise vorgenommene Vermengung alter und neuer Regelungen, u. a. durch die Beibehaltung von Begriffen (z. B. „unabhängige Risikocontrollingfunktion" statt „Risikomanagement-Funktion").

3.5.2 Struktur des neuen Versicherungsaufsichtsgesetzes (VAG)

Die VAG-Struktur orientiert sich nach der Solvency II-Umsetzung in seiner Gliederung stärker an der Struktur der Solvency II-Richtlinie (vgl. Tabelle 1) als dies beim vormaligen VAG mit den bisherigen Solvency I-Vorschriften der Fall war. Ein zusätzlicher Abschnitt wird im VAG zu „kleinen" Versicherungsunternehmen benötigt, da bestimmte Versicherungsunternehmen nicht unter den Anwendungskreis der Solvency II-Richtlinie fallen werden (z. B. da sie das Größenkriterium von mindestens 5 Mio. € Prämieneinnahmen nicht erfüllen, Art. 4 SII RRL / § 211 VAG 2016).

Die Massivität der Änderungen in Bereichen, die weitestgehend neu und ohne Vorgänger-Paragraphen im aktuellen VAG sind, ergibt sich aus der fundamentalen Reform des europäischen Versicherungsaufsichtsrechts hin zu einem ökonomischen, risikobasierten Aufsichtsregime. Speziell eine Drei-Säulen-Struktur war bisher nur rudimentär im europäischen und nationalen Aufsichtsrecht verankert.

	vor dem Lissabon-Vertrag	nach dem Lissabon-Vertrag
Ebene 1	Solvency II-Richtlinie	Solvency II-Richtlinie
Ebene 2	Durchführungsmaßnahmen (implementing measures, IM)	delegierte Rechtsakte (delegated acts, DA), technische Regulierungsstandards (regulatory technical standards, RTS)
Ebene 2.5 (neu)		technische Durchführungsstandards (implementing technical standards, ITS)
Ebene 3	EIOPA-Leitlinien (guidelines)	EIOPA-Leitlinien (guidelines)
Ebene 4	nationale Umsetzung / VAG	nationale Umsetzung / VAG

Abbildung 3-4: Solvency II-Rechtsetzungsebenen im Überblick

Einen Überblick über die verschiedenen Rechtsetzungsebenen nach dem Lamfalussy-Verfahren (vor dem Lissabon-Vertrag) und nach den Änderungen durch den Lissabon-Vertrag, die mit der Omnibus II-Richtlinie in die Solvency II-Richtlinie transferiert wurden, zeigt Abbildung 3-4. Das Lamfalussy-Verfahren war ein spezielles Komitologie-Verfahren auf EU-Ebene, das erstmalig bei der Solvency II-Richtlinie im Versicherungsbereich angewendet wurde. Unter Komitologie wird ein System von Verwaltungs- und Expertenausschüssen („Komitees“) verstanden. Kerngedanke dieses Lamfalussy-Verfahrens war eine mehrstufige Gesetzgebung, bei der Regeln sukzessive auf verschiedenen Ebenen unter Einbindung von Expertenausschüssen festgelegt werden.

3.6 Zusammenfassung

Solvency II ist ein europäisches Projekt der Europäischen Kommission zur grundlegenden Reform der Versicherungsaufsicht, vor allem der Solvabilitätsvorschriften für die Eigenmittelausstattung von Versicherungsunternehmen und -gruppen. Europarechtlich wurde mit Solvency II Sekundärrecht geschaffen. Dies basiert auf der europarechtlichen Zuständigkeit der EU für den Binnenmarkt.

Die Solvency II-Richtlinie folgt hierbei dem Ansatz der Prinzipienorientierung. Dies bedeutet, dass der Gesetzgeber bei Solvency II weitestgehend keine konkreten Vorschriften in der Rahmenrichtlinie, sondern Prinzipien vorgegeben hat. Diese Vorschriften haben zunächst einen generellen und für alle Unternehmen allgemeingültigen Charakter. Die Anwendung der Prinzipien erfordert eine individuelle Prüfung des Einzelfalls, sowohl auf der Ebene der Unternehmen als auch auf der Ebene der Aufsicht.

Die zentralen Regelungsbereiche von Solvency II lassen sich in drei Säulen abbilden:

- **Säule I:** Quantitative Anforderungen an die Ausstattung mit Eigenmitteln in Abhängigkeit von der individuellen Geschäftstätigkeit und den sich daraus ergebenden Risiken (vgl. 4.)
- **Säule II:** Qualitative Anforderungen an das Risikomanagement und die Unternehmenssteuerung (Governance-System) (vgl. 5.)
- **Säule III:** Markttransparenz und Berichtspflichten gegenüber Aufsicht und Öffentlichkeit (vgl. 6.)

Hinzu kommt für bestimmte Versicherungsunternehmen einer Versicherungsgruppe die sog. Gruppenaufsicht (vgl. 7.), also die Beaufsichtigung von Zusammenschlüssen von Versicherungsunternehmen zu einer ökonomischen Einheit auf der Ebene dieses Zusammenschlusses. Häufig werden solche Zusammenschlüsse als "Versicherungskonzerne" bezeichnet, im aufsichtsrechtlichen Kontext ist allerdings die Bezeichnung „Versicherungsgruppe" gebräuchlich. Dies erklärt sich auch dadurch, dass sich die Solvency II-Gruppe von einem handelsrechtlichen Konzern unterscheiden kann (vgl. 7.2.1). Um die Ebenen der Beaufsichtigung zu unterscheiden, wird die Beaufsichtigung einzelner Versicherungsunternehmen „Solo-Aufsicht" (oder auch „Einzelaufsicht") genannt.

Im Kern der Rechtsetzung zu Solvency II steht die Rahmenrichtlinie, die im Jahr 2009 verabschiedet wurde. Sie erfuhr durch die Omnibus II-Richtlinie Änderungen, die durch den Lissabon-Vertrag (neue Formen der Rechtsetzung) und durch die Einrichtung einer neuen EU-Aufsichtsarchitektur im Jahr 2010 begründet sind. Letzteres bewirkte die verstärkte Einbindung von EIOPA als EU-Versicherungsaufsichtsbehörde. Neben diesen eher formalen Einflüssen reflektiert die Omnibus II-Richtlinie die fortgesetzten Diskussionen zu langfristigen Garantien und Übergangsregelungen.

Die Ausgestaltung und Konkretisierung der Regelungen der Rahmenrichtlinie erfolgt über mehrere Ausgestaltungsebenen hinweg. Auf der obersten Ebene befindet sich bei dieser Betrachtung die Rahmenrichtlinie und auf der untersten Ebene die nationale Umsetzung (Gesetze und eventuell nationale Verordnungen). Auf den Zwischenebenen werden mittels delegierter Rechtsakte und technischer Durchführungs- bzw. Regulierungsstandards sowie EIOPA-Leitlinien Regelungen zur Konkretisierung für die Unternehmen und die Aufsicht festgelegt.

So füllen die Ebenen 2 und 3 die Prinzipien der Solvency II-Richtlinie erst mit Leben. Gerade in den Kernelementen des neuen Aufsichtssystems (Bewertung, Eigenmittel, SCR und MCR) hängt die Ausgestaltung erheblich von der Delegierten Verordnung zur Solvency II-Richtlinie, den technischen Standards und den EIOPA-Leitlinien ab. Das VAG verliert demgegenüber für Unternehmen unter Solvency II-Aufsicht an Bedeutung, sofern nicht von den europäischen Vorgaben (in zulässiger Weise) abgewichen wird oder diese ergänzt werden.

Auch unterhalb der Rechtsetzungsebenen werden zusätzliche Vorgaben für Versicherungsunternehmen und -gruppen formuliert. Dies gilt beispielsweise für Veröffentlichungen von EIOPA, u. a. „Meinungen" („opinions") (siehe z. B. EIOPA (2015e)) und die

Fragen-und-Antworten-Dokumente („Q&A on regulation“) von EIOPA sowie national für die diversen Auslegungsentscheidungen der BaFin. Diese sollten die harmonisierten Festlegungen in geordneten Gesetz- und Rechtsetzungsverfahren nicht ersetzen. Demokratische Legitimierung und juristische Überprüfbarkeit können ansonsten als eingeschränkt angesehen werden.

Als weitere Ebene der Regulierung können die (internen) Leitlinien, angesehen werden, die sich die Versicherungsunternehmen und -gruppen unter Solvency II-Aufsicht selbst geben müssen (z. B. die Leitlinien zum Risikomanagement oder zur internen Revision, vgl. 5.2.6). Sie sind eine Form der Selbstregulierung zusätzlich zu den gesetzlichen und rechtlichen Vorgaben.

4 Säule I: Quantitative Anforderungen

4.1 Solvabilitätsrechnung als Ausgangspunkt

4.1.1 Wesen einer ökonomischen Bilanz

Ziel der Säule I von Solvency II ist es, durch quantitative Anforderungen an die Kapitalausstattung von Versicherungsunternehmen zum Schutz der Versicherungsnehmer beizutragen. Der Schutz der Versicherungsnehmer ist das Hauptziel der Beaufsichtigung nach der Solvency II-Richtlinie und entsprechend nach dem neuen VAG (Art. 27 SII RRL / § 298 (1) VAG 2016).[27] Die Anforderungen an die Kapitalausstattung sollen gewährleisten, dass Versicherungsunternehmen in ausreichendem Maß Eigenkapital vorhalten, um mögliche unerwartete Verluste aus den Risiken, denen sie ausgesetzt sind, tragen zu können.

Die Grundlage der Bestimmung der Kapitalanforderungen ist eine ökonomische Betrachtung der Finanz- und Risikosituation des Versicherungsunternehmens, die in einem Gesamtbilanzansatz erfolgt. Im ersten Schritt müssen Versicherungsunternehmen eine Solvenzbilanz, auch Solvabilitätsübersicht genannt (§ 74 (1) VAG 2016), aufstellen, welche alle Vermögenswerte und Verpflichtungen enthält. Der Überschuss der Vermögenswerte über die Werte der Verpflichtungen (zzgl. nachrangiger Verbindlichkeiten und abzüglich eigener Aktien) wird als Basiseigenmittel bezeichnet (Art. 88 SII RRL / § 89 (3) VAG 2016).

Im zweiten Schritt ist auf Basis der Risiken in allen Aktiv- und Passivpositionen (risikobasierter Ansatz) der Kapitalbedarf zu bestimmen, die sog. Solvenzkapitalanforderung („solvency capital requirement“, SCR). Ausreichende Solvabilität bedeutet, dass die Basiseigenmittel zzgl. genehmigter, ggf. außerbilanzieller („off balance sheet“) ergänzender Eigenmittel (nach Art. 89–90 SII RRL / § 89 (4) VAG 2016) das SCR übersteigen (§ 89 (1) VAG 2016).

Ein wichtiger Grundsatz bei der ökonomischen Bewertung von Vermögenswerten und Verpflichtungen unter Solvency II ist die Marktkonsistenz. Die allgemeine Vorgabe, also die Ziel- oder Orientierungsgröße für die Bewertung von Vermögenswerten und Verpflichtungen, ist demzufolge der Wert, zu dem die Position zwischen „sachverständigen, vertragswilligen und voneinander unabhängigen Geschäftspartnern“ transferiert werden könnte (Art. 75 (1) a) bzw. b) SII RRL / § 74 (2) bzw. (3) VAG 2016). Durch solche Akteure ist i. d. R. ein „funktionierender“ Markt gekennzeichnet.

Sofern eine Aktiv- oder Passivposition in einem liquiden Markt gehandelt wird und ein Marktwert verfügbar ist, muss die Position zum Marktwert bilanziert werden („mark-to-market“-Ansatz) (Art. 9 und 10 SII DV sowie § 76 (2) VAG 2016). Ist für eine Position kein Marktpreis vorhanden (dies ist für versicherungstechnische Rückstellungen der Regelfall), so ist ein modellbasierter Ansatz zu wählen („mark-to-model“-Ansatz). Dieser soll so weit wie möglich die von den Finanzmärkten bereitgestellten Informationen sowie

27 Zu den Solvency II-Zielen vgl. Kapitel 2.

allgemein verfügbare Daten über versicherungstechnische Risiken berücksichtigen (vgl. Art. 76 (3) SII RRL bzw. Erwägungsgrund 45 der Solvency II-Richtlinie / § 75 (4) VAG 2016). Insgesamt hängt die Bewertung unter Solvency II somit stark von aktuellen Marktdaten, von denen viele ständigen Änderungen unterliegen (z. B. Aktienkurse, Zinssätze), ab. Die Solvenzbilanz als Marktwertbilanz und damit auch die Höhe der Eigenmittel sind somit eine „Momentaufnahme" der Vermögens- und Finanzlage des Unternehmens zu einem Zeitpunkt.

Ein erklärtes Ziel von Solvency II ist die Konsistenz mit den internationalen Rechnungslegungsstandards IFRS, damit aufsichtliche Ansatz- und Bewertungsstandards mit Rechnungslegungsstandards im Einklang stehen und so der bürokratische Aufwand begrenzt wird (Erwägungsgrund 46 der Solvency II-Richtlinie / Art. 9 SII DV). Für die Bewertung von Aktivpositionen, die nicht an einem Markt gehandelt werden (z. B. immaterielle Vermögenswerte oder Immobilien), werden in vielen Fällen die Bewertungsvorschriften von IFRS direkt oder mit Anpassungen übernommen (siehe vertiefend 4.1.2.1). Abweichend können unter bestimmten Voraussetzungen unter Anwendung des Proportionalitätsprinzips Werte aus dem vorhandenen Jahresabschluss Verwendung finden (Art. 9 (4) SII DV). Da bei der Einführung von Solvency II noch kein abschließender IFRS-Standard für die Bewertung versicherungstechnischer Verpflichtungen vorlag, beinhaltet das Versicherungsaufsichtsgesetz diesbezüglich detaillierte Vorschriften (siehe vertiefend 4.1.2.2).

An dieser Stelle sei ein kurzer Rückblick auf das frühere Aufsichtsregime Solvency I gestattet, um die fundamentalen Veränderungen durch Solvency II zu verdeutlichen. Auch Solvency I stellte Anforderungen an die Eigenmittelausstattung von Versicherungsunternehmen. Ähnlich zu Solvency II mussten Versicherungsunternehmen über ausreichende unbelastete Eigenmittel („Ist-Solvabilität") verfügen, welche die „Soll-Solvabilität" überdecken. Die Ist-Solvabilität ergab sich dabei aus dem Eigenkapital im Sinne des HGB, der freien Anteile der Rückstellung für Beitragsrückerstattung (RfB) in der Lebensversicherung sowie weiterer Mittel auf Antrag und mit Zustimmung der BaFin (§ 53c VAG 2015). Die Soll-Solvabilität wurde in der Schadenversicherung im Wesentlichen als Prozentsatz der Beitragseinnahmen oder der Schadenaufwendungen in den letzten drei Geschäftsjahren bestimmt (§§ 1 und 2 KapitalausstattungsVO, BaFin (2005) sowie Farny (2011), S. 817 ff.). In der Lebensversicherung ergab sich die Soll-Solvabilität aus der Summe von (1) einem Prozentsatz von Deckungsrückstellungen und Beitragsüberträgen nach Rückversicherung und (2) einem Prozentsatz des riskierten Kapitals, d. h. zugesagte Versicherungssummen abzüglich Deckungsrückstellungen und Beitragsüberträgen, jeweils nach Rückversicherung (§§ 4 und 5 KapitalausstattungsVO, BaFin (2005) sowie Farny (2011), S. 819 ff.).

Im Gegensatz zu der ökonomischen, marktkonsistenten Sichtweise von Solvency II spiegelten die unter Solvency I ausgewiesenen Eigenmittel das Vorsichtsprinzip des HGB wider, das in vielen Fällen vorsichtige Annahmen[28] trifft. Zudem entsprach die Soll-Solvabilität unter Solvency I nicht einem Gesamtbilanzansatz und war nicht risikogerecht.

28 Diese führen in der HGB-Bilanz zu relativ niedrigen Wertausweisen für Vermögenswerte auf der Aktivseite und relativ hohen Wertausweisen für Verpflichtungen auf der Passivseite.

Die Solvency I-Anforderungen konnten daher zu verschiedenen Fehlanreizen führen:

- Die Solvency I-Kapitalanforderungen berücksichtigten nicht die Risikostruktur des Unternehmens. Sie gaben beispielsweise keinen Anreiz, Risiken zu vermeiden, die zwar selten, aber dann unter Umständen in einem existenzgefährdenden Ausmaß auftraten. Im Allgemeinen wurde ein gutes Risikomanagement, beispielsweise durch ein angemessenes Underwriting, ein funktionierendes Asset-Liability-Management (siehe 4.1.4) oder störungsfreie Betriebsabläufe, unter Solvency I nicht belohnt.
- In der Schadenversicherung führte eine vorsichtige Prämienkalkulation in der Tendenz zu erhöhten Kapitalanforderungen. Umgekehrt mussten Versicherer mit niedrigen Prämien tendenziell weniger Eigenmittel vorhalten. Somit entstand grundsätzlich ein Anreiz zu unvorsichtiger Prämienkalkulation.
- In der Lebensversicherung gingen höhere Deckungsrückstellungen mit höheren Kapitalanforderungen einher. Lebensversicherer hatten somit grundsätzlich den Anreiz, für die Kalkulation von Deckungsrückstellungen unvorsichtige Rechnungsgrundlagen zu wählen.

Die nachfolgenden Abschnitte (4.1.2 bis 4.1.4) gehen näher auf die einzelnen Aspekte bei der Ermittlung der Finanzsituation eines Versicherungsunternehmens unter Solvency II ein.

4.1.2 Bilanzstruktur unter Solvency II

Die Solvenzbilanz unter Solvency II (Solvency II-Bilanz, im VAG Solvabilitätsübersicht genannt) enthält auf der Aktivseite die (ggf. approximierten) Marktwerte der Vermögensgegenstände und auf der Passivseite die Werte der Verpflichtungen sowie das ökonomische Eigenkapital. Versicherungsrückstellungen, für die kein Marktwert verfügbar ist, werden i. d. R. mittels zweier Komponenten bewertet (Art. 77 (1) SII RRL / § 76 (1) VAG 2016, siehe vertiefend 4.1.2.2): Die erste Komponente ist der „beste Schätzwert" („best estimate") der zukünftigen Zahlungsströme, die aus den Versicherungsverträgen resultieren (Art. 77 (2) SII RRL / § 77 VAG 2016). Die zweite Komponente ist eine Risikomarge, welche die Kapitalkosten der Eigenmittel widerspiegelt, die ein anderes Versicherungsunternehmen bei Übernahme der Verpflichtungen vorzuhalten hätte (Art. 77 (3) SII RRL / § 78 VAG 2016).

Ein wichtiger Unterschied zur Bilanzierung nach HGB ist der Umgang mit Risiken, die an einen Rückversicherer abgegeben werden. Während im HGB die Zahlungen des Rückversicherers die Höhe der Rückstellung auf der Passivseite reduzieren, fordert Solvency II den Ausweis einer Bruttorückstellung (d. h. vor Rückversicherung) auf der Passivseite (§ 77 (4) VAG 2016). Einforderbare Beträge des Versicherers aus Rückversicherungsverträgen werden hingegen gesondert bilanziert (§ 86 VAG 2016). Hierbei wird erneut der beste Schätzwert der Zahlungen des Rückversicherers ermittelt. Erwartete Zahlungsausfälle durch das Ausfallrisiko des Rückversicherers („counterparty default risk") sowie mögliche zeitliche Verzögerungen der Zahlungen sind hierbei zu berücksichtigen. Bei der Berechnung der Risikomarge auf die Versicherungsverpflichtungen werden hingegen Nettozahlungen (nach Rückversicherung) zugrunde gelegt (Art. 38 (1) SII DV).

4.1.2.1 Bewertung der Aktiva

Im Bereich der Aktiva ist eine „mark-to-market-Bewertung“ in vielen Fällen möglich, beispielsweise bei Staatsanleihen oder börsengehandelten Aktien. Grundsätzlich werden für die Bewertung der Aktiva die IFRS-Vorschriften als sinnvolle Approximation für eine ökonomische Bewertung aufgefasst. Die Wertansätze nach IFRS kommen somit stets zum Einsatz, wenn sie mit den oben ausgeführten Grundprinzipien der Bewertung nach Solvency II übereinstimmen und Solvency II nicht explizit ein gesondertes Vorgehen verlangt.[29] Beispielsweise wird zur Bewertung von „financial instruments“ nach IAS 39 die Fair-Value-Bewertung als konsistent mit den Solvency II-Bewertungsstandards angesehen, während IAS 39 je nach Kategorisierung der Anlagen auch andere Bewertungsansätze vorsieht. In Hinblick auf IAS 38 sind immaterielle Vermögensgegenstände in der Solvency II-Bilanz nur dann mit einem positiven Wert anzusetzen, wenn sie separat veräußerbar sind und ein Wert aus einem aktiven Markt ableitbar ist; ein Goodwill ist nicht anzusetzen (Art. 12 SII DV). Des Weiteren ergeben sich Unterschiede bei der Bewertung von latenten Steuern gemäß IAS 12 sowie bei der Bewertung assoziierter Unternehmen und Joint Ventures gemäß IAS 28 (Art. 13 und 15 SII DV).

Insgesamt ist festzustellen, dass Solvency II im Einklang mit den IFRS eine Marktwertbilanzierung vorsieht, jedoch zugleich vorsichtigere Voraussetzungen an die Aktivierung mancher Positionen knüpft.

4.1.2.2 Bewertung der Passiva

Für Passivpositionen gilt unter Solvency II die Prämisse, dass sie zu dem Wert bilanziert werden sollen, zu dem sie zwischen sachverständigen, vertragswilligen und unabhängigen Parteien übertragen oder beglichen werden könnten (Art. 75 (1) b) SII RRL / § 74 (3) VAG 2016). Für nicht-versicherungsspezifische Passivpositionen (z. B. Steuerrückstellungen) basieren die Bewertungsvorgaben analog zu den Aktivpositionen auf den IFRS.

Für die Bewertung versicherungstechnischer Rückstellungen ist wie folgt vorzugehen:

1. Es ist zu prüfen, ob die zukünftigen Zahlungsströme aus Versicherungsverpflichtungen durch ein Portfolio aus Finanzinstrumenten mit verlässlichen Marktwerten nachzubilden, d. h. replizierbar, sind (§ 76 (2) VAG 2016). Replizierbar bedeutet, dass die Versicherungsverpflichtungen zu jedem zukünftigen Zeitpunkt mit Zahlungen aus dem Portfolio übereinstimmen. Die Anforderung bezüglich „verlässlicher Marktwerte“ bedeutet, dass die Marktwerte der replizierenden Instrumente öffentlich verfügbar sind und der Kauf und Verkauf der Instrumente keine signifikanten Folgen für deren Preis haben (Art. 40 SII DV). Sind diese Voraussetzungen erfüllt, so ist als Rückstellung der Marktwert des replizierenden Portfolios anzusetzen.

29 Siehe hierzu und zum Folgenden Art. 9 (2) SII DV. Allgemeine weitere Erklärungen zur Bilanzierung von Versicherungsunternehmen nach IFRS finden sich in Nguyen (2008).

2. Ist die Bewertung mittels des Replikationsansatzes nicht möglich, so setzt sich die Rückstellung aus dem „besten Schätzwert“ („best estimate“) und der „Risikomarge“ zusammen. Die Bestimmung dieser Komponenten wird im Folgenden erklärt.

Der beste Schätzwert entspricht dem Barwert des wahrscheinlichkeitsgewichteten Durchschnitts (also des Erwartungswerts) aller zukünftigen Zahlungsströme, wie Versicherungsprämien, -leistungen und der mit der Abwicklung verbundenen Aufwendungen (§ 77 VAG 2016). Im Zusammenhang mit der Unsicherheit der Zahlungsströme sollen möglichst realistische Wahrscheinlichkeitsannahmen getroffen werden, die auf aktuellen und glaubhaften Informationen basieren. Hierzu zählen Annahmen zu Schadenhöhen, -häufigkeiten, -zeitpunkten, aber beispielsweise auch zum Verhalten der Versicherungsnehmer (Storno, Ausübung weiterer Optionen). Dabei sind die Vollständigkeit und Angemessenheit der Datengrundlagen sicherzustellen, wie in Abschnitt 1 von EIOPA (2015b) beschrieben. Zukünftige Zahlungsströme sind mit dem risikofreien Zins der entsprechenden Laufzeit und Währung zu diskontieren. Durch die Abzinsung mit Hilfe der Diskontierungszinssätze einer risikolosen Anlage wird der Zeitwert des Geldes abgebildet. Da sich die Diskontierungszinssätze für die zukünftigen Zahlungen je nach Jahr unterscheiden, ergibt sich eine sog. Zinsstrukturkurve oder auch kurz Zinskurve, die die Höhe der Zinssätze, mit denen abgezinst wird, je nach Laufzeit abbildet. Die risikofreien Zinskurven werden mindestens einmal pro Quartal von EIOPA vorgegeben (Art. 77e SII RRL).

Die Risikomarge bildet die Kapitalkosten ab, die einem anderen Versicherer bei Übernahme der Verpflichtungen entstehen, da er dafür ebenfalls die regulatorischen Kapitalanforderungen (SCR, siehe 4.2) erfüllen muss (§ 78 VAG 2016). Hierbei wird der Kapitalbedarf mit einem einjährigen Kapitalkostensatz, derzeit 6 % (Art. 39 SII DV), multipliziert. Dieser Kapitalkostensatz umfasst nur die Differenz zwischen der Rendite vergleichbar riskanter Anlagen und dem sicheren Zins (also den sog. Spread) (Art. 77 (5) SII RRL). Hintergrund dieser Festlegung ist, dass das Unternehmen, welches die Verpflichtungen übernimmt, die vorzuhaltenden Eigenmittel selbst verzinslich anlegt und insofern nur für das neu hinzukommende Risiko zu kompensieren ist.

Hinsichtlich der Höhe der Diskontierungszinssätze, die zur Bewertung künftiger Zahlungen in der Solvenzbilanz zur Anwendung kommen, sind folgende Instrumente vorgesehen:

- *Extrapolation der risikofreien Zinskurve* (Art. 77a SII RRL / Art. 46 und 47 SII DV): Für die Ermittlung der risikofreien Zinskurve steht für längere Zeiträume nur noch eine geringe Marktdatenbasis zur Verfügung. Da sich die Zahlungsverpflichtungen von (Lebens-)Versicherungsunternehmen auf lange Zeiträume wie 30, 40 oder mehr Jahre erstrecken können, werden auch für diese Zeiträume Diskontierungszinssätze benötigt. Hierzu wird die risikofreie Zinskurve basierend auf Forwardzinssätzen extrapoliert (d. h. ausgehend von den noch beobachtbaren Daten geschätzt), soweit diese aus Finanzinstrumenten und Anleihen ableitbar sind, die in tiefen, liquiden und transparenten Märkten beobachtet werden können. Die Extrapolation nähert sich für lange Zeiträume zunehmend einem endgültigen Forwardzinssatz („ultimate forward rate“, UFR) an.

- *Matching-Anpassung* (Art. 77b und 77c SII RRL / §§ 80 und 81 VAG 2016 / Art. 52–54 SII DV): Für Versicherungsverpflichtungen, deren Zahlungsverpflichtungen sehr gut vorhersehbar sind und die praktisch keine Optionen seitens des Versicherungsnehmers enthalten, gibt es die Möglichkeit, bei Genehmigung durch die Aufsicht den Diskontierungszinssatz zur Bewertung der versicherungstechnischen Verpflichtungen auf Basis eines zugeordneten Portfolios durchzuführen. Dieses Portfolio muss physisch vorgehalten werden und darf quasi als Sondervermögen nur der Bedeckung der zugeordneten Verpflichtungen dienen. Es führt zu einer Immunisierung gegen Zinsänderungsrisiken.
- *Volatilitätsanpassung* (Art. 77d SII RRL / § 82 VAG 2016 / Art. 49–51 SII DV): Risikobasierte Kapitalanforderungen können grundsätzlich eine prozyklische Wirkung haben: In Krisenzeiten agieren Investoren besonders risikoavers und verlangen für risikobehaftete Anleihen erhöhte Renditeaufschläge (Spreads). Dies führt zu einem Rückgang der Marktwerte dieser Anleihen. Da Versicherungsunternehmen i. d. R. stark in Anleihen investiert sind, sinkt der Marktwert ihrer Kapitalanlagen und somit die Basiseigenmittel in der Solvency II-Bilanz. Um ausreichende Solvenz sicherzustellen, müssten Versicherer (liquide) Anlagen veräußern und könnten somit zu weiteren Kursrückgängen beitragen. Die Idee der Volatilitätsanpassung ist, in Krisenzeiten den Wertrückgang der Anleihen durch höhere Diskontzinssätze für die Bewertung versicherungstechnischer Rückstellungen zumindest in Teilen zu kompensieren. Hierzu können Versicherungsunternehmen mit Genehmigung der Aufsichtsbehörde ihre risikofreie Zinskurve um eine sog. Volatilitätsanpassung erhöhen (§ 82 (1) VAG 2016). Dabei erhöht sich der Diskontierungszinssatz um 65 % des Spreads, der nicht „auf eine realistische Bewertung der erwarteten Verluste oder das unerwartete Kreditrisiko oder sonstige Risiken der Vermögenswerte zurückzuführen ist“ (Art. 77d SII RRL). Somit erlaubt Solvency II in kritischen Marktphasen einen höheren Diskontierungszinssatz, welcher in der Konsequenz die Eigenmittel in der Solvenzbilanz des Versicherungsunternehmens erhöht.

Die Anwendung und die Auswirkungen der Matching-Anpassung und der Volatilitätsanpassung sind zu veröffentlichen (siehe 6.3.2).

4.1.3 Qualitätsklassen („tiers“) der Eigenmittel

Um die eingegangenen Risiken mit hoher Sicherheit finanzieren zu können, müssen Versicherungsunternehmen Eigenmittel in ausreichendem Umfang und ausreichender Qualität vorhalten. Bei der Bestimmung der verfügbaren Eigenmittel unterscheidet Solvency II zwischen Basiseigenmitteln und ergänzenden Eigenmitteln (Art. 87 SII RRL / § 89 VAG 2016). Die Basiseigenmittel ergeben sich hierbei aus den Vermögenswerten abzüglich des Werts der Verpflichtungen in der Solvenzbilanz (siehe 4.1.2–4.1.2.2) zuzüglich nachrangiger Verbindlichkeiten und abzüglich eigener Aktien (siehe Abbildung 4-1). Die Basiseigenmittel haben also überwiegend den Charakter einer Residualgröße (vgl. Rittmann (2009), S. 119).

Beachtenswert ist, dass auch immaterielle Vermögensgegenstände zu den Solvency II-Eigenmitteln beitragen, sofern sie in der Solvency II-Bilanz ausgewiesen sind (Goodwill ist nicht anzusetzen, andere immaterielle Vermögensgegenstände unter bestimmten Voraussetzungen schon). Sie werden also nicht wie unter Solvency I von den Eigenmitteln abgezogen. Aus der Berücksichtigung in den Eigenmitteln unter Solvency II ergibt sich, dass konsequenterweise auch die Risiken aus immateriellen Vermögensgegenständen in der Solvenzkapitalanforderung zu berücksichtigen sind. Dafür ist in der Standardformel ein entsprechendes Modul vorgesehen (siehe 4.3).

Ergänzende Eigenmittel sind ggf. außerbilanzielle Positionen, die nicht zu den Basiseigenmitteln zählen, aber dennoch Verluste abfangen können. Hinsichtlich ihrer Verwendung ist eine Genehmigung von der Aufsicht einzuholen. Beispiele für ergänzende Eigenmittel sind nicht eingezahltes Grundkapital, Nachschusspflichten (bei VVaGs), hybride Finanzinstrumente (Hybridkapital)[30] und rechtsverbindliche Ansprüche, welche das Unternehmen erhalten hat.

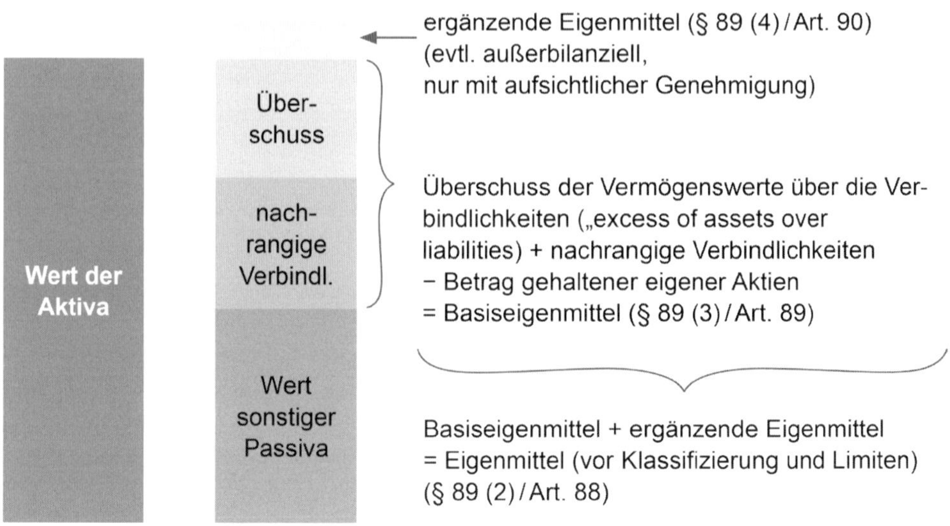

Abbildung 4-1: Zusammensetzung der Eigenmittel

Solvency II stuft die Eigenmittel in verschiedene Qualitätsklassen (englisch „tiers", Abk. QK) ein (vgl. Abbildung 4-2), deren Bestandteile sich in ihrer Fähigkeit, Verluste auszugleichen, unterscheiden. Diese Einstufung spielt bei den Kapitalanforderungen unter Solven-

30 Unter Hybridkapital werden Kapitalinstrumente zusammengefasst, die eine Zwitterstellung zwischen Fremd- und Eigenkapital einnehmen (vgl. Weiler/Machalett (2005), S. 424), also sowohl Charakteristika von Fremdkapital (beispielsweise eine feste Verzinsung) als auch gleichzeitig Charakteristika von Eigenkapital aufweisen (Verlusttragungsfähigkeit und Nachrangigkeit). Beispiele sind u. a. Genussscheine sowie verbriefte und unverbriefte nachrangige Schuldverschreibungen mit begrenzter oder aber auch unbegrenzter Laufzeit (vgl. Schneider (2005), S. 411) sowie sog. „Contingent Convertibles" (CoCos). Hybridkapital wird im Falle der Insolvenz des Unternehmens nachrangig, d. h. erst nach der Befriedigung der Forderung anderer Fremdkapitalgeber, insbesondere der Versicherungsnehmer, bedient (vgl. Schneider (2005), S. 411). Die Kapitalkosten für Hybridkapital sind grundsätzlich zwischen (eher niedrigeren) Fremd- und (eher höheren) Eigenkapitalkosten zu erwarten.

cy II eine wichtige Rolle, da für die Mindestkapitalanforderung (siehe 4.2.3) und die Solvenzkapitalanforderung (siehe 4.2.2) bestimmte *Mindest*bedeckungen durch die einzelnen Qualitätsklassen verlangt werden (Art. 98 (1) und (2) SII RRL / §§ 94 und 95 VAG 2016).

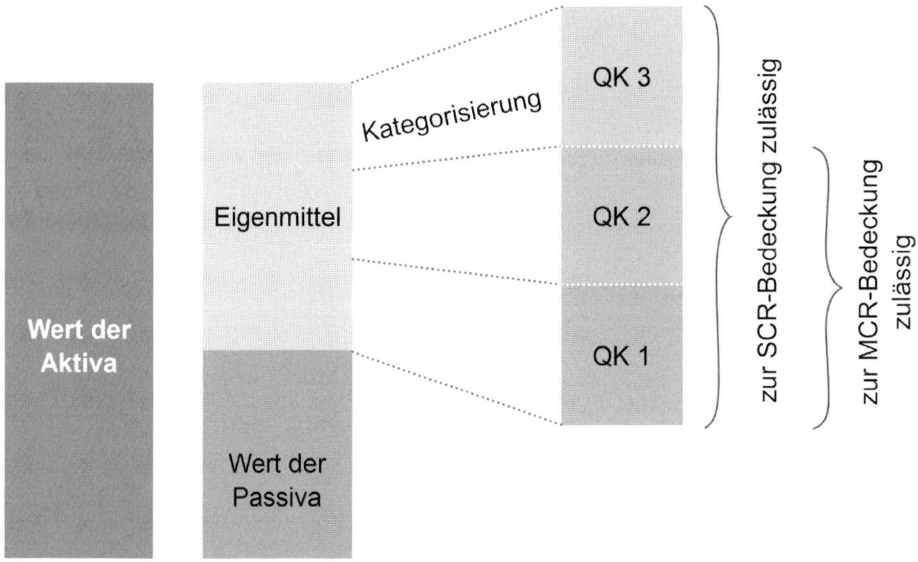

Abbildung 4-2: Eigenmittel-Einstufung in Qualitätsklassen (QK)

Die Merkmale für die Klassifizierung der Eigenmittelbestandteile sind zum einen ihre ständige Verfügbarkeit (bei Unternehmensfortführung und im Falle einer Liquidation) und zum anderen die Nachrangigkeit von Rückzahlungen an die Inhaber gegenüber allen anderen Gläubigern, insbesondere gegenüber den Anspruchsberechtigten aus Versicherungsverträgen (Art. 93 (1) SII RRL / Art. 71 SII DV). Bei der Beurteilung dieser beiden Merkmale für befristete Eigenmittelbestandteile ist eine ausreichend lange Laufzeit des Eigenmittelbestandteils im Vergleich zu den Versicherungsverpflichtungen des Versicherungsunternehmens zu berücksichtigen. Darüber hinaus ist zu prüfen, ob folgende Eigenschaften vorliegen (siehe hierzu auch Art. 93 (2) SII RRL):

1. keine Anforderungen oder Anreize zur Rückzahlung
2. keine obligatorischen laufenden Kosten
3. Freiheit von sonstigen Belastungen

Anhand der Merkmale ergibt sich die Einteilung in die Eigenmittelklassen (Art. 94 SII RRL / § 92 VAG 2016 / Art. 69–78 SII DV):

- *Qualitätsklasse 1:* Basiseigenmittel, die alle Merkmale weitgehend erfüllen
- *Qualitätsklasse 2:* Basiseigenmittel, die das Kriterium der Nachrangigkeit weitgehend erfüllen, sowie ergänzende Eigenmittel, die alle Merkmale weitgehend erfüllen
- *Qualitätsklasse 3:* alle Basiseigenmittel und ergänzenden Eigenmittel, die nicht unter Qualitätsklasse 1 oder Qualitätsklasse 2 fallen

Einige Positionen, die für Versicherungsunternehmen von großer Bedeutung sind, werden darüber hinaus fix zugeordnet. Hierzu zählen beispielsweise die ökonomisch bewertete freie Rückstellung für Beitragsrückerstattung (RfB), welche der Qualitätsklasse 1 zugeordnet wird (Art. 96 SII RRL / § 93 VAG 2016).

4.1.4 Asset-Liability-Management (ALM)

In der Steuerung von Versicherungsunternehmen ist die ganzheitliche Betrachtung und Steuerung der Risiken von Aktiv- und Passivpositionen von großer Bedeutung. Hierbei sollen die Abhängigkeiten zwischen den Risiken und das resultierende Gesamtrisiko erkannt und konsistent gesteuert werden.

In der Lebensversicherung erstrecken sich Zahlungsverpflichtungen häufig über sehr lange Zeiträume. Daher ist insbesondere dort das Zinsrisiko zu berücksichtigen, das unter Umständen die Solvenz in zukünftigen Perioden gefährden kann. Dieses sog. ALM-Mismatch-Risiko wird nachfolgend an einem vereinfachten Beispiel illustriert.

Ein Lebensversicherungsunternehmen muss in den kommenden vier Jahren folgende (deterministische) Zahlungen an die Versicherungsnehmer (VN) leisten:

Jahr	1	2	3	4
Zahlung an Versicherungs-nehmer	5	5	5	21

Als einzigen Vermögenswert besitzt das Unternehmen ein Wertpapier mit dreijähriger Restlaufzeit und folgenden (deterministischen) Zahlungen:

Jahr	1	2	3	4
Zahlung des Wertpapiers	5	5	25	-

Im Jahr 3 steht dem Versicherer nach Auszahlung an die Versicherungsnehmer somit ein Betrag von 20 Geldeinheiten zur Verfügung. Zum heutigen Zeitpunkt ist unsicher, wie hoch der Zinssatz auf einjährige Anlagen im Jahr 3 aussehen wird. Nach Schätzungen sind folgende Szenarien möglich:

Szenario	Eintrittswahrscheinlichkeit	Zinssatz
Niedrigzins	1/3	0 %
Mittlerer Zins	1/3	5 %
Hochzins	1/3	10 %

Im Erwartungswert werden Anlagen im Jahr 3 somit mit 5 % verzinst, und dem Versicherer steht in Jahr 4 ein Betrag von 20 x 1,05 = 21 Geldeinheiten zur Verfügung, der die Verpflichtung an die Versicherungsnehmer exakt deckt. Falls das Niedrigzinsszenario eintritt, verfügt der Versicherer in Jahr 4 jedoch nur über 20 Geldeinheiten und er ist somit insolvent.

Das Beispiel illustriert ein Wiederanlagerisiko, dem insbesondere Lebensversicherer ausgesetzt sind. Maßnahmen, um diesem Risiko zu begegnen, wären in dem Beispiel, zum Zeitpunkt 0 in ein Papier mit vierjähriger Laufzeit umzuschichten oder ein entsprechendes Termingeschäft abzuschließen. In der Praxis ist dies für sehr lange Vertragslaufzeiten häufig schwierig, da festverzinsliche Anleihen über Zeiträume von mehr als 20 Jahren kaum verfügbar sind (siehe auch 4.1.2.2).

Bei nicht aufeinander abgestimmten Aktiva und Passiva wirkt sich eine Veränderung des Zinssatzes auf den Barwert von festverzinslichen Anlagen auf der Aktivseite und versicherungstechnischen Verpflichtungen auf der Passivseite unterschiedlich aus. Eine Aufgabe des Asset-Liability-Managements ist es hier, durch Zinsimmunisierungsstrategien (z. B. basierend auf der sog. „Duration“) die Auswirkungen von Zinsänderungen auf das Eigenkapital möglichst gering zu halten (siehe hierzu auch die Ausführungen zur „Matching-Anpassung“ unter 4.1.2.2).

Allgemein soll die gemeinsame Betrachtung von Aktiv- und Passivseite dazu führen, dass zum einen ein bereits vorhandener Risikoausgleich zwischen Aktiv- und Passivrisiken (sog. natürlicher Hedge) bei der ALM-Strategie berücksichtigt wird. Zum anderen können risikorelevante Entscheidungen sowohl die Aktiv- als auch die Passivseite der Bilanz beeinflussen. Nur durch die integrierte Betrachtung von Aktiv- und Passivseite lässt sich der Gesamteffekt auf die Höhe der Eigenmittel beurteilen.

4.2 Aufsichtsrechtliche Kapitalanforderungen

Die aufsichtsrechtlichen Kapitalanforderungen sind Bestandteil der Säule I von Solvency II, d. h. der quantitativen Anforderungen. Die Kapitalanforderungen umfassen die Mindestkapitalanforderung („minimum capital requirement“, MCR) und die Solvenzkapitalanforderung („solvency capital requirement“, SCR). Rechtsgrundlage für die Bestimmung des MCR und des SCR sind die §§ 96–110 und §§ 122–123 VAG 2016 / Art. 100–131 SII RRL. Die Rechtsfolgen der Nicht-Einhaltung der Kapitalanforderungen sind in § 134 VAG 2016 / Art. 138 SII RRL (SCR) bzw. § 135 VAG 2016 / Art. 139 SII RRL (MCR) geregelt.

4.2.1 Risiken eines Versicherungsunternehmens

Der Fortbestand eines Versicherungsunternehmens ist insbesondere durch Risiken der Kapitalanlagen und der Versicherungstechnik bedroht. Abbildung 4-3 stellt schematisch die Bilanz eines Versicherungsunternehmens und die Ansatzpunkte der Risiken dar.

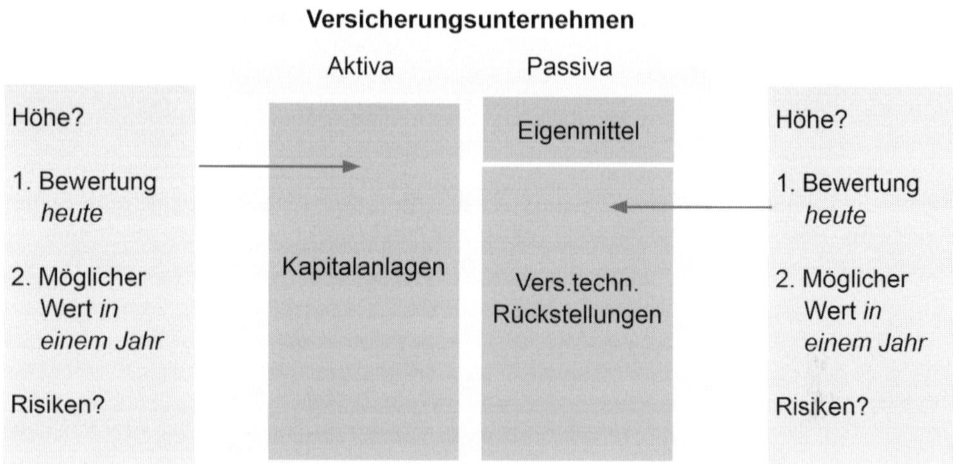

Abbildung 4-3: Risiken eines Versicherungsunternehmens

Die Aktiva eines Versicherungsunternehmens bestehen im Wesentlichen aus Kapitalanlagen (Immobilien, Anleihen, Aktien, Fonds, etc.). Die Passiva sind vornehmlich die versicherungstechnischen Rückstellungen und die Eigenmittel. Die Eigenmittel ergeben sich vereinfacht betrachtet aus dem Saldo der Kapitalanlagen und den versicherungstechnischen Rückstellungen:

Eigenmittel ≈ Kapitalanlagen – versicherungstechnische Rückstellungen

Anhand dieser Formel lässt sich veranschaulichen, wie Risiken den Fortbestand eines Versicherungsunternehmens gefährden. Der Fortbestand des Versicherungsunternehmens ist gefährdet, wenn die Eigenmittel kleiner oder gleich Null sind (Insolvenz durch Überschuldung). Zu einer solchen Situation tragen entsprechend der Formel Wertverluste der Kapitalanlagen (*Kapitalanlagerisiken*), Werterhöhungen der versicherungstechnischen Rückstellungen (aus Schäden, die nicht sofort zahlungswirksam sind) (*versicherungstechnische Risiken*) und Mittelabflüsse aufgrund von Schäden, die sofort zahlungswirksam sind (*versicherungstechnische Risiken*) bei.

Dementsprechend kann das Insolvenzrisiko klein gehalten werden, wenn ein ausreichend hoher Puffer an Eigenmitteln vorgehalten wird. Dieser Puffer wird unter Solvency II durch die Solvenzkapitalanforderung („solvency capital requirement", SCR) reguliert. Das SCR soll so hoch sein, dass die Insolvenz maximal einmal in 200 Jahren auftritt, d. h., die einjährige Insolvenzwahrscheinlichkeit kleiner/gleich 0,5 % ist (vgl. § 97 VAG 2016 / Art. 101 SII RRL). Darüber hinaus besteht eine weitere unterhalb des SCR liegende Mindestkapitalanforderung (MCR) (siehe 4.2.3).

4.2.2 Wesen des SCR und Bezug zum Value-at-Risk-Ansatz

Kapitalanforderungen sind kein Novum in der Versicherungsregulierung. Auch unter Solvency I mussten Versicherungsunternehmen (aufsichtsrechtliches) Kapital vorhalten, um den Fortbestand zu sichern. Konzeptionell stellen die Kapitalanforderungen von Solvency II somit eine Weiterentwicklung von Solvency I dar. Die Höhe des geforderten Kapitals wurde unter Solvency I (deutsche Ausgestaltung) als Soll-Solvabilität (= Solvabilitätsspanne) und wird unter Solvency II als Solvenzkapitalanforderung („solvency capital requirement", SCR) bezeichnet. Die Höhe des vorhandenen Kapitals wurde unter Solvency I (deutsche Ausgestaltung) als Ist-Solvabilität und wird unter Solvency II als Eigenmittel („own funds") bezeichnet (siehe Abbildung 4-4).

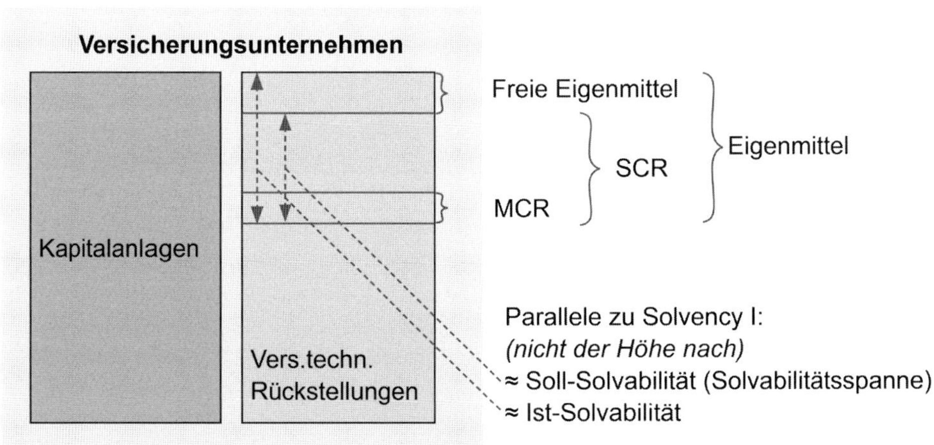

Abbildung 4-4: Darstellung der Kapitalanforderungen in der Bilanz

Die wesentlichen Neuerungen von Solvency II bei den Kapitalanforderungen bestehen darin, dass weitaus mehr Risiken in die Betrachtung einbezogen werden (also z. B. auch operationelle Risiken) und dass die Kapitalanforderungen klar risikobasiert bestimmt werden (mehr Risiko → mehr Kapital). Im System von Solvency I wurden hingegen im Wesentlichen nur Kapitalanlagerisiken (durch die zu der Zeit geltende Anlageverordnung) und versicherungstechnische Risiken quantitativ einbezogen. Weiterhin ist die Bestimmung des geforderten Kapitals nicht klar risikobasiert, und es kann zu paradoxen

Situationen kommen, in denen mehr Risiko zu einer geringeren Kapitalanforderung führt (vgl. 4.1.1).

Die statistisch-konzeptionelle Grundlage der Bestimmung der risikobasierten Kapitalanforderungen unter Solvency II ist der Value-at-Risk (VaR). Abbildung 4-5 stellt die Idee des Value-at-Risk-Ansatzes grafisch dar.

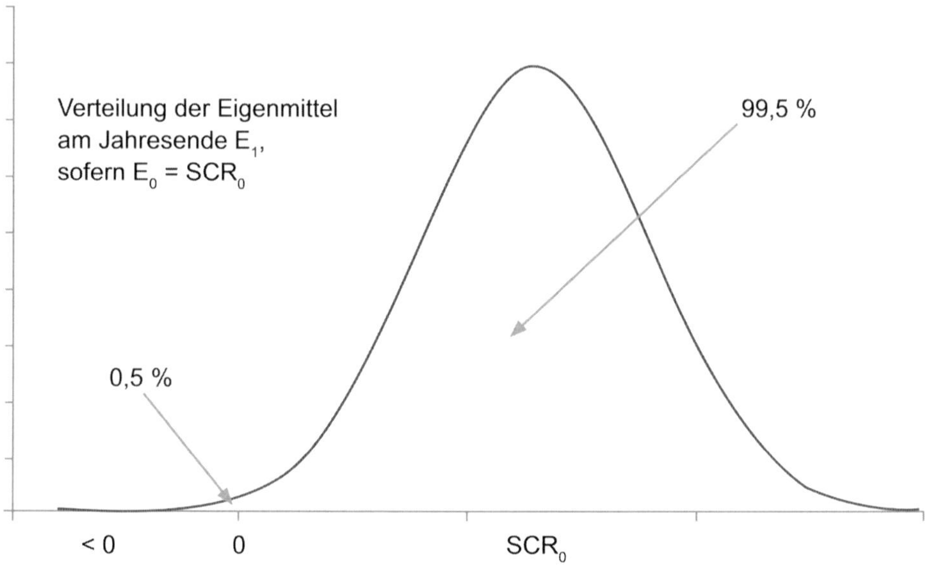

Abbildung 4-5: Bezug des SCR zum Value-at-Risk-Ansatz

Die in Abbildung 4-5 dargestellte Kurve ist die Dichtefunktion der Eigenmittel *E* des Versicherers. Vereinfacht gesagt, bildet diese Dichtefunktion mögliche Werte der Eigenmittel am Jahresende ab (*E*1 auf der x-Achse). Die Höhe der Eigenmittel am Jahresende schwankt (ist unsicher), da nicht von vornherein klar ist, wie sich die verschiedenen Risiken, denen ein Versicherungsunternehmen ausgesetzt ist (z. B. Wert der Kapitalanlagen, Schäden etc.), realisieren werden. Je höher die Kurve ist (y-Achse), desto wahrscheinlicher ist es, dass die Eigenmittel Werte in diesem Intervall einnehmen. Eher wahrscheinlich ist es demnach, dass die Eigenmittel um den Wert schwanken, den der Versicherer zu Jahresbeginn zur Verfügung hatte. Eher unwahrscheinlich ist es demnach, dass die Eigenmittel sehr stark zurückgehen (aufgrund sehr großer Verluste) und sogar negativ werden (linker Teil der Dichtefunktion) oder sehr stark zunehmen (aufgrund sehr großer Gewinne, rechter Teil der Dichtefunktion).

Statistisch präzise, bildet die Fläche unterhalb der Dichtefunktion die Wahrscheinlichkeit des Eintretens verschiedener Höhen der Eigenmittel ab. Soll die Insolvenzwahrscheinlichkeit also klein sein (maximal 0,5 % pro Jahr), muss die Fläche links der Stelle, an der die Eigenmittel den Wert Null erreichen (→ Insolvenz), also kleiner oder gleich 0,5 % sein. Die Höhe der Eigenmittel, die man zur Erreichung dieses Ziels als Puffer vorhalten muss (SCR), wird mit dem Value-at-Risk-Ansatz definiert. Mit diesem Ansatz wird mathematisch bestimmt, wie hoch die Eigenmittel am Jahresanfang (SCR) mindestens sein müssen, um einen Verlust aufzufangen, der zwar eher unwahrscheinlich (0,5 %, einmal in 200 Jahren), aber hoch genug, ist, um die Eigenmittel komplett aufzuzehren (= „Value-at-Risk auf dem 99,5 % Konfidenzniveau").

Kann das Versicherungsunternehmen die Solvenzkapitalanforderung nicht (mehr) erfüllen, muss dies unverzüglich der Aufsichtsbehörde gemeldet werden (§ 134 (1) VAG 2016 / Art. 138 (1) SII RRL). Innerhalb von zwei Monaten muss das Versicherungsunternehmen einen Sanierungsplan zur Wiederherstellung gesunder Finanzverhältnisse zur Genehmigung vorlegen (§ 134 (2) VAG 2016 / Art. 138 (2) SII RLL). Innerhalb von sechs Monaten muss das Versicherungsunternehmen die Eigenmittel aufstocken und/oder das Risikoprofil verändern, um die Solvenzkapitalanforderung wieder zu erfüllen (§ 134 (3) VAG 2016 / Art 138 (3) SII RRL). Die Frist kann um weitere drei Monate verlängert werden (§ 134 (3) VAG 2016 / Art. 138 (3) SII RRL).

Im Falle außergewöhnlich widriger Umstände, die sich auf Versicherungsunternehmen auswirken, die einen wesentlichen Anteil am Markt oder an den betroffenen Geschäftsbereichen ausmachen, kann die Frist um maximal 7 Jahre verlängert werden (§ 134 (4) VAG 2016 / Art. 138 (4) SII RRL n. F.). Außergewöhnlich widrige Umstände können ein heftiger Einbruch an Aktienmärkten, ein dauerhaftes Niedrigzinsumfeld oder ein Katastrophenereignis sein (Art. 138 (4) SII RRL n. F.).

4.2.3 Wesen des MCR

Neben dem SCR besteht als weitere Kapitalanforderung das MCR. Es stellt eine Kapitaluntergrenze dar, bei deren andauernder Unterschreitung die Erlaubnis zum Betrieb eines Versicherungsunternehmens entzogen wird. Sofern eine Unterschreitung vorliegt (oder in den folgenden drei Monaten wahrscheinlicher ist als die Einhaltung), muss das Versicherungsunternehmen die Aufsichtsbehörde unterrichten und einen Finanzierungsplan vorlegen, die Eigenmittel aufstocken und/oder das Risikoprofil verändern, um die Kapitalanforderungen zu senken (§ 135 VAG 2016 / Art. 139 und 142 SII RRL). Kann das Versicherungsunternehmen die Mindestkapitalanforderung nicht erfüllen, kann die Aufsichtsbehörde die freie Verfügung über die Vermögenswerte des Versicherungsunternehmens einschränken oder untersagen (§ 135 (3) VAG 2016 / Art. 144 SII RRL) sowie weitere Maßnahmen ergreifen, um den Schutz der Versicherungsnehmer zu gewährleisten (§ 137 VAG 2016).

Das MCR wird mittels einer relativ einfachen (im Vergleich zum SCR) Formel bestimmt (vgl. Art. 248–253 SII DV). Es soll einem Value-at-Risk der Basiseigenmittel auf dem 85 % Konfidenzniveau über den Zeitraum eines Jahres entsprechen (Art. 129 (1) c) SII RRL). Das alleinige Vorhalten von Eigenmitteln in Höhe des MCR bietet somit *weniger* Sicherheit als das Vorhalten von Eigenmitteln in Höhe des SCR. Weiterhin beträgt das MCR minimal 25 % und maximal 45 % des SCR (inkl. etwaiger Kapitalzuschläge) (Art. 248 SII DV). Für das MCR sind außerdem spartenspezifische absolute Untergrenzen vorgegeben (Art. 129 (1) d) SII RRL), die einer Inflationsanpassung alle fünf Jahre unterliegen (Art. 300 SII RRL).[31]

4.2.4 SCR-Ermittlung über Standardformel und internes Modell

Das SCR wird grundsätzlich entweder mittels einer Standardformel („Standardmodell") oder einem internen Modell bestimmt (§ 96 (1) VAG 2016 / Art. 100 SII RRL). Darüber hinaus besteht die Möglichkeit, Vereinfachungen der Standardformel (§ 109 VAG 2016 / Art. 109 SII RRL) und Mischformen aus beiden Methoden anzuwenden („Partialmodelle", § 111 (1) und § 112 VAG 2016 / Art. 112 SII RRL) (vgl. Abbildung 4-10). Während die Standardformel per delegierten Rechtsakten und technischen Durchführungs- und Regulierungsstandards (Ebene 2 und 3) von der Europäischen Kommission spezifiziert wurde, wird ein internes Modell vom Versicherungsunternehmen bzw. von der Versicherungsgruppe selbst entwickelt und von den Aufsichtsbehörden zertifiziert.

Grundidee der Standardformel ist es, die Risiken und sonstigen Gegebenheiten des Versicherungsunternehmens vereinfacht (schematisch) abzubilden, zu messen und darauf aufbauend das SCR zu ermitteln (vgl. 4.3). Das vom Versicherungsunternehmen selbst entwickelte interne Modell kann Risiken, stochastische Abhängigkeiten und unternehmensspezifische Besonderheiten weitaus detaillierter abbilden und messen als das Standardmodell (vgl. 4.4). Es ist im Allgemeinen ein komplexeres, aber auch flexibleres Modell als das Standardmodell. Ein internes Modell muss vom Versicherungsunternehmen auch über die Bestimmung des SCR hinaus verwendet werden, insbesondere im internen Risikomanagement, bei der Kapitalallokation und bei geschäftspolitischen Entscheidungen (sog. Verwendungstest („use test") nach § 115 VAG 2016 / Art. 120 SII RRL).

4.3 Standardformel

Mit der Delegierten Verordnung zur Solvency II-Richtlinie (Delegierte Verordnung (2015)) liegt die konkrete Ausgestaltung der Standardformel vor.

Die Standardformel ist modular aufgebaut (vgl. §§ 99–110 VAG 2016 / Art. 103–108 SII RRL). Die in die Standardformel einbezogenen Module und Untermodule sind in Abbildung 4-6 dargestellt.

31 Die absoluten MCR-Untergrenzen liegen zwischen 1,2 Mio. € und 3,7 Mio. € je nach Sparte (Art. 129 d) i)–iii) SII RRL).

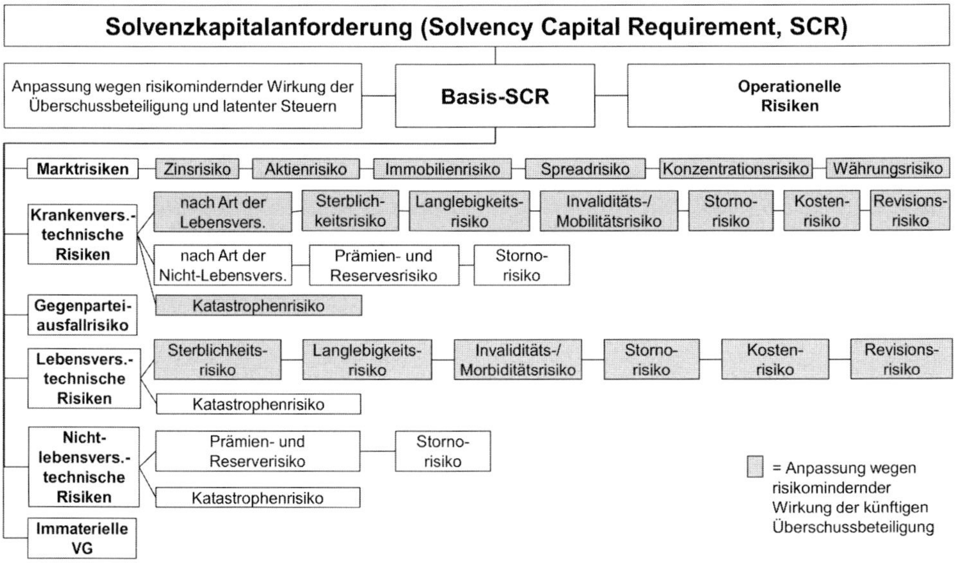

Abbildung 4-6: Module und Untermodule der Standardformel[32]

Das Grundprinzip bei der Ermittlung des SCR mit der Standardformel ist „bottom-up". Zuerst werden „Teil-SCR" in Untermodulen ermittelt. Danach werden die Teil-SCR zum (Gesamt-) SCR unter Berücksichtigung von Diversifikationseffekten (Ausgleichseffekten zwischen Risiken) aggregiert. Folglich ist das per Aggregation(-sformeln) ermittelte SCR kleiner als die Summe der Teil-SCR. Die in den Untermodulen verwendeten Berechnungsformeln sind sehr umfangreich und teilweise sehr komplex (Delegierte Verordnung (2015), Titel I Kapitel V). Im Folgenden wird deshalb der Inhalt der Module nur in Grundzügen beschrieben.

Das (Gesamt-)SCR setzt sich aus dem Basis-SCR (BSCR), dem SCR für operationelle Risiken (erhöht das SCR) und Anpassungen („adjustments") zusammen. Letztere vermindern im Allgemeinen das SCR. Das Modul für operationelle Risiken betrifft Risiken aus inadäquaten oder versagenden internen Prozessen, Personal oder Systemen und externen Ereignissen (inklusive rechtlicher Risiken). Zur Definition des operationellen Risikos siehe § 7 Nr. 24 VAG 2016 / Art. 13 Nr. 33 SII RRL.

Das Modul „Anpassungen" berücksichtigt den risikomindernden Effekt von zukünftigen ermessensabhängigen Überschussbeteiligungen und die Verlustabsorptionskapazität der latenten Steuern. Für die Berechnung der SCR-Anpassungen in diesem Modul sind Ergebnisse aus der Mehrzahl der Untermodule aus den anderen Risikobereichen notwendig (siehe Erläuterung in Abbildung 4-6 unten rechts). Grundsätzlich wird in diesem Modul bestimmt, welcher zusätzliche Risikopuffer dem Versicherungsunternehmen im Krisenfall zur Verfügung steht indem Zahlungen, die bei normaler Geschäftsentwicklung

32 Quelle: EIOPA (2013c), S. 114.

stattfinden würden (z. B. freiwilliger Anteil der Überschussbeteiligung in der Lebensversicherung), nicht geleistet werden.

Das Basis-SCR umfasst Module für Marktrisiken, Gegenparteiausfallrisiken, Risiken aus immateriellen Vermögensgegenständen und versicherungstechnischen Risiken wie Leben, Kranken, Schaden/Unfall.

Im Bereich der Marktrisiken werden in Untermodulen Zins-, Aktienpreis-, Immobilienpreis-, Spread-, Wechselkurs- und Konzentrationsrisiken berücksichtigt (siehe dazu ausführlich 4.3.2). Das Modul für Gegenparteiausfallrisiken berücksichtigt Risiken aus Verlusten aufgrund eines Ausfalls oder einer Verschlechterung der Bonität von Kontrahenten und Schuldnern eines Versicherers (Rückversicherer, Versicherungsvermittler, Hypothekendarlehen usw.) (siehe dazu ausführlich 4.3.2.). Das Modul für Risiken aus immateriellen Vermögensgegenständen bildet Risiken aus dem Wertverlust oder der Verminderung der Liquidität immaterieller Vermögensgegenstände ab. Die Inhalte der drei versicherungstechnischen Module (Leben, Kranken, Schaden/Unfall) werden im Folgenden dargestellt.

4.3.1 Standardformel: Versicherungstechnische Risiken

Das Basis-SCR umfasst drei Module für versicherungstechnische Risiken: Leben, Kranken und Schaden/Unfall.

Das Modul Leben bestimmt das SCR für Versicherungsverträge, die basierend auf einer eher weit gefassten Definition biometrische Risiken absichern. Es deckt z. B. die klassische Lebens- und Rentenversicherung, jedoch auch Berufs- und Erwerbsunfähigkeitsversicherungen ab. Klar ausgeschlossen sind lediglich Krankenversicherungen, da für diese Verträge das SCR-Modul Kranken herangezogen wird.

Das Modul Leben besteht aus folgenden Untermodulen (§ 102 VAG 2016):

- **Sterblichkeit:** Risiko, dass Versicherungsnehmer früher als erwartet sterben (Lebensversicherung)
- **Langlebigkeit:** Risiko, dass Versicherungsnehmer später als erwartet sterben (Rentenversicherung)
- **Invalidität/Morbidität:** Risiken aus Änderungen der Invalidität und Morbidität der Versicherungsnehmer, sofern in Lebensversicherungsverträgen mit enthalten (gebündelt), sowie Erwerbsunfähigkeits- und Berufsunfähigkeitsversicherungsrisiken
- **Storno:** Risiken aus Storno und Ausübung von Optionen seitens des Versicherungsnehmers
- **Kosten:** Kostenrisiko (Verwaltungs- und Schadenregulierungskosten)
- **Revision:** Risiko von Anpassungen aufgrund von Änderungen gesetzlicher Vorschriften oder der Gesundheit des Versicherungsnehmers (Rentenversicherung)
- **Katastrophen:** Katastrophenrisiken (Lebensversicherung), beispielsweise aus Pandemien resultierend

Die vollständigen, umfangreichen Formeln für die SCR-Bestimmung innerhalb der einzelnen Untermodule werden an dieser Stelle nicht vertiefend dargestellt. Nachfolgend werden die Untermodule in Grundzügen erläutert, die wesentlich (entsprechend den Ergebnissen der QIS5-Studie in Deutschland) zum Gesamt-SCR im Bereich Leben beitragen. Dies sind die Untermodule: Langlebigkeit, Invalidität/Morbidität, Storno und Kosten (BaFin (2011), S. 17).

Den verschiedenen Untermodulen im Modul Leben (ebenso Kranken) ist gemein, dass das SCR szenariobasiert bestimmt wird. Es wird berechnet, in welcher Höhe sich die Eigenmittel verändern, wenn statt der „normalen" best estimate-Kalkulationsannahmen alternative Annahmen, d. h. „Stressszenario"-Annahmen verwendet werden. Das jeweilige Stressszenario ist hierbei so kalibriert, dass es dem Ereignis entsprechen soll, das nur mit maximal 0,5 % Wahrscheinlichkeit eintritt (siehe 4.2.2). Das notwendige SCR ergibt sich dann aus der Differenz von Basiseigenmitteln unter (normalen) best estimate-Annahmen und Basiseigenmitteln unter Stress-Annahmen (= Δ BOF („basic own funds")). Mit anderen Worten, der somit durch das SCR bereitgestellte Puffer könnte die Belastung der Eigenmittel bei Eintreten des Stressszenarios genau abdecken.

Im Modul Leben werden in den Untermodulen folgende Stressszenarien berechnet:

- Langlebigkeit: permanente Reduktion aller künftigen Einperioden-Sterbewahrscheinlichkeiten um 20 %
- Invalidität/Morbidität: Anstieg der Invaliditätsraten um 35 % für das nächste Jahr, um 25 % für alle folgenden Jahre und Verminderung der Wahrscheinlichkeit, die Invalidität zu beenden („recovery rate") um 20 %
- Kosten: Anstieg des Kostenniveaus um 10 % für alle künftigen Jahre und Erhöhung der Kosteninflationsrate um 1 % pro Jahr

Das SCR im Untermodul Storno ergibt sich aus dem Maximum (dem höheren Wert) der Eigenmittelveränderungen dreier Szenarien. Diese Szenarien sind: Reduktion der Optionsausübungsraten (beispielhaft im Folgenden als „Storno" bezeichnet) in allen künftigen Jahren um 50 % für Verträge mit vorteilhaften (inkl. nicht nachteiligen) finanziellen Auswirkungen des Stornos für den Versicherer; Erhöhung der Optionsausübungsraten in allen künftigen Jahren um 50 % für Verträge mit nachteiligen Auswirkungen des Stornos für den Versicherer; ein sofortiges Storno von 40 % aller Verträge im Privatkundengeschäft und von 70 % aller Verträge im Geschäftskundengeschäft jeweils für Verträge mit nachteiligen Auswirkungen des Stornos für den Versicherer.

Das Modul Kranken deckt Krankenversicherungsverträge ab. Es enthält für Verträge, die nach Art der Lebensversicherung kalkuliert sind (mit Alterungsrückstellung), die Untermodule:

- **Sterblichkeit:** siehe Modul Leben
- **Langlebigkeit:** siehe Modul Leben
- **Invalidität/Morbidität:** Risiken aus Änderungen der Invalidität und Morbidität des Versicherungsnehmers, inklusive: Veränderung medizinischer Behandlungskosten

- **Storno:** siehe Modul Leben
- **Kosten:** siehe Modul Leben
- **Revision:** siehe Modul Leben

Wesentlich zum SCR tragen im Modul Kranken insbesondere die Untermodule Invalidität/Morbidität und Storno bei (vgl. BaFin (2011), S. 19). Innerhalb dieser Module wird die Auswirkung folgender Stressszenarien auf die Eigenmittel berechnet (SCR-Anforderung):

- Invalidität/Morbidität: Anstieg der Krankenversicherungsleistungen um 5 % für alle künftigen Jahre und Anstieg der Inflation der Krankenversicherungsleistungen um 1 % pro Jahr zuzüglich Anstieg der Invaliditätsraten um 35 % für das nächste Jahr und um 25 % für alle folgenden Jahre in Bezug auf Vertragselemente, die Einkommensverluste des Versicherungsnehmers ausgleichen
- Storno: grundsätzlich gleiche Vorgehensweise wie im Storno-Untermodul bei Leben

Für Verträge, die nach Art der Schaden- und Unfallversicherung kalkuliert sind (keine Alterungsrückstellung, z. B. Reisekrankenversicherung), enthält das Modul Kranken die Untermodule Prämien- und Reservierungsrisiko und Storno (siehe zur grundsätzlichen Vorgehensweise das Modul Schaden/Unfall). Darüber hinaus enthält das Modul Kranken analog dem Modul Leben ein Modul Katastrophen für Katastrophenrisiken.

Das Modul Schaden/Unfall ermittelt das SCR für Versicherungsverträge im Bereich der Nicht-Lebensversicherung. Es besteht aus den Untermodulen:

- **Prämien- und Reserverisiko:** Prämien → Risiken aus zeitlichem Anfall, Schadenanzahl und Schadenhöhe und Risiken aus (für das laufende Jahr) zu niedrig angesetzten Prämien; Reserve → Risiken aus der Abwicklung der Schadenrückstellung
- **Storno:** Risiken aus Storno und der Ausübung von Optionen (z. B. Kündigungsrechte seitens des Versicherungsnehmers bei mehrjährigen Verträgen)
- **Katastrophen:** Risiken aus Naturkatastrophen, Man-made Katastrophen (z. B. Terror, Haftung, Feuer etc.), deren Auswirkungen nicht im Untermodul Prämien- und Reserverisiko abgebildet sind.

Die SCR-Anforderung im Modul Schaden/Unfall wird deutlich durch die Untermodule Prämien- und Reserverisiko und Katastrophen dominiert (vgl. BaFin (2011), S. 22). Die SCR-Berechnungsweise ist in beiden Untermodulen sehr komplex, sodass nachfolgend einige grundlegende Erläuterungen gegeben werden.

Grundsätzlich ist die SCR-Berechnungsmethode in beiden Untermodulen faktorbasiert. Das heißt, dass das Grundprinzip der SCR-Ermittlung in etwa darin besteht, das bestehende „Risikovolumen" (Exposure) mit der Stärke des Risikos zu multiplizieren. Bei der Bestimmung des Volumenmaßes werden dabei unternehmensspezifische Informationen über die Beiträge des abgelaufenen Jahres, die geschätzten Beiträge für das nächste Jahr und die Höhe der versicherungstechnischen Rückstellungen berücksichtigt. In das Risikostärkemaß gehen durch die Delegierte Verordnung zur Solvency II-Richtlinie vorgegebene (branchendurchschnittliche) Informationen über Risiken ein, die sich auf die Schwankungen der Schadenanzahl, der Schadenhöhe und der Abwicklung der Schadenrückstellung beziehen. Volumenmaße und Risikomaße werden hierbei spartenspezifisch (line of business) kalibriert. Weiterhin werden Diversifikationseffekte zwischen Sparten in die Berechnung einbezogen.

4.3.2 Standardformel: Kapitalmarktrisiken

Für die Berechnung der Solvenzkapitalanforderung ist der Mindestumfang der im Risikokapitalmodell zu erfassenden Risiken gesetzlich festgelegt (§ 97 (3) VAG 2016 / Art. 101 (4) SII RRL). Dort sind unter den Nummern 4 und 5 Markt- und Kreditrisiken explizit genannt. Im Standardmodell bestimmt § 100 (1) VAG 2016 / Art. 105 (5) und (6) SII RRL die Einordnung dieser beiden Risiken als Untermodule des Basis-SCR. Ihre Bezeichnungen im Standardmodell sind Marktrisiko („market risk") und Gegenparteiausfallrisiko („counterparty default risk"). Ebenso wie das Gesamt-SCR insgesamt dem Value-at-Risk (VaR) der Basiseigenmittel zu einem Konfidenzniveau von 99,5 % über den Zeitraum eines Jahres entspricht, sind auch diese beiden Untermodule so kalibriert, dass jedes für sich einen 99,5 % Value-at-Risk (Verlust) abbildet (§ 100 (3) VAG 2016 i. V. m. § 97 (2) VAG 2016 / Art. 104 i. V. m. Art 101 SII RRL).

Die Module für Marktrisiken („market risk") und für Gegenparteiausfallrisiken („counterparty default risk") stehen auf derselben Aggregationsebene unter dem Basis-SCR und werden mit der Basis-SCR-Korrelationsmatrix (vgl. Abbildung 4-7) aggregiert. Darüber hinaus bestimmt § 99 VAG 2016 / Art. 103 SII RRL, dass in die Berechnung des Gesamt-SCR auch Verlustausgleichseffekte einzubeziehen sind (siehe hierzu weiter unten). Diese Ausgleichseffekte haben auch Auswirkungen auf das SCR aus den Modulen für Marktrisiken („market risk") und für Gegenparteiausfallrisiken („counterparty default risk").

i \ j	Markt	Gegenpartei-ausfall	Lebens-versicherung	Kranken-versicherung	Nicht-Lebensver-sicherung
Markt	1				
Gegenpartei-ausfall	0,25	1			
Lebens-versicherung	0,25	0,25	1		
Kranken-versicherung	0,25	0,25	0,25	1	
Nicht-Lebensver-sicherung	0,25	0,5	0	0	1

Abbildung 4-7: Basis-SCR-Korrelationsmatrix (Anhang IV der Solvency II-Richtlinie)

§ 104 (1) VAG 2016 / Art. 105 (5) SII RRL beschreibt den Inhalt des Marktrisikomoduls so:

> *„Das Marktrisikomodul deckt das Risiko ab, das sich ergibt aus der Höhe oder der Volatilität der Marktpreise von Finanzinstrumenten, die sich auf die Bewertung des Vermögens und der Verbindlichkeiten des Unternehmens auswirken. Es hat die strukturelle Inkongruenz zwischen Vermögenswerten und Verbindlichkeiten, insbesondere bezüglich deren Laufzeit, angemessen widerzuspiegeln."*

Hier sollen also die durch Änderungen des Kapitalmarktumfeldes verursachten Schwankungen des ökonomischen Eigenkapitals abgebildet werden. Explizit ist zu berücksichtigen, dass sich Aktiv- und Passivseite der Marktwertbilanz unterschiedlich verhalten können.

Das Gegenparteiausfallrisikomodul beinhaltet gemäß § 105 (1) VAG 2016 Folgendes:

> *„Das Gegenparteiausfallrisikomodul trägt möglichen Verlusten Rechnung, die sich aus einem unerwarteten Ausfall oder der Verschlechterung der Bonität von Gegenparteien und Schuldnern des Versicherungsunternehmens während der nächsten zwölf Monate ergeben."*

Es umfasst Verträge zur Risikominderung wie Rückversicherungsvereinbarungen, Verbriefungen und Derivate, Forderungen gegenüber Vermittlern und alle sonstigen Kreditrisiken, die nicht vom Spread-Risiko-Modul als Komponente des Marktrisikos abgedeckt werden *(§ 105 (2) VAG 2016)*. Das Gegenparteiausfallrisikomodul berücksichtigt in angemessener Weise akzessorische und sonstige Sicherheiten zugunsten der Versicherungsunternehmen, einschließlich der mit diesen Sicherheiten verbundenen Risiken.

Es werden also die Schwankungen des ökonomischen Eigenkapitals abgebildet, die durch den Ausfall von Kontraktpartnern entstehen, sowohl durch einen unmittelbaren Forderungsausfall als auch durch den Ausfall von Kontrahenten aufgrund risikoreduzierender Maßnahmen (wie z. B. Rückversicherung).

Das Marktrisiko besteht gemäß § 104 (2) VAG 2016 / Art. 105 (5) a)–f) SII RRL aus sechs Komponenten (Submodule).[33] Jede der Komponenten betrachtet die Veränderung der Basiseigenmittel aufgrund der Änderung bestimmter Kapitalmarktbedingungen. Die konkreten Modellierungen der unterstellten Einflüsse auf die Eigenmittel in den verschiedenen Submodulen folgen unterschiedlichen Ansätzen. Weiter unten werden die Modellierungsansätze noch einmal in Detail dargestellt.

- Im **Zinsrisiko** („interest rate risk") ist ein Anstieg und ein Fall der „risikolosen" Diskontraten durch einen Faktoransatz in Bezug auf die einzelnen Stützstellen der Zinsstrukturkurve modelliert. Im Zinsmodul werden also Marktwertänderungen nicht

33 Bis zum Long-Term Guarantee Assessment im Jahre 2013 wurde im Marktrisikomodul noch eine siebte Komponente betrachtet: ein Absinken der sog. „countercyclical premium" (zuvor: „illiquidity premium"). Mit der Einführung der „Volatilitätsanpassung" gemäß § 82 VAG 2016 ist diese Komponente entfallen.

unmittelbar durch Multiplikation mit einem Faktor (wie z. B. im Aktienrisikomodul; s. u.), sondern indirekt durch Beeinflussung von Bewertungsfaktoren bewirkt: Die Diskontierung ändert sich; bei Zins-Derivaten (wie Swaptions), strukturierten (wie Callables) oder Structured-Finance-Produkten (wie Mortgage-backed Securities) ändern sich auch die erwarteten Zahlungen. Die Auswirkungen auf den Marktpreis sind dann für jede betroffene Position vom Anwender des Modells durch Umbewertung selbst zu bestimmen.

- Das **Aktienrisiko** („equity risk") ist als prozentualer Fall des Marktwertes der Aktien unter Berücksichtigung eines sog. symmetrischen Anpassungsmechanismus modelliert. Aus welchem Bewertungsfaktor die Änderung kommt (ob beispielsweise die Risikoaversion des Marktes gestiegen ist oder tatsächlich ein Einbruch der erwarteten Unternehmensgewinne oder eine Erhöhung ihrer Volatilität vorliegt), ist hier nicht spezifiziert. Während die Auswirkung auf die Aktien selbst sich einfach durch eine entsprechende prozentuale Änderung der betreffenden Positionen in der Marktwertbilanz berechnen lässt, müssen Derivate (insbesondere sog. „asymmetrische" Instrumente wie explizite oder eingebettete Optionen) neu bewertet werden.
- Im **Immobilienrisiko** („property risk") wird ein prozentualer Fall des Marktwertes von Immobilien betrachtet.
- Das **Spreadrisiko** („spread risk") wird mittels eines (erweiterten) Durationsansatzes bzw., für bestimmte Derivate, mittels einer Umbewertung unter Annahme einer Ausweitung oder einer Verengung der Kredit-Spreads modelliert. Das Spreadrisiko ist durch eine Änderung im von Kreditgebern geforderten Risikoaufschlag auf die risikolose Verzinsung motiviert. Auslöser kann eine Änderung in der Risikoaversion, aber auch eine Änderung in der geschätzten Ausfallwahrscheinlichkeit der Zahlungen (und damit ihrer erwarteten Höhe bzw. ihres Risikos) sein.
- Das **Wechselkursrisiko** („currency risk"/„FX risk") ist als prozentualer Anstieg oder Fall in den Wechselkursen modelliert. Da dies sich in gleicher Weise multiplikativ auf alle (erwarteten) Zahlungen aus einer Kapitalanlage auswirkt, kommt dies i. d. R. einer entsprechenden prozentualen Änderung ihres Marktwertes gleich. Eine Ausnahme bilden hiervon Währungsderivate. Diese sind neu zu bewerten.
- Im Modul **Marktrisikokonzentrationen** („concentration risk") wird der Diversifikationsgrad des Asset-Portfolios untersucht und als prozentuale Marktwertveränderung von vorgegebene Rating-basierte Konzentrationsschwellen überschreitenden Exposures modelliert. Diese Risikokategorie ist weniger durch ein konkretes Kapitalmarktereignis motiviert, sondern vielmehr als Nachadjustierung der Solvenzkapitalanforderungen aus den übrigen Risikomodulen zu verstehen für den Fall, dass der bei der Kalibrierung der Schocks unterstellte Diversifikationsgrad (z. B. der gehaltenen Aktien) im Portfolio des Versicherers signifikant unterschritten wird. In dieses Modul werden alle Vermögensgegenstände („assets") einbezogen, die im Aktienrisiko-, Spread- und Immobilienrisikomodul erfasst sind, und die bestehenden Konzentrationsrisiken bewertet. Vermögensgegenstände („assets"), die im Gegenparteiausfallrisikomodul erfasst werden, werden zur Vermeidung einer Doppelzählung hier nicht berücksichtigt.

Für einige dieser Komponenten (Zins-, Spread- und Wechselkursrisiko) werden sowohl Anstieg als auch Fall der entsprechenden Kapitalmarktbedingung betrachtet; der Effekt mit der höheren negativen Auswirkung auf die Basiseigenmittel wird dann zum tatsächlichen Schock. Ein SCR kann selbst nicht negativ werden. Ergibt sich rechnerisch ein negativer Wert, so wird das SCR auf 0 gesetzt (Art. 83 (5) SII DV). Die Aggregation erfolgt über eine Korrelationsmatrix („Wurzelformel") (Art. 164 (2) SII DV). Hierbei gilt es zu beachten, dass die Einträge der Korrelationsmatrix, die die (marginalen) Korrelationen des Zinsrisikos mit den anderen Markt-Modulen enthält, davon abhängig gemacht worden sind, welches das tatsächliche Zins-SCR-Szenario ist: Zinsanstieg („interest rates up") oder Zinsrückgang („interest rates down") (Art. 164 (3) SII DV).

Das Gegenparteiausfallrisiko („counterparty default risk") ist für Risiken des sog. Typs 1 (insbesondere Rückversicherung, Derivate und Verbriefungen) über einen „Loss-Given-Default-Ansatz" (LGD-Ansatz) unter Berücksichtigung von gestellten Sicherheiten (sog. Collaterals). Für Risiken des komplementären Typs 2 (insbesondere Forderungen gegenüber Versicherungsnehmern und -vermittlern sowie Hypotheken) ist es durch einen Faktoransatz auf den Marktwert der Forderungen modelliert.

Bei der Berechnung des SCR gilt grundsätzlich, dass ein Look-Through-Approach zu wählen ist (Art. 84 SII DV), was bedeutet, dass z. B. in einem Fonds zusammengefasste Einzeltitel als eben solche Einzeltitel in den Berechnungen zu berücksichtigen sind und nicht nur der Fondsanteilsschein. Diese Anforderung findet im Allgemeinen zwei Grenzen: zum einen in der generellen Begrenzung durch nicht gegebene Angemessenheit des Aufwandes einer Durchsicht, zum anderen können Beteiligungen (im Sinne der internationalen Rechnungslegung) in nicht reinen Holdings oder Investmentfirmen ohne Einzelpositionsabbildung dargestellt werden. In speziellen Fällen kann auch bei Fonds von der Durchschau abgewichen werden und sich z. B. stattdessen auf die Zielallokation des Fonds bezogen werden.

In allen Modulen sind Absicherungsinstrumente durch entsprechende Umbewertung in Bezug auf die jeweils relevanten Kapitalmarktstresse (für eine Aktien-Put-Option also z. B. der jeweilige Stress des Aktienrisiko-Moduls) zu berücksichtigen, soweit ihre risikoreduzierende Wirkung („risk mitigation") gemäß den diesbezüglichen Vorschriften aus der Solvency II-Gesetzgebung angerechnet werden darf (Delegierte Verordnung (2015), Titel I Kapitel V Abschnitt 10, insbesondere Art. 212 i. V. m. Art. 209 f. SII DV). Dies umfasst neben der Sicherstellung der tatsächlich erfolgten Risikoübertragung insbesondere, dass kein wesentliches Basisrisiko zwischen absichernder und abzusichernder Position besteht (zum „wesentlichen Basisrisiko" siehe Art. 86 SII DV und EIOPA (2015a) i. V. m. BaFin (2015a)). Kurzlaufende Derivate (mit einer Restlaufzeit von weniger als einem Jahr) sind zeitanteilig zu berücksichtigen, indem beispielsweise das Nominal entsprechend reduziert wird (außer wenn die Derivate nachgewiesenermaßen „gerollt", also immer wieder erneuert werden; Voraussetzungen regelt Art. 209 (3) SII DV). Das Risiko, dass die Gegenpartei eines Derivatekontrakts (wie einer Aktien-Put-Option) genau dann ausfällt, wenn die risikoreduzierende Wirkung gebraucht wird, wird unter Berücksichtigung der gestellten akzessorischen Sicherheiten im Gegenparteiausfallrisikomodul berücksichtigt (Art. 196 SII DV).

Die Komponenten des Marktrisikos und des Gegenparteiausfallrisikos sind vor (auf Basis des besten Schätzwertes („best estimate")) und nach Verlustausgleichseffekten zu berechnen, um die nachträgliche Adjustierung des Basis-SCR in der Berechnung zum Gesamt-SCR zu bestimmen. Diese Adjustierung umfasst zwei Komponenten: die Berücksichtigung der Verlustausgleichsfähigkeit der versicherungstechnischen Rückstellungen („loss-absorbing capacity of technical provisions") und der latenten Steuern („deferred taxes") (siehe § 99 i. V. m. § 108 VAG 2016 bzw. Delegierte Verordnung (2015) Titel I Kapitel V Abschnitt 9).

Bei der Verlustausgleichsfähigkeit der Rückstellungen (Art. 206 SII DV) stellt sich (vereinfachend zusammengefasst) die Frage, ob sich das Management im Falle eines schweren Kapitalmarktschocks anders verhalten würde als im Normalszenario. Über (zum Teil Management-diskretionäre) Partizipationsmechanismen wie die Überschussbeteiligung[34] in der Lebens- und Krankenversicherung tangieren aber auch Marktwertschwankungen in den Kapitalanlagen selbst mittelbar die Zahlungsströme an die Versicherungsnehmer und somit unmittelbar den Marktwert der versicherungstechnischen Verbindlichkeiten zum Berechnungszeitpunkt. Denn nach wie vor basiert die Überschussbeteiligung auf dem HGB-Rohüberschuss und dieser reagiert, wenn auch aufgrund des gemilderten Niederstwertprinzips, i. d. R. stark verzögert (jedoch spätestens bei einer Veräußerung der gestressten Kapitalanlage unter Realisierung stiller Lasten bzw. geringerer stiller Reserven) auf die angenommenen Marktwertschocks. Aufgrund der Mindestzuführungsbestimmungen werden z. B. in der Lebensversicherung mindestens 90 % der Kapitalanlageübererträge (nach Deckung der Mindestverzinsung) dem Versicherungsnehmer zugeordnet, entweder direkt und unwiderruflich (Direktgutschrift), widerruflich (Schlussüberschussanteilfonds (SÜAF) als Teil der Rückstellung für Beitragsrückerstattung, RfB) oder prospektiv (durch Einstellen in die freie RfB, ebenfalls Teil der RfB). Direktgutschriften sind für den Versicherer als mögliche bedingte Eigenmittel unwiderruflich „verloren". Die beiden anderen Komponenten können auf Antrag bei der Aufsicht zur Deckung von Verlusten herangezogen werden („Notstand"). Die Gesamtposition der handelsrechtlichen nicht gebundenen RfB (freie RfB plus SÜAF) bildet somit eine Art Puffer für den Versicherer, auf den er in Verlustzeiten (wie es der Moment des Eintritts eines den SCR-Berechnungen zugrunde liegenden Schocks eine sein dürfte) zurückgreifen kann, um so sein Eigenkapital zu schonen bzw. Nachschüsse zu vermeiden. Man kann hier also von einem Risiko- oder Verlustteilungseffekt der versicherungstechnischen Rückstellungen („loss-absorbing effect of technical provisions") sprechen.

Zwar ist dieses Teilungspotenzial dadurch begrenzt, dass bei der Überschussbeteiligung (in welcher der drei oben genannten Formen auch immer) im Jahr der Verlustentstehung „nur" die Mindestzuführung an positiven Erträgen gekürzt werden darf, die Überschussbeteiligung selbst also nicht negativ sein darf (hier wird oft der Begriff der „Asymmetrie" der Risikoteilung verwendet). Doch ist der Hebel, der durch das Risikoteilungspotenzial entsteht, bei weitem nicht immateriell: So können es durchaus 50 % des „Brutto-Risikos" sein, die an den Versicherungsnehmer „weitergegeben" werden können.

34 Die folgende Darstellung ist aus Gründen der Veranschaulichung recht stilisiert und stark auf den Aspekt der Überschussbeteiligung fokussiert. Weitere Mechanismen wie die Beteiligung der Versicherungsnehmer an den Bewertungsreserven insbesondere im Stornofalle werden hier weitgehend ausgeblendet.

Zusammenfassend ist der Mechanismus also folgender: Das Markt-SCR-Ereignis tritt ein, die Marktwerte reagieren (negativ). Jetzt oder in einem der Folgejahre senkt dies den HGB-Rohüberschuss. Da der erwartete (positive) Ertrag aus den Kapitalanlagen nur zu höchstens 10 % an den Versicherer geflossen wäre, findet hier schon einmal eine Kürzung des Verlustes statt, da nur ein Teil des Gesamtverlustes den Ertragsteil des Versicherers betrifft.[35] Zudem hat der Versicherer dann noch die Möglichkeit, zuvor zurückgelegte Erträge, die nach „Zwischenlagerung" in der nicht gebundenen RfB eigentlich an den Versicherungsnehmer gehen sollten, zur Verlustdeckung unter Umständen wieder „zurückzuholen" (hier besteht eine starke Ähnlichkeit zu der ökonomischen Mechanik eines thesaurierenden Genussscheins). Auch dies senkt den Teil des „Brutto-Schocks", der vom Versicherer getragen werden muss. Die fundamentale Abhängigkeit der Zahlungen (oder vorerst Rückstellungen) zugunsten der Versicherungsnehmer vom HGB-Ergebnis wird sich auch durch die Einführung von Solvency II nicht ändern. Somit ist, auch wenn die Risikobewertung unter Solvency II grundsätzlich von einer Marktwertbetrachtung ausgeht, das handelsrechtliche Rahmenwerk zur Bewertung von Kapitalanlagen für die Bestimmung der Schwankungen des ökonomischen Eigenkapitals von hoher Relevanz.

Technisch wird dieser Risikoteilungseffekt durch die Anpassung für die Verlustausgleichsfähigkeit der versicherungstechnischen Rückstellungen („adjustment for the risk absorbing effect of technical provisions") erfasst. Hierfür verlangen die aufsichtsrechtlichen Anforderungen, dass die SCR der einzelnen Submodule zweimal gerechnet werden: einmal für den Fall, dass die Überschussbeteiligung auch nach Marktschocks weiter so vorgenommen wird wie im „Normalfall" beabsichtigt. Das Ergebnis ist das sog. „gross capital requirement" des Submoduls. Dann wird noch einmal gerechnet, dieses Mal jedoch unter der Annahme, dass das Risikoteilungspotential, wie oben dargestellt, auch tatsächlich genutzt wird (ergibt das „net capital requirement"). Nach der unabhängigen Aggregation der jeweiligen SCR beider „Sichtweisen" wird die Differenz aus den beiden Gesamtkapitalanforderungen berechnet. Nach einer Prüfung, ob in der Gesamtheit keine „Doppelverwendung" von Risikoteilungspotenzial vorgenommen wurde (Kappung der Differenz durch den Marktwert der gesamten „future discretionary benefits", also der vom Versicherungsnehmer „zurückholbaren" Überschüsse), wird diese Differenz dann von den Brutto-Kapitalanforderungen abgesetzt.

Die zweite Adjustierung (Art. 207 SII DV) betrifft Ausgleichseffekte aus latenten Steuern (genauer: der bereits gemäß HGB bestehenden passiven latenten Steuern, insbesondere ergänzt um solche, die durch die vorgenommenen Umbewertungen zum Aufstellen der Marktwertbilanz entstanden sind). Im 0,5 %-Verlustfall (oder genauer: im 99.5 %-Quantil der Verlustverteilung) könnten diese Besteuerungen auf noch erwartete Gewinnauflösungen (zum Teil) mit den entstehenden Verlusten verrechnet werden (Idee eines „tax shield"). Insbesondere die Bestimmung der Verlustteilungseffekte mit den Versiche-

35 In Bezug auf die Beteiligung der Versicherungsnehmer an den stillen Reserven ist der Mechanismus ähnlich: Im „Normalfall" stattfindende Beteiligungen finden im Stressfalle schlichtweg nicht statt, da die Reserven nicht mehr in dem ursprünglichen Maße vorhanden sind. Die Zahlungsströme an die Versicherungsnehmer gehen zurück; die Versicherungsnehmer werden also auch hier gewissermaßen an den Verlusten beteiligt bzw. liegt die Verlusttragung nicht allein aufseiten des Versicherungsunternehmens.

rungsnehmern erhöhen den Rechenaufwand für die Bestimmung der Marktrisiko-SCR und Gegenparteiausfallrisiko-SCR in erheblichem Maße, da alle Risikomodule zuerst vor und dann noch einmal nach Berücksichtigung der Verlustabsorptions-Kapazität bestimmt werden müssen, wobei eine Mehrfachverwendung dieser Kapazität zu vermeiden ist.

► **Exkurs: Latente Steuern**

Anzusetzen sind in der Solvency II-Bilanz auch latente Steuern („deferred taxes") (Art. 15 SII DV). Die Bewertung erfolgt auf der Basis der Differenz der Höhe der Werte der Vermögensgegenstände und Verbindlichkeiten nach Solvency II-Ansatz- und Bewertungsvorgaben und der Höhe der Werte der Vermögensgegenstände und Verbindlichkeiten für steuerliche Zwecke. Die in einer HGB- (oder IFRS-)Bilanz angesetzten latenten Steuern sind also auf Basis der Ansatz- und Bewertungsunterschiede zur Solvency II-Bilanz abzuändern.

Latente Steuern können auf der Aktiv- oder der Passivseite der Solvency II-Bilanz anzusetzen sein, insbesondere:

- Wenn das Solvency II-Bilanz-Ergebnis höher ist als das steuerliche Ergebnis, ergeben sich passive latente Steuern als Passivposition in der Solvency II-Bilanz (als eine Art Rückstellung für zukünftig zu erwartende höhere Steuerzahlungen).
- Wenn hingegen das steuerliche Ergebnis höher ist, ergeben sich aktive latente Steuern als Aktivposition in der Solvency II-Bilanz (zur zeitlichen Abgrenzung für schon gezahlte Steuern).

Im Folgenden werden die einzelnen Submodule zur Abbildung der Kapitalmarktrisiken detaillierter dargestellt.

Zinsrisiko-Submodul

Das Zinsrisiko wird berechnet als Veränderung der Basiseigenmittel, wenn sich die als Stellvertreter für den „risikolosen" Nominalzins verwendete Zero-Swap-Kurve (die sog. risikolose Basiskurve) in vordefinierter Weise verändert (siehe dazu und im Folgenden Art. 165 ff. SII DV). Hierbei sind ein Up- und ein Down-Szenario definiert. Konkret ist jeweils für jede Laufzeit ein bestimmter Faktor vorgegeben, mit dem der betreffende Zins zu multiplizieren ist. Der nach unten geschockte 5-Jahres-Zins r5 würde beispielsweise berechnet als r5 x (1 − 0,46), wobei die 0,46 der Delegierten Verordnung entnommen ist. Zwischenlaufzeiten, die nicht in den dort gezeigten Tabellen enthalten sind, sind linear zu interpolieren. Dabei ist neben den gegebenen Faktoren eine Mindestverschiebung der Kurve nach oben um absolut 100 bps vorgesehen. Negative Zinsen bleiben unverändert. Mit den neuen Zinsstrukturkurven (nach Schock) sind dann die Aktiva und Passiva neu zu bewerten. Aus den Ergebnissen ist, wie oben bereits dargestellt, das „schlechtere" zu wählen und in der Aggregation (mit der entsprechenden Korrelationsmatrix!) zum Marktrisiko-SCR zu verwenden. Die risikolose Basiskurve wird monatlich von EIOPA je Wirtschaftsraum/Währung (z. B. EUR, USD etc.) beschlossen und auf ihrer Webseite veröffentlicht.

Hierzu eine Anmerkung: Die Aussteuerung auf das Schließen einer Durationslücke zwischen Aktiv- und Passivseite führt nicht (und per se noch nicht einmal annähernd) automatisch dazu, dass das Zinsrisiko-SCR 0 ist. Dies liegt zum einen daran, dass, während die Durationsaussteuerung von einer Parallelverschiebung der Zinsstrukturkurve ausgeht, die beiden betrachteten Verschiebungen im Standardmodell i. d. R. alles andere als parallel sind. Zum anderen ist die Duration auf eine bestimmte Höhe der Parallelverschiebung kalibriert (z. B. 100 bps). Weicht die tatsächliche Verschiebung davon ab, so ist ein Zinsrisiko (wenn auch in naher Umgebung um 100 bps klein) vorhanden. Bei großen Abweichungen in der Schockhöhe und von der Parallelverschiebungsannahme kann trotz einer Durationslücke von 0 ein signifikantes SCR entstehen. Auch das Management der Konvexität bringt hier nur bedingt Verbesserung; die Probleme der Nicht-Parallelverschiebung und auch der zum Teil erheblich anderen Schocks als 100 bps bleiben. Verbesserungen sind durch Konzepte wie „key rate duration" und „key rate convexity" (bei denen keine Parallelverschiebung der Zinsstrukturkurve, sondern nur die Bewegung einzelner Stützstellen(-bereiche) unterstellt wird) zu erzielen oder durch Einbeziehung spezieller als Risiko eingestufter Zinsszenarien in das Zinsrisikosteuerungs-Programm.

Aktienrisiko-Submodul

Zur Berechnung des Aktienrisikos wird zunächst der Aktienbestand in zwei Gruppen aufgeteilt (vgl. dazu und im Folgenden Art. 168–173 SII DV):[36] OECD- und EWR-Aktien, die auf regulierten Märkten gehandelt werden, werden der Gruppe Type 1 zugeordnet. Dagegen gelten z. B. Emerging Markets Equity, Non-listed und Private Equity, Hedge Fonds und alle Assets, die in keinem anderen Marktrisikomodul berücksichtigt werden, als Type 2. Der Schock für Type 1 ist grundsätzlich 39 %, für Type 2 49 % auf den Marktwert.[37]

Dieser Schock wird von EIOPA gemäß einem sog. symmetrischen Anpassungsmechanismus („symmetric adjustment") unter Einbeziehung des aktuellen Stands und einem gewichteten Mittel der Stände eines geeigneten Index erhöht oder gesenkt (§ 106 (2) VAG 2016), jedoch maximal um ± 10 Prozentpunkte (§ 106 (3) VAG 2016). Per 31.12.2016 betrug die Anpassung ca. −2 Prozentpunkte, Type 1 wurde also mit ca. 37 %, Type 2 mit ca. 47 % geschockt. Die beiden SCR-Werte für Type 1 und 2 werden dann mithilfe einer Korrelationsmatrix aggregiert (angenommene Korrelation in der Delegierten Verordnung zur Solvency II-Richtlinie: 0,75).[38]

Für strategische Beteiligungen ist der Schock 22 %. Andere Beteiligungen werden i. d. R. wie Aktien (im Zweifel als Type 2) behandelt. Derivate sind (wie auch in allen anderen Modulen) entsprechend neu zu bewerten. Konform mit Art. 304 SII RRL ist für die betriebliche Altersversorgung die Option einer gesonderten Behandlung des Aktienexposures vorgesehen (Stichwort: Durationsansatz, „duration-based approach"). Für Aktienbestän-

36 Für (qualifizierte) Eigenkapitalinvestitionen in Infrastruktur ist per Änderung der Delegierten Verordnung (Delegierte Verordnung zur Änderung der Delegierten Verordnung (2016)) eine dritte Kategorie Aktien (sog. Infrastruktur-Aktien) eingeführt worden (Art. 168 SII DV n. F.).

37 Für Infrastruktur-Aktien beträgt dieser „Basisschock" 30 % (Art. 169 SII DV n. F.).

38 Das SCR für Infrastruktur-Aktien ist zum SCR der Aktien Type 2 zu addieren. Diese Summe wird dann (wie zuvor Type 2 allein) mit dem SCR aus Type 1 per Korrelationsannahme aggregiert (Art. 168 SII DV n. F.).

de, die vor dem 01.01.2016 erworben wurden, können gemäß einer Übergangsregelung gemilderte Schocks zur Anwendung kommen (siehe Art. 173 SII DV i. V. m. Art. 308b (13) SII RRL).

Immobilienrisiko-Submodul

In das Immobilienrisiko-Submodul fallen insbesondere Grundstücke und Gebäude oder Beteiligungen (siehe dazu und im Folgenden Art. 174 SII DV). Der Schock im Immobilienrisiko-Submodul beträgt 25 % auf den Marktwert.

Spreadrisiko-Submodul

Das Spreadrisiko-Submodul bildet die Marktwertschwankungen aufgrund der Veränderung von Kredit-Spreads ab (Art. 175–181 SII DV). Ein Spread kann als die Kompensation für den Investor über den risikolosen Zins hinaus verstanden werden, im Falle des Kredit-Spread dafür, dass er in ein Wertpapier investiert, das zwar einen festen Zins und eine feste Rückzahlung verspricht, jedoch durchaus bis zur Endfälligkeit (durch ein „credit event“) ausfallen kann. Der Spread kann auch als ein Indikator für die (begründete oder unbegründete) „Angst“ des Marktes vor Ausfällen („defaults“) interpretiert werden. Dass die Bewertung dieser „Angst“ in Form eines von den Marktteilnehmern geforderten Zinsaufschlages über die Zeit schwanken und damit zu einer Änderung in den Marktwerten der ausfallgefährdeten Wertpapiere führen kann, soll in diesem Modul abgebildet werden. Das Spreadrisiko-Submodul betrifft insbesondere folgende Anlageklassen:

- Unternehmensanleihen („corporate bonds“) mit und ohne eingebettete Optionen
- Hochzinsanleihen („high yield bonds“)
- nachrangige Zinspapiere („subordinated debt“)
- hybride Anleihen (z. B. Vorzugsaktien oder Wandelanleihen („hybrid debt“))
- Strukturierte Finanzprodukte (z. B. „Asset Backed Securities” (ABS) oder „Collateralized Debt Obligations” (CDO))
- Spread-Derivative (wie „Credit Default Swaps“ oder „Credit Linked Notes“)

Anleihen von EWR-Staaten in Landeswährung, der Zentralbanken und multilateraler Entwicklungsbanken (z. B. EIB) gelten als nicht-ausfallbedroht und fallen somit auch nicht in den Fokus dieses Moduls. Hierbei sind besondere Behandlungen von Staats- und Zentralbankemissionen von Mitgliedstaaten in eigener und jeweils fremder Mitgliedstaaten-Währung vorgesehen. Andere Anleihen bekommen spezielle Schocks in Abhängigkeit von Duration und Rating (wobei hier die „Spread-“ und nicht die „Zinsduration“ zu berücksichtigen ist, was insbesondere bei Floatern einen Unterschied macht). Hierbei wird in den vorgegebenen Schockfaktoren der Konvexitätseffekt in der Reaktion des Marktwertes eines Papieres auf Spread-Änderungen approximativ berücksichtigt.

Die Ratings sind in der anbieterneutralen Klassifikation Bonitätsstufen („credit quality steps“) von 0 bis 6 angegeben, wobei 0 für das Toprating steht und sich dann die Bonitätsstufe („step“) mit jeder Ratingklasse nach unten um eins erhöht (so würde z. B. die

Bonitätsstufe („credit step") 2 alle Standard & Poors (S&P) Ratings von A+ bis A- umfassen). Non-rated Papiere bilden eine eigene Klasse. Mortgage und Public Sector Covered Bonds sowie speziell Pfandbriefe mit Bonitätsstufe ("step") 0 und 1 und sonstige stark besicherte Positionen erhalten i. d. R. gemäßigte Schocks. Auch für Verbriefungen sind gesonderte Schocks definiert. Es sind Emissionsratings („issue ratings")[39] von zertifizierten Ratingagenturen zu verwenden, sonst, falls nicht vorhanden, in bestimmten Ausnahmefällen Emittentenratings („issuer ratings")[40]. Bei mehreren nicht gleichlautenden Ratings ist i. d. R. das zweitbeste zu verwenden (zur Ratingverwendung siehe Art. 4 ff. SII DV). Das Spreadrisiko-SCR wird aus drei Komponenten additiv bestimmt: SCR für Bonds, strukturierte Produkte und Kreditderivate. Letzteres wird bestimmt, wenn die Derivate nicht als direkte Absicherung gehalten werden. Für diese ungedeckten Derivate werden die Marktwertveränderungen aufgrund von Up- und Down-Schocks bestimmt. Auch hier bestimmt wieder der höhere negative Wert den SCR-Beitrag.

Wechselkursrisiko-Submodul

Der Wechselkursschock wird in beide Richtungen mit 25 % berechnet, also 25 % Wertsteigerung und dann noch einmal 25 % Wertminderung von Fremdwährungen gegenüber der Heimatwährung der Unternehmung (vgl. dazu und im Folgenden Art. 188 SII DV). Auch hier bestimmt dann wieder der Schock mit der stärkeren negativen Wirkung auf die Eigenmittel das SCR. Zwischen einigen Währungen sind separate Schocks vorgesehen (z. B. zwischen der dänischen Krone (DKK) und dem Euro). Dies ist i. d. R. auf bestehende Pegs (feste Wechselkurskorridore) zurückzuführen.

Marktrisikokonzentrations-Submodul

Das Marktrisikokonzentrations-Submodul soll eine SCR-erhöhende Vorkehrung treffen, falls im Portfolio des Unternehmens wesentlich höhere Konzentrationen vorherrschen als bei der Kalibrierung z. B. der Aktienrisiko-Schocks angenommen wurde (vgl. dazu und im Folgenden Art. 182–187 SII DV). In das Marktrisikokonzentrations-Submodul werden alle Kapitalanlagen einbezogen, die im Aktien-, Spread- und Immobilienrisiko-Submodul erfasst sind, und die bestehenden Konzentrationsrisiken bewertet. Anlagen, die im Gegenparteiausfallrisikomodul erfasst werden, werden, da auch dort die Konzentration in die Berechnung des SCR eingeht (s. u.), zur Vermeidung einer Doppelzählung im Marktrisikokonzentrations-Submodul nicht berücksichtigt.

Die Konzentration wird nur bezüglich der Gegenparteien gemessen, nicht geografisch oder sektorbezogen. Dabei werden die einzelnen Papiere gemäß dem sog. Ultimate-Shareholder-Konzept dem jeweils „obersten" Emittenten zugeordnet. Die Berechnung des Marktrisikokonzentrations-SCR erfolgt in drei Schritten:

39 Rating, das dem Wertpapier im Zusammenhang mit der Emission vergeben wurde, was also Maßnahmen wie die Einrichtung von Cover Pools berücksichtigt.

40 Rating, das dem Emittenten des Wertpapiers vergeben wurde, was i. d. R. dem Rang Senior Unsecured entspricht.

1. Bestimmung des „excess exposure“
2. Bestimmung des Risikokapitals je Gegenpartei in Form einer unterstellten Marktwertänderung
3. Aggregation

Für die Bestimmung des „excess exposure“ wird je Counterparty das Überschuss-Kapital („excess capital“) als Überhang in Bezug auf je Rating der Emittenten/Gegenparteien vorgegebene Schwellenwerte berechnet. Für Pfandbriefe mit Bonitätsstufe („credit quality step“) 0 oder 1 gilt i. d. R. eine Schwelle von 15 % der gesamten Aktiva („total assets“ wie in der Delegierten Verordnung zur Solvency II-Richtlinie definiert), für Grundstücke i. d. R. 10 %. Für die Bestimmung der Marktwertänderung des „excess exposure“ sind für jedes Rating des zugehörigen Emittenten Faktoren vorgegeben. Für Emittenten, die unter Solvency II fallen und kein Rating haben, kommt die Solvenzquote („solvency ratio“) zum Einsatz. Andere „ungeratete“ Gegenparteien erhalten einen Faktor wie für Bonitätsstufe („credit quality step“) 5 (entspricht dem S&P Rating BB), Grundstücke die Bonitätsstufe („step“) 1.

Staatsanleihen aus dem EWR in lokaler Währung, sowie von der EZB oder von multilateralen Banken emittierte Anleihen bekommen kein SCR. Staatsanleihen anderer Staaten in lokaler Währung bekommen gesonderte Marktwertschocks. Das jeweilige Produkt aus „excess exposure“ und dem Marktwertschock bestimmt den SCR-Beitrag eines jeden Emittenten. Die Aggregation erfolgt dann mittels „Wurzelformel“, wobei zwischen den einzelnen Emittenten-Beiträgen eine Korrelation von 0 unterstellt wird.

Aufbauend auf die vorausgehenden Ausführungen zu den einzelnen Marktrisikomodulen wird nun im Folgenden dargestellt, welche Risikofaktoren (wie Zinsänderungen, Spreadänderungen oder Einbrüche am Aktienmarkt) Auswirkungen auf den Marktwert welcher Anlageklassen haben können. Die in Tabelle 2 vorgenommene Zuordnung von Anlageklassen zu Submodulen des Marktrisikos ist anhand der typischen, i. d. R. anzutreffenden Ausgestaltung der jeweiligen Kapitalanlagen vorgenommen worden. Hierzu einige Anmerkungen:

- Das Zutreffen der Zuordnungen ist im Einzelfall zu prüfen, insbesondere bei für das jeweilige haltende Versicherungsunternehmen zugeschnittenen Kapitalanlageprodukten. Ist eine Kapitalanlage mehreren Kategorien zuordenbar, so sollte dies auch erfolgen.
- Änderung in den sog. „Impliziten Volatilitäten“ und in der „expected inflation“ stellen zwar kein explizites Modul des Standardansatzes dar, können jedoch durchaus als fundamentale den Kapitalmarkt beschreibende Größen gelten. Daher beinhalten die letzten Spalten („Vol“ und „Infl“) zusätzlich zu den im Standardmodell explizit vorgesehen Risikokategorien auch die Information, welche der dargestellten Anlageklassen i. d. R. auf diese beiden Risiken reagieren. Diese Information kann für ORSA-Betrachtungen zur Validierung der Standardmodellannahmen von Relevanz sein. Bei dieser Betrachtung ist nämlich unter anderem zu prüfen, ob im Standardansatz nicht

ggf. relevante Risikokategorien unberücksichtigt geblieben sind (siehe dazu noch weiter unten).

- Auf die Darstellung der Zuordnung zum Konzentrationsrisikomodul wurde verzichtet, da hier weniger die Anlageklasse, sondern der jeweilige Emittent die zentrale Rolle spielt.
- Beim Währungsrisiko („currency risk", FX) wurden nur die Anlageklassen zugeordnet, die einen unmittelbaren Bezug zu Schwankungen in den Wechselkursen aufzeigen. Dass ein US-Dollar-notierter Bond naturgemäß auf das Währungsrisikomodul reagiert, wurde hier hingegen ausgeblendet.

Anlageklasse	IR	Eq	Prop	Spr	Curr	Vol	Infl
Aktie (geregelter Markt)		x					
Aktie (andere)		x					
Asset Backed Security	x			x			
Bond Forward / Futures	x			x			
Callable Bond	x			x		x	
Cash	(x)						
Commercial Real Estate Loan	x			x			
Constant Maturity Swap	x						
Convertible Bond	x	x		x		x	
Corporate Bond	x			x			
Credit Default Swap	x			x			
Credit-Linked Note	x			x			
Cross Currency Swap	x				x		
Equity Basket Option	x	x				x	
Equity Call Option	x	x				x	
Equity Forward / Futures	x	x					
Equity Put Option	x	x				x	
Equity Swap	x	x					
Fixed to Float Bond	x			x			
Floating Rate Note	(x)			x			
FX Call	x				x	x	
FX Forward / Futures	x				x		
FX Put	x				x	x	
Government bond	x			(x)			
Hedge Fund		x					
Hypothekendarlehen (Standard)	x					(x)	
Hypothekendarlehen (andere)	x			x		(x)	

Anlageklasse	IR	Eq	Prop	Spr	Curr	Vol	Infl
Inflation Cap	x					x	x
Inflation Floor	x					x	x
Inflation Linked Bond	x			x			x
Inflation Swap	x						x
Interest Rate Futures	x						
Interest Rate Swap	x						
Payer Swaption	x					x	
Pfandbrief (Covered Bond)	x			x			
Policendarlehen	x			x			
Private Equity		x					
Putable Bond	x			x		x	
Real Estate			x				
Receiver Swaption	x					x	
Strategische Beteiligung		x					
Total Return Swap	x			x			
Variance Swap	x					x	
Variance Forward / Futures	x					x	

Tabelle 2: Zuordnung von Anlageklassen zu Submodulen des Marktrisikos (IR = Zinsrisiko-Submodul, Eq = Aktienrisiko-Submodul, Immobilienrisiko-Submodul, Spr = Spreadrisiko-Submodul, Curr = Wechselkursrisiko-Submodul, Vol = „Implizite Volatilitäten", Infl = „expected inflation")

Zu den einzelnen Zuordnungen noch einige Anmerkungen:

- Aktien, die nicht an einem geregelten Markt gehandelt werden, werden wie Hedge Funds und Private Equity als Equity Type 2 erfasst (s. o.).
- Cash ist i. d. R. mit äußerst kurzen Laufzeiten und mit variablem Zinssatz investiert, sodass i. d. R. kein (materielles) Zinsrisiko vorliegt. Das Ausfallrisiko wird im Gegenparteiausfallrisikomodul erfasst.
- Floating Rate Notes weisen nur bis zum nächsten Fixing ein Zinsrisiko auf, das daher i. d. R. sehr klein ist.
- Für Staatsanleihen ist mit einigen Ausnahmen (s. o.) kein Spreadrisiko vorgesehen.
- Für Pfandbriefe (und sog. Covered Bonds im Allgemeinen) sind im Spreadrisikomodul spezielle Annahmen vorgesehen (s. o.).
- Hypotheken, die alle abschließend genannten Kriterien erfüllen (siehe Art. 191 SII DV), werden bezüglich ihres Ausfallrisikos im Gegenparteiausfallrisikomodul erfasst. „Nicht-Standard Hypotheken" sind alle anderen Hypothekendarlehen. Dies sind insbesondere solche, bei denen der Darlehensnehmer keine natürliche Person ist (speziell „Commercial Real Estate"), oder solche mit einer Restschuld von über 1 Mio. €.

- Bei verschiedenen Anlageklassen (wie Callables, Hypothekendarlehen oder Verbriefungen von letzteren wie „Mortgage-backed Securities") kann das Zinsniveau selbst auch Auswirkungen auf die Höhe und/oder den Zeitpunkt der zukünftigen Zahlungen haben: Geht das Zinsniveau (und damit die Kosten für eine Refinanzierung aufseiten des Kreditnehmers) stark zurück, so hat dies i. d. R. frühere Tilgungen zur Folge. Dies ist (so diese „Call-Eigenschaft" denn einen materiellen Teil des Bestandes betrifft) bei den notwendigen Umbewertungen bei der Berechnung des SCR entsprechend zu berücksichtigen.
- Für strategische Beteiligungen ist im Aktienrisikomodul ein spezieller Schock vorgesehen (s. o.).

Zum Abschluss dieses Abschnittes wird im Folgenden auf die Thematik der aufsichtsrechtlich geforderten Prüfung der Angemessenheit der Annahmen des Standardansatzes (siehe hierzu 5.3) im Kontext der Marktrisikomodellierung eingegangen. Genauso wie im Konzentrationsrisikomodul speziell die Frage gestellt wird, ob der Diversifikationsgrad des Unternehmensportfolios mit dem bei der Kalibrierung unterstellten konsistent ist, kann auch grundsätzlich hinterfragt werden, ob die Schocks an sich, die in den einzelnen Modulen gerechnet werden, überhaupt der tatsächlichen Risikosituation des Unternehmens entsprechen. Zwar gibt es für einige Submodule (wie Zins und Währung) mit einem Anstieg- und einem Sinken-Szenario zwei alternative Kapitalmarktbedingungen, für die die Änderung in den Eigenmitteln berechnet wird (der Effekt mit der höheren negativen Auswirkung auf die Basiseigenmittel wird zum tatsächlich zu verwendenden Schock). Doch ist a priori nicht klar, ob diese Szenarien, die zwar auf Ebene der sich einstellenden Kapitalmarktbedingungen durchaus als 0.5 % bzw. 99.5 %-Quantile kalibriert sind,[41] auch für das Eigenkapital des Unternehmens (im Sinne der tatsächlichen Risikoexponierung des Unternehmens) das 99.5 %-Quantil der Verluste bedeuten. So könnte zu Zeiten, in denen die Schocks auf die Zinsstrukturkurve einer Parallelverschiebung recht ähnlich sind, im Extremfall für ein Unternehmen, das ein effektives Durations- und Convexity-Matching betreibt, sich durchaus für beide, das Zins-Up- und das Zins-Down-Szenario, ein SCR nahe Null ergeben, wohingegen das wahre Risiko z. B. in einer Drehung der Strukturkurve im Uhrzeigersinn mit Drehpunkt beim Zins von 7 bis 10 Jahren Laufzeit liegen könnte (recht typisch für Lebensversicherungsunternehmen).

Deshalb sollte die SCR-Berechnung in jedem Fall im ORSA-Prozess durch ergänzende Sensitivitätenrechnungen auf Basis alternativer Zinsszenarien flankiert werden, um das „wahre" Risiko der Unternehmenseigenmittel zu analysieren und nicht zuletzt der Unternehmensleitung transparent zu machen. Sollten sich die Standardszenarien tatsächlich als nicht relevant herausstellen, könnte auch über die Notwendigkeit eines partiellen internen Modells nachgedacht werden (bzw. kann die Einführung eines solchen Partialmodells – wenn angemessen – von der Aufsicht angeordnet werden; § 96 (2) VAG 2016).

Für die übrigen Risikokategorien ist der Fall, dass die in den Submodulen untersuchten Szenarien in der Form weit vom tatsächlichen Risiko der Unternehmung entfernt liegen, als eher selten anzunehmen (so sollte z. B. doch immer eher das Einbrechen des Im-

41 Zu den der Kalibrierung des Standardmodells zugrunde liegenden Annahmen siehe EIOPA (2014).

mobilienmarktes die Risikorichtung sein). Dennoch sollte auch hier im ORSA-Prozess anhand von Alternativrechnungen thematisiert werden, ob das wahre Risiko nicht doch in einer anderen Kapitalmarktbewegung liegt.

Zudem sind einige Marktrisiken nicht explizit als Risikomodule, sondern entweder gar nicht oder implizit in einem anderen Risikomodul erfasst, wie das Inflationsrisiko, das nicht als Marktrisiko, sondern nur als Parameter in den versicherungstechnischen Modulen erfasst wird. Hält das Unternehmen in signifikantem Umfang inflationsreagible Titel in seinem Kapitalanlageportfolio, so kann hier für eine umfassende Beurteilung seiner Risikosituation durchaus auch eine entsprechende Sensitivitätsrechnung erforderlich sein. Ein weiteres nicht explizit erfasstes Risiko ist das Volatilitätsrisiko (insbesondere in Bezug auf Änderungen in den sog. „impliziten Volatilitäten"). Auch hier gilt: Zur Beurteilung der Risikosituation des Unternehmens ist zu untersuchen, inwiefern hier tatsächlich ein Exposure besteht (z. B. implizit in einer Garantieverzinsung).

Gegenparteiausfallrisikomodul

Im Gegenparteiausfallrisikomodul werden ausfallbedrohte Positionen in zwei Typen aufgeteilt (siehe Delegierte Verordnung (2015), Titel 1 Abschnitt 6):

- Type 1 (typischerweise wenig diversifiziert, Gegenparteien einzeln geratet): z. B. Rückversicherungsverträge, Verbriefungen, Derivate, Bankeinlagen, aber auch alle abgerufenen (aber noch nicht gezahlten) und gewährten Garantien (letztere, soweit diese in Abhängigkeit von der Solvenzsituation des Kontraktpartners gezogen werden können). Auch hier greift die Idee des ultimate shareholder (oberster Anteilseigner in einer Beteiligungsstruktur).
- Type 2 (typischerweise diversifiziert, Gegenparteien *nicht* einzeln und laufend geratet): Forderungen gegenüber Versicherungsvermittlern und Versicherungsnehmern; abgerufene, aber noch nicht gezahlte Garantien, wenn die Anzahl der unabhängigen Gegenparteien 15 übersteigt, aber auch Hypothekendarlehen (wenn bestimmte Kriterien, insbesondere Größenkriterien, erfüllt sind).

Die SCR für Type 1 und 2 werden dann mittels „Wurzelformel" aggregiert, wobei zwischen den beiden Beiträgen eine Korrelation von 0,75 unterstellt wird. Das Teil-SCR für den Rückversichererausfall geht in die Berechnung der Risikomarge (risk margin) der versicherungstechnischen Rückstellungen ein.

Das SCR für Type 1 berechnet sich unter Berücksichtigung der jeweiligen Loss-Given-Defaults (LGD; also den Verlusten im Ausfall-Ereignis nach eventuellem Liquidationserlös, z. B. aus gestellten Sicherheiten) der einzelnen Emittenten-/Gegenpartei-Risiken. Weiterhin wird die Varianz dieser LGD berücksichtigt. Hierbei sind vier Dinge zu beachten:

1. Der Wert der gestellten Sicherheiten (Collateral) ist so zu bestimmen, als wären die im Marktrisikomodul definierten Schockereignisse eingetreten (also z. B. eine Verschiebung der Zinsstrukturkurve, wie im Zinsrisiko-Submodul beschrieben, für eine als Sicherheit hinterlegte Staatsanleihe).

2. Die Anrechenbarkeit der gestellten Sicherheit (Collateral) hängt vom Grad des möglichen Zugriffs des Gläubigers (also des das SCR-berechnenden Unternehmens) bei Ausfall des Emittenten / der Gegenpartei ab.
3. Wird der LGD für eine risikoreduzierende Maßnahme (risk-mitigating measure; also z. B. ein Rückversicherungsvertrag oder ein Derivat) bestimmt, so ist neben faktisch bestehenden Forderungen gegenüber der jeweiligen Gegenpartei auch der Anteil des Marktrisiko- und versicherungstechnischen SCR einzubeziehen, den man sich durch die Berücksichtigung der risikoreduzierenden Maßnahme „gespart" hat. Für ein long-protection-Kreditderivat, das beim Spreadrisiko-SCR also SCR-reduzierend gewirkt hat, muss also im Gegenparteiausfall-SCR zunächst noch das sich hypothetisch ergebende SCR bestimmt werden, wenn das Derivat nicht vorgelegen hätte, und in den Berechnungen des jeweiligen LGD berücksichtigt werden.
4. Eine Verrechnung von Forderungen mit bestehenden Verbindlichkeiten ist nur gestattet, wenn dies rechtlich begründbar ist.

Die ersten drei Punkte führen dazu, dass der Rechenaufwand für die Bestimmung des Gegenparteiausfall-SCR sehr hoch sein kann.

Für Type 2-Exponierungen wird das SCR bestimmt als 15 % der Summe der Marktwerte aller Forderungen. Eine spezielle Behandlung erfahren Forderungen gegenüber Versicherungsvermittlern, die älter als 90 Tage sind: Diese Forderungen erhalten einen SCR-Beitrag von 90 %, der zu dem Beitrag der anderen Type 2-Forderungen (15 %) addiert wird.

4.3.3 Diversifikationseffekte

Solvency II erlaubt die Berücksichtigung von Diversifikationseffekten bei der Berechnung der Solvenzkapitalanforderungen im Standard- und im internen Modell (§ 117 (1) VAG 2016 / Art. 104 (4) und Art. 121 (5) SII RRL). Grundsätzliche Idee der Diversifikation ist, dass die 99,5 %-Höhe (Quantil) von zwei Verlusten zusammen i. d. R. geringer ist als die Summe der beiden einzelnen 99,5 %-Höhen.

Betrachten wir als Beispiel einen Münzwurf, wobei Kopf ein Verlust und Zahl ein Gewinn sei. Ist die Münze „fair", ist die Wahrscheinlichkeit, dass man einen Verlust erleidet, 50 %. Betrachten wir nun auch noch zwei nacheinander durchgeführte Münzwürfe. Nun seien der Gewinn und der Verlust, um die es geht, halb so groß wie im Falle nur eines Wurfes. Dann liegt für jeden Wurf für sich wieder die Verlust-Wahrscheinlichkeit bei 50 %.

Wie stellt sich aber die Gesamtsituation dar, also wenn man beide Würfe zusammen betrachtet? Kommt beide Male Kopf, so hat man den vollen Verlust wie im Falle nur eines Münzwurfes. Die Wahrscheinlichkeit hierfür ist aber nur 50 % x 50 % = 25 %, nicht wie oben (im Falle nur eines Wurfes) 50 %. Die Wahrscheinlichkeit eines Totalverlustes ist also kleiner.

Bisher waren die beiden Münzwürfe unbeeinflusst voneinander, d. h. stochastisch unabhängig angenommen, bzw. ihre Korrelation war 0. Ändern wir nun das Münzbeispiel, indem wir folgende extreme Abhängigkeiten zwischen den beiden Würfen einführen:

1. Kommt beim ersten Wurf Kopf, so kommt auch beim zweiten Wurf auf jeden Fall Kopf und andersherum.
2. Kommt beim ersten Wurf Kopf, so kommt beim zweiten Wurf auf jeden Fall Zahl und andersherum.

Im Fall 1 sind die Würfe vollständig positiv voneinander abhängig (die Korrelation ist 1): Kommt ein Verlust beim ersten Wurf, was mit 50 % Wahrscheinlichkeit passiert, so kommt dann mit 100 % Wahrscheinlichkeit noch ein Verlust (also vollkommene Gleichläufigkeit der Einzelergebnisse). Die Wahrscheinlichkeit ist somit 50 % für einen Verlust. Das ist dasselbe Ergebnis, wie wenn man nur einmal eine Münze werfen würde.

Im Fall 2 sind die Würfe vollständig negativ voneinander abhängig (die Korrelation ist −1): Kommt ein Verlust beim ersten Wurf, was mit 50 % Wahrscheinlichkeit passiert, so kommt dann mit 100 % Wahrscheinlichkeit ein Gewinn. In jedem Falle (also mit 100 % Wahrscheinlichkeit) kommt somit gerade 0 als Ergebnis heraus. Gewinne und Verluste gleichen sich komplett aus. Ein Verlust kommt also mit einer Wahrscheinlichkeit von 0 % zustande.

Dieser Sachverhalt findet sich z. B. beim Kauf eines Short-Futures[42] auf eine Aktie: Die Bewegungen des Futures laufen der Bewegung der Aktie immer eins zu eins entgegen (sind also „gegenläufig“; Zins- und Margin-Effekte seien hier einmal ausgeblendet). Netto bewegt sich die Position nicht. Es ist aber darauf zu achten, dass sich dafür, im Falle einer nicht vollständigen Stellung von Sicherheiten (Collaterals), ein Gegenparteiausfallrisiko auftun kann.

In der Realität liegen die Abhängigkeiten meist irgendwo zwischen diesen drei „Polen“ (Unabhängigkeit mit Korrelation 0, vollkommene Gleichläufigkeit mit Korrelation 1, vollkommene Gegenläufigkeit mit Korrelation −1). Im Münzbeispiel könnte das z. B. so aussehen:

3. Kommt Kopf im ersten Wurf, so ist die Wahrscheinlichkeit, dass im zweiten Wurf noch einmal Kopf kommt, 75 %, dass im zweiten Wurf Zahl kommt also 25 %, und andersherum.
4. Kommt Kopf im ersten Wurf, so kommt Kopf im zweiten Wurf nur noch mit 25 % und andersherum.

Abhängig vom Ausgang des ersten Münzwurfes wird für den zweiten also eine jeweils andere (unfaire) Münze verwendet. Im Fall 3 kommt zweimal Kopf mit 50 % x 75 % (zuerst Kopf, dann Kopf) = 37,5 % Wahrscheinlichkeit. Diese Verlustwahrscheinlichkeit liegt

42 Eine Futures-Short-Position entsteht durch den Verkauf eines Future-Kontrakts. Der Verkäufer eines Future-Kontrakts verpflichtet sich, am Liefer- bzw. Erfüllungstag den Basistitel zu einem im Voraus vereinbarten Preis (Kurs) zu liefern.

zwischen den 50 % der vollständigen positiven Abhängigkeit und den 25 % der Unabhängigkeit.

Im Fall 4 kommt zweimal Kopf mit 50 % x 25 % (zuerst Kopf, dann Kopf) = 12,5 % Wahrscheinlichkeit. Diese Verlustwahrscheinlichkeit liegt zwischen den 0 % der vollständigen negativen Abhängigkeit und den 25 % der Unabhängigkeit.

Es lässt sich also sagen: Je stärker die positive Abhängigkeit zwischen zufälligen Verlusten, desto kleiner ist das Diversifikations- oder Ausgleichspotenzial (vgl. zur grafischen Veranschaulichung Abbildung 4-8).

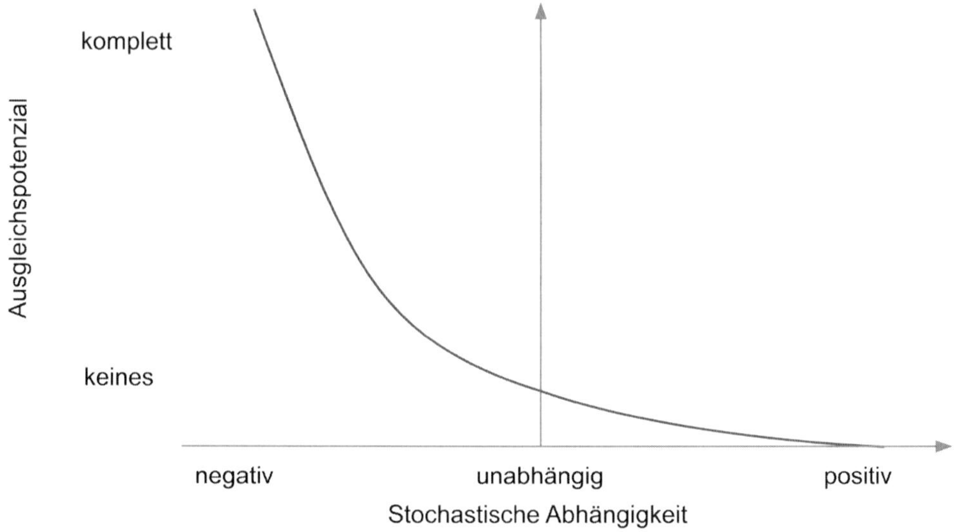

Abbildung 4-8: Diversifikationspotenzial

Im Kontext der SCR-Berechnung bedeutet Diversifikation zwischen zwei (Sub-)Modulen, dass die Summe der beiden einzelnen SCR dieser Module größer ist als das (via „Wurzelformel" aggregierte) SCR der beiden Module zusammen.

Eine besondere Form der Abhängigkeit ist die sog. lineare Abhängigkeit, also die Frage, wie gut sich der Zusammenhang zwischen zwei zufälligen Größen durch eine gerade Linie darstellen lässt. Ein Maß für lineare Abhängigkeiten ist die Korrelation. Die Korrelation kann Werte zwischen −1 und +1 annehmen, wobei −1 für komplette negative Abhängigkeit steht und +1 für komplette positive Abhängigkeit. Sind zwei Zufallsvariablen unabhängig, so ist die Korrelation 0, umgekehrt stimmt dies nicht immer, d. h. Korrelation = 0 heißt nicht, dass Unabhängigkeit herrscht, denn nicht-lineare Abhängigkeiten (z. B. Logarithmus, Exponentialfunktion, Quadrat oder Wurzel) können von der Korrelation nur unvollständig bis gar nicht erfasst werden. Rechnerisch ist die Korrelation definiert als Quotient aus der Kovarianz und den Standardabweichungen der einzelnen Zufallsvariablen:[43]

43 Zu den Definitionen der statistischen Begriffe siehe z. B. Schwarze (1998).

$$\rho(X,Y) = \frac{COV(X,Y)}{STD(X) \cdot STD(Y)}$$

Dabei berechnet sich die Kovarianz als

$$COV(X,Y) = E\big[(X - E(X)) \cdot (Y - E(Y))\big]$$

Die Kovarianz beschreibt somit den mittleren „Grad der Gleichrichtung" der Abweichungen von X und Y von ihren Erwartungswerten. Ist die Abweichung „häufiger" in dieselbe Richtung, gilt also die Aussage: „Weicht X von E(X) nach oben ab, so tut dies Y eher auch (in Bezug auf E(Y))", so ist die Kovarianz positiv. Für X = Y ist COV(X,Y) = VAR(X). In unserem Münzbeispiel lässt sich im Unabhängigkeitsfall die Korrelation übrigens in der Tat (die angenommene Bernoulli-Verteilung unterstellend) als 0 berechnen, in den Fällen 1 und 2 ist sie +1 bzw. −1. Im Fall 3 ist die Korrelation rechnerisch 0,5, im Fall 4 −0,5.

Zur Visualisierung der Korrelationsidee sind in Abbildung 4-9 Punktwolken abgetragen, die Realisationen von zwei gemeinsam standardnormalverteilten Größen mit unterschiedlichen Korrelationen repräsentieren. Geht die Korrelation gegen −1 oder +1, so wird der lineare Charakter der unterstellten Abhängigkeitsstruktur deutlich.

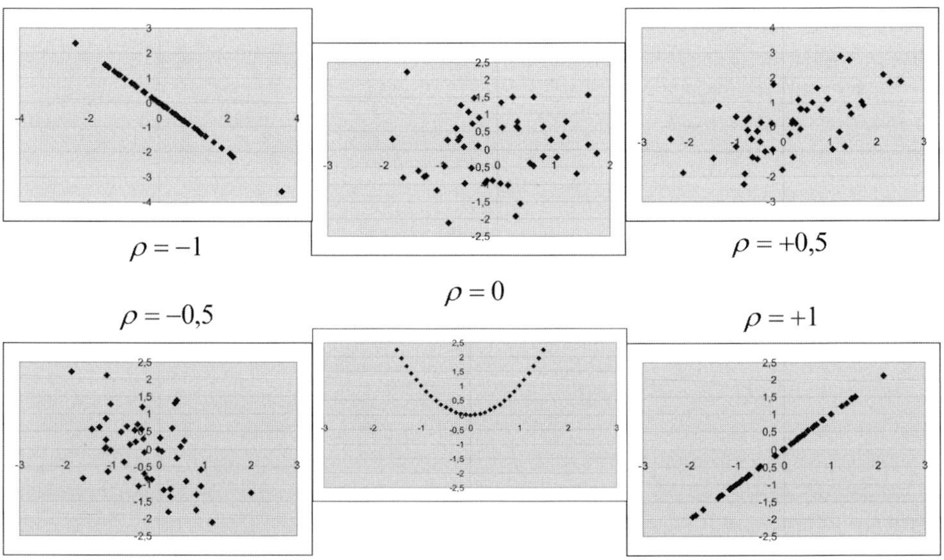

Abbildung 4-9: Korrelationen

Im Bild unten in der Mitte werden die Grenzen des Korrelationskonzeptes sichtbar: Hier liegt eine eindeutige (sogar deterministische!) Abhängigkeit zwischen den beiden Größen auf der x- und der y-Achse vor (hier $y = x^2$). Verwendet man die Korrelation, um eine solche Abhängigkeit zu messen, ergibt diese sich rechnerisch als (asymptotisch) 0,[44] was dazu verleiten könnte, (fälschlicherweise!) auf „keine Abhängigkeit" zu schließen.

Im Standardmodell kommt die Korrelation bei der Aggregation der Einzel-SCR zum Einsatz. Hierbei ist anzumerken, dass diese „Wurzelformel" eigentlich für die Aggregation von Standardabweichungen gilt. Nur für eine ganz spezielle Klasse von Verteilungen, die elliptischen Verteilungen (mit dem prominenten Beispiel der Normalverteilung), ist diese Formel auch auf die Aggregation von Quantilen (wie der Verlust-Value-at-Risk (VaR) (99,5 %) eines ist) übertragbar. Für die anderen Verteilungen (z. B. Log-Normalverteilungen) gilt diese Formel nicht (oder zumindest nicht exakt)! Dies wird jedoch in Kauf genommen, wenn man nachweisen kann, dass die verwendeten Korrelationen so gewählt sind, dass sie eventuelle, durch die Wurzelformel nicht erfassbare Diversifikationseffekte in Bezug auf den zu berechnenden VaR (99,5 %) gleichwertig abbilden. Die Korrelationen sind also für den Fall, dass die Wurzelformel eigentlich nicht gilt, so anzupassen, dass die Wurzelformel wieder verwendbar ist, um das 99,5 %-Quantil der Verlustverteilung zu bestimmen.

Zur allgemeinen Abbildung von Abhängigkeiten kommen oft sog. Copulas zur Anwendung. Sie beschreiben einen funktionalen Zusammenhang zwischen den marginalen Verteilungsfunktionen der einzelnen Zufallsvariablen und ihrer gemeinsamen Verteilung. Beispiele sind die Gauß-Copula (entspricht der Korrelationsidee), die Produkt-Copula (entspricht der Unabhängigkeitsidee) oder die Gumbel-Copula (die eine Abhängigkeitskonzentration in den Enden der Verteilung (Tails) abbildet). Diese Abbildung besticht zwar durch ihre mathematische Exaktheit, bedarf jedoch ihrerseits wieder vieler sehr starker Annahmen (deren Adäquatheit aufgrund der in praxi häufig nur sehr überschaubaren Menge an Beobachtungen nur schwer nachzuweisen ist). Die korrelationsbasierte Aggregation zeichnet sich zudem durch ihre Einfachheit insbesondere unter dem Aspekt der Kommunizierbarkeit aus.

4.3.4 Alternativen zum Standardansatz

Für die Ausgestaltung der SCR-Berechnung sind bezüglich der Abwägung zwischen Modelpräzision und Berechnungsaufwand neben dem bereits vorgestellten Standardansatz vier weitere Grade möglich (siehe Abbildung 4-10).

44 Dies lässt sich gut veranschaulichen, wenn man die oben gegebenen Formeln für Kovarianz und Korrelation einmal auf die drei Punkte (-1,1), (0,0) und (1,1), die der angenommenen Gesetzmäßigkeit „y-Koordinate ist das Quadrat der x-Koordinate" folgen, unter Annahme von Gleichverteilung auf diese drei Punkte anwendet. Die Kovarianz ergibt sich als 0 und damit (da beide Standardabweichungen, die der x- und die der y-Koordinate, echt größer 0 sind) auch die Korrelation.

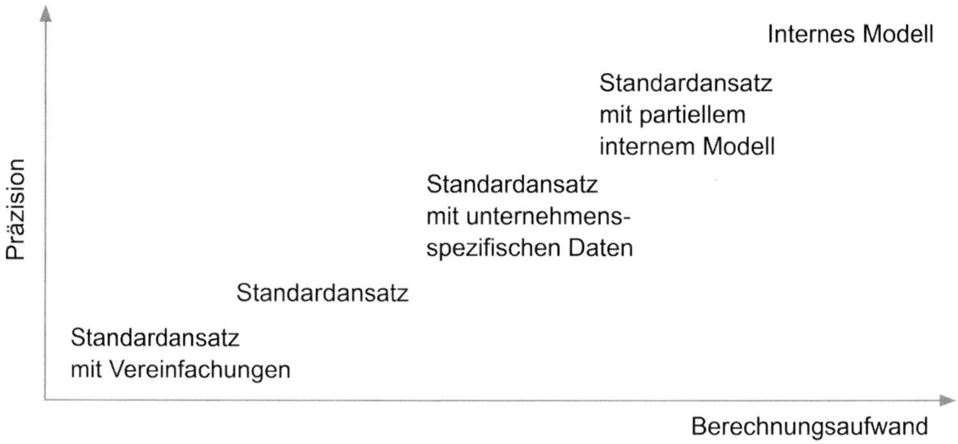

Abbildung 4-10: Ausgestaltungen der SCR-Berechnung

4.3.4.1 Standardansatz mit Vereinfachungen

Versicherungsunternehmen können Vereinfachungen („simplifications") anstelle der Standardmethoden verwenden, *„wenn die Wesensart, der Umfang und die Komplexität der Risiken dies rechtfertigen und es unangemessen wäre, von allen Versicherungs- und Rückversicherungsunternehmen die Anwendung einer Standardberechnung zu fordern", solange die Interpretation als 99,5 %-Quantil des jeweils modellierten Verlustes gewahrt bleibt* (§ 109 (1) VAG 2016 und Art. 88–112 SII DV). Hierzu sehen die Bestimmungen des Delegierten Rechtsaktes an verschiedenen Stellen die Möglichkeit vor, das SCR für einzelne Module oder Modul-Komponenten anstelle der dargestellten Vorgehensweisen des Standardansatzes mithilfe von solchen Vereinfachungsrechnungen zu bestimmen. Für die Kapitalmarktrisiken beispielsweise gibt es Vereinfachungen für die Berechnungen des Modules „Spreadrisiko" oder bei der Bestimmung des risikomindernden Effektes z. B. von Derivaten (siehe Art. 104 bzw. 111 SII DV). Vereinfachungen müssen „verhältnismäßig" („proportionate") sein (siehe auch Art. 88 SII DV), müssen also gerechtfertigt sein durch:

- Wesensart („nature of risk") und Komplexität („complexity"): Komplexe oder vermischte Risiken sollten nicht vereinfacht dargestellt werden (z. B. Netto-Positionen, bei denen Soll und Haben auf Veränderungen des Kapitalmarktumfeldes nicht stets in gleicher Weise reagieren).
- Umfang („scale"): Nur Risiken mit geringem Einfluss sollten vereinfacht dargestellt werden.

Vereinfachungen können verwendet werden, wenn zu erwarten ist, dass Vereinfachung und „volle" Modellierung zu einem sehr ähnlichen Ergebnis kommen, weil entweder die Abweichung pro Euro tatsächlich gering ist oder die absolute Abweichung gering ist, wobei hier „gering“ bedeutet, dass ein Einfluss auf wichtige Entscheidungen nicht zu erwarten ist. Ein geeigneter Berichtsort für den Nachweis kann der ORSA-Bericht sein.

Vereinfachungen dürfen nicht verwendet werden, wenn dem Versicherungsunternehmen Daten, die die Anforderungen der Vollständigkeit („completeness“), Exaktheit („accuracy“) und Angemessenheit („appropriateness“) (zu diesen Eigenschaften siehe weiter unten) erfüllen, vorliegen, da in einem solchen Falle die Unzumutbarkeit der Datenbeschaffung nicht gegeben zu sein scheint. Auch Vereinfachungen müssen die Interpretation eines VaR 99,5 % haben. Für Risiken, für die eine Vereinfachung nicht verhältnismäßig wäre, könnten diese dennoch zumindest als erster Schritt einer Materialitätsprüfung des Risikos (im Sinne des Wesentlichkeitskonzeptes des bewertenden Unternehmens) dienen.

4.3.4.2 Unternehmensspezifische Parameter

In Fällen, in denen die Standardformel zu einer inadäquaten Abbildung der Unternehmenssituation führt, ist es den Versicherungsunternehmen (nach Genehmigung der Aufsicht) erlaubt (§ 109 (2) VAG 2016 / Art. 104 (7) SII RRL), bzw. kann die Aufsicht die Unternehmen verpflichten (§ 110 VAG 2016), verschiedene Parameter der Standardformel durch unternehmensspezifische Parameter (USP) zu ersetzen (siehe auch Delegierte Verordnung, Titel I Kapitel V Abschnitt 12).[45]

Die Verwendung unternehmensspezifischer Parameter könnte vom Unternehmen durch eine entsprechende Analyse beim ORSA initiiert werden und bezieht sich auf Parameter aus den versicherungstechnischen Modulen Leben, Nicht-Leben und Kranken. Die Parameter sind insbesondere im Bereich Nicht-Leben „Prämienrisiko“ (Prämien decken die Aufwendungen nicht) und „Reserverisiko“ (Reserven nicht hinreichend oder gehen von falschem Abwicklungsmuster aus) die in die Berechnungsformeln eingehenden Standardabweichungen. Für Markt- und Kreditrisiken sind keine unternehmensspezifischen Parameter vorgesehen.

Können die Parameteranpassungen nicht durch fundierte Analysen gewonnen werden, können in letzter Instanz wegen unzureichender Abbildung des tatsächlichen Risikoprofils des Unternehmens im Rahmen der Solvenzkapitalberechnungen auch Kapitalzuschläge („capital add-ons“) verhängt werden (siehe Art. 276 und 279 SII DV). USP sind mindestens einmal jährlich zu aktualisieren, jedoch (das Prinzip der Proportionalität wahrend) stets zu jeder neuen SCR-Berechnung (wenn Turnus unterjährig). USP müssen die Anforderungen der Angemessenheit („appropriateness“), Vollständigkeit („completeness“) und Exaktheit („accuracy“) erfüllen (Art. 219 i. V. m. Art. 19 SII DV) stets jedoch auch hier unter dem Gesichtspunkt der Verhältnismäßigkeit des Aufwandes von Beschaffung und Auswertung).

Unter den (nicht vollständig überlappungsfreien) Begriffen Angemessenheit, Vollständigkeit und Exaktheit wird hierbei Folgendes verstanden:

45 Siehe hierzu auch EIOPA (2015c) i. V. m. BaFin (2015c).

- Angemessenheit („appropriateness"): Hier stellt sich die Frage, ob die Daten tatsächlich den zu quantifizierenden Zusammenhang beschreiben und ob die Daten zu dem Portfolio, für das etwas berechnet werden soll, passen.
- Vollständigkeit („completeness"): Hier geht es darum, ob genügend Daten in ausreichender Granularität vorliegen, um aussagekräftige Ergebnisse zu erzielen und der Heterogenität der zu messenden Risiken hinreichend Rechnung zu tragen. Weiterhin stellt sich aber auch die Frage, ob alle verfügbaren Daten verwendet worden sind oder einige (mit schlechter Implikation) ausgelassen wurden.
- Exaktheit („accuracy"), zum Teil schwer abgrenzbar zur Angemessenheit: Hier wird das Thema Messfehler adressiert und ob die Datenverarbeitungssysteme, aus denen die Daten zur Verfügung gestellt werden, hinreichend sicher gegenüber operationalen Fehlern bei der Dateneingabe und -verarbeitung sind, ob es kritische manuelle Schritte oder Medienwechsel gibt und ob es hinreichend viele Kontrollen gibt, um Fehler rechtzeitig zu bemerken. Auch die Fragen, ob die Daten die gewünschte Interpretation (z. B. vor oder nach Rückversicherung) haben und ob es Strukturbrüche gab (wie z. B. Änderungen in der Gesetzgebung oder eine Firmenfusion), sodass die Daten vorher und nachher eine andere Interpretation aufweisen, ob die Daten über die Zeit konsistent sind oder es Methodenbrüche gab und ob der Stichtag derselbe ist, fallen in diese Anforderungskategorie.

Die Unternehmung muss außerdem sicherstellen, dass die Verwendung der Daten und der daraus abgeleiteten Informationen für die Risikobewertungen so präzise sind, dass hieraus in der Steuerung keine Fehlentscheidungen getroffen werden (Art. 219 (1) i. V. m. Art. 19 (3) SII DV). Bei fremdbezogenen Daten ist nachzuweisen, dass die bezogenen Daten die Daten-Qualitätsbedingungen erfüllen (Art. 219 (2) i. V. m. Art. 19 (4) SII DV; vgl. auch die Ausführungen zur allgemeinen Outsourcing-Thematik in 5.2.5).

Die Unternehmen sind angehalten, einen hohen Datenqualitätsstand zu erreichen bzw. Unzulänglichkeiten zu ergründen, zu dokumentieren und, wenn verhältnismäßig, zu beseitigen (Art. 20 SII DV). Dies kann auch bedeuten, dass Daten, wenn angebracht, z. B. auf Basis von Expertenschätzungen anzupassen sind (z. B. bezüglich einer Bereinigung um vergangene und/oder erwartete zukünftige Strukturbrüche, Ausreißer oder erwartete zukünftige Trends).

Das Verfahren zur Beantragung der Verwendung unternehmensspezifischer Parameter ist in einer eigenen Durchführungsverordnung festgeschrieben (Europäische Kommission (2015d)). Hiernach hat der i. d. R. in der jeweiligen Amtssprache des Mitgliedstaats, in dem das Versicherungsunternehmen seinen Sitz hat, zu verfassende Antrag insbesondere zu beinhalten:

- Belege über den internen Entscheidungsprozess des Versicherungs- oder Rückversicherungsunternehmens im Zusammenhang mit dem Antrag;
- das genaue Datum, ab dem die beantragte Genehmigung der Verwendung der unternehmensspezifischen Parameter gelten soll;

- die Untergruppe der Standardparameter, die durch unternehmensspezifische Parameter ersetzt werden sollen;
- für jedes Segment die verwendete standardisierte Methode und den spezifischen Parameterwert des Versicherungs- oder Rückversicherungsunternehmens, der mit dieser Methode ermittelt wird;
- die Berechnung der von dem Versicherungs- oder Rückversicherungsunternehmen beantragten unternehmensspezifischen Parameter mit der Bestätigung, dass die Berechnung angemessen ist;
- den Nachweis, dass die zur Berechnung der unternehmensspezifischen Parameter verwendeten Daten vollständig, exakt und angemessen sind und die Datenqualitätsanforderungen erfüllen;
- einen Nachweis, dass die erzielten Ergebnisse für die Parameter exakt sind, in dem Sinne, dass die standardisierte Methode für die Daten des Unternehmens geeignet ist, ihre Annahmen sich bestätigt haben und die Daten für das Risikoprofil des Unternehmens relevant sind.

Die Aufsichtsbehörde entscheidet binnen sechs Monaten über den Antrag und teilt dem Unternehmen ihre Entscheidung entsprechend mit. Um einem „cherry picking" entgegenzuwirken, ist zu erwarten, dass die Unternehmen der Aufsicht genau darlegen werden müssen, warum an der einen Stelle die Standardannahmen übernommen werden, während an anderer Stelle USP eingesetzt werden. Ein beliebiges Hin- und Herspringen zwischen Standardkalibrierung und USP zwischen den Berechnungsläufen ist als grundsätzlich ausgeschlossen anzunehmen.

4.4 Interne Modelle

4.4.1 Motive für die Entwicklung eines vollen oder partiellen internen Modells

Solvency II lässt eine interne Modellierung als Alternative zum Standardansatz zu (§ 96 (1) VAG 2016 / SII RRL). Eine interne Modellierung ermöglicht eine präzise Abbildung der Risikosituation des Unternehmens. Durch Gegenüberstellung mit konsistenten Value-Kennzahlen bzw. abgeleiteten Risiko-Budgets lassen sich den Geschäftsrealien der Unternehmung entsprechende Aussagen über seine Risikotragfähigkeit ableiten – die Basis für eine in Bezug auf den Risikoappetit des Unternehmens abgestimmte Unternehmenssteuerung. Grundlage hierfür ist die Schaffung einer Datenbasis sowie einer Infrastruktur der Risikoerfassung und -bewertung, sodass die Berechnung der Solvenzkennzahl an sich nicht den, überspitzt formuliert, einzigen Zweck der Modellierung darstellt, sondern eher ein Nebenprodukt der Steuerungsunterstützung (vgl. die Idee des „use test" weiter unten). Da das Standardmodell relativ pauschal ist, kann ein Nebeneffekt der individuell angepassten Differenzierung im Modell ein Kapitaleinsparpotenzial sein. In jedem Fall sollte eine Kosten-Nutzen-Abwägung im Vordergrund stehen. In die Kostenbetrachtung sollten, neben dem Einmalaufwand für das Aufsetzen und Implementieren eines internen Modells, auch Aspekte wie laufender Aufwand, kritische Prozessschritte und Marktwirkung Eingang finden.

Neben einer vollständigen internen Modellierung ist es auch möglich, nur einzelne Module des Standardmodells durch interne Partialmodelle zu ersetzen (§ 112 VAG 2016). Ebenso wie bei unternehmensspezifischen Parametern ist hier jedoch die Thematik eines „cherry picking" von Relevanz. Hier wird klar abzugrenzen und zu argumentieren sein, warum ein Teil der Risiken adäquat durch den Standardansatz abgebildet wird, ein anderer jedoch besser durch einen internen Ansatz repräsentiert wird. Andersherum kann aber auch an einigen Stellen das Standardmodell verwendet werden, obwohl sonst ein internes Modell benutzt wird. Grund hierfür kann die mangelnde Materialität des betreffenden Risikos sein (Proportionalitätsgedanke, ähnlich wie bei der Entscheidung zwischen Standardansatz und Vereinfachungen im Standardansatz).

Typische Komponenten eines vom Standardmodell abweichenden internen Ansatzes sind z. B. die Art der Modellierung einzelner Schocks oder auch die Schockhöhen, die dezidierte Abbildung von Risiken in komplexen Instrumenten mit signifikantem Exposure und die Verwendung von Simulationen anstelle der in der Standardmodellierung zur Anwendung kommenden Bestimmung von Eigenkapitalauswirkungen nur einzelner Szenarien. Bei der Simulation werden, statt der Vorgabe eines bestimmten auszuwertenden Szenarios, eine Vielzahl von Realisationen zugrunde liegender, den Kapitalmarkt beschreibender Zufallsvariablen in die Bewertungsformeln der einzelnen Positionen der Marktwertbilanz eingesetzt und für jede Simulation die Veränderung des ökonomischen Eigenkapitals bestimmt. Die Veränderungen werden dann der Größe nach geordnet und das 99,5 %-Quantil der Verluste bestimmt.

Das Szenario, das hierbei als das „SCR-Szenario" bestimmt wird, ist also das (abgesehen vom Stichprobenfehler) tatsächliche 99,5 %-Verlustszenario der Unternehmung, ein Schluss, der beim Standardmodell nicht auf der Hand liegt und beim ORSA zu diskutieren ist. So sieht das Standardmodell (wie bereits im Kontext der Angemessenheitsprüfung bezüglich der Annahmen des Standardmodells dargestellt) zurzeit nur zwei „gleichgerichtete" Zinsszenarien vor, also einen reinen Zinsanstieg oder einen reinen Zinsrückgang. Dass das „wahre" Risiko der Unternehmung aber eventuell eine Erhöhung der Zinskurve am kurzen Ende bei gleichzeitiger Senkung am langen Ende sein könnte, wird bei diesem Vorgehen ausgeblendet. Eine Simulation der Zinskurve z. B. auf Basis stratifizierter Samples historischer Zinskurvenverformungen hilft hier, das „tatsächliche" 99.5 %-Quantil des Verlustes aufzudecken.

Des Weiteren können dem internen Modell über den Satz des Standardmodells hinausgehende Risikomodule hinzugefügt werden (z. B. eine explizite Modellierung von Volatilitätsrisiken) oder bestehende Module granularer modelliert werden (z. B. einzelne Aktienindizes oder eine detaillierte Modellierung operationeller Risiken). Auch bei der Aggregation kann das interne Modell vom Standardansatz abweichen, z. B. indem anstelle der „gleichförmigen", unbedingten Abhängigkeiten der Korrelation bedingte Abhängigkeiten modelliert werden (z. B. Abhängigkeiten am Ende der Verteilung (tail-dependencies) wie in der Gumbel-Copula), ebenso bezüglich der Abbildung von Risikoteilungseffekten zwischen Versicherungsnehmern und Versicherungsunternehmen in der Lebens- und Krankenversicherung (z. B. durch Modellierung eines Replikationsportfolios zur Nachbildung des Wertes der versicherungstechnischen Cashflows).

Insgesamt ist die Zielsetzung eine exaktere Abbildung des tatsächlichen Risikoprofils der Unternehmung im Risikomodell. An Stelle eines modularen ist jedoch auch ein ganzheitlicher interner Modellansatz denkbar.

4.4.2 Aufsichtsrechtliche Anforderungen an ein internes (Partial-)Modell

Im Folgenden sind überblickartig die bestehenden aufsichtsrechtlichen Anforderungen an ein internes Modell dargestellt (§§ 111–121 VAG 2016 bzw. Art. 112–127 SII RRL). Einen besonderen Stellenwert hat hierbei der sog. Verwendungstest (use test) (§ 115 VAG 2016 bzw. Art. 120 SII RRL).[46]

- § 111 VAG 2016: Allgemeine Bestimmungen zur Governance (insbesondere in Bezug auf Modelländerungen) und für die Genehmigung.
- § 112 VAG 2016: Besondere Bestimmungen für die Verwendung und Genehmigung von Partialmodellen.
- § 113 VAG 2016: Verantwortlichkeit des Vorstands. Diese Organe sind insbesondere für die Einführung von Systemen, die die durchgehende ordnungsgemäße Funktion des Modells garantieren, zuständig.
- § 114 VAG 2016: Nicht-Einhaltung der Anforderungen an das interne Modell. Sollte das interne Modell nach Zertifizierung im Laufe der Verwendung die Anforderungen der Art. 120 bis 125 SII RRL nicht mehr erfüllen, so muss nachgewiesen werden, dass entweder die Abweichung nicht materiell ist oder eine Rückkehr zur Erfüllung bald erfolgt. Erfolgt der Nachweis nicht, so kann die Aufsicht eine Rückkehr zum Standardansatz anordnen.
- § 115 VAG 2016: Verwendungstest (in Verbindung mit Art. 44 f. SII RRL: „use test“). Als Grundsatz gilt: Das Modell muss so stark vom Unternehmen verwendet werden, dass das Unternehmen aus sich heraus Sorge dafür tragen wird, die Qualität des Modells stetig zu verbessern. Die unternehmenseigene Risiko- und Solvabilitätsbeurteilung (ORSA) muss ein integraler Bestandteil der Geschäftsstrategie sein und kontinuierlich in die strategischen Entscheidungen des Unternehmens einfließen. Das Verwaltungs-, Management- oder Aufsichtsorgan ist für den Umfang (scope) und die Angemessenheit (appropriateness) des Modells, seine angemessene Dokumentation, seine Anwendung und seine stete Qualitätssicherung verantwortlich. Aus dem genannten Grundsatz lassen sich für den Verwendungstest folgende Prinzipien ableiten:

46 Siehe auch EIOPA (2015d) i. V. m. BaFin (2015b).

  - Das Senior Management und das Verwaltungs-, Management- oder Aufsichtsorgan sollen in der Lage sein, zu zeigen, dass sie das Modell (auf dem für ihre Entscheidungskompetenz relevanten Abstraktionsgrad) kennen.
  - Das interne Risikomodell soll konsistent sein zum Geschäftsmodell (z. B. in Bezug auf (Risiko-)Kapitalallokation und Steuerungseinheiten).
  - Das interne Modell soll zur Unterstützung und Verifizierung der Entscheidungen im Unternehmen herangezogen werden.
  - Die Modellierung der Risiken im Modell soll hinreichend umfänglich sein, sodass das Modell bei Entscheidungsfindungen eingesetzt werden kann.
  - Das Modell soll so gestaltet sein, dass es die Analyse von Geschäftsentscheidungen unterstützen kann.
  - Das interne Modell soll weitgehend im Risikomanagementsystem integriert sein.
  - Das interne Modell soll verwendet werden, um das Risikomanagement zu verbessern.
- § 116 f. VAG 2016: Statistische Qualitätsstandards. Die verwendeten Methoden zur Ableitung der den Projektionen zugrunde liegenden Wahrscheinlichkeitsverteilungen haben sich auf angemessene, anwendbare und einschlägige versicherungsmathematische und statistische Techniken zu stützen und mit den Methoden konsistent zu sein, die für die Berechnung der versicherungstechnischen Rückstellungen verwendet werden. Die Berechnung erfolgt auf Basis aktueller (mindestens jährlich aktualisierter) und zuverlässiger Informationen und auf Basis realistischer Annahmen. Daten müssen exakt, vollständig und angemessen sein. Alle wesentlichen Risiken müssen abgedeckt sein. Kommen risikomindernde Techniken (insbesondere Derivate, Rückversicherung) zum Einsatz, so ist auch das entstehende Ausfallrisiko zu berücksichtigen. Optionen und Garantien (sowohl solche, die auf finanzielle, als auch die, die nicht auf finanzielle Einflussfaktoren reagieren) müssen exakt bewertet werden (z. B. Garantieverzinsung in Verbindung mit der Überschussbeteiligung, aber auch Beitragsfreistellungsoptionen, Dynamisierungen, Kündigungs- und Wandlungs-/Wahlrechte). Managementregeln können unter Wahrung der erwarteten Umsetzungszeiten berücksichtigt werden. Es sind nicht nur garantierte Zahlungen, sondern alle beabsichtigten Zahlungen zu berücksichtigen.
- § 118 VAG 2016: Kalibrierungsstandards. Alternativ zum einjährigen 99,5 %-Verlustquantilansatz kann auch jedes andere nachgewiesenermaßen mindestens genauso konservatives Risikomaß verwendet werden. Die Aufsicht kann verlangen, dass die Unternehmen ihr Modell anhand eines Benchmark-Portfolios testen, um die Funktionsweise und die Risikoeinschätzung (auch im Vergleich zum Markt) zu demonstrieren.

- § 119 VAG 2016: Zuordnung von Gewinnen und Verlusten („P&L attribution“). Mindestens jährlich ist zu untersuchen, inwiefern die im internen Modell gewählten Risikokategorien die Ursachen und Quellen der Gewinne und Verluste erklären und das Risikoprofil widerspiegeln.
- § 120 VAG 2016: Validierungsstandards. Regelmäßige Überprüfung der kontinuierlichen Angemessenheit der Spezifikation des Modells durch das Unternehmen und Abgleich von Modellergebnissen mit Erfahrungswerten. Hierbei können insbesondere Sensitivitätenrechnungen zur Anwendung kommen in Bezug auf zentrale Annahmen des Modells.
- § 121 VAG 2016: Dokumentationsstandards. Die Dokumentation muss detailliert die Theorie, die Annahmen sowie die mathematische und empirische Basis, auf die sich das interne Modell stützt, enthalten und den Aufbau sowie die operationelle Verwendung des Modells beschreiben. Sie muss Grenzen und Schwächen des Modells erläutern und insbesondere auch die Einhaltung der Art. 120 bis 124 SII RRL dokumentieren.
- Art. 126 SII RL: Externe Modelle und Daten. Insbesondere müssen Modelle Dritter in gleicher Weise individuell zertifiziert werden wie jeder interne Modellansatz.

Eine „Blanko-Zertifizierung“ von internen Modellansätzen im Sinne eines von einem Dritten zur Verfügung gestellten alternativen Standardansatzes gibt es explizit nicht (dies stellt Art. 126 SII RRL klar). Ein solcher alternativer „out-of-the-box“-Ansatz kann zwar eingesetzt werden, muss jedoch vom verwendenden Unternehmen selbst zertifiziert gelassen werden.

Für das Antragsverfahren in Bezug auf interne Modelle ist eine eigene Durchführungsverordnung erlassen worden (Europäische Kommission (2015e)). Diese sieht insbesondere vor, dass das beantragende Unternehmen der zuständigen Aufsichtsbehörde folgende Informationen zur Verfügung stellt:

- Bestätigung, dass das interne Modell im Sinne des Verwendungstests bereits vor Antragstellung in die Entscheidungsprozesse des Unternehmens einbezogen wurde
- Erläuterung zur Vollständigkeit des internen Modells
- Erläuterung der Angemessenheit und Wirksamkeit der Integration des internen Modells in das Risikomanagementsystem sowie der Rolle, die das interne Modell im Governance-System spielt, einschließlich einer Erläuterung, aus der hervorgeht, dass das interne Modell es dem Unternehmen erlaubt, Risiken kontinuierlich zu erkennen, zu messen, zu überwachen, zu managen und zu melden
- eine Bewertung und eine Begründung des Versicherungs- oder Rückversicherungsunternehmens der wesentlichen Stärken, Schwachstellen und Beschränkungen des internen Modells
- Informationen zur Verwendung des internen Modells auf Gruppenebene

- Technische Spezifikationen des internen Modells und Annahmenbegründungen
- Erläuterung der Angemessenheit des internen Kontrollsystems des Unternehmens unter Berücksichtigung des Aufbaus und Anwendungsbereichs des Modells
- eine Erläuterung der Angemessenheit der Ressourcen, Qualifikationen und Objektivität der für die Entwicklung und Validierung des internen Modells zuständigen Mitarbeiter
- Leitlinien zur Änderung des internen Modells
- Beschreibung des Prozesses zur Gewährleistung der Einhaltung der statistischen Qualitätsstandards
- Verzeichnis der verwendeten Daten und Prozessbeschreibung zur Gewährleistung der Exaktheit, Vollständigkeit und Angemessenheit der Daten (auch in Bezug auf extern bezogene Daten)
- Ergebnisse der letzten Zuordnung von Gewinnen und Verlusten
- Beschreibung des unabhängigen Prozesses zur Validierung des internen Modells und ein Bericht über die Ergebnisse der letzten Validierung
- Verzeichnis der Dokumentationen
- Gegenüberstellung zu Berechnungen mit dem Standardansatz
- Im Falle der Verwendung eines Partialmodells: Beschreibung der Integration in das übrige Modell
- Billigungsnachweis der Verwaltungs-, Management- oder Aufsichtsorgane zur Beantragung des internen Modells

Die Aufsicht entscheidet nach Vorliegen des vollständigen Antrags binnen sechs Monaten über die Erteilung der Genehmigung. In dieser Zeit kann das Unternehmen den Antrag jederzeit zurückziehen.

Zudem enthält die Durchführungsverordnung auch Bestimmungen für die Beantragung von Änderungen des Modells und der internen Leitlinien für Modelländerungen.

4.5 Zusammenfassung

Das Ziel der Säule I von Solvency II ist es, durch quantitative Anforderungen an die Kapitalausstattung von Versicherungsunternehmen zum Schutz der Versicherungsnehmer beizutragen. Diese Anforderungen sollen gewährleisten, dass Versicherungsunternehmen in ausreichendem Maß (anrechnungsfähige) Eigenmittel vorhalten, um mögliche Verluste aus den Risiken, denen sie ausgesetzt sind, tragen zu können.

Die Grundlage der Bestimmung der Solvenzlage eines Versicherungsunternehmens ist eine ökonomische Betrachtung der Finanz- und Risikosituation des Versicherungsunternehmens, die in einem Gesamtbilanzansatz erfolgt. Im ersten Schritt müssen Versicherungsunternehmen eine Solvenzbilanz aufstellen, die alle Vermögensgegenstände und Verpflichtungen zu Marktwerten bzw. marktkonsistenten Werten enthält. Aus der Differenz dieser Werte ergibt sich das vorhandene ökonomische Eigenkapital (entspricht dem „net asset value", NAV). Im zweiten Schritt ist auf Basis der Risiken in allen Aktiv- und Passivpositionen (risikobasierter Ansatz) der Kapitalbedarf zu bestimmen, das sog. „solvency capital requirement" (SCR). Ausreichende Solvabilität bedeutet, dass die (anrechnungsfähigen) Eigenmittel das SCR übersteigen.

Bei der Bewertung der Aktiv- und Passivpositionen wird das Ziel einer möglichst marktnahen Bewertung verfolgt. Bei den Positionen der Aktivseite gelingt dies meist einfacher als bei den Positionen der Passivseite, insbesondere den versicherungstechnischen Verpflichtungen. Diese Positionen werden in den wenigsten Fällen an liquiden Märkten gehandelt. Insofern wird im Konzept von Solvency II versucht, ein Modell für einen marktkonsistenten Wert zu formulieren. Die Modellannahme lautet, die versicherungstechnischen Rückstellungen durch einen besten Schätzwert zuzüglich einer Risikomarge marktkonsistent zu ermitteln.

Die ökonomische Bilanz dient in erster Linie dazu, die Eigenmittelausstattung des Unternehmens zu ermitteln. In einem weiteren Schritt muss geprüft werden, ob die verschiedenen Eigenmittelklassen ausreichen, um die Bedeckungsanforderungen des SCR und des MCR zu erfüllen. SCR und MCR sind diejenigen Größen, die das Risikoprofil des Versicherungsunternehmens in Abhängigkeit vom betriebenen Geschäft und den eingegangenen Geschäftsrisiken beschreiben. Das SCR ist mit einem Sicherheitsniveau von 99,5 % kalibriert, d. h. diese Größe spiegelt den Verzehr der Eigenmittel wider, der beim Eintritt eines einmal in 200 Jahren eintretenden Ereignisses zu erwarten wäre. Würde das Versicherungsunternehmen genau 100 % des SCR mit Eigenmitteln bedecken, so wären nach dem unterstellten Verlustereignis keine Eigenmittel (mehr) vorhanden. Aus diesem Grund folgt die interne Unternehmenssteuerung häufig einem höheren angestrebten Sicherheitsniveau mit einer höheren Eigenmittelausstattung.

Für die Ausgestaltung der SCR-Berechnungen gibt es im Spannungsfeld Modelpräzision versus Berechnungsaufwand verschiedene Ausbaustufen: Standardansatz mit Vereinfachungen, Standardansatz, Standardansatz mit unternehmensspezifischen Daten, Standardansatz mit partiellem internem Modell, internes Modell. Vereinfachungen müssen „angemessen" (proportionate) sein, sie müssen also gerechtfertigt sein durch Wesensart („nature of risk"), Komplexität („complexity") und Umfang („scale") der Risiken.

In Fällen, in denen die Standardformel zu einer inadäquaten Abbildung der Unternehmenssituation führt, können verschiedene Parameter der Standardformel durch unternehmensspezifische Parameter (USP) ersetzt werden. USP sind mindestens einmal jährlich zu aktualisieren. USP müssen die Anforderungen der Angemessenheit, Vollständigkeit und Exaktheit („appropriateness", „completeness" und „accuracy") erfüllen. Einem „cherry picking" ist entgegenzuwirken.

Mögliche Wege der Erfassung interner Modellansätze sind diejenigen über ihre Motivation, ihren Umfang, ihre Daten, ihren Aufbau, ihre Aggregation oder über die Anforderungen aus der Regulierung. Motivationen für ein internes Modell sind i. d. R. die präzisere Abbildung der Risikosituation des Unternehmens und die Ermöglichung einer auf die Risikotragfähigkeit des Unternehmens abgestimmten Unternehmenssteuerung; ein Nebeneffekt ist Kapitaleinsparpotenzial durch präzisere Modellierung. Beim Aufbau eines internen Modells sind typische Abweichungen vom Standardansatz: Modellierung oder Schockhöhe, Simulation statt Szenariorechnung, zusätzliche Risikomodule, Granularität der Modellierung, Aggregation bzw. die Art der Abbildung von Diversifikationseffekten. Es bestehen spezielle aufsichtsrechtliche Anforderungen an interne Modelle. Einen besonderen Aspekt bildet dabei die Anforderung, das interne Modell aktiv in der Unternehmenssteuerung zu „verwenden“ (sog. „use test“).

5 Säule II: Qualitative Anforderungen

Im Zentrum der Säule II von Solvency II stehen die qualitativen Anforderungen an das Risikomanagement und die Unternehmenssteuerung sowie deren aufsichtsrechtliche Überprüfung. In 5.1 werden zunächst die qualitativen Säule II-Anforderungen von Solvency II in den bestehenden Rechtsrahmen und den Solvency II-Kontext eingebettet. Es folgt ein Überblick über das Governance-System (5.2). Vertieft behandelt wird dann die unternehmenseigene Risiko- und Solvabilitätsbeurteilung („own risk and solvency assessment“, ORSA) als Teil des Risikomanagementprozesses (5.3), bevor die Säule II-Anforderungen zusammengefasst werden (5.4).

5.1 Allgemeine Einordnung der qualitativen Anforderungen

Den Fortbestand eines Unternehmens sicherzustellen, steht im Blickpunkt jedes ehrbaren Kaufmanns. Instrumente, die ihn seit jeher dabei unterstützen, sind eine angemessene Unternehmensorganisation und eine ordnungsgemäße Buchführung. Losgelöst von Versicherungswirtschaft und Solvency II ist das Risikomanagement im Allgemeinen daher unter anderem über das Handelsgesetzbuch (HGB) sowie das Gesetz zur Kontrolle und Transparenz im Unternehmensbereich (KonTraG) etabliert. Letzteres sieht explizit die Einrichtung eines Risikofrüherkennungssystems und eines Überwachungssystems vor (vgl. § 91 (2) AktG: „Der Vorstand hat geeignete Maßnahmen zu treffen, insbesondere ein Überwachungssystem einzurichten, damit den Fortbestand der Gesellschaft gefährdende Entwicklungen früh erkannt werden.“).

Aufgrund ihres Geschäftsmodells kommt in der Versicherungswirtschaft neben dem allgemeinen Interesse eines Unternehmens insbesondere das Interesse der Versicherungsnehmer am Fortbestand des Unternehmens hinzu. Da durch Versicherungsverträge mitunter sehr langfristige Verpflichtungen seitens der Versicherungsunternehmen eingegangen werden, ist die dauerhafte Erfüllbarkeit dieser Versicherungsverpflichtungen ein Kernelement, das eine besondere Schutzbedürftigkeit aufweist und daher der staatlichen Aufsicht unterliegt.

Bei Solvency II kommt daher sowohl den Anforderungen an die Kapitalausstattung (Säule I) als auch den Anforderungen an die Geschäftsorganisation und an den Risikomanagementprozess (Säule II) eine besondere Bedeutung zu. Als Teil der Säule II schafft die unternehmenseigene Risiko- und Solvabilitätsbeurteilung (ORSA) die Verknüpfung von Organisation, Prozess und Kapitalausstattung.

In der deutschen Gesetzgebung sind die Anforderungen an das Risikomanagement von Versicherungsunternehmen im Versicherungsaufsichtsgesetz (VAG 2016) unter Abschnitt III *Geschäftsorganisation* in den §§ 23 bis 34 geregelt. Als Vorbereitung auf Solvency II hatte die BaFin bereits 2009 durch ein Rundschreiben die sog. *MaRisk VA*[47],

47 Die MaRisk VA wurde mit Solvency II-Beginn zum 01.01.2016 aufgehoben (siehe http://www.bafin.de/SharedDocs/Veroeffentlichungen/DE/FAQ/faq_091112_marisk_va.html [09.05.2016]).

viele Anforderungen konkretisiert und Neuerungen adressiert – beispielsweise das Proportionalitätsprinzip. Dieses fordert, dass ein Unternehmen die Komplexität der anzuwendenden Methoden und die „Intensität des Risikomanagements" unmittelbar aus Wesensart, Umfang und Komplexität der Risiken ableiten muss, denen es ausgesetzt ist. Das Proportionalitätsprinzip ist ein Kernelement des neuen Aufsichtsregimes und spielt insbesondere in der Säule II eine maßgebliche Rolle.

Die wichtigsten Grundsätze der Säule II sind in Titel I Kapitel IV der Solvency II-Richtlinie, den *Bedingungen für die Geschäftstätigkeit*, enthalten. In Abschnitt 2, *Allgemeine Governance-Anforderungen* (Art. 41–50 SII RRL), wird ausführlich auf den Aufbau und die Funktionsweise des Risikomanagementsystems und des internen Kontrollsystems eingegangen. Neben allgemeinen Governance-Anforderungen sind insbesondere Vorgaben zu den Schlüsselfunktionen Risikomanagement, Compliance, interne Revision und versicherungsmathematische Funktion aufgeführt. Weitere Regelungen finden sich zur fachlichen Qualifikation und zur persönlichen Zuverlässigkeit, zum Thema ORSA und zum Outsourcing.

Ergänzend zu diesen übergeordneten Anforderungen werden den Unternehmen und der Aufsicht über die Delegierte Verordnung zur Solvency II-Richtlinie, Titel I Kapitel IX *Governance-System* und die Leitlinien zum Governance-System (EIOPA (2015f)) konkretere Vorgaben und auch Interpretationshinweise an die Hand gegeben. Auf sie wird im Folgenden Bezug genommen.

Abschließend sei hier auch auf die aktuellen *Auslegungsentscheidungen der BaFin* zu diversen Themen verwiesen; diese geben zum Teil sehr praxisnahe Erläuterungen bzw. spiegeln die Erwartungshaltung der BaFin wider.[48]

5.2 Governance-System

Die allgemeinen Anforderungen an das Governance-System sehen ein solides und vorsichtiges Management, transparente Organisationsstrukturen, klare Zuweisung und eine angemessene Trennung von Funktionen und Zuständigkeiten vor (Art. 41 (1) SII RRL / § 23 VAG 2016). Darüber hinaus spielen auch angemessene Kommunikationswege sowie umfassende Dokumentationen eine wesentliche Rolle (Art. 41 (3) SII RRL).

Das Governance-System bildet den Rahmen für das Risikomanagement und beinhaltet folgende Elemente:

- Eignungsanforderungen an das Management
- Risikomanagementsystem inklusive Risikomanagementprozess
- Internes Kontrollsystem

48 Auslegungsentscheidungen u. a. zu den allgemeinen Governance-Anforderungen an Versicherungsunternehmen, zum Risikomanagement in Versicherungsunternehmen, zur Prüfung der fachlichen Eignung und Zuverlässigkeit, zur versicherungsmathematischen Funktion in Versicherungsunternehmen und zum Outsourcing bei Versicherungsunternehmen (zu finden unter http://www.bafin.de/DE/Aufsicht/VersichererPensionsfonds/Aufsichtsregime/RechtsgrundlagenLeitlinien/rechtsgrundlagen_node.html [09.05.2016]).

- Schlüsselfunktionen (Risikomanagement, Compliance, interne Revision und versicherungsmathematische Funktion)
- Regeln für ein Outsourcing
- Notfallplanung

Die unternehmenseigene Risiko- und Solvabilitätsbeurteilung (ORSA) kann auch als Bestandteil des Governance-Systems gesehen werden, wird im Folgenden aber eigenständig behandelt (vgl. 5.3).

Teile des Governance-Systems waren national – wie erwähnt – bereits durch die MaRisk VA adressiert, gewisse Aspekte, z. B. die Eignungsanforderungen – Schlagwort „fit & proper" –, die Schlüsselfunktionen sowie ORSA, sind unter Solvency II allerdings noch erweitert worden.

5.2.1 Eignungsanforderungen („fit & proper")

Ein solides und vorsichtiges Management bedingt die fachliche („fit") und persönliche („proper") Eignung der verantwortlichen Personen. Bis 2015 war gesetzlich vorgegeben, dass alle Geschäftsleiter fachlich geeignet und zuverlässig sein müssen (§ 7a (1) VAG 2015). Ab 2016 erweitert sich mit Inkrafttreten von Solvency II der Personenkreis derer, die die fachliche und persönliche Eignung nachweisen müssen. Jetzt müssen „alle Personen, die das Unternehmen tatsächlich leiten oder andere Schlüsselaufgaben innehaben" den entsprechenden Anforderungen genügen (Art. 42 (1) SII RRL / Art. 273 SII DV / § 24 VAG 2016). Personen, die gemäß BaFin „andere Schlüsselaufgaben" innehaben, sind Mitglieder des Verwaltungs- oder Aufsichtsrates, die Inhaber der zwingend einzurichtenden vier Schlüsselfunktionen und Inhaber „weiterer anderer Schlüsselaufgaben"(BaFin (2015d)). Als Maßstab für die fachliche Eignung sind die Berufsqualifikation sowie Kenntnisse und Erfahrungen heranzuziehen.

In seiner Gesamtheit muss das Management die fachliche Qualifikation mindestens für die Bereiche

- Versicherungs- und Finanzmärkte,
- Geschäftsstrategie und Geschäftsmodell,
- Governance-System,
- Finanzanalyse und versicherungsmathematische Analyse und
- regulatorischer Rahmen und regulatorische Anforderungen

nachweisen (EIOPA (2015f), Leitlinie 11).

Bei der Bewertung der persönlichen Zuverlässigkeit einer Person muss ihrer „Redlichkeit sowie der Solidität ihrer finanziellen Verhältnisse" Rechnung getragen werden; dies erfolgt auf der „Grundlage von Nachweisen, die ihren Charakter, ihr persönliches Verhalten und ihr Geschäftsgebaren betreffen, einschließlich etwaiger strafrechtlicher, finanzieller und aufsichtlicher Aspekte“ berücksichtigen (Art. 273 (4) SII DV). Weitere Konkretisierungen bestehen nicht; hier müssen die nationalen Aufsichtsbehörden sicherstellen, dass die Unternehmen Kriterien für die Beurteilung der Eignungsanforderungen aufstellen und ein Beurteilungsverfahren (EIOPA (2015f), Leitlinie 13) sowie das Meldewesen an die Aufsichtsbehörde (Art. 42 (2) SII RRL) implementieren. Kriterien und Verfahren sind in einer internen Leitlinie zu dokumentieren. Die Meldung an die Aufsicht hat bei Bestellungsabsicht zu erfolgen (BaFin (2015d)).

5.2.2 Risikomanagementsystem und Risikomanagementprozess

Das Risikomanagementsystem gemäß Art. 44 SII RRL war in den MaRisk VA bereits in Teilen gefordert, geht aber über die unter Solvency I geltenden Vorgaben hinaus. Die bedeutendste Erweiterung erfährt das Risikomanagementsystem durch den ORSA-Prozess (Art. 45 SII RRL, vgl. 5.3).

Das Risikomanagementsystem ist unter gebührender Berücksichtigung der Personen zu etablieren, die das Unternehmen tatsächlich leiten oder sonstige Schlüsselfunktionen innehaben (Art. 44 (1) SII RRL). Die Vorgaben verlangen, dass sämtliche Risiken in das Risikomanagement integriert werden. Konkret sind die Risiken zu berücksichtigen, die in die Ermittlung der Solvenzkapitalanforderungen gemäß Art. 101 (4) SII RRL einzubeziehen sind, sowie sonstige Risiken, die nicht vollständig in die SCR-Berechnungen integriert sind (Art. 44 (2) SII RRL). Das Risikomanagement umfasst mindestens die folgenden Bereiche (Art. 44 (2) SII RRL):

- Risikoübernahme und Rückstellungsbildung
- Aktiv-Passiv-Management
- Anlagen, insbesondere Derivate und ähnliche Verpflichtungen
- Liquiditäts- und Konzentrationsrisikomanagement
- Risikomanagement operationeller Risiken
- Rückversicherung und andere Risikominderungstechniken

Um ein wirksames Risikomanagement aufzubauen, muss ein Unternehmen seine (Risiko-)Strategie festlegen, einen Risikomanagementprozess und ein adäquates Meldewesen einrichten. Die Gesamtverantwortung für das Risikomanagementsystem obliegt der Unternehmensleitung (EIOPA (2015f), Leitlinie 17), die operative Umsetzung ist Aufgabe der Risikomanagement-Funktion (vgl. 5.2.4). Grundsätzlich ist es Ziel des Risikomanagements, den Bestand des Unternehmens und damit die Erfüllung der Verpflichtungen gegenüber den Versicherungsnehmern dauerhaft zu sichern.

Die Unternehmensleitung muss neben der Geschäftsstrategie auch die Risikostrategie definieren, aus der hervorgeht, welche Risiken in welchem Umfang eingegangen werden können. Die Umsetzung der Strategie ist über einen Risikomanagementprozess zu unterstützen bzw. sicherzustellen. Abbildung 5-1 verdeutlicht die einzelnen Prozessschritte in ihrer Abfolge. Hervorzuheben ist, dass es sich beim Risikomanagementprozess um einen permanent zu durchlaufenden Prozess handelt.

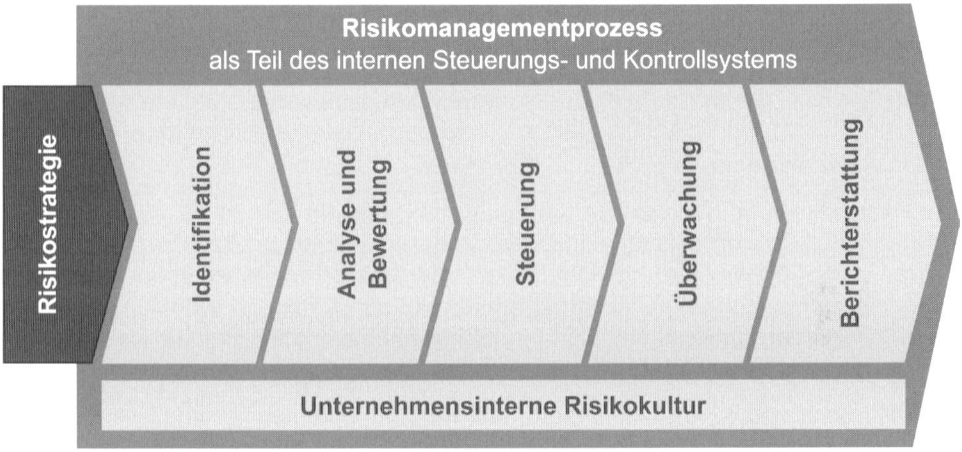

Abbildung 5-1: Der Risikomanagementprozess

Phase: Identifikation

Auf Grundlage der Geschäfts- und Risikostrategie des einzelnen Unternehmens sind die Risiken, denen das Unternehmen ausgesetzt ist, zunächst zu identifizieren. In diesen Prozessschritt ist das gesamte Unternehmen einzubinden. Insbesondere in Bezug auf die Identifikation neuer Risiken spielt die unternehmensinterne Risikokultur eine wesentliche Rolle, da zu einem möglichst frühzeitigen Erkennen dieser Risiken die Sensibilität aller Geschäftsbereiche notwendig ist. Strukturierte Interviews, Fragebögen, entsprechende IT-Tools oder geschäftsbereichsübergreifende Risikokonferenzen können als Instrumente der Risikoidentifikation eingesetzt werden. Bei der Identifikation eines Risikos ist zudem ein Verantwortlicher für jedes Risiko zu benennen.

Phase: Analyse und Bewertung

Zur Analyse und Bewertung der Risiken können bzw. müssen verschiedene Methoden herangezogen werden: Neben der Bewertung von Risiken in Risikomodellen (Standardmodell oder interne Modelle), die einen wesentlichen Teil in der Risikobewertung einnehmen, ist die Risikobewertung auch über sog. Expertenschätzungen möglich, denn nicht alle Risiken können (sinnvoll) über Modelle abgebildet bzw. bewertet werden. Dem Ganzen muss eine konsistente Bewertungssystematik zugrunde liegen, die von der Risikomanagement-Funktion zu definieren ist. Ein besonderer Fokus in diesem Prozessschritt liegt auf der Analyse der Risiken. Diese umfasst insbesondere die Ermittlung von Ursache-/Wirkungszusammenhängen und kann somit die Grundlage für eine effektive Risikosteuerung bilden. In der Analyse der Gesamtrisikosituation ist zudem ein Augenmerk auf Kumule und Korrelationen von Risiken zu legen.

Phase: Steuerung

Auf Basis der Risikoanalyse sind geeignete Steuerungsmaßnahmen zu ergreifen. Diese können sehr mannigfaltig gestaltet sein: Sie können im Tagesgeschäft im Kontext mit zuvor festgelegten Risikolimits umgesetzt werden, damit sich die Risiken im gewünschten Rahmen bewegen. Es können aber auch sehr komplexe Steuerungsmaßnahmen erforderlich sein, die ggf. in Form von Projekten umzusetzen sind.

Phase: Überwachung

Die Wirksamkeit der Risikosteuerung ist dabei regelmäßig zum einen vom Risikoverantwortlichen und zum anderen – insbesondere auch in Bezug auf die Entwicklung der Risiken in ihrer Gesamtheit – von der Risikomanagement-Funktion zu überwachen.

Phase: Berichterstattung

Die Risikomanagement-Funktion hat zudem der Unternehmensleitung Bericht zu erstatten. Die Berichterstattung muss die Risikosituation des Unternehmens umfassend abbilden und sowohl die Ergebnisse der Risikomodelle als auch wesentliche nicht modellierte Risiken beinhalten (Art. 259 (1) SII DV / EIOPA (2015f), Leitlinie 19).

5.2.3 Internes Kontrollsystem

In der Solvency II-Sicht umfasst ein wirksames internes Kontrollsystem Verwaltungs- und Rechnungslegungsverfahren, einen internen Kontrollrahmen, angemessene Melderegelungen im Unternehmen sowie die Compliance-Funktion (Art. 46 SII RRL / § 29 VAG 2016). Da bereits vielfältige gesetzliche Anforderungen an ein internes Kontrollsystem bestehen (z. B. AktG, HGB, BilMoG), sind diese in den Unternehmen seit langem etabliert und können sehr unterschiedlich ausgestaltet sein. Als eine Veranschaulichung des internen Kontrollsystems bzw. des Kontrollrahmens können die sog. „Three Lines of Defence" („Drei Verteidigungslinien") genannt werden (vgl. Abbildung 5-2). Mit diesem Ansatz wird die Mehrdimensionalität eines Kontrollsystems verdeutlicht.

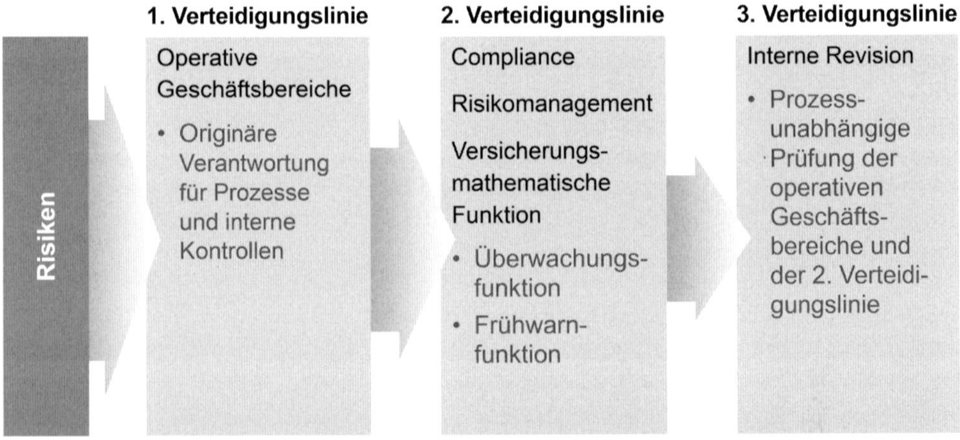

Abbildung 5-2: Systematik der „Drei Verteidigungslinien": Die operativen Geschäftsbereiche bilden die erste Verteidigungslinie, während die Compliance-Funktion, die Risikomanagement-Funktion und die versicherungsmathematische Funktion auf der zweiten Verteidigungslinie zu sehen sind. Die interne Revision ist auf der dritten Verteidigungslinie und prüft insbesondere die Wirksamkeit der anderen Governance-Funktionen auf der zweiten Verteidigungslinie.

Alternativ findet man in der Praxis auch eine Einteilung der Kontrollen nach Prozessebene, IT-Ebene und Unternehmensebene oder Anlehnungen an das sog. COSO[49]-Modell bzw. an COBIT[50].

Mit dem internen Kontrollsystem sollen im Wesentlichen die operationellen Risiken, die sich aus der Unangemessenheit oder dem Versagen von internen Prozessen, Mitarbeitern, Systemen oder durch externe Ereignisse ergeben, begrenzt oder eliminiert werden. Es ist daher so zu gestalten, dass es den aus den Prozessen resultierenden Risiken angemessen ist (EIOPA (2015f), Leitlinie 38).

Den Hauptbestandteil des internen Kontrollsystems bilden die Kontrollen in den operativen Geschäftsbereichen (vgl. Abbildung 5-2). Hervorzuheben ist, dass die Verantwortung für die Wirksamkeit der Kontrollen ebenfalls hier liegt. Den Schlüsselfunktionen, wie im Folgenden beschrieben, kommt eine koordinierende Überwachungsaufgabe bzw. eine Prüfungsfunktion zu.

49 COSO: Committee of Sponsoring Organizations of the Treadway Commission

50 COBIT: Control Objectives for Information and Related Technology

5.2.4 Schlüsselfunktionen

Unter Solvency II sind vier Schlüsselfunktionen (vgl. Abbildung 5-3) explizit definiert (Art. 44, 46–48 SII RRL / Art. 269–272 SII DV / §§ 26, 29–31 VAG 2016):

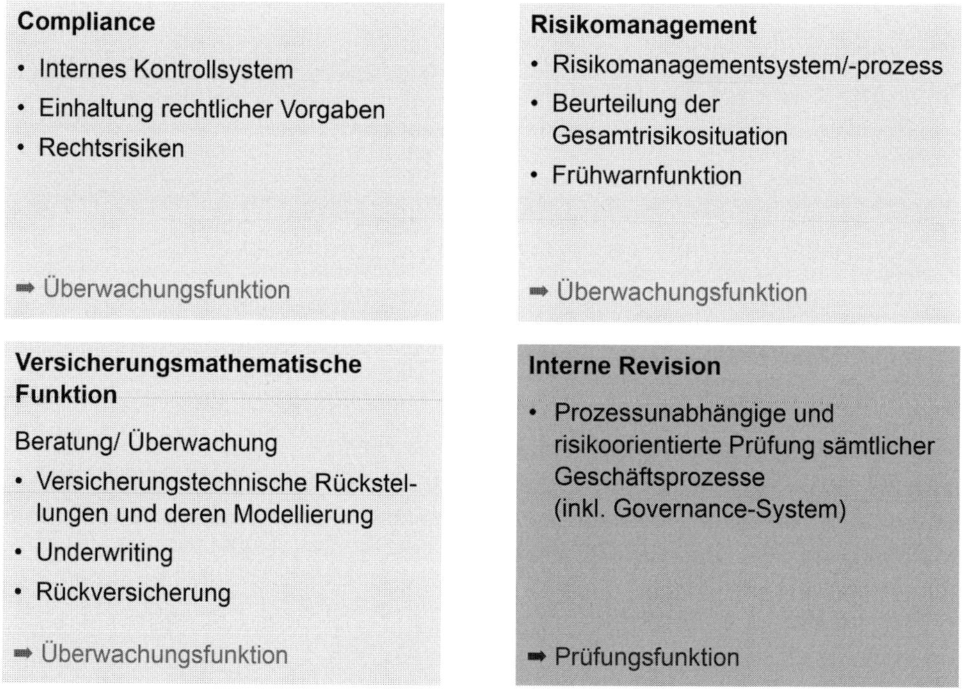

Abbildung 5-3: Schematische Darstellung der Schlüsselfunktionen und ihrer Aufgaben bzw. Themenschwerpunkte

Die **Compliance-Funktion** spielt beim internen Kontrollsystem eine zentrale Rolle, indem sie die Überwachungsaufgabe hinsichtlich der Einhaltung von Gesetzen und Richtlinien im Solvency II-Kontext wahrnimmt. Ihr obliegt zudem die Identifikation und Beurteilung von Compliance-Risiken, die aus der Nicht-Einhaltung rechtlicher Vorgaben oder der Missachtung adäquater Standards resultieren (Art. 46 SII RRL / Art. 270 SII DV / § 29 VAG 2016). Sie ist aber auch präventiv tätig, um mögliche Compliance-Risiken im Vorfeld zu identifizieren und Verstöße zu verhindern (z. B. durch Mitarbeiterschulungen und die Erstellung von Compliance-Leitlinien). Die Compliance-Funktion hat darüber hinaus mögliche Auswirkungen von sich abzeichnenden Änderungen des Rechtsumfeldes auf die Tätigkeit des Unternehmens zu beurteilen. Sie hat Compliance-Pläne und -Berichte aufzustellen, um über geplante Aktivitäten, Compliance-Risiken und den Erfolg entsprechender Steuerungsmaßnahmen zu berichten (Art. 270 SII DV).

Die **Risikomanagement-Funktion** ist als Unterstützungsfunktion für Vorstand und Aufsichtsrat zu sehen (Art. 269 SII DV). Sie ist für die Entwicklung von Strategien, Methoden,

Prozessen und Verfahren zur Identifikation, Bewertung, Überwachung und Steuerung von Risiken zuständig (Risikomanagementsystem; §§ 26 und 27 VAG 2016). Sie beurteilt die Gesamtrisikosituation des Unternehmens und die gegenseitigen Wechselwirkungen zwischen einzelnen Risikokategorien. Eine ihrer Hauptaufgaben ist die Identifikation bestandsgefährdender Risiken. Sie berät unter anderem die Unternehmensleitung bezüglich Fragestellungen zum Risikomanagement und zu strategischen Entscheidungen. Wird ein Voll- oder Partialmodell (Art. 112–127 SII RRL) genutzt, ist die Risikomanagement-Funktion zusätzlich für die Konzeption und Umsetzung, Dokumentation und Validierung des internen Modells zuständig.

Die **versicherungsmathematische Funktion** leistet einen wesentlichen Beitrag zur wirksamen Umsetzung des Risikomanagementsystems, insbesondere bezüglich der Risikomodelle (Art. 48 SII RRL / § 31 VAG 2016). Sie koordiniert die Bewertung der versicherungstechnischen Rückstellungen für Solvency II und gewährleistet die Angemessenheit der verwendeten Methoden und Basismodelle sowie Annahmen bei der Berechnung der versicherungstechnischen Rückstellungen (Art. 48 SII RRL / Art. 272 SII DV). Die Datenqualität steht dabei ebenfalls im Fokus. Weitere Aufgaben der versicherungsmathematischen Funktion sind die Validierung der Ergebnisse (unter anderem Vergleich der besten Schätzwerte mit den Erfahrungswerten) sowie die Beratung der Unternehmensleitung zur generellen Zeichnungs-/Annahmepolitik und zur Angemessenheit der Rückversicherungsvereinbarungen (Art. 48 (1) SII RRL).

Zu beachten ist, dass die versicherungsmathematische Funktion nicht dem in Deutschland vorgesehenen *verantwortlichen Aktuar* (z. B. in der Lebensversicherung) gemäß Versicherungsaufsichtsgesetz entspricht (vgl. § 141 VAG 2016). Sollten beide Funktionen von einer Person wahrgenommen werden, sind die Unternehmen angehalten, angemessene flankierende Maßnahmen zu ergreifen, um potenzielle Interessenkonflikte zu vermeiden (BaFin (2015e)).

Die **interne Revision** ist zuständig für die Beurteilung der Funktionsfähigkeit, der Wirksamkeit und der Angemessenheit des Governance-Systems bzw. des internen Kontrollsystems (Art. 47 SII RRL / Art. 271 SII DV / § 30 VAG 2016). Hierzu erstellt sie einen risiko- und prozessorientierten Prüfungsplan, der alle Geschäftsbereiche einbezieht. Sie prüft und beurteilt die Effektivität und Effizienz von Prozessen und Kontrollen, die Einhaltung von externen und internen Vorschriften, die Zuverlässigkeit, Vollständigkeit, Konsistenz und zeitliche Angemessenheit des externen und internen Berichtswesens sowie die Zuverlässigkeit der IT-Systeme. Die Ergebnisse der Prüfungen und Empfehlungen seitens der internen Revision sind der Unternehmensleitung zu berichten, die wiederum über einzuleitende Maßnahmen entscheidet und deren Umsetzung sicherstellt. Die Umsetzungsüberwachung fällt in den Zuständigkeitsbereich der internen Revision. Damit Interessenkonflikte von vornherein ausgeschlossen werden können, erfordern die Aufgaben der internen Revision ihre völlige Unabhängigkeit im Unternehmen (EIOPA (2015f), Leitlinie 40). Die Funktion der internen Revision kann allerdings mit Blick auf das Proportionalitätsprinzip auch von Personen wahrgenommen werden, die darüber hinaus auch andere Schlüsselfunktionen innehaben, sofern dies nicht zu Interessenkonflikten führt und sofern eine strikte Trennung der Funktionen im Unternehmen Kosten verursachen würde, die gemessen an den gesamten Verwaltungskosten unverhältnismäßig wären (Art. 271 (2) SII DV).

Da sich alle Funktionen mit Risiken und Kontrollen befassen, gibt es trotz unterschiedlicher Perspektiven zahlreiche Überschneidungen. Es ist daher für die Unternehmen sehr wichtig, die Zuständigkeiten der einzelnen Funktionen auf der einen Seite präzise abzugrenzen, auf der anderen Seite aber auch eine enge Zusammenarbeit zwischen den Funktionen zu gewährleisten.

5.2.5 Outsourcing

Der zunehmenden Relevanz des Themas Outsourcing in der Versicherungspraxis wird unter Solvency II dadurch Rechnung getragen, dass gesonderte Kapitel, Abschnitte bzw. Paragraphen zu diesem Themenkomplex auf jeder der vier Ebenen ausgearbeitet wurden: Art. 49 SII RRL / Art. 274 SII DV / EIOPA (2015f), Abschnitt XI / § 32 VAG 2016. Unter „Outsourcing" werden Vereinbarungen jeglicher Form verstanden, die zwischen einem Versicherungsunternehmen und einem Dienstleister getroffen werden, aufgrund derer der Dienstleister direkt oder durch weiteres Outsourcing einen Prozess, eine Dienstleistung oder eine Tätigkeit erbringt, die ansonsten vom Versicherungsunternehmen selbst zu erbringen wäre (Art. 13 Nr. 28 SII RRL). Unerheblich ist, ob es sich beim Outsourcing-Dienstleister um ein beaufsichtigtes oder nichtbeaufsichtigtes Unternehmen handelt. Andere Begriffe für Outsourcing sind Auslagerung bzw. (Funktions-)Ausgliederung.

Durch ein Outsourcing darf es nicht zu Beeinträchtigungen in der Qualität des Governance-Systems kommen (Art. 49 (2) SII RRL). Die Verantwortung für ausgelagerte Funktionen oder Tätigkeiten verbleibt im auslagernden Unternehmen. Es muss für die Versicherungsnehmer eine gleichbleibende Dienstleistung und für die Aufsichtsbehörden die Möglichkeit, die Einhaltung der Unternehmensverpflichtungen zu überwachen, gewährleisten. Durch Etablierung eines Outsourcing-Prozesses und entsprechende vertragliche Regelungen können diese Aspekte sichergestellt werden.

Abbildung 5-4: Outsourcing-Prozess

Ein wichtiger Aspekt, der auch vertraglich zu regeln ist, ist die Subdelegation (Unterbeauftragung). Alle Anforderungen, die bei einer Auslagerung zu erfüllen sind, gelten auch bei Weiterverlagerung.

Um der Verantwortung gerecht werden zu können, ist in erster Linie die Schaffung von Transparenz notwendig, welche Risiken mit einer Ausgliederung verbunden sind. Hierzu empfiehlt sich eine *strukturierte Risikoanalyse* der Risiken, die originär mit dem Prozess bzw. der Funktion verbunden sind, die durch die Ausgliederung entstehen und die mit der

Einbindung eines Dienstleisters einhergehen. Neben den operationellen Risiken können auch strategische Risiken, Reputationsrisiken oder Konzentrationsrisiken ins Gewicht fallen (BaFin (2015f)).

Die Risikoanalyse stellt die Basis für den weiteren Ausgliederungsprozess dar (vgl. Abbildung 5-4). Ziel muss es sein, die identifizierten Risiken in der anschließenden Prozess- und Vertragsgestaltung weitestgehend zu eliminieren bzw. zu reduzieren. Die Prozessgestaltung bezieht sich hierbei sowohl auf den Auslagerungsprozess selbst als auch auf den künftig laufenden Prozess. Darüber hinaus können über die Risikoanalyse bereits auch die Grundelemente für die spätere Überwachung ermittelt werden. Der Fragestellung, wie die Überwachungsfunktion des ausgliedernden Versicherungsunternehmens wahrgenommen werden kann, kommt – insbesondere bei kleinen und mittleren Versicherungsunternehmen – eine zentrale Bedeutung zu. Oft sind Beweggründe für eine Ausgliederung mangelnde Kapazität und mangelndes Know-how. Dennoch muss die Geschäftsleitung sicherstellen, dass intern angemessene Kapazitäten für eine effiziente Kontrolle der ausgegliederten Funktionen zur Verfügung stehen.

Prinzipiell dürfen auch Schlüsselfunktionen ausgegliedert werden. Die Qualität und der Nutzen dieser Funktionen dürfen hierdurch aber nicht eingeschränkt werden. Die geltenden Eignungsanforderungen für Inhaber von Schlüsselfunktionen bleiben auch beim Outsourcing bestehen und müssen in gleicher Weise durch den Dienstleister und den Ausgliederungsbeauftragten erfüllt werden (EIOPA (2015f), Leitlinie 14).

Das Outsourcing kritischer oder wichtiger operativer Funktionen und Tätigkeiten ist der Aufsichtsbehörde vorab anzuzeigen (Art. 49 (3) SII RRL / EIOPA (2015f), Leitlinie 64). Die Unternehmen haben dabei zu prüfen und zu dokumentieren, welche Funktionen und Tätigkeiten sie als kritisch bzw. wichtig erachten.[51]

5.2.6 Dokumentationsanforderungen

Um die Transparenz im Allgemeinen zu erhöhen und die Nachvollziehbarkeit von Abläufen auch für Dritte zu ermöglichen, sind schriftliche Leitlinien mindestens bezüglich des Risikomanagements, der internen Kontrollen, der internen Revision und, sofern zutreffend, bezüglich des Outsourcings zu erstellen, jährlich zu überprüfen und bei Bedarf anzupassen (Art. 41 (3) SII RRL / § 23 (3) VAG 2016).

Wesentliche Aspekte, die bei einer Dokumentation zu berücksichtigen sind, sind die Nachvollziehbarkeit für fachkundige Dritte, Aufbewahrungsfristen, Historisierung und Versionierung, Konsistenz und Aktualität. Der letzte Punkt ist für den Nutzen einer Dokumentation entscheidend; daher sollte die laufende Aktualisierung schon bei der Erstellung in Bezug auf Umfang und Detaillierung berücksichtigt werden. Insbesondere unter wirtschaftlichen Aspekten ergibt sich damit die Devise: So kurz wie möglich – so umfangreich wie nötig.

51 U. a. die unter § 5 (3) Nr. 4 VAG 2015 genannten Funktionen sowie die Schlüsselfunktionen gelten auf alle Fälle als solche.

Insgesamt steigen mit der Umsetzung von Solvency II die Anforderungen an die Unternehmen hinsichtlich ihrer Dokumentationen erheblich.

5.3 Unternehmenseigene Risiko- und Solvabilitätsbeurteilung („own risk and solvency assessment“, ORSA)

5.3.1 Einordnung in das Risikomanagementsystem

Nachdem das Governance-System und das Risikomanagementsystem beschrieben wurden (vgl. 5.2), wird nachfolgend die unternehmenseigene Risiko- und Solvabilitätsbeurteilung („own risk and solvency assessment, ORSA), insbesondere der ORSA-Prozess erläutert. Diese nimmt Bezug auf die Anforderungen an das Risikomanagementsystem gemäß Art. 44 (2) SII RRL. Die Anforderungen an die unternehmenseigene Beurteilung der Risiko- und Solvenzbeurteilung ist in Art. 45 (2) SII RRL sowie in § 27 VAG geregelt.

Die nachstehenden Ausführungen fokussieren auf die Anwender der Standardformel. Dennoch gelten die Ausführungen im Wesentlichen auch in vergleichbarer Form für die Nutzer interner Modelle. Die wesentlichen Punkte für Nutzer interner Modelle werden in einem späteren Teil thematisiert. Zudem ist der Schwerpunkt der hier gemachten Ausführungen die Solobetrachtung. Gruppenspezifische Aspekte des ORSA-Prozesses werden nicht aufgegriffen.

Als zentraler Prozess im Risikomanagement ist der ORSA-Prozess als „Gesamtheit der Prozesse und Verfahren zur Identifikation, Bewertung, Kontrolle, Handhabung und Berichterstattung“ der Risiken definiert (CEIOPS (2008b)). Abgesehen von kleineren Abweichungen in der Formulierung beschreibt dies den originären Risikomanagementprozess. Dieser setzt sich aus übergeordneten Bestandteilen und den Risikomanagement-Phasen zusammen (vgl. Abbildung 5-1).

Zu den übergeordneten Aspekten zählen

- Risikostrategie
- Risikotragfähigkeitskonzept
- Limitsystem

Bestandteile des Risikomanagementprozesses („Phasen“) im engeren Sinne sind:

- Identifikation
- Analyse und Bewertung
- Steuerung
- Überwachung
- Berichterstattung

Um – basierend auf dieser generellen Feststellung – den ORSA-Prozess ausgestalten zu können, muss die Geschäftsleitung generelle Festlegungen treffen, die die Ausgangsbasis für die erforderliche gesamthafte Risikoanalyse und Risikobewertung bilden. So fordert Art. 45 SII RRL, dass der Gesamtsolvabilitätsbedarf unter Berücksichtigung des spezifischen Risikoprofils, der genehmigten Risikotoleranzschwelle und der Geschäftsstrategie des Unternehmens ermittelt wird. Startpunkt für den gesamten Risikomanagementprozess ist folglich die Risikostrategie, welche aus der Geschäftsstrategie abzuleiten ist.

Die Risikostrategie beschreibt den Umgang mit den sich aus der Geschäftsstrategie und den daraus im resultierenden Geschäftsbetrieb ergebenden Risiken und soll mindestens Auskunft über die nachstehenden Punkte geben:

- Art: Welche Risiken sollen überhaupt eingegangen werden?
- Risikotoleranz: Welche Höhe des Risikos wird gewählt?
- Herkunft: Woher stammt das Risiko?
- Zeithorizont der Risiken: Welche Risiken in welcher Zeitperiode sollen mit der vorhandenen Risikodeckung bewältigt werden?
- Risikotragfähigkeit

Eine Analyse der Risikostrategie gibt wichtige Hinweise für die im ORSA-Prozess zu betrachtenden und zu quantifizierenden Risiken gemäß Proportionalitätsprinzip bezüglich Art, Umfang und Komplexität der Risiken, die mit der Geschäftstätigkeit der Unternehmen einhergehen. Das Proportionalitätsprinzip knüpft an das individuelle Risikoprofil jedes einzelnen Unternehmens an (vgl. § 296 (1) VAG 2016). Der ORSA-Prozess selbst ist nicht Teil des Proportionalitätsprinzips und ist von Versicherungsunternehmen in jedem Falle durchzuführen (BaFin (2015g), RZ.6). Die durchzuführende Analyse ermöglicht in Zusammenhang mit der originären Risikoinventur die Ableitung des Risikoprofils, welches die Ausgangsbasis für die Bestimmung des Gesamtsolvabilitätsbedarfs bildet.

Startpunkt für einen ORSA-Prozess ist eine umfassende Risikoinventur, die deutlich über die Anforderungen nach KonTraG hinausgeht.[52] Ziel des ORSA-Prozesses ist die vollständige Identifikation und Bewertung aller Risiken, denen das Unternehmen ausgesetzt ist (BaFin (2015b), RZ.85 und RZ.26). In der Solvency II-Richtlinie ist hierzu explizit festgelegt, dass nicht nur die Risiken in die Berechnung der Solvenzkapitalanforderungen einzubeziehen sind, die in Art. 101 (4) SII RRL genannt sind, sondern auch die sonstigen Risiken, die bei dieser Berechnung nicht vollständig erfasst werden (Art. 44 SII RRL). Dabei ist es unerheblich, ob diese Risiken quantifizierbar oder „nicht quantifizierbar" sind, d. h. nicht zuverlässig quantifizierbar sind. Die Gesamtheit dieser Risiken bildet das Risikoprofil des Unternehmens. Erst in einem nachgelagerten Schritt ist zu entscheiden, ob die Risiken wesentlich bzw. materiell sind. Die Auslegung der BaFin geht dahin, dass „materiell" und „wesentlich" synonym verwendet werden (BaFin (2016b), RZ. 26).

Dabei ist zu beachten, dass die Frage der Materialität im Sinne des ORSA aufgrund der durchgängig vorausschauenden Betrachtung über die Wesentlichkeit im Sinne der

52 Diese Forderung fand sich auch in den MaRisk VA (Erläuterungen zu 7.3.2.1).

bisherigen MaRisk (VA) hinausgeht (BaFin (2015g), RZ.87). Dennoch wird keine explizite Definition der Materialität vorgegeben, da diese unternehmensindividuell auch unter Berücksichtigung der Eigenmittelsituation und deren Volatilität festzulegen ist.

Um den Anforderungen des ORSA-Prozesses gemäß Art. 45 SII RRL zu genügen, sind nicht nur die „aktuell" vorhandenen Risiken zu identifizieren und zu bewerten, sondern ebenso die Risiken, denen das Unternehmen in Zukunft (i. d. R. drei bis fünf Jahre) ausgesetzt ist oder ausgesetzt sein könnte (BaFin (2015g), RZ.89 sowie BaFin (2015g), RZ.103).

Beim ORSA sind – in Erweiterung zu den vormals bestehenden Anforderungen gemäß MaRisk VA (7.3.2.1 und 7.3.2.2) – demzufolge explizit die kurz- und langfristigen Risiken in den Prozess und die Bewertung zu integrieren. Dabei ist grundsätzlich kein Verzicht auf die mehrjährige Betrachtung möglich, auch nicht durch die Anwendung des Proportionalitätsprinzips (BaFin (2015g), RZ.10). Der zu betrachtende Zeitraum ist typischerweise der Zeitraum der Unternehmensplanung, um so die Verbindung zur Geschäftsstrategie sicherzustellen und gleichzeitig die Basis zu legen, dass die Erkenntnisse des ORSA in die Unternehmens- und Entscheidungsfindungsprozesse integriert werden können. Gleichzeitig soll hierdurch sichergestellt werden, dass auch solche Risiken berücksichtigt werden, die sich erst im Zeitablauf ergeben.

Dies ist nicht die einzige Erweiterung, die der ORSA gemäß Art. 45 SII RRL fordert. Neben der Ausweitung des Betrachtungszeitraums sollen zudem Risiken einbezogen werden, denen das Unternehmen gegenübersteht bzw. gegenüberstehen könnte. Der ORSA fordert demzufolge nicht nur die „einfachen" Berechnungen des SCR bzw. des Gesamtsolvabilitätsbedarfs, sondern zusätzlich Stress-Tests und/oder Szenariorechnungen. Diese ermöglichen es dem Unternehmen und der Aufsicht festzustellen, gegenüber welchen Parametern und Umweltfaktoren das Unternehmen und damit seine Risikosituation und Risikotragfähigkeit besonders sensibel reagieren. Auf dieser Basis ist es auch möglich, diejenigen Größen zu identifizieren, die zu einer wesentlichen Änderung des Risikoprofils führen können, die – neben weiteren Faktoren – Auslöser für einen Ad-hoc-ORSA sein können.

Die beispielhafte, grobe Klassifizierung der Risiken, denen das Unternehmen ausgesetzt ist, kann in Anlehnung an Art. 44 SII RRL wie folgt aussehen:

- Säule I-Risiken: Risiken, die durch ein Modell (Standardformel oder (partielles) internes Modell) dem Grunde nach adressiert und modelliert werden. Hierzu gehören insbesondere Marktrisiken, Ausfallrisiken und versicherungstechnische Risiken. Dazu gehören auch operationelle Risiken, sofern diese durch die Standardformel angemessen bewertet werden. Für Risiken der Säule I ist davon auszugehen, dass diese für das Versicherungsunternehmen wesentlich sind.
- Operationelle Risiken: Eine Teilkategorie der Säule I-Risiken sind die pauschal bewerteten operationellen Risiken. Zur Definition: Operationelle Risiken beschreiben die Gefahr von Verlusten als Folge von Unzulänglichkeiten oder des Versagens von Menschen, internen Prozessen oder Systemen sowie aufgrund externer Ereignisse (Art. 13 Nr. 33 SII RRL / § 7 Nr. 24 VAG 2016). Operationelle Risiken, die einzelfallbezogen typischerweise betragsmäßig eher von untergeordneter Bedeutung

(d. h. nicht wesentlich) sind, sollten im „normalen“ Geschäftsbetrieb (durch die erste Verteidigungslinie) behandelt und gesteuert werden. Erst wenn operationelle Risiken bestimmte Schwellenwerte überschreiten, sollten sie in den Fokus des Risikomanagements rücken. Für derartige nicht wesentliche operationelle Risiken wird hier unterstellt, dass diese über die pauschale Bewertung in der Säule I angemessen konservativ bewertet sind und die Berücksichtigung dieser Risiken ausreichend ist. Operationelle Einzelrisiken, die jeweils die unternehmensindividuell festzulegende Wesentlichkeitsschwelle überschreiten, sollen in der nächsten Kategorie berücksichtigt werden.

- Nicht-Säule I-Risiken: Ergeben sich als weitere Kategorie damit quasi als Restgröße zwischen allen wesentlichen Risiken (gemäß Risikoinventur) und den modellmäßig abgebildeten Risiken (inkl. den operationellen Risiken, die angemessen durch die pauschale Bewertung der Säule I abgebildet werden, d. h. unterhalb einer definierten Wesentlichkeitsschwelle liegen).

Es wird deutlich, dass für die Risikoidentifikation Wesentlichkeitsgrenzen (mindestens eine) zu definieren sind, da sonst keine angemessene Priorisierung und Fokussierung im Risikomanagement und für die anschließende Quantifizierung und Steuerung erfolgen kann.

Um feiner zu klassifizieren, können Risiken gemäß einer generellen Risikolandkarte eingeordnet werden. Eine für Solvency II typische Klassifizierung, insbesondere für die Säule I-Risiken sowie die sonstigen wesentlichen Risiken, zeigt Abbildung 5-5.

Risiken	Schaden/Unfall	Leben
Marktrisiken	Aktien, Zinsen, Immobilien, Wechselkurse, Spread, Konzentration	
Ausfallrisiken	Ausfallrisiko aus Geschäftsbeziehungen (z. B. Rückversicherung, Derivate)	
Versicherungstechnische Risiken	Prämien- und Reserverisiko Naturkatastrophen	Langlebigkeit, Sterblichkeit Invalidität, Storno, Kosten
Operationelle Risiken	Fehlen / Versagen von Prozessen, Systemen und Menschen	
Sonstige Risiken	Reputation, Rechtsänderung, Strategisches Risiko	

Abbildung 5-5: Klassifizierung der Risiken

Bei der Bewertung der Säule I-Risiken (Markt-, Ausfallrisiken, versicherungstechnische Risiken, operationelle Risiken) werden in der Praxis verschiedene Modelle genutzt: die

Standardformel oder ein (partielles) internes Modell. In einem ersten Schritt wird aus der HGB-Bilanz eine sog. „ökonomische Bilanz“ abgeleitet. Hierbei wird vom Marktwert der Kapitalanlagen der Marktwert der Verpflichtungen abgezogen, um die Eigenmittel zu ermitteln (vgl. 4.1.2.2), welche zur Bedeckung des SCR zur Verfügung stehen. Da der Marktwert der Verpflichtungen typischerweise nicht am Kapitalmarkt beobachtbar ist, werden beispielhaft folgende Methoden genutzt (sog. „mark-to-model“):

- aktuarielle Schadenanalysen bei der Schaden-/Unfallversicherung
- Projektion der zukünftigen Leistung inklusive Überschussbeteiligung bei der Lebensversicherung

Hierbei sind insbesondere die Vorschriften für die Ermittlung der versicherungstechnischen Rückstellungen zu beachten (vgl. 4.1.2.2). Gemäß Solvency II-Richtlinie entspricht der Wert der versicherungstechnischen Rückstellungen dem aktuellen Betrag, den Versicherungsunternehmen zahlen müssten, wenn ihre Versicherungsverpflichtungen unverzüglich auf ein anderes Versicherungsunternehmen übertragen würden (Kapitel VI, Abschnitt 2, Art. 76 (3) SII RRL).

Zudem gilt (Kapitel VI, Abschnitt 2, Art. 77 (1), (2) SII RRL):

- Der Wert der versicherungstechnischen Rückstellungen hat der Summe aus einem „besten Schätzwert“ („best estimate“) und einer Risikomarge zu entsprechen.
- Der beste Schätzwert entspricht dem wahrscheinlichkeitsgewichteten Durchschnitt künftiger Zahlungsströme („cashflows“) unter Berücksichtigung des Zeitwerts des Geldes (erwarteter Barwert künftiger Zahlungsströme) unter Verwendung der maßgeblichen risikofreien Zinskurve.

Um in einem nächsten Schritt die Solvenzsituation zu bestimmen, werden das SCR sowie das MCR, als absolute Untergrenze für die Fortsetzung des Geschäftsbetriebs, benötigt (4.2.3).

Das generelle Vorgehen zur Ermittlung des SCR ist die Vorgabe des sog. 99,5 % Value-at-Risk (VaR), d. h. des Betrages, der lediglich mit einer Wahrscheinlichkeit von 0,5 % (als korrespondierender Wert) als Verlust bei einer negativen Entwicklung überschritten wird. Die Ermittlung des SCR kann hierbei entweder durch Nutzung der Standardformel oder durch ein, im Vorfeld zu zertifizierendes, internes (Partial-) Modell erfolgen. Die hierbei ermittelten SCR müssen mindestens vollständig mit Eigenmitteln („own funds“) bedeckt sein, um die Risikotragfähigkeit zu gewährleisten. Dabei sind bei der Beurteilung der jederzeitigen Einhaltung der gesetzlichen Kapitalanforderungen die von Solvency II vorgegebenen Erfassungs- und Bewertungsgrundsätze einzuhalten. Ob diese Bewertung im Rahmen der Ermittlung des Gesamtsolvabilitätsbedarfs im Sinne des ORSA beibehalten werden kann, wird im Kapitel 5.3.3 überprüft.

Fehlende Risikotragfähigkeit bedeutet, dass Unternehmen, bei denen die Eigenmittel nicht mehr ausreichen, um das SCR zu bedecken (bzw. zu übersteigen), nicht „insolvent“ im klassischen Sinne sind (Überschuldung oder Zahlungsunfähigkeit), sondern „lediglich“ nicht ausreichend kapitalisiert sind, um eine Situation zu überstehen, die mit einer

Eintrittswahrscheinlichkeit von 0,5 % im folgenden Jahr eintreten kann. Diese Situation ist eindeutig gegen die Insolvenz eines „normalen“ Unternehmens abzugrenzen, da bei jenem im Falle der Insolvenz bereits die Situation eingetreten ist, dass Gläubigeransprüche nicht mehr (vollständig) bedient werden können.

Neben den sog. Säule I-Risiken, die über die verschiedenen Modelle entsprechend den Solvency II-Anforderungen bewertet werden, sind die oben beschriebenen Nicht-Säule I-Risiken zu beachten, um ein vollständiges Risikobild zu erzielen und so das vollständige Risikoprofil zur Feststellung des Gesamtsolvabilitätsbedarfs zu bewerten. Diese Risiken sind insbesondere Risiken, die nicht in den Säule I-Risiken berücksichtigt werden, oder solche Risiken, die im Rahmen der Modelle nicht angemessen berücksichtigt bzw. bewertet werden (vgl. Art. 110 SII RRL).

Auch die Erhebung der Nicht-Säule I-Risiken erfolgt gemäß der o. g. Beschreibung des Risikomanagementprozesses innerhalb der Risikoinventur. Allerdings ist die Bewertung dieser Risiken nicht unmittelbar mit einem gegebenen Modell, weder der Standardformel noch den meisten internen Modellen möglich. Um eine gesamthafte und vergleichbare Bewertung als Vorstufe zur Ableitung des Gesamtsolvabilitätsbedarfs zu ermöglichten, kann eine Möglichkeit darin bestehen, diese Risiken „kompatibel“ zu den Säule I-Risiken zu bewerten.[53] Dann ist in einem nächsten Schritt die Aggregation dieser Risiken mit den Säule I-Risiken zum Gesamtsolvabilitätsbedarf möglich. Da eine Bewertung der Nicht-Säule I-Risiken i. d. R. nicht durch bestehende mathematische Modelle möglich sein wird, ist bei der Quantifizierung auf Expertenschätzungen oder Risikoassessments zurückzugreifen, um eine Vergleichbarkeit und Aggregierbarkeit mit den Ergebnissen aus der Standardformel oder dem internen Modell zu erreichen. Solche Bewertungen und Expertenschätzungen sollten unter den Maßgaben erfolgen, die an die Bewertung in der Standardformel oder im internen Modell gestellt werden, also insbesondere die Ableitung eines Value-at-Risk (VaR) zu einem Konfidenzniveau von 99,5 %.

Bezüglich der operationellen Risiken ist im Allgemeinen eine (vollständige) Bewertung nicht möglich. Um jedoch die Solvenzsituation des Unternehmens umfassend darzustellen, werden bei Säule I-Modellen (insbesondere bei Nutzung der Standardformel bzw. partiellen internen Modellen ohne explizite OpRisk-Modellierung) operationelle Risiken pauschal behandelt. Sofern bei den Nicht-Säule I-Risiken operationelle Risiken, die einen bestimmten Schwellenwert überschreiten, zusätzlich bewertet werden, kann davon ausgegangen werden, dass sämtliche operationelle Risiken angemessen bei der Bestimmung der Solvenzsituation des Unternehmens einbezogen sind. Die Summe der operationellen Risiken verteilt sich in einem solchen Fall auf die Säule I-Risiken (operationelle Risiken, die durch die pauschale Bewertung angemessen bewertet werden) und auf die Nicht-Säule I-Risiken (operationelle Risiken, die einen bestimmten Schwellenwert überschreiten und z. B. durch eine Expertenschätzung gesondert bewertet werden).

Auf der Basis der Säule I-Risiken und der Nicht-Säule I-Risiken muss eine Vergleichbarkeit gegeben sein, um eine anschließende Aggregation zum Gesamtsolvabilitätsbedarf

53 Neben der Bewertung und Aggregation zum Gesamtsolvabilitätsbedarf im Sinne der Kapitalunterlegung sind auch andere Risikominderungstechniken für diese Risiken möglich (vgl. EIOPA (2011b), 1.64).

zu ermöglichen. Auf Aggregationsmethoden und ggf. zu berücksichtigende Abhängigkeiten, Korrelationen und Diversifikationseffekte wird in 4.3.3 eingegangen.

Die Anforderungen des ORSA beschränken die Analysen nicht auf die „Risikoseite“, sondern fordern die Analyse und Einhaltung der jederzeitigen Risikotragfähigkeit, sodass die Ermittlung der vorhandenen Eigenmittel im Vergleich zu den erforderlichen Eigenmitteln im Sinne des Gesamtsolvabilitätsbedarfs gefordert wird. Die weitergehenden Anforderungen, um einen vollständigen ORSA-Bericht zu erstellen, werden in den nachfolgenden Abschnitten behandelt.

5.3.2 Beurteilung der kontinuierlichen Einhaltung der Solvenzkapitalanforderungen

Nachdem die Risikoseite im Sinne des Gesamtsolvabilitätsbedarfs ermittelt ist, müssen zur Feststellung der Risikotragfähigkeit, d. h. der kontinuierlichen Einhaltung der Solvenzkapitalanforderungen, die (vorhandenen) Eigenmittel des jeweiligen Unternehmens bestimmt werden. Diese Ermittlung der Eigenmittel muss denselben generellen Anforderungen genügen wie die Ermittlung des Gesamtsolvabilitätsbedarfs. Zum einen sind die Eigenmittel für den jeweiligen Zeitpunkt der Überprüfung der Risikotragfähigkeit festzustellen. Generell ist festzuhalten, dass entsprechend der aufsichtsrechtlichen Anforderungen die Frequenz der Berechnung/Überprüfung der Risikotragfähigkeit von der absoluten Überdeckungssituation und von der Volatilität derselben determiniert wird. Zum anderen ist für die vorausschauende Perspektive, d. h. für den Planungszeitraum des Unternehmens, die Risikotragfähigkeit sicherzustellen. Demzufolge bedarf es neben der Projektion der Risikosituation auch einer Projektion der zur Bedeckung zur Verfügung stehenden Eigenmittel. Folgerichtig sind grundlegende Annahmen über die Entwicklung der Eigenmittel gemäß Solvency II-Definition sowie über das Kapitalmanagement (z. B. geplante Kapitalmaßnahmen) erforderlich, um die Projektion zu ermöglichen. Neben der generellen Anrechenbarkeit der Eigenmittel ist es für das Unternehmen relevant, Überlegungen anzustellen, wie zukünftiger Kapitalbedarf gedeckt werden kann und welche Rückzahlungsverpflichtungen bestehen. Dabei sind auch Faktoren wie der Zugang zu Kapitalmärkten (sowohl für Eigenkapital aber auch für Hybridkapital), die Verfassung der Kapitalmärkte sowie Abhängigkeiten von bestimmten Anlegern zu beachten (BaFin (2015b), RZ.106).

Eine kontinuierliche Einhaltung der Solvenzkapitalanforderungen ist nur gegeben, wenn zum einen in der kurzen Perspektive jederzeit eine Überdeckung gegeben ist, zum anderen aber im projizierten Zeitraum diese Überdeckung jederzeit hinreichend vorhanden ist.

5.3.3 Signifikanz der Abweichungen vom Risikoprofil

Ziel des ORSA-Prozesses ist, dass sich die Unternehmensleitung aktiv mit der Risikosituation des Versicherungsunternehmens auseinandersetzt. Entscheidet sich ein Unternehmen dazu, die Solvenzermittlung mithilfe der Standardformel durchzuführen, so ist auf Grundlage der vorgegebenen Parametrisierung der Standardformel davon auszugehen, dass die tatsächliche Risikosituation des Unternehmens durch die Standardformel nicht immer angemessen abgebildet werden kann. Das Risikoprofil des Unternehmens wird grundsätzlich mehr oder weniger deutlich von den Annahmen abweichen, die den Berechnungen des SCR zugrunde liegen. Dementsprechend sollen sich Unternehmen damit auseinandersetzen, ob und in welchem Umfang die Standardformel die Risikosituation des Unternehmens korrekt und angemessen abbildet.

Insbesondere ist die Auseinandersetzung mit den Annahmen, die bei der SCR-Berechnung mit der Standardformel gemacht wurden, unmittelbarer Zweck (EIOPA (2011b), 4.49):

> *"The assessment of the significance with which the risk profile of the undertaking deviates from the assumptions underlying the SCR calculation is an important tool in ensuring that the undertaking understands the assumptions underlying its SCR calculation and considers whether those assumptions are appropriate. To do this, the undertaking will have to compare those assumptions with its own understanding of its risk profile. This process needs to prevent an undertaking from simply relying upon regulatory capital requirements as being adequate for its business."*

Sofern unterstellt werden kann, dass die Standardformel immer hinreichend konservativ ist, wird die Solvenzsituation eines Unternehmens tendenziell zu schlecht abgebildet, was für den Aufsichtsprozess im Sinne einer konservativen Abschätzung akzeptabel ist (BaFin (2015g), RZ.111). Leider ist diese Annahme – wie das Beispiel der unterstellten Ausfallrisikofreiheit von Staatsanleihen zeigt – nicht unbedingt gegeben.

Gleichzeitig ist in vielen Bereichen der Solvency II-Richtlinie hinterlegt, dass die Aufsichtsbehörden erwarten, dass Unternehmen sich mit ihrer individuellen Risikosituation, d. h. der Art, des Umfangs und der Komplexität der eingegangenen Risiken, entsprechend dem Proportionalitätsprinzip auseinandersetzen, um hierdurch die Unternehmenssteuerung zu verbessern. Erfolgt diese Analyse auf Basis der Standardformel, so bietet sich der modulare Aufbau der Standardformel als Startpunkt an (vgl. Abbildung 5-6).

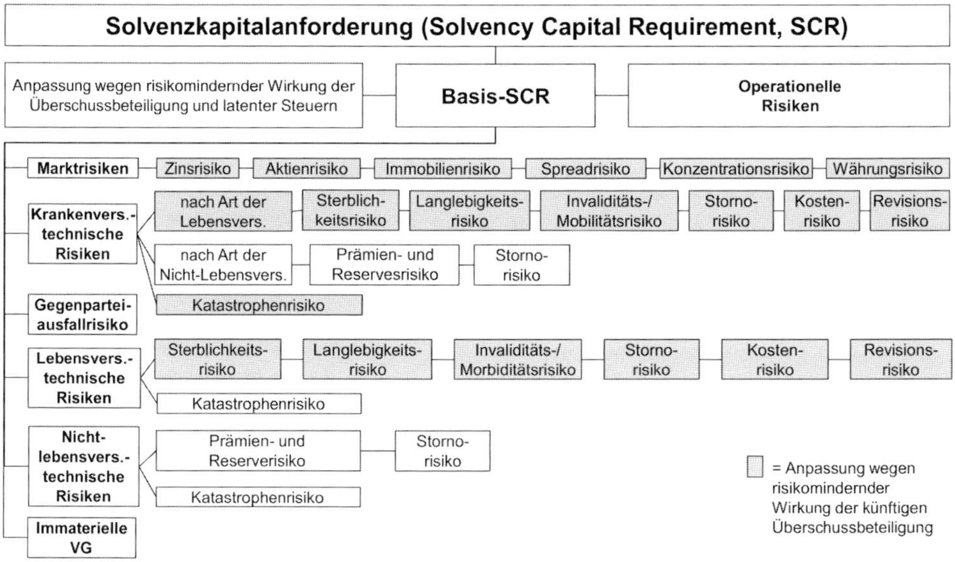

Abbildung 5-6: Modularer Aufbau des SCR (entspricht Abbildung 4-6)

Um die im ORSA-Prozess gemäß Art. 45 SII RRL geforderte Auseinandersetzung mit der individuellen Gesamtrisikosituation unter Berücksichtigung der Risikostrategie und der Risikotoleranz zu ermöglichen, muss das Unternehmen über Prozesse verfügen, die der Wesensart, dem Umfang und der Komplexität der Risiken angemessen sind, die mit seiner Tätigkeit einhergehen und die es ihm gestatten, die Risiken, mit denen es kurz- und langfristig rechnen muss und denen es ausgesetzt ist oder ausgesetzt sein könnte, angemessen zu erkennen und zu beurteilen. Das Unternehmen muss die Methoden darlegen, nach denen es diese Bewertung vornimmt.

Um festzustellen, ob die Standardformel die Risikosituation des Unternehmens angemessen – ggf. konservativ – abbildet, sollten

- Daten,
- Prozesse,
- Modelle und
- Ergebnisse

in jedem Submodul überprüft werden. Sofern Abweichungen existieren, sind diese zunächst qualitativ zu beschreiben. Bezüglich der Frage, ab wann eine Abweichung signifikant ist, verweist die Aufsicht auf Art. 279 SII DV zur Ermittlung von Kapitalzuschlägen, wonach bei einer Abweichung um 10 % i. d. R. eine signifikante Abweichung vorliegt, bei 15 % Abweichung sei diese unwiderlegbar signifikant (BaFin (2015g), RZ.113). Bei materiellen Abweichungen ist zusätzlich eine Quantifizierung der Abweichung vorzunehmen (vgl. BaFin (2015g), RZ.119). Sollte eine qualitative Beurteilung zu dem Schluss kommen, dass die Abweichung nicht signifikant ist, so ist dieses zu begründen. Wichtig ist zudem, dass diese Abweichung „in beide Richtungen" gehen kann, d. h. die Parametrisierung der Standardformel kann das tatsächliche Risiko für das Versicherungsunternehmen überschätzen oder unterschätzen. Insbesondere im zweiten Fall ist eine Anpassung zwingend. Sollte ein Unternehmen „Überschätzungen" des Risikos mit „Unterschätzungen" des Risikos verrechnen wollen, so ist dieses gegenüber den Aufsichtsbehörden zu begründen (BaFin (2015g), RZ.122).

Die Anforderung des Art. 45 SII RRL ist hier eindeutig – die Bewertung beim ORSA-Prozess hat zu umfassen:

> *„[d]ie Signifikanz der Abweichung des Risikoprofils des betreffenden Unternehmens von den Annahmen, die der Solvenzkapitalanforderung im Sinne von Artikel 101 Absatz 3 zugrundeliegen und gemäß der Standardformel im Sinne von Kapitel VI Abschnitt 4 Unterabschnitt 2 oder gemäß dem internen Modell in der Form eines Voll- oder Partialmodells im Sinne von Kapitel VI Abschnitt 4 Unterabschnitt 3 berechnet wurden."*

Um sicherzustellen, dass Risiken, die im verwendeten (Standard-)Modell dem Grunde nach berücksichtigt, aber mit dem Modell nicht angemessen quantifiziert werden, bei der Ermittlung des Gesamtsolvabilitätsbedarfs korrekt berücksichtigt werden, muss im ORSA-Prozess eine angemessene Bewertung erfolgen. Die konkrete Umsetzung dieser Anforderung kann auf verschiedene Arten erfolgen. Zum einen kann für Risiken, die grundsätzlich in der Standardformel bewertet werden, eine Anpassung der Parametrisierung erforderlich sein, oder es können unternehmensspezifische Parameter entsprechend den Vorgaben genutzt werden bzw. die Nutzung interner (Partial-)Modelle erforderlich werden. Die angemessene Bewertung bildet dann die Basis für den aufsichtlichen Überwachungsprozess.

Für wesentliche Risiken, die in der Standardformel grundsätzlich nicht berücksichtigt sind, ist eine alternative Bewertung erforderlich, wie weiter oben beschrieben wurde.

In Zusammenhang mit der Ableitung und Bewertung des Risikoprofils können im ORSA-Prozess die folgenden Fragen eine Basis sein:

- Was sind die Risiken, denen das Unternehmen während des strategischen Planungshorizonts (ca. 3–5 Jahre) ausgesetzt ist?
- Welche der identifizierten Risiken wurden mit Kapital hinterlegt oder durch konkrete Maßnahmen vermindert (z. B. Reputation)?
- Welche Maßnahmen (methodisch/konzeptionell) wurden ergriffen, um die aktuell nicht quantifizierbaren Risiken zukünftig quantifizieren zu können?
- Wie robust sind die Prozesse des Risikomanagements – insbesondere die Risikoidentifikation?
- Wie gut erfasst das interne Kontrollsystem die relevanten Geschäftsprozesse (z. B. das Schadenmanagement)?

- Was könnten potenzielle Droh- oder Stressszenarien für das betreffende Unternehmen sein, welche Auswirkungen hätten diese und wie würde man sich bei deren Eintritt verhalten?
- Welche potenziellen Droh- oder Stressszenarien wurden ausgeklammert und weshalb (vgl. SCR-Berechnung)?
- Was sind die Grundannahmen für den weiteren Fortbestand des Unternehmens?
- Werden die resultierenden Annahmen und Risiken ausreichend in der SCR-Berechnung reflektiert?

Wird bei dieser Analyse festgestellt, dass die Annahmen der SCR-Berechnung das Risikoprofil des Unternehmens (materiell) unterschätzen, so kann in Ausnahmefällen durch einen von der Aufsichtsbehörde verhängten Kapitalzuschlag („capital add-on") eine Kompensation erfolgen (Art. 37 (1) SII RRL). Allerdings soll ein Kapitalzuschlag nicht dauerhaft erhoben werden, sodass die Umstellung auf ein partielles internes Modell bei dauerhafter Abweichung zwischen Risikoprofil und Annahmen der SCR-Berechnung erforderlich werden kann.

Ziel des ORSA ist es insgesamt, dass das Risikoprofil durch die vorgenommene Bewertung angemessen abgebildet wird. Zum einen ist hier zu prüfen, ob Änderungen des Risikoprofils zu entsprechenden Änderungen in den Ergebnissen führen. Zum anderen kann ein Indiz für die Angemessenheit der Standardformel die Tatsache sein, ob und inwieweit die Ergebnisse in die Entscheidungsfindungsprozesse eingebunden werden (BaFin (2015g), RZ.124).

Um den Anforderungen des Art. 45 SII RRL ORSA vollumfänglich zu genügen, muss das Unternehmen die kontinuierliche Einhaltung der Eigenmittelanforderungen im Sinne von Kapitel VI Abschnitte 4 (SCR) und 5 (MCR) und der Anforderungen der versicherungstechnischen Rückstellungen im Sinne von Kapitel VI Abschnitt 2 (versicherungstechnische Rückstellungen) gewährleisten. Daraus leitet sich als weitere Anforderung ab, dass neben einem regelmäßigen ORSA-Prozess auch ein Ad-hoc-Prozess zu etablieren ist, der sicherstellt, dass eine Bewertung des veränderten Risikoprofils im ORSA-Prozess erfolgt, sobald sich das Risikoprofil des Unternehmens erkennbar und signifikant verändert hat.

Um die Ergebnisse des zugrunde gelegten Modells sowie des ORSA-Prozesses im Sinne eines Verwendungstests („use test") in die Unternehmensentscheidungen einzubeziehen, ist eine enge Verzahnung mit allen Elementen der Unternehmensführung von der strategischen Planung bis zur operativen Überprüfung erforderlich (vgl. Abbildung 5-7).

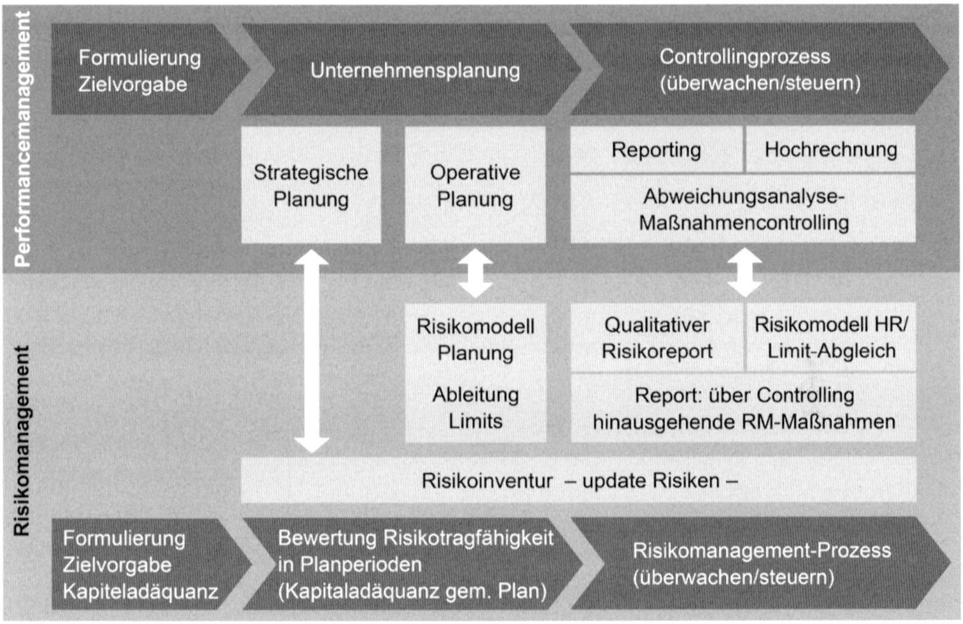

Abbildung 5-7: Verzahnung von Unternehmensprozessen und Risikomanagementprozessen

Eine solche Integration in die Unternehmenssteuerung kann durch eine wertorientierte Steuerung ergänzt werden, in der neben oder anstelle von „klassischen", typischerweise bilanzorientierten Steuerungskennzahlen Konzepte eingeführt werden, die explizit den Risikogehalt und die daraus abgeleiteten Risikokosten in die Steuerungs- und Entscheidungsprozesse integrieren.

ORSA-Bericht

Wenn der ORSA-Prozess von der ganzheitlichen Risikoidentifikation über die Risikobewertung und die Einbindung in die Steuerungsprozesse vollständig erfüllt ist, kann der ORSA-Bericht erstellt werden. Ziele des ORSA-Berichts sind

- Erläuterungen zur Methodik und zu den Resultaten des ORSA-Prozesses,
- die Unterstützung in der Beurteilung des ökonomischen Kapitals und des Solvabilitätsmanagements,
- der Nachweis, dass die regulatorischen Anforderungen zum Risikokapital und den versicherungstechnischen Rückstellungen erfüllt sind.

Neben schriftlichen ORSA-Leitlinien muss jedes Unternehmen über eine Dokumentation jedes individuellen ORSA-Prozesses verfügen und einen internen Bericht sowie einen Bericht an die Aufsichtsbehörde anfertigen und kommunizieren (BaFin (2015g), RZ.41).

Für den internen Bericht gibt es keine Vorgaben zu Inhalt oder Struktur. Er enthält die Ergebnisse des ORSA für die Geschäftsleitung und unterstützt die unternehmensinterne

Kommunikation der Ergebnisse und Schlussfolgerungen. Der ORSA-Bericht muss durch den Vorstand in geeigneter Weise freigegeben werden (BaFin (2015g), RZ.58).

Obwohl für den ORSA-Bericht – weder intern noch gegenüber der Aufsicht – eine Struktur vorgegeben ist, kann die Aufsicht Änderungen bzgl. der Bandbreite, dem Aufbau oder der Detailtiefe verlangen, sofern der Bericht in der vorliegenden Form für Aufsichtszwecke nicht geeignet erscheint (BaFin (2015g), RZ.64). Man erkennt, dass der ORSA-Bericht empfängerorientiert geschrieben werden soll. So soll er sich auf diejenigen Informationen konzentrieren, die für Zwecke der Aufsicht relevant sind – und dies vollumfänglich und ohne die Nutzung von Verweisen auf andere Berichte. Der klare Fokus des ORSA-Berichts muss die jederzeitige Einhaltung der gesetzlichen Kapitalanforderungen und der Anforderungen an die versicherungstechnischen Rückstellungen sein.

Daraus leiten sich die Mindestinhalte des ORSA-Berichts ab: die Methoden und Verfahren im Rahmen des ORSA, Stress-Tests und Szenarioanalysen sowie die Ergebnisse der Berechnungen einschließlich einer Beurteilung, inwieweit die Annahmen der Standardformel vom Risikoprofil des Unternehmens abweichen. Diese grundlegend qualitative Beurteilung ist quantitativ durchzuführen, sofern die Abweichungen als signifikant identifiziert werden. Ergänzend sind die Ergebnisse der Projektionen für jedes Jahr der Projektion darzustellen. Zudem ist darzulegen, wie die Ergebnisse und Kenntnisse in das Kapitalmanagement, die Geschäftsplanung und die Produktentwicklung einbezogen werden. Sofern das Unternehmen im Rahmen des ORSA Probleme identifiziert, so müssen die möglichen Maßnahmen beschrieben werden, um die jederzeitige Risikotragfähigkeit sicherzustellen. Hierbei ist zu beachten, dass bei der Beurteilung der jederzeitigen Einhaltung der gesetzlichen Kapitalanforderungen die Bewertungsmethoden der SCR- und MCR-Berechnung zugrunde zu legen sind.

Es wird hier deutlich, dass die Aufsicht beim Management, speziell beim Vorstand, eine wesentliche Rolle im ORSA-Prozess sieht. Dieses gilt bei der ORSA-Konzeption aber auch bei der Nutzung der Ergebnisse des ORSA-Prozesses und -Berichts, insbesondere bezüglich der Nutzung der Ergebnisse in der mittel- und langfristigen Unternehmensplanung und der Kapitalallokation.

Damit werden ORSA-Prozess und -Bericht zu einem wesentlichen Bestandteil des Verwendungstests („use test“). Folglich wird der in der Solvency II-Richtlinie lediglich für die Nutzer eines internen Modells vorgesehene „use test“ über die Anforderungen des ORSA-Prozesses auf die Nutzer der Standardformel ausgeweitet.

Auch für Nutzer des internen Modells ist der ORSA-Prozess ein wichtiges Instrument. Da ein internes Modell zu einem bestimmten Zeitpunkt zertifiziert wird, sollte zu diesem Zeitpunkt die korrekte Abbildung des Risikoprofils des Unternehmens bezüglich Art, Umfang und Komplexität der Risiken generell sichergestellt sein. Dennoch werden auch die Nutzer eines internen Modells nicht alle Risiken im internen Modell abbilden können. Exemplarisch seien hier Reputationsrisiken oder strategische Risiken genannt oder die Risiken aus Einheiten, für die kein internes Modell zertifiziert wurde. Für Nutzer des internen Modells ist somit die Ermittlung der Gesamtrisikoposition im Allgemeinen nur über den ORSA-Prozess möglich.

Hierbei ist allerdings, anders als für Nutzer der Standardformel, quasi von einer Interaktion zwischen internem Modell und ORSA-Prozess auszugehen. Der ORSA-Prozess gibt Hinweise darauf, wo bzw. wie das interne Modell weiterentwickelt werden muss, sofern sich materielle Abweichungen zwischen dem tatsächlichen Risikoprofil und demjenigen, welches im internen Modell unterstellt ist, ergeben. Dementsprechend gibt der ORSA-Prozess Hinweise auf die durchzuführenden Tests und Standards (use test, statistical quality standards, calibration standards, profit and loss attribution test, validation standards und documentation standards). So muss ein Unternehmen, das ein internes Modell einsetzt, jährlich nachweisen, dass die Standards und Tests eingehalten werden, was innerhalb oder außerhalb des ORSA-Prozesses erfolgen kann.

Für Nutzer eines internen Modells ist der ORSA-Prozess insbesondere bei der Ermittlung des Gesamtsolvabilitätsbedarfs von Relevanz, wobei im ORSA-Prozess gemäß EIOPA (2011b) die folgenden Punkte bei einem internen Modell zu berücksichtigen sind:

> *4.61. In this context, the ORSA includes the assessment of:*
>
> *a) the impact of the excluded risks or lines of business on the solvency position;*
>
> *c) the interrelationship between risks which are in and outside the scope of the model;*
>
> *d) the impact of a partial model on the non-modelled part and on the integration techniques (of partial internal model and standardformula), since the partial internal model has an impact on the entire solvency position;*
>
> *e) the impact of minor changes done to the model.*

Aus der Überprüfung, ob die Annahmen des internen Modells (immer noch) korrekt sind, kann der Bedarf und der Umfang einer möglichen Modelländerung abgeleitet werden. Gleichzeitig sollen Stress-Tests und Szenarioanalysen genutzt werden, um den Umfang und die Richtigkeit der Abbildung des Risikoprofils eines Versicherers zu überprüfen.

5.4 Zusammenfassung

Die Anforderungen der Säule II sind eine wichtige Ergänzung zu den Anforderungen der Säule I, da die Säule II die Basis für den aufsichtlichen Überprüfungsprozess bildet. Eine entscheidende Grundannahme ist hierbei die Tatsache, dass die Kapitalausstattung allein nicht ausreicht, um einen ausreichenden Schutz der Versicherungsnehmer (Verbraucherschutz) sicherzustellen. Versicherungsunternehmen sind keine statischen Subjekte. Sie bestehen aus zum Teil komplexen Prozessen. Um dies zu reflektieren, sind Vorschriften für ein Governance-System vorgesehen.

In erster Linie definiert dieses Governance-System Mindestanforderungen hinsichtlich relevanter Funktionen und Rollen, und es werden Anforderungen an Prozesse und Kontrollsysteme definiert. Hierdurch soll ein vorsichtiges und solides Management des Geschäfts sichergestellt werden. Es entsteht in diesem Zusammenhang ein System im Unternehmen, welches eigenständig regelmäßig die Risikosituation des Unternehmens identifiziert, analysiert, bewertet, steuert und überwacht, das sog. Risikomanagementsystem. Damit dieses System der Säule II nicht losgelöst von den Kapitalanforderungen der Säule I agiert, wurde als verbindendes Element der ORSA-Prozess konzipiert. Darin soll zum Ersten das Unternehmen nun selbst auf der Basis eigener Risikoanalysen bestimmen, ob das Risikoprofil des Unternehmens zur SCR-Berechnungsmethodik passt. Dabei wird der Frage nachgegangen, ob möglicherweise signifikante Abweichungen zwischen den Annahmen in der SCR-Berechnung und der Reflexion anhand des individuellen Risikoprofils bestehen.

Zweitens verlangt die unternehmenseigene Risiko- und Solvabilitätsbeurteilung (ORSA) die Implementierung einer vorausschauenden Überwachung der Solvenz, bezogen auf den Planungshorizont des Unternehmens (i. d. R. drei bis fünf Jahre). Insoweit weicht der Zeithorizont beim ORSA-Prozess deutlich von der einjährigen Betrachtung der Säule I-Kapitalanforderungen ab. Da über die Ergebnisse des ORSA-Prozesses an die Aufsicht berichtet wird, ist der ORSA-Bericht ein wichtiges Medium für eine prospektive Versicherungsaufsicht.

6 Säule III: Transparenz und Berichtspflichten

6.1 Überblick über die künftigen Berichtspflichten

Die Berichtspflichten sind in der Struktur von Solvency II der Säule III zuzuordnen (vgl. 3.1.3). Konzeptionell dienen Transparenz- und Offenlegungspflichten wie die Solvency II-Berichtspflichten dazu, Kontrolle und ein Marktkorrektiv zu schaffen, indem die Versicherungsunternehmen und -gruppen detailliert über ihre Risikolage berichten müssen (vgl. Schubert (2005), S. 40, Rudkowski (2016), S. 2).

Diese Risikoberichterstattung nach den Solvency II-Vorgaben umfasst zum einen eine Berichterstattung an die Öffentlichkeit (Art. 51 SII RRL / § 40 VAG 2016 für Solo-Unternehmen bzw. Art. 256 SII RRL / § 277 VAG 2016 für Gruppen) und zum zweiten die Berichterstattung an die Aufsichtsbehörden (Art. 35 SII RRL / §§ 43/44/305 VAG 2016 für Solo-Unternehmen bzw. Art. 254 (2) SII RRL / § 281 VAG 2016 für Gruppen) (vgl. Abbildung 6-1). Die Berichterstattung gegenüber der Öffentlichkeit beinhaltet vor allem den Bericht über Solvabilität und Finanzlage („solvency and financial condition report", SFCR). Die regelmäßige Berichterstattung gegenüber der Aufsicht besteht insbesondere aus einer regulären Aufsichtsberichterstattung („regular supervisory reporting", RSR).

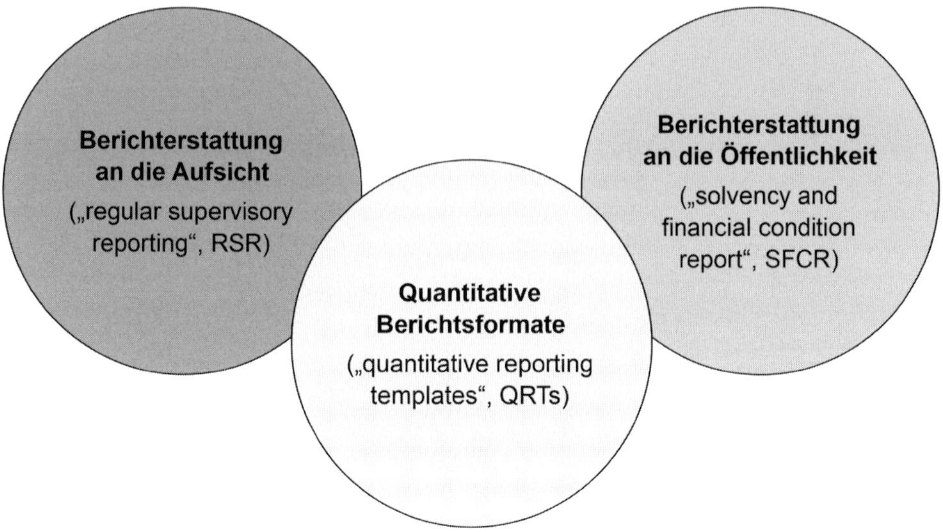

Abbildung 6-1: Berichtselemente unter Solvency II

Da sich parallel zum Fortschreiten des Solvency II-Projekts auch Aufsichtsstrukturen infolge der Finanz- und Bankenkrise geändert haben, kristallisieren sich zwischenzeitlich weitere Parteien als Adressaten der zukünftigen Solvency II-Berichterstattung heraus. Dies sind zum einen die europäische Aufsichtsbehörde EIOPA und zum anderen der für die Makroaufsicht zuständige Europäische Ausschuss für Systemrisiken (European Systemic Risk Board, ESRB), dessen Sekretariat bei der Europäischen Zentralbank (EZB) angesiedelt ist sowie die EZB und die Zentralbanken wie die Deutsche Bundesbank selbst.

Mittlerweile geregelt ist, an wen die aufsichtlichen Informationen zu melden sind und dass für die Versicherungsunternehmen und -gruppen ein einheitlicher Meldeweg sichergestellt ist (vgl. Abbildung 6-2). Problematisch wären inkonsistente Berichtsanforderungen unterschiedlicher Institutionen gewesen. Durch einen weitestgehend einheitlichen Berichtsweg für die reguläre Berichterstattung mit Hilfe „inoffizieller" Meldeformulare („unofficial reporting templates including ECB add-ons") werden zudem Mehrfachmeldungen vermieden.[54] Empfänger der Informationen sind zunächst der Solo-Aufseher für Einzelunternehmen oder der Gruppenaufseher für Versicherungsgruppen. Einzeldaten oder aggregierte Daten, die von anderen Institutionen wie EIOPA, ESRB oder EZB zur Durchführung ihrer Aufgaben benötigt und angefordert werden dürfen, werden von den nationalen Aufsichtsbehörden aus den vorhandenen Daten zur Verfügung gestellt und nicht erneut oder in anderer Form von den Versicherungsunternehmen und -gruppen verlangt.

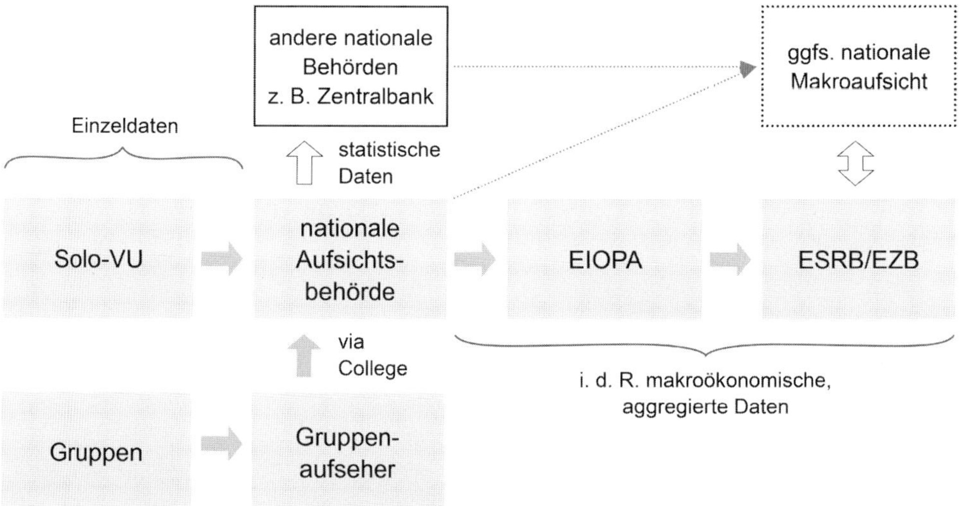

Abbildung 6-2: Einheitlicher Meldeweg für Solvency II-Berichtspflichten[55]

Falls EIOPA von nationalen Aufsichtsbehörden angeforderte Informationen allerdings nicht (zeitgerecht) erhält, kann EIOPA diese von Versicherungsunternehmen und -gruppen direkt anfordern (EIOPA-VO Art. 35 (6)), sodass ein einheitlicher Meldeweg durchbrochen sein könnte.

54 Siehe dazu die Informationen der Deutschen Bundesbank unter https://www.bundesbank.de/Navigation/DE/Statistiken/Banken_und_andere_finanzielle_Institute/Versicherungen_und_Pensionseinrichtungen/versicherungen_und_pensionseinrichtungen.html [09.05.2016].

55 Quelle: in Anlehnung an GDV (http://www.gdv.de/2014/05/finanzaufsichtssystem-bestehende-aufsichtsstrukturen-beibehalten/[09.05.2016]).

6.2 Ziele der Solvency II-Berichtspflichten

Kernziel der Solvency II-Berichtspflichten ist Transparenz (vgl. Erwägungsgrund 38 der Solvency II-Richtlinie) und daraus folgende Marktdisziplin. Marktdisziplin bedeutet, dass Versicherungsunternehmen von sich aus den Anreiz haben, eine von den Kunden und Investoren gewünschte gute Solvenzlage herzustellen. Der Hebel hierzu sind das Kauf- und Stornoverhalten der durch die Berichte hinsichtlich der Solvenzlage gut informierten Kunden sowie die entsprechenden Reaktionen der Kapitalmärkte. Eine entscheidende Voraussetzung für Marktdisziplin ist, dass der Markt, in dem ein Versicherungsunternehmen agiert, eine qualifizierte Bewertung vornehmen können soll, wie solvent das Unternehmen ist bzw. in welchem Risikoumfeld es agiert und mit welchen Maßnahmen es Risiken steuert. Der Transparenz über das Unternehmen und seine Risikolage kommt somit eine elementare Bedeutung zu.

Es sei darauf verwiesen, dass auch in der Rechnungslegung versucht werden soll, den interessierten „Stakeholdern" ein den tatsächlichen Verhältnissen entsprechendes Bild des Unternehmens zu vermitteln. Hierzu existieren verschiedene Vorschriften in der Rechnungslegung, z. B. §§ 289, 315 HGB in Verbindung mit dem auch für Versicherungsunternehmen gültigen Deutschen Rechnungslegungsstandard DRS 20 (Konzernlagebericht).[56] Dieser regelt die konkrete Ausgestaltung der externen Risikoberichterstattung im Geschäftsbericht. (Konzern-)Lageberichte enthalten deshalb einen Berichtsteil, der in den meisten Fällen mit „Risiken der zukünftigen Entwicklung" überschrieben ist (sog. Risikobericht). Auch Unternehmen, die nach IFRS bilanzieren, haben einen solchen Berichtsteil im Geschäftsbericht. Dieser muss dann noch weiter mit (Anhangs-)Angaben (IFRS-Notes) ergänzt werden.

6.3 Berichterstattung gegenüber Öffentlichkeit und Aufsicht

6.3.1 Überblick über die Solvency II-Berichtsinhalte

Die zukünftige Berichterstattung unter Solvency II baut aber nicht, wie vielfach von der Versicherungswirtschaft gefordert, auf den bisherigen Offenlegungspflichten der Rechnungslegung auf, sondern schafft ein eigenständiges Berichtswesen auf Basis anderer Bewertungsansätze.

Die sich aus den Vorschriften der Säule III ergebenden Anforderungen lassen sich grundsätzlich in zwei Kategorien einteilen: einerseits die „narrativen" Berichtspflichten und andererseits die quantitativen Elemente, die im Wesentlichen durch die Quantitative Reporting Templates (QRTs) also bestimmte quantitative Berichtsformate, geprägt sind. Diese entsprechen in gewisser Weise den heutigen Nachweisungen gegenüber

56 Der branchenübergreifende DRS 20 ersetzte den vormals speziell für Versicherungsunternehmen geltenden DRS 5-20 („Risikoberichterstattung von Versicherungsunternehmen"). Die spezifischen Regelungen für Versicherungsunternehmen sind nun Bestandteil der Anlage 2 des DRS 20.

der BaFin. Narrativ meint hingegen eine Darstellung in Textform, die beschreibend („in ganzen Sätzen") ist und nicht nur aus Zahlen in Tabellenform besteht.

Die narrativen Berichtspflichten umfassen grundsätzlich die drei nachfolgenden Berichte:

SFCR	Solvency and Financial Condition Report (Berichterstattung an die Öffentlichkeit)
RSR	Regular Supervisory Reporting (vertrauliche Berichterstattung an die Aufsichtsbehörde)
ORSA	Own Risk and Solvency Assessment (unternehmenseigene Risiko- und Solvabilitätsbeurteilung)

Der ORSA-Bericht ist allerdings kein originäres Säule III-Berichtselement, sondern dokumentiert die Ergebnisse des ORSA-Prozesses (vgl. 5.3).

Die quantitativen Berichtsformate (QRT) umfassen im Wesentlichen für Einzelunternehmen Informationen zu

- den Eigenmitteln,
- den Kapitalanlagen,
- den Solvenzkapitalanforderungen (SCR/MCR),
- den Bilanzdaten,
- der „Variation Analysis" (Veränderungsanalyse)[57],
- den Rückversicherungsbeziehungen,
- den versicherungstechnischen Rückstellungen.

Des Weiteren müssen Gruppen neben den Berichtsanforderungen für die Einzelunternehmen weitergehende Informationen zur Verfügung stellen. Diese umfassen im Wesentlichen

- Aspekte der Gruppenaufsicht,
- gruppeninterne Geschäfte,
- Risikokonzentration,
- versicherungstechnische Rückstellungen auf Gruppenebene,
- das Gruppen-SCR.

Weitere Berichtsbereiche ergeben sich aus Übergangsmaßnahmen.

57 Ursprünglich gingen Überlegungen dahin, von den Versicherungsunternehmen auch eine Art aufsichtliche Gewinn- und Verlustrechnung zu verlangen. Die Berichtsanforderungen können jetzt allerdings eher als ein zeitpunktbezogener Vergleich charakterisiert werden.

Zusätzliche Informationen für die EZB-Versicherungsstatistik (EZB-Add ons)

Rechtsgrundlage für die sog. EZB-Add ons ist die EZB-Verordnung über die statistischen Berichtspflichten der Versicherungsgesellschaften (EZB-Verordnung (2014)). Ziel der Verordnung ist der Aufbau von Statistiken über die Finanzgeschäfte der Versicherungsgesellschaften zur monetären Analyse und Finanzierungsrechnung. Die nationale Umsetzung der EZB-Verordnung erfolgt durch die Deutsche Bundesbank. Die Deutsche Bundesbank wird die für die Versicherungsstatistik erforderlichen Informationen aus ausgewählten Solvency II-Meldungen inklusive der EZB-Add ons erheben.

Die EZB-Add ons wurden als „unofficial templates" von der EZB veröffentlicht. Inoffiziell sind sie deswegen, weil die Add ons rechtlich nicht unter Solvency II fallen. Um den Versicherungsunternehmen jedoch die Berichterstattung von statistischen und regulatorischen Informationen in einem Bericht zu ermöglichen (siehe einheitlicher Meldeweg), wurden die EZB-Add ons in die Solvency II-QRT-Berichterstattung integriert. Es handelt sich hierbei um eine rein technische Zusammenführung der Solvency II- und EZB-Berichtspflichten. Unternehmen reichen somit nur eine Meldung bei der BaFin ein (Solvency II + EZB-Add ons). Die BaFin leitet die Meldungen dann an die Bundesbank weiter (vgl. Abbildung 6-2).

Die EZB-Add ons werden in eigenen LOG-Files erläutert, für die die Bundesbank eine Übersetzung in deutscher Sprache anbietet. Zur EZB-Versicherungsstatistik müssen alle Solo-Unternehmen melden, die auch nach Solvency II meldepflichtig sind. Zu berichten ist quartalsweise und jährlich. Die Fristen sind analog zu den Solvency II-Fristen.

Inhalte der EZB-Add ons

- Vierteljährliche Bestände und Transaktionen von ausgewählten Bilanzpositionen, untergliedert nach Finanzierungsinstrumenten gemäß ESA 2010[58], Counterpart-Sektoren gemäß ESA 2010, Regionen, Laufzeitbändern (Ursprungslaufzeiten und Restlaufzeiten) sowie grundsätzlich Bewertung zu Marktwerten (teilweise zu Nominalwerten)
- Jährliche Informationen über gebuchte Prämien, eingetretene Versicherungsfälle und gezahlte Provisionen

Neben den Informationen, die zu festgelegten Intervallen (jährlich/quartalsweise) zu übermitteln sind, hat die Aufsicht auch jederzeit die Möglichkeit, sich alle notwendigen und erforderlichen Informationen zur Ausübung der Aufsichtstätigkeit vorlegen zu lassen (nach Art. 35 (2) (ii)–(iii) SII RRL / §§ 43/44/305 VAG 2016).

Leitplanken für die Berichterstattung bilden die aufsichtsrechtlichen Grundsätze:

- Grundsatz der Erforderlichkeit der Informationen zu Aufsichtszwecken (Art. 35 (1) SII RRL),
- Grundsatz der Verhältnismäßigkeit auf Ebene 2 und 3 (Art. 29 (4) SII RRL / § 296 VAG 2016),

58 European System of Accounts (ESA 2010) – Europäisches System der Volkswirtschaftlichen Gesamtrechnung (ESVG 2010).

- Erfüllung des Proportionalitätsprinzips (Art. 35 (4) a) SII RRL),
- Vollständigkeit in Bezug auf wesentliche Aspekte (Art. 35 (4) b) SII RRL),
- Forderung nach Relevanz und Verlässlichkeit (Art. 35 (4) c) SII RRL).

Diese Grundsätze gelten auch für die Berichterstattung gegenüber der Öffentlichkeit (Art. 51 (1) SII RRL / § 40 VAG 2016).

6.3.2 Berichterstattung gegenüber der Öffentlichkeit

Grundsätzlich ist zunächst festzuhalten, dass sowohl der regelmäßige Bericht an die Aufsicht (RSR) als auch der Solvenzbericht für die Öffentlichkeit (SFCR) formal einer identischen Gliederungsstruktur folgen (Art. 290 (A) SII DV bzw. Art. 304 (1) b) SII DV jeweils mit Verweis auf Anhang XX, siehe unten). Damit wird beabsichtigt, sowohl der Aufsicht als auch der Öffentlichkeit zu denselben Themenbereichen Informationen zu gewähren. Der Unterschied zwischen diesen beiden Berichten liegt in der Granularität der Informationen. Granularität beschreibt dabei die Detailtiefe und die Feinheit der Untergliederung der Informationen. Es ist leicht nachvollziehbar, dass die Aufsicht detailliertere Informationen benötigt und andererseits die Öffentlichkeit vermutlich tatsächlich nur einen begrenzten Umfang von Informationen verarbeiten kann. Andererseits besteht auch auf Unternehmensebene ein Schutzbedarf, damit wettbewerbsrelevante Informationen (Geschäftsgeheimnisse) nicht über bestimmte Veröffentlichungen verbreitet werden (vgl. Art. 53 SII RRL / § 41 VAG 2016). Insoweit erklärt sich die unterschiedliche Granularität der Berichterstattung an die Aufsicht und die Öffentlichkeit.

Aufbau des Berichts über Solvabilität und Finanzlage und des regelmäßigen aufsichtlichen Berichts[59]

Zusammenfassung
A. Geschäftstätigkeit und Leistung
A.1 Geschäftstätigkeit
A.2 Versicherungstechnische Leistung
A.3 Anlageergebnis
A.4 Entwicklung sonstiger Tätigkeiten
A.5 Sonstige Angaben
B. Governance-System
B.1 Allgemeine Angaben zum Governance-System
B.2 Anforderungen an die fachliche Qualifikation und persönliche Zuverlässigkeit

59 Delegierte Verordnung (2015), Anhang XX.

B.3 Risikomanagementsystem einschließlich der unternehmenseigenen Risiko- und Solvabilitätsbeurteilung

B.4 Internes Kontrollsystem

B.5 Funktion der internen Revision

B.6 Versicherungsmathematische Funktion

B.7 Outsourcing

B.8 Sonstige Angaben

C. Risikoprofil

C.1 Versicherungstechnisches Risiko

C.2 Marktrisiko

C.3 Kreditrisiko

C.4 Liquiditätsrisiko

C.5 Operationelles Risiko

C.6 Andere wesentliche Risiken

C.7 Sonstige Angaben

D. Bewertung für Solvabilitätszwecke

D.1 Vermögenswerte

D.2 Versicherungstechnische Rückstellungen

D.3 Sonstige Verbindlichkeiten

D.4 Alternative Bewertungsmethoden

D.5 Sonstige Angaben

E. Kapitalmanagement

E.1 Eigenmittel

E.2 Solvenzkapitalanforderung und Mindestkapitalanforderung

E.3 Verwendung des durationsbasierten Untermoduls Aktienrisiko bei der Berechnung der Solvenzkapitalanforderung

E.4 Unterschiede zwischen der Standardformel und etwa verwendeten internen Modellen

E.5 Nichteinhaltung der Mindestkapitalanforderung und Nichteinhaltung der Solvenzkapitalanforderung

E.6 Sonstige Angaben

Der SFCR schafft einen umfassenden Überblick zur Geschäftstätigkeit und zur Risikosituation des Unternehmens oder der Gruppe. Er beschreibt, welche Ausgestaltung das Governance-System im Hinblick auf die Risikosteuerung hat. Im Zusammenspiel mit den Berichtselementen, die aus den quantitativen Berichtsformaten stammen, werden zusätzlich Informationen zur Solvenzbilanz und den Eigenmitteln veröffentlicht. Daneben zeigt der SFCR auf, in welchem Umfang die aufsichtsrechtlichen Kapitalanforderungen des Unternehmens erfüllt werden.

In einem normalen Modus ist die Berichtsfrequenz des Solvenzberichts auf eine jährliche Berichterstattung ausgerichtet. Eine unterjährige Aktualisierung bzw. eine erneute Veröffentlichung des Solvenzberichts werden notwendig, wenn das MCR oder das SCR (wesentlich) unterschritten werden (Art. 54 (1) SII RRL / § 42 VAG 2016).

In der Solvency II-Richtlinie ist eine Ad-hoc-Veröffentlichungspflicht für eine MCR-Unterschreitung vorgesehen, wenn die Aufsichtsbehörden der Ansicht sind, dass das Unternehmen entweder nicht in der Lage sein wird, einen realistischen kurzfristigen Finanzierungsplan vorzulegen, oder innerhalb eines Monats keinen solchen vorlegt (Art. 54 (1) Unterabs. 2 a) SII RRL / § 42 VAG 2016). Bei einer wesentlichen SCR-Unterschreitung ist die Ad-hoc-Veröffentlichung vorgeschrieben, wenn die Aufsichtsbehörden binnen zwei Monaten keinen realistischen Sanierungsplan erhalten (Art. 54 (1) Unterabs. 2 b) SII RRL / § 42 VAG 2016).

Wenn nach drei Monaten eine MCR-Unterschreitung weiter besteht, ist dies zu veröffentlichen; bei einer wesentlichen SCR-Unterschreitung beträgt die Frist 6 Monate (Art. 54 (1) SII RRL / § 42 VAG 2016). Diese Fristen entsprechen den Fristen für die Wiedererfüllung des MCR bzw. des SCR (Art. 139 bzw. 138 SII RRL / § 135 bzw. § 134 VAG 2016). Die Veröffentlichungspflichten und -fristen erhöhen erheblich den Druck auf die Versicherungsunternehmen, ihre Kapitalanforderungen einzuhalten. Es ist davon auszugehen, dass eine Veröffentlichung der Nicht-Einhaltung der Kapitalanforderungen die Situation des Versicherungsunternehmens weiter verschlechtert. So kann es bei den Versicherungsnehmern zu Vertragskündigungen kommen bzw. zu einer faktischen Einstellung des Neugeschäfts. Auf Seiten der Kapitalmärkte werden eventuell notwendige Rekapitalisierungsmaßnahmen erschwert. Vor diesem Hintergrund ist die Gefahr latent vorhanden, dass Unterschreitungen der Kapitalanforderungen durch die Unternehmen hinausgezögert oder verschwiegen werden.

Die Anwendung einer Matching-Anpassung (nach Art. 77b SII RRL n. F. / § 80 VAG 2016) und die Nutzung einer Volatilitätsanpassung (nach Art. 77d SII RRL n. F. / § 82 VAG 2016) sind zu veröffentlichen (Art. 51 (1a) SII RRL n. F. / § 40 VAG 2016). Die Anwendung und die Auswirkungen der Übergangsmaßnahmen bei risikofreien Zinssätzen (nach Art. 308c SII RRL / § 351 VAG 2016) bzw. in Bezug auf die versicherungstechnischen Rückstellungen (Art. 308d SII RRL n. F. / § 352 VAG 2016) sind ebenfalls im SFCR anzugeben (Art. 308c (4) c) bzw. Art. 308d (5) c) SII RRL / § 351 bzw. § 352 VAG 2016).

6.3.3 Berichterstattung gegenüber der Aufsicht

Die aufsichtliche Berichterstattung umfasst drei Teilbereiche (Art. 35 (2) SII RRL, vgl. Abbildung 6-3):

(1) Berichterstattung in zuvor festgelegten Intervallen

(2) Berichterstattung bei Eintreten vorher festgelegter Geschäftsvorfälle

(3) Berichterstattung bei Nachforschungen hinsichtlich der Lage eines Versicherungsunternehmens

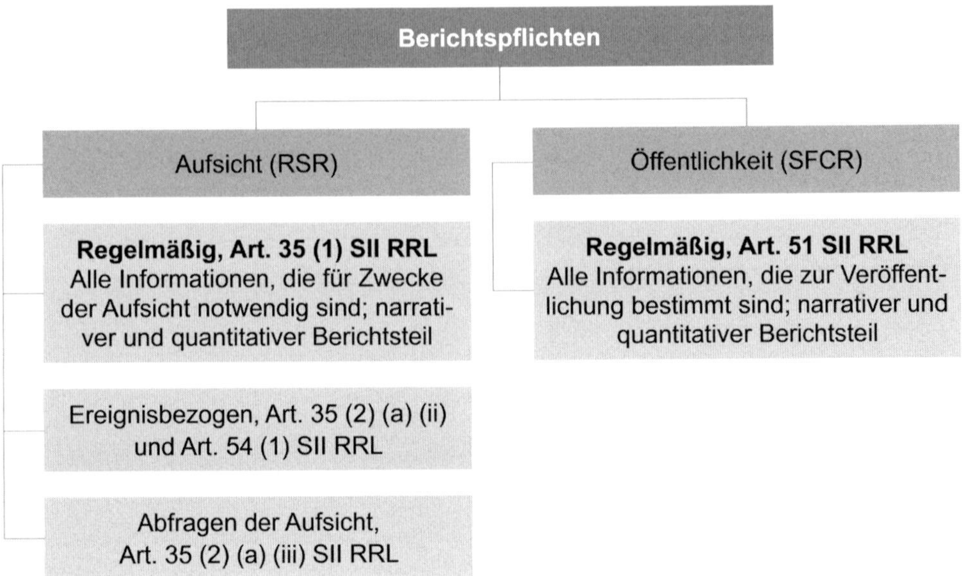

Abbildung 6-3: Systematik der Berichtspflichten[60]

Die Spezifikation dieser Berichtsanforderungen erfolgt nicht in der Solvency II-Richtlinie, sondern auf den tieferen Rechtsetzungsebenen, z. B. den technischen Standards. Bezieht man sich auf die Delegierte Verordnung zur Solvency II-Richtlinie (Delegierte Verordnung (2015), Titel I Kapitel XII bis XIV), dann umfasst die regelmäßige Berichterstattung die folgenden Teilbereiche:

- den zu veröffentlichenden Solvenzbericht (SFCR) und alle anderen vergleichbaren vom Unternehmen veröffentlichten Informationen
- einen narrativen Bericht, der in den Teilbereichen um quantitative Angaben ergänzt werden soll, soweit dies möglich ist

Neben der narrativen Berichtskomponente wird die aufsichtliche Berichterstattung (RSR) um quantitative Berichtsformate („quantitative reporting templates", QRTs) erweitert. Vor-

60 Quelle: eigene Darstellung, ähnlich vgl. FMA (2012), S. 74.

stellen kann man sich diese als Tabellen, für deren Zellen entsprechenden Erläuterungen bezüglich der Inhalte vorliegen. Die QRTs müssen von den Unternehmen regelmäßig (jährlich/quartalsweise) „befüllt" werden. Die Daten sind in elektronischer Form in einem einheitlichen Datenstandard der Aufsicht zur Verfügung zu stellen.

Bei Vorkommnissen, welche die Sicherheit der Versicherungsnehmer beeinträchtigen können, wird eine Berichtspflicht an die Aufsicht ausgelöst (Art. 35 (2) (a) (ii) bzw. Art. 54 (1) SII RRL / § 42 VAG 2016). Dies wird voraussichtlich immer dann der Fall sein, wenn sich signifikante Veränderungen im Risikoprofil ergeben, z. B. durch Veränderungen des Solvenzkapitals oder das Auftreten neuer materieller Risiken. In der Regel löst dies dann die Notwendigkeit aus, einen ORSA-Prozess durchzuführen.

Des Weiteren besteht seitens der Aufsicht auch unter Solvency II die Möglichkeit, zusätzliche Daten anzufordern (Art. 35 (2) (a) (iii) SII RRL).[61] Diese Berichtsanforderungen sind jeweils einzelfallbezogen zu verstehen und sollen dazu dienen, ergänzende Informationen zu Themenbereichen zu erhalten, die möglicherweise nicht oder nur unzureichend in den quantitativen Berichtsformaten (QRTs) oder den narrativen Berichtsteilen enthalten sind.

6.4 Erleichterungen bei den Berichtspflichten

In der ursprünglichen Solvency II-Richtlinie waren keine spezifischen Erleichterungen bei den Berichtspflichten, z. B. für kleine Versicherungsunternehmen, vorgesehen. Die Solvency II-Richtlinie sah nur die Anwendung des Proportionalitätsprinzips auch für Säule III vor: Die Informationen, die die Aufsicht für Zwecke der Beaufsichtigung verlangt, sollten der Wesensart, dem Umfang und der Komplexität der Geschäftstätigkeit des betreffenden Unternehmens und insbesondere den mit dieser Geschäftstätigkeit einhergehenden Risiken Rechnung tragen (Art. 35 (4) a) SII RRL/ § 43 (2) VAG 2016).

Die Vorschläge zur Ausgestaltung der Berichtspflichten haben jedoch dazu geführt, dass in den Diskussionen zur Omnibus II-Richtlinie die Notwendigkeit von konkreten Befreiungsmöglichkeiten von Berichtspflichten erkannt wurde. Geschaffen wurden zwei neue Ausnahmeregelungen zur Frequenz und zum Umfang der aufsichtlichen Berichterstattung: Beschränkungen der Berichtspflichten durch nationale Aufsichtsbehörden sind nun möglich bei den unterjährigen aufsichtlichen Berichtspflichten (Art. 35 (6) SII RRL n. F. / § 45 VAG 2016) und bei der regelmäßigen aufsichtlichen Berichterstattung, insbesondere in Bezug auf eine Einzelpostenberichterstattung (Art. 35 (7) SII RRL n. F. / § 43 (2) VAG 2016).

6.4.1 Erleichterungen bei den Berichtspflichten gegenüber der Aufsicht

Die Solvency II-Anforderungen werden eine nach Posten aufgeschlüsselte Auflistung aller Vermögenswerte und auch andere Informationen nach Einzelpositionen, also nicht aggregiert, verlangen (sog. asset-by-asset-Reporting bzw. item-by-item-Reporting). Sol-

61 Vgl. auch § 305 (1) VAG 2016.

che und andere detaillierte Informationen sind zum Teil auch vierteljährlich der Aufsicht zur Verfügung zu stellen. Informationen sollten allerdings nur dann häufiger als einmal jährlich bereitgestellt werden müssen, wenn die zusätzlichen Kenntnisse, die die nationalen Aufsichtsbehörden zum Zweck der Überwachung der finanziellen Gesundheit der Unternehmen oder zur Berücksichtigung der möglichen Auswirkungen von Unternehmensentscheidungen auf die Finanzstabilität erlangen, den Aufwand, der durch die Ausarbeitung und Vorlage dieser Informationen entsteht, aufwiegen (Erwägungsgrund 24 der Omnibus II-Richtlinie). Hintergrund ist, dass speziell eine Quartalsberichterstattung oder ein asset-by-asset-Reporting (sowie auch ein item-by-item-Reporting) ein hoher Aufwand für die Unternehmen sein könnte. Voraussetzung für die Befreiung ist allerdings, dass die Versicherungsunternehmen in der Lage sein müssen, die Informationen auf Ad-hoc-Basis zu übermitteln. Gerade zu Solvency II-Beginn könnte die Einrichtung eines solchen Berichtssytems hohen Aufwand bedeuten, der eigentlich vermieden werden sollte.

Um zu gewährleisten, dass die auf Gruppenebene vorgelegten Informationen korrekt und vollständig sind, sollten die nationalen Aufsichtsbehörden Unternehmen, die zu einer Gruppe gehören, keine Beschränkungen in Bezug auf die vorzulegenden Informationen oder Befreiungen von der Vorlage von nach Posten aufgeschlüsselten Informationen gewähren, es sei denn, die nationale Aufsichtsbehörde stellt fest, dass die Vorlage aufgrund der Wesensart, des Umfangs und der Komplexität der mit dem Geschäft der Gruppe verbundenen Risiken unangemessen wäre (Erwägungsgrund 25 der Omnibus II-Richtlinie bzw. Art. 35 (6)–(7) SII RRL n. F. / § 45 VAG 2016).

Vorgesehen ist jedoch, dass den Aufsichtsbehörden immer Daten über 80 % des jeweiligen Versicherungsmarktes zur Verfügung stehen: Eine Beschränkung der regelmäßigen aufsichtlichen Berichterstattung kann nur Versicherungsunternehmen gewährt werden, die insgesamt nicht mehr als 20 % des Lebensversicherungs- bzw. des Nicht-Lebensversicherungsmarktes eines Mitgliedstaats repräsentieren (Art. 35 (6) SII RRL / § 45 VAG 2016). Bei der Festlegung, welche Unternehmen die Erleichterung in Anspruch nehmen können, sollen die Aufsichtsbehörden den nach Marktanteil kleinsten Versicherungsunternehmen Vorrang einräumen (Art. 35 (6) SII RRL / § 45 VAG 2016). Der Anteil am Nicht-Lebensversicherungsmarkt soll auf Basis der gebuchten Bruttoprämien und der Anteil am Lebensversicherungsmarkt auf Basis der versicherungstechnischen Bruttorückstellungen beruhen (Art. 35 (6) SII RRL). Die Methoden, wie die Marktanteile zu bestimmen sind, sind von EIOPA in einer Leitlinie festgelegt worden (EIOPA (2015g)). Die Beschränkung auf 20 % Marktanteil besteht auch in Bezug auf die sonstigen Beschränkungen der regelmäßigen aufsichtlichen Berichterstattung (z. B. Verzicht auf einzelne QRTs) bzw. der Einzelpostenberichterstattung (Art. 35 (7) SII RRL / § 45 VAG 2016).

Bei dem aufsichtlichen Überprüfungsverfahren ist durch die Aufsichtsbehörden zu bewerten, ob die Übermittlung von Informationen im Verhältnis zu der Wesensart, dem Umfang und der Komplexität des Risikos des Unternehmens steht (Art. 35 (8) SII RRL / § 45 VAG 2016). Die Bewertung hat unaufgefordert durch die Aufsichtsbehörde für alle Unternehmen (Marktanteil < 20 %) zu erfolgen – eine Antragspflicht dazu durch die Versicherungsunternehmen selbst ist nicht vorgesehen. Eine generelle Vorabfestlegung der

Aufsichtsbehörde eines Mitgliedstaates, die Erleichterungen bei den Berichtspflichten nicht gewähren zu wollen, ist nicht richtlinienkonform. Die Befreiungsregeln sind keine Mitgliedstaaten-Option. Es zeichnen sich jedoch unterschiedliche Handhabungen durch die nationalen Aufsichtsbehörden in den Mitgliedstaaten ab. In Deutschland kann bisher auch nur von einer teilweisen Befreiung ausgegangen werden, sodass daraus für die Unternehmen kaum Erleichterungen resultieren. Einige Unternehmen haben sich daher entschieden, keinen Gebrauch von der Befreiung zu machen, die die BaFin für sie vorgesehen hatte.

Die nationalen Aufsichtsbehörden sind verpflichtet, an EIOPA die Zahl und bestimmte statistische Informationen der Versicherungsunternehmen und -gruppen zu melden, denen sie die obigen Erleichterungen bei der aufsichtlichen Berichterstattung gewährt haben (Art. 52 (1) c) + d) SII RRL n. F. / § 329 (2) VAG 2016). Die Informationen sind von EIOPA für die EU insgesamt als auch für jeden Mitgliedstaat einzeln zu veröffentlichen (Art. 52 (2) d) + e) SII RRL n. F.), sodass eine uneinheitliche Aufsichtspraxis durch die nationalen Aufsichtsbehörden deutlich würde. Die gegen den Missbrauch von Kapitalzuschlägen gerichteten früheren Regelungen (Art. 52 SII RRL a. F. sowie dazu Erwägungsgrund 41 der Solvency II-Richtlinie) sind damit auf die Befreiungsregelungen zu den Berichtspflichten ausgeweitet worden.

Im Hinblick auf die Gewährung der Erleichterungen sind einige Punkte zu berücksichtigen (Art. 35 (8) a)–j) SII RRL / § 45 VAG 2016), z. B. die Höhe der Überdeckung des MCR bzw. des SCR (Art. 35 (8) i) SII RRL / § 45 VAG 2016). Bei einer stabilen Solvenzquote und einem unveränderten Geschäftsmodell könnte dann beispielsweise auf eine detaillierte Berichterstattung der SCR-Teilergebnisse verzichtet werden.

Unberührt bleibt die Verpflichtung von Versicherungsunternehmen, das MCR (vgl. 4.2.3) mindestens vierteljährlich zu berechnen und das Ergebnis dieser Berechnung an die Aufsicht zu melden (Art. 129 (4) SII RRL / §§ 122/123 VAG 2016). Von dieser MCR-Meldepflicht können also auch kleinste Versicherungsunternehmen unter Solvency II nicht befreit werden. Allerdings ist klargestellt, dass die Versicherungsunternehmen nicht verpflichtet sind, das SCR vierteljährlich zu berechnen, um sicherzustellen, dass das MCR in der Spanne von 25 % bis 45 % des SCR liegt (Art. 35 (4) Unterabs. 2 SII RRL n. F.). Eine vierteljährliche SCR-Berechnungspflicht folgt demzufolge aus der vierteljährlichen MCR-Berechnungspflicht nicht.

6.4.2 Erleichterungen bei Berichtspflichten gegenüber der Öffentlichkeit

Bezüglich der Inhalte ist für die zu veröffentlichenden Informationen im SFCR nur eine übergangsweise Erleichterung vorgesehen, die zudem ein Mitgliedstaaten-Wahlrecht ist (Art. 51 (3) Unterabs. 3 SII RRL): Mitgliedstaaten können vorsehen, dass beim zu veröffentlichenden SCR Kapitalzuschläge oder die Auswirkungen der unternehmensspezifischen Parameter während eines Übergangszeitraums von max. 5 Jahren nicht gesondert offengelegt werden müssen. Dies schützt die betroffenen Unternehmen und den Gesamtmarkt vor eventuell übertriebenen Reaktionen der Versicherungsnehmer oder

Kapitalmärkte. In Deutschland ist die Mitgliedstaaten-Option umgesetzt worden (§ 341 VAG 2016), sodass bis zum 31.12.2020 (entsprechend der maximalen Frist von 5 Jahren) ein Kapitalzuschlag auf das SCR betragsmäßig nicht separat veröffentlicht werden muss. Die Verpflichtung, die aufsichtsrechtliche Maßnahme und ihre Hintergründe dem Grunde nach offenzulegen, bleibt jedoch bestehen (§ 341 VAG 2016).

Eine formale Erleichterung besteht hinsichtlich der Veröffentlichung: Versicherungsunternehmen können Veröffentlichungen, die aufgrund anderer Rechts- oder Regulierungsanforderungen erfolgt sind, verwenden oder auf diese verweisen, sofern diese Veröffentlichungen den unter Solvency II geforderten Informationen nach Art und Umfang gleichwertig sind (Art. 53 (3) SII RRL / § 40 (7) VAG 2016). Sie müssen solche veröffentlichten Informationen also nicht erneut vollständig veröffentlichen. Unter „Veröffentlichen" ist zudem zu verstehen, dass die Informationen der Öffentlichkeit statt in einer gedruckten auch in elektronischer Form kostenlos verfügbar gemacht werden (Erwägungsgrund 38 der Solvency II-Richtlinie).

6.4.3 Erstberichterstattung unter Solvency II („Day 1-Reporting")

Unter dem sog. Day 1-Reporting kann die erstmalige Berichterstattung gegenüber Aufsicht und Öffentlichkeit nach den Solvency II-Vorgaben verstanden werden. Es handelt sich um die Berichterstattung mit Stichtag 01.01.2016 und zum 1. Quartal 2016 gegenüber den Aufsichtsbehörden und der Jahresberichterstattung zum Stichtag 31.12.2016 gegenüber der Öffentlichkeit. Die Fristen betragen 20 Wochen für Solo-Unternehmen bzw. 26 Wochen für Gruppen. Das Day 1-Reporting ist nur einmalig einzureichen und besteht aus qualitativen und quantitativen Elementen.[62]

Da es praktisch nur sinnvoll ist, die aufsichtsrechtlichen und die handelsrechtlichen Berichtspflichten parallel zu erfüllen, verkürzen sich durch die Solvency II-Vorgaben faktisch auch die Fristen für die handelsrechtliche Jahresabschlusserstellung. Dies ist eine erhebliche Herausforderung für Versicherungsunternehmen und -gruppen, da die (endgültigen) Fristen quasi fast-close-Fähigkeiten erfordern. Unter „fast-close" wird die beschleunigte Erstellung eines Jahresabschlusses verstanden, die eine zeitnahe Vorlage des Jahresabschlusses nach dem Geschäftsjahresende ermöglicht. Teilweise werden Prozesse der Jahresabschlusserstellung vor dem Stichtag begonnen und auch parallel durchgeführt. Heute verfügen tendenziell nur internationale, kapitalmarktorientierte Unternehmen über weitgehende fast-close-Mechanismen. Teilweise sind Verkürzungen der Prozesse oder auch Prozessumstellungen erforderlich (z. B. im Hinblick auf die Genehmigung des SFCR durch das Verwaltungs-, Management- oder Aufsichtsorgan vor Veröffentlichung nach Art. 55 (2) SII RRL / § 42 (1) VAG 2016). Verschärfend könnten Anforderungen sein, die Solvency II-Informationen durch einen Wirtschaftsprüfer vor Veröffentlichung bzw. vor Abgabe prüfen zu lassen. Für deutsche Versicherungsunternehmen und -gruppen hat der Abschlussprüfer die Solvabilitätsübersicht auf Einzel- und auf Gruppenebene zu prüfen (§ 35 (2) VAG 2016).

62 Siehe zum Day 1-Reporting BaFin (2016c), S. 9.

6.4.4 Übergangsweise Erleichterungen bei Berichtsfristen

Weitere Erleichterungen bestehen in einem Übergangszeitraum von 4 Jahren ab Solvency II-Beginn hinsichtlich der Fristen für die Berichterstattung unter Solvency II gegenüber der Aufsicht und der Öffentlichkeit, bis die Zielvorgaben erreicht sind (vgl. Abbildung 6-4). Die Fristen für den SFCR und den RSR unterscheiden sich nicht: Die Frist für die jährliche Berichterstattung von Solo-Unternehmen verkürzt sich von anfangs 20 Wochen um je 2 Wochen je Finanzjahr auf 14 Wochen (Art. 308b (5) bzw. (6) SII RRL n. F. / § 344 VAG 2016). Für eine Quartalsberichterstattung verkürzt sich die Frist von anfangs 8 Wochen um je eine Woche je Finanzjahr auf 5 Wochen (Art. 308b (7) SII RRL n. F. / § 344 VAG 2016). Gruppen haben jeweils 6 Wochen zusätzlich Zeit (Art. 308b (8) SII RRL n. F. / § 344 VAG 2016).[63]

	Solo-Unternehmen	Gruppen
jährlich (gegenüber Aufsicht und Öffentlichkeit)	14 Wochen	14 + 6 = 20 Wochen
vierteljährlich (gegenüber Aufsicht)	5 Wochen	5 + 6 = 11 Wochen

Abbildung 6-4: Fristen der Berichtspflichten unter Solvency II – Zielvorgaben ohne Übergangserleichterungen

6.4.5 Proportionalitätsprinzip bei Berichtspflichten

Die delegierten Rechtsakte, technischen Durchführungsstandards sowie EIOPA-Leitlinien zu Berichtspflichten gegenüber der Aufsicht und der Öffentlichkeit (nach Art. 35 (9)–(11) bzw. nach Art. 56 SII RRL n. F.) haben den Grundsatz der Verhältnismäßigkeit zu beachten (Art. 29 (4) SII RRL n. F. / § 296 VAG 2016). Die generelle Anforderung, dass die zu berichtenden Informationen der Wesensart, dem Umfang und der Komplexität der Geschäftstätigkeit des betreffenden Unternehmens und insbesondere den mit dieser Geschäftstätigkeit einhergehenden Risiken Rechnung tragen (Art. 35 (4) SII RRL sowie Art. 51 (1) i. V. m. Art. 35 (4) SII RRL), wird durch die Konkretisierung von Befreiungsmöglichkeiten und übergangsweisen Erleichterungen nicht hinfällig und gilt auch für weitere Formen der Informationsbeschaffung über reguläre Berichtspflichten hinaus (u. a. Ad-hoc-Abfragen, Vor-Ort-Prüfungen und Stress-Tests). Die Erforderlichkeit von Informationen für die Zwecke der Beaufsichtigung (Art. 35 (1) SII RRL) ist jeweils durch die Aufsichtsbehörden durch eine zeitnahe und konkrete Nutzung der Detaildaten zu untermauern (anderer Auffassung Rudkowski (2016), S. 155).

63 Für eine vierteljährliche Finanzstabilitätsberichterstattung großer europäischer Versicherungsunternehmen und -gruppen (Vermögenswerte > 12 Mrd. €) betragen die Fristen ab 2016 10 Wochen und reduzieren sich bis 2019 auf 7 Wochen. Rechtsgrundlage für das Reporting für Finanzstabilitätszwecke ist nicht die Solvency II-Richtlinie, sondern die EIOPA-Verordnung. Um ein einheitliches Berichtswesen zu ermöglichen, wurden die Anforderungen in die Solvency II-Berichterstattung technisch integriert (siehe auch EIOPA (2015h)).

6.5 Zusammenfassung

Die Berichtspflichten sind in der Konzeption von Solvency II der Säule III zuzuordnen. Konzeptionell dienen die Berichtspflichten dazu, ein Marktkorrektiv zu schaffen. Indem die Versicherungsunternehmen detailliert über ihre Risikolage berichten müssen, erhalten die Marktteilnehmer die Möglichkeit, eigene fundierte Einschätzungen über die Qualität des Unternehmens vorzunehmen. In gravierenden Fällen könnte dies mit einer Situation einhergehen, in der die Marktteilnehmer das Vertrauen in das Unternehmen verlieren und aus diesem Grund kein Neugeschäft mehr abgeschlossen wird und/oder Versicherungsnehmer ihre Verträge stornieren. Dieses Korrektiv über die Öffentlichkeit, also die Marktdisziplin, ist wesentlicher Bestandteil des Konzepts von Solvency II.

Die Säule III-Berichterstattung umfasst zum einen eine Berichterstattung an die Öffentlichkeit (SFCR) und zum anderen die regelmäßige Berichterstattung an die Aufsichtsbehörden (RSR). Diese bestehen jeweils aus einem beschreibenden (narrativen) Berichtsteil und quantitativen Berichtsformaten (QRTs). Sowohl die formale Gliederung als auch die quantitative Datenbasis sind bei SFCR und RSR identisch. Der Unterschied in der Berichterstattung an die Öffentlichkeit und an die Aufsichtsbehörde besteht in der Granularität der Informationen. Bedeutender Bestandteil der zukünftigen Berichtspflichten sind die QRTs. Sie bilden die quantitative Datenbasis für die Beaufsichtigung und umfassen Berichtsformate zu allen wesentlichen Themen der Säule I und vielen weiteren Aspekten wie beispielsweise den Prämien.

Die Berichtspflichten sind in Umfang, Detailgrad, Frequenz und Fristen sowie externen Prüfpflichten für die Versicherungsunternehmen und -gruppen eine erhebliche Herausforderung, insbesondere wenn bisherige Berichtspflichten nicht wegfallen oder gar durch neue nationale Berichtspflichten ergänzt werden. Die vorgesehenen Befreiungsmöglichkeiten bezüglich der Quartalsberichterstattung und des asset-by-asset-Reporting können daran nur bedingt etwas ändern, sofern sie überhaupt in relevantem Umfang zur Anwendung gelangen. Manche der weiteren Erleichterungen gelten nur übergangsweise (z. B. bezüglich der Fristen). Geschäftsgeheimnisse können nur mit Genehmigung der Aufsichtsbehörden nicht veröffentlicht werden (ausgenommen ist die Solvenzquote).

Die erhofften Wirkungen der Transparenz im Hinblick auf eine Marktdisziplin bleiben abzuwarten (vgl. z. B. vertiefend Hartung (2005), S. 63 ff.). Inwiefern Kontrolle durch ein System der „Corporate Transparency" erreicht werden kann, wird auch von der rechtsgebietsübergreifenden Weiterentwicklung von Offenlegungsvorschriften abhängen (siehe dazu Rudkowski (2016), S. 318 ff.). Die Veröffentlichungspflichten der Versicherungsunternehmen und -gruppen sowie die Offenlegungspflichten zur Aufsicht (Art. 31 SII RRL) werden auch eine höhere Kontrolle der Arbeit der Aufsichtsbehörden erlauben.

7 Gruppenaufsicht

7.1 Einführung und Vergleich Versicherungsgruppenrichtlinie / Solvency II

Die europäischen Versicherungsmärkte und auch der deutsche Versicherungsmarkt sind in erheblichem Maße dadurch geprägt, dass sich Versicherungsunternehmen zu ökonomischen Einheiten zusammengeschlossen haben. Solche Zusammenschlüsse von Unternehmen werden gemeinhin als „Konzerne" und bei Zusammenschlüssen von Versicherungsunternehmen als „Versicherungskonzerne" bezeichnet. Beispielsweise erfolgt dann der Vertrieb von Schaden-/Unfall-, Lebens- und Krankenversicherungsprodukten unter demselben Markennamen.

Ungefähr 57 deutsche Versicherungskonzerne fallen unter die Solvency II-Gruppenaufsicht (vgl. dazu und im Folgenden Kraft/Porzelt/Rebhan (2015)). Die genaue Anzahl der deutschen Versicherungsgruppen unter Solvency II wird von Entscheidungen der BaFin abhängen, z. B. über die Subgruppenaufsicht, die Klassifizierung von verbundenen Unternehmen als Beteiligung unterhalb des regulären Schwellenwertes von 20 % der Stimmrechts- oder Kapitalanteile oder die Befreiung von Unternehmen von der Gruppenaufsicht. Die identifizierten Versicherungsgruppen hatten auf Basis der jährlichen Bruttobeitragseinnahmen 2013 einen Marktanteil von mehr als 90 %. Gruppenangehörige Versicherungsunternehmen machten mehr als zwei Drittel der von der BaFin beaufsichtigten Versicherungsunternehmen aus. Zusammen ergibt sich, dass die nicht-gruppenzugehörigen Versicherungsunternehmen im Durchschnitt deutlich kleiner sind als die gruppenzugehörigen Versicherungsunternehmen.

Man spricht von „Konzernunternehmen", um die Zugehörigkeit eines Unternehmens zu einem Konzern zu kennzeichnen (vgl. § 18 (2) AktG). Konzernunternehmen sind allerdings trotz hoher wirtschaftlicher Abhängigkeit weiterhin rechtlich unabhängige Unternehmen. Im Aufsichtsrecht wird statt des Begriffs des „Konzerns" der Begriff der „Gruppe" verwendet. Entgegen einer allgemeinen Verwendung des Begriffs „Gruppe" ist damit allerdings nicht ein eher loser Zusammenschluss von Unternehmen zu verstehen, bei dem die rechtlichen Einheiten schwach ausgeprägte Beziehungen unterhalten, z. B. zeitlich begrenzt oder nur in bestimmten Teilbereichen des Geschäfts kooperieren (vgl. Farny (2011), S. 296). Die aufsichtliche „Gruppe" ähnelt viel stärker dem gesellschafts- oder handelsrechtlichen Konzern (nach § 18 AktG bzw. nach § 290 HGB). Da sich der Umfang der Unternehmen, die einem Konzern angehören, von dem Umfang der Unternehmen, die einer Gruppe zugehören, unterscheiden kann (vgl. vertiefend 7.2.1), sind die verschiedenen Begriffe gerechtfertigt.

Die Unternehmen einer Gruppe („Gruppenunternehmen") werden unabhängig von der rechtlichen und der organisatorischen Struktur als eine aufsichtliche Einheit betrachtet und beaufsichtigt. Die Beaufsichtigung auf der Ebene der Gruppe wird als „Gruppenaufsicht" oder auch „Konzernaufsicht" („group supervision", teilweise auch „group-wide supervision") bezeichnet. Um den Unterschied zur Beaufsichtigung von einzelnen Unternehmen deutlich zu machen, wird die Beaufsichtigung auf Ebene der Einzelunternehmen „Solo-Aufsicht“, manchmal auch „Einzelaufsicht“ (eng. „solo supervision“ bzw. „individual supervision“) genannt. Die Gruppenaufsicht kann auch Unternehmen umfassen, die nicht einer Solo-Aufsicht unterliegen (nicht regulierte Unternehmen).

Die Solvency II-Richtlinie reformiert das EU-Versicherungsaufsichtsrecht sowohl auf Solo- als auch auf Gruppenebene grundlegend. Die Solvency II-Richtlinie bringt im Vergleich zur zuvor geltenden Versicherungsgruppenrichtlinie (Insurance Group Directive, IGD)[64] erhebliche Änderungen auch in der Beaufsichtigung von Versicherungsgruppen. Die Beaufsichtigung auf Gruppenebene (Gruppenaufsicht) gewinnt im Vergleich zur Beaufsichtigung auf Solo-Ebene (Solo-Aufsicht) deutlich an Gewicht. Dies spiegelt auch die gestiegene Bedeutung von Gruppen auf dem deutschen Versicherungsmarkt als auch den europäischen Versicherungsmärkten wider.

Die in der Solvency II-Richtlinie festgelegten Prinzipien zur Beaufsichtigung von Gruppen (Art. 218–258 SII RRL) sind im VAG umgesetzt (§§ 245–293 VAG 2016) und werden durch delegierte Rechtsakte, technische Regulierungs- und Durchführungsstandards sowie EIOPA-Leitlinien ausgestaltet.[65] Diese Ausgestaltung wird in deutlich höherem Maße zur Harmonisierung der Gruppenaufsicht beitragen als die Solvency II-Richtlinie selbst bzw. deren nationale Umsetzungen wie z. B. im deutschen Versicherungsaufsichtsgesetz (VAG).

Besonders wichtig ist es für internationale Gruppen, dass die Aufsichtsregeln harmonisiert werden. Die Versicherungsgruppenrichtlinie konnte eine einheitliche Anwendung schon wegen einer Vielzahl nationaler Optionen nicht gewährleisten (vgl. CEIOPS (2008a)). Verbindliche Mechanismen, um unterschiedliche, eventuell sogar widersprüchliche Anforderungen an internationale Gruppen durch nationale Aufsichtsbehörden zu vermeiden, waren nicht vorgesehen.

Die Solvency II-Gruppenaufsicht, wie sie im Jahr 2009 beschlossen wurde, hat durch die neue EU-Finanzaufsichtsarchitektur Änderungen erfahren. Die neuen europäischen Strukturen für eine EU-Finanzaufsicht wurden im Jahr 2010 beschlossen. Für Richtlinien im Finanzdienstleistungssektor, vor allem im Bankenbereich, sind die Anpassungen bereits 2010 zusammen mit den Verordnungen über die neue EU-Aufsichtsarchitektur verabschiedet worden (sog. Omnibus I-Richtlinie). Anfang des Jahres 2011 nahmen die neuen EU-Aufsichtsbehörden für Banken, Versicherungen und Wertpapiere (EBA, EIOPA und ESMA) ihre Arbeit auf. Mit der Omnibus II-Richtlinie wurden dann schließlich 2014 insbesondere die notwendigen Anpassungen daraus im Versicherungssektor vorgenommen. Der EU-Versicherungsaufsichtsbehörde EIOPA kommt durch die Omnibus II-Richtlinie eine mitwirkende Rolle bei der Aufsicht internationaler Versicherungsgruppen zu.[66]

64 Die Versicherungsgruppenrichtlinie ist durch die Solvency II-Richtlinie aufgehoben worden (Art. 310 SII RRL).

65 Siehe Art. 216 (7) bzw. Art. 217 (3) SII RRL n. F. als Beispiele für Ermächtigungen zu delegierten Rechtsakten, siehe Art. 231 (4) SII RRL n. F. für ein Beispiel einer Ermächtigung zu technischen Durchführungsstandards, siehe Art. 244 (5) bzw. Art. 245 (5) SII RRL n. F. für Beispiele für Ermächtigungen zu technischen Regulierungsstandards sowie Art. 231 (7) SII RRL n. F. als ein Beispiel für eine Grundlage für EIOPA-Leitlinien.

66 Die Rolle der EZB bei der Aufsicht von (bestimmten) Bankengruppen als Teil der Bankenunion geht weit über die Rolle von EIOPA bei der Aufsicht von Versicherungsgruppen hinaus.

Neben allgemeinen Gründen für die Bildung von Konzernen bzw. Gruppen (wie Skaleneffekte, Wachstum und Steueroptimierung) sind auch aufsichtsrechtliche Gründe für die weite Verbreitung von Versicherungs- bzw. Finanzdienstleistungskonzernen/-gruppen zu nennen:

- Nach dem Spartentrennungsgebot dürfen Versicherungsunternehmen die Lebensversicherung und die Nicht-Lebensversicherung nicht gleichzeitig betreiben (Art. 73 (1) SII RRL / § 128 (5) VAG 2016). Um dies zu tun, sind also mindestens zwei Versicherungsunternehmen (mit entsprechenden Zulassungen) nötig.[67]
- Aus dem Verbot versicherungsfremder Geschäfte (§ 7 (2) VAG 2015 / § 15 VAG 2016) folgt, dass beispielsweise zum Betreiben des Bank- und Versicherungsgeschäfts auch mindestens zwei Unternehmen Voraussetzung sind (eine Bank und eine Versicherung), die zusammen unter bestimmten Voraussetzungen ein Finanzkonglomerat bilden.
- Zum Betreiben des Versicherungsgeschäfts in anderen Ländern (außerhalb des EWR) ist häufig die Gründung einer Niederlassung oder gar eines Tochterversicherungsunternehmens in dem sog. Dritt-Staat notwendig.

Die existierenden Gruppenstrukturen (in Deutschland) erklären sich hauptsächlich allerdings aus historischen Entwicklungen, insbesondere aus Zusammenschlüssen und Übernahmen.

Hauptgründe für die Einführung einer Gruppenaufsicht waren (und sind weiterhin):

- „gruppenspezifische" Risiken (Ansteckungsrisiken), u. a. durch Risikokonzentrationen und Intra-Gruppen-Geschäfte (z. B. gruppeninterne Rückversicherung) (vgl. Erwägungsgrund 109 der Solvency II-Richtlinie)
- die Doppel- oder Mehrfachberücksichtigung von Eigenmitteln (sog. double gearing) (vgl. Art. 222 SII RLL / § 254 VAG 2016).

Die Versicherungsgruppenrichtlinie war daher vor allem auf diese Punkte ausgerichtet. Die Formulierung „gruppenspezifische" Risiken suggeriert, dass es sich um Risiken handelt, die ausschließlich in Gruppen auftreten. Viele der Risiken, die als gruppenspezifisch gekennzeichnet werden, sind jedoch auch bei Einzelunternehmen relevant. Statt von „gruppenspezifischen" Risiken zu sprechen, ist es in vielen Fällen angebracht, von Risiken mit besonderer Bedeutung in Gruppen zu sprechen. In der Übergangsleitlinie zum Governance-System wurde die Formulierung „Risiken mit erheblichen Auswirkungen auf Gruppenebene" verwendet (EIOPA (2013b), Leitlinie 51). Als Beispiele wurden genannt (vgl. EIOPA (2013b), S. 23 f.):

- Reputationsrisiko und aus gruppeninternen Transaktionen und Risikokonzentrationen auf Gruppenebene resultierende Risiken, einschließlich Ansteckungsrisiko
- Interdependenzen zwischen Risiken aus der Geschäftstätigkeit durch verschiedene Unternehmen und in verschiedenen Rechtsordnungen

67 Vgl. vertiefend Dreher/Ballmaier (2014), S. 58 f.

- durch Unternehmen in Dritt-Staaten entstehende Risiken
- Risiken, die auf nicht der Aufsicht unterliegende Unternehmen zurückzuführen sind
- Risiken, die auf andere der Aufsicht unterliegende Unternehmen zurückzuführen sind

Zusätzlich zu den Risiken in Gruppen und der Mehrfachberücksichtigung von Eigenmitteln ist im Hinblick auf internationale Gruppen die Zusammenarbeit der nationalen Aufsichtsbehörden zu regeln. Die Änderungen oder Gemeinsamkeiten der neuen Solvency II-Gruppenaufsicht gegenüber der früheren Gruppenaufsicht können anhand folgender Kernelemente zusammengefasst werden:

- Verhältnis von Gruppenaufsicht zur Solo-Aufsicht: Gruppen- und Solo-Beaufsichtigung ergänzen sich gegenseitig; die bisherige Gruppenaufsicht war hingegen als zusätzlich zu charakterisieren („Solo-plus-Aufsicht“).
- Umfang der Gruppe / Konsolidierungskreis (Art. 213/214 SII RRL / §§ 245/246 VAG 2016): Der bisherige Fokus lag auf regulierten Gruppenunternehmen; unter Solvency II werden insbesondere auch nicht-regulierte Unternehmen stärker in die Betrachtungen einbezogen.
- Befreiungsregeln von der Gruppenaufsicht (Art. 214 (2) SII RRL / § 246 (2) VAG 2016): Faktisch unverändert übernommen wurde die Möglichkeit, bestimmte Unternehmen von der Gruppenaufsicht zu befreien, obwohl sie zur Gruppe gehören, u. a. wegen Vernachlässigbarkeit oder fehlender Informationen.
- Subgruppenaufsicht (Art. 216/217 SII RRL / §§ 248/249 VAG 2016): Die Beaufsichtigung unter Solvency II erfolgt i. d. R. ausschließlich auf der obersten Ebene der Gruppe (im EWR), aber es besteht eine Mitgliedstaaten-Option[68], eine Subgruppenaufsicht auf nationaler Ebene anzuordnen (Aufsichtsermessen).
- Gruppenaufseher / Aufsichtsbehörde auf Gruppenebene (Art. 247 SII RRL / §§ 279/280 VAG 2016): Zuständig für die Gruppenaufsicht ist der *eine* Gruppenaufseher. Der Austausch mit den anderen Solo-Aufsehern einer (internationalen) Gruppe erfolgt im Aufsichtskollegium („college of supervisors“), in dem auch EIOPA vertreten ist. Eine noch weiter verstärkte Zusammenarbeit ist bei Gruppen mit (aufsichtsrechtlich anerkanntem) zentralisiertem Risikomanagement vorgesehen (Art. 237 SII RRL / § 268 VAG 2016).
- Konsultation und Streitschlichtung: Unter Solvency II kann EIOPA unverbindlich konsultiert werden und verbindlich Streit bei grenzüberschreitenden Gruppenfragen zwischen verschiedenen nationalen Aufsichtsbehörden schlichten (EIOPA-VO Art. 19).
- Überwachung von Intra-Gruppen-Geschäften und Risikokonzentrationen (Art. 244/245 SII RRL / §§ 273/274 VAG 2016): Die bereits bisher bestehenden wichtigen Elemente der Gruppenaufsicht nach der Versicherungsgruppenrichtlinie bestehen auch unter Solvency II fort.

68 Die Mitgliedstaaten-Option ist in Deutschland umgesetzt worden. Zur Problematik der Mitgliedstaaten-Wahlrechte vgl. 3.5.1.

- Säule I:
  - Gruppen-Solvabilität (Art. 224 SII RRL / § 74 VAG 2016): Statt einer sog. bereinigten Solvabilität (vgl. §§ 104a–104i VAG) – wahlweise auf HGB- oder IFRS-Basis – werden analog zur Solo-Ebene eine ökonomische Bewertung und risikobasierte Kapitalanforderungen auch auf Gruppenebene eingeführt.
  - Methodenwahl bei Gruppensolvenzberechnungen (Art. 220 SII RRL / § 252 VAG 2016): Die Konsolidierungsmethode wird die Standardmethode, während die Abzugs- und Aggregationsmethode genehmigt werden muss.
  - Kapitalanforderungen (Art. 218–235 SII RRL / §§ 250–266 VAG 2016): Zumindest eine (teilweise) Anerkennung von Gruppen-Diversifikationseffekten ist möglich.
  - Gruppen-Eigenmittel (Art. 242 SII RRL): Die Bedeckung des Gruppen-SCR ersetzt auch unter Solvency II nicht die Bedeckung der Solo-SCRs. Die Solvency II-Richtlinie enthält jedoch eine Review-Klausel, nach der zu prüfen sein wird, ob die Differenz aus Solo-SCR und Solo-MCR statt mit lokalen Eigenmitteln mit Gruppenunterstützungszusagen („group support") bedeckt sein darf (Art. 242 SII RRL).
  - Interne Modelle auf Gruppenebene (Art. 230/231 SII RRL / §§ 261/262 VAG 2016): Neu unter Solvency II ist die Möglichkeit, sowohl das Gruppen-SCR als auch die Solo-SCR von Gruppenunternehmen mit einem genehmigten internen Modell zu berechnen.
- Säule I/II: Kapitalzuschläge (Art. 231 (7) und Art. 232 i. V. m. Art. 37 SII RRL / § 263 und § 264 i. V. m. § 301 VAG 2016): Kapitalzuschläge können auch auf Gruppenebene verhängt werden, ggf. zusätzlich zu Kapitalzuschlägen auf Solo-Ebene.
- Säule II/III: Qualitatives Risikomanagement und Risikoberichterstattung (Art. 246/254/256 SII RRL / §§ 275–277/281 VAG 2016): Entsprechend den Solo-Vorgaben werden die Säule II- und Säule III-Anforderungen, u. a. ORSA-Prozess und insbesondere auch Veröffentlichungspflichten, auch auf Gruppenebene neu eingeführt. Teile der Säule II sind mit den (deutschen) MaRisk VA (ab 01.01.2016 aufgehoben) vorweggenommen worden, die in Deutschland auf Gruppenebene (sowie Finanzkonglomerateebene) bis zur Einführung von Solvency II anzuwenden waren.
- Dritt-Staaten-Äquivalenz (Art. 227 und Art. 260 SII RRL / §§ 258 und § 288 VAG 2016): In der Solvency II-Gruppenaufsicht sind erweiterte Anerkennungsmöglichkeiten zur (vorläufigen) Äquivalenz von Aufsichtssystemen in den Ländern außerhalb des EWR (sog. Dritt-Staaten) vorgesehen.
- Aufsichtsbefugnisse (Art. 258 SII RRL / § 299 VAG 2016): Die Aufsichtsbefugnisse auf Gruppenebene wurden erweitert.

Die Änderungen bedingen insgesamt einen nicht zu unterschätzenden qualitativen Wandel der Gruppenaufsicht.

Hervorzuheben sind als erster Punkt insbesondere die Rollen des Gruppenaufsehers und die der Aufsichtskollegien („colleges of supervisors“). Die Aufsichtskollegien sollen eine permanente, aber flexible Struktur für die Zusammenarbeit, Koordinierung und Erleichterung der Entscheidungsfindung in Bezug auf die Beaufsichtigung einer Gruppe darstellen (Art. 212 (1) e) SII RRL / § 283 VAG 2016). Mitglieder des Kollegiums der Aufsichtsbehörden sind der Gruppenaufseher als die für die Gruppenaufsicht zuständige nationale Aufsichtsbehörde und die nationalen Aufsichtsbehörden aller Mitgliedstaaten, in denen Tochterunternehmen (nicht zwingend Tochterversicherungsunternehmen!) ihren Sitz haben (Art. 248 (3) SII RRL / § 283 (1) VAG 2016).[69] Außerdem ist EIOPA im Aufsichtskollegium vertreten (Art. 248 (3) SII RRL / 283 (1) VAG 2016 mit Verweis auf Art. 21 EIOPA-VO). Ende 2014 waren im EWR 92 Gruppen registriert, für die ein Aufsichtskollegium einzurichten ist (vgl. EIOPA (2015j), S. 4). Die Rollen des Gruppenaufsehers und der Aufsichtskollegien unterscheiden sich stark von der bisherigen Zuständigkeit aller Solo-Aufseher und der begrenzten Rolle eines „lead supervisor“ sowie der „losen“ Zusammenarbeit in „coordination committees“ (CoCos) auf Basis des rechtlich unverbindlichen Helsinki-Protokolls[70] (vgl. Faber-Graw (2011), S. 123).

Der zweite Punkt betrifft die Übertragung der ökonomischen und risikoorientierten Betrachtungen der Solo-Ebene auf die Gruppenebene (inklusive marktkonsistenter Bewertung und risikobasierten Kapitalanforderungen) (vgl. Faber-Graw (2011), S. 116.). Diese kulminiert in der teilweisen Anerkennung von zusätzlichen Diversifikationseffekten in einer Gruppe über Rechtseinheiten hinweg („Gruppen-Diversifikationseffekte“). Auch dadurch gewinnt die Gruppenaufsicht an Bedeutung gegenüber der (reinen) Solo-Aufsicht.

Der Zugewinn an Bedeutung für die Gruppenaufsicht ist gegeben, obwohl der von der Europäischen Kommission ursprünglich vorgeschlagene Mechanismus von Gruppenunterstützungszusagen („group support“) keinen expliziten Eingang in die europäische Gesetzgebung gefunden hat.[71] Das group-support-Regime hätte einen fundamentalen Wandel in Richtung flexibler Kapitalallokation in Gruppen beinhaltet (vgl. Wicke/Jurecka (2005), S. 527). Die Einführung eines solchen Systems ist Teil einer Überprüfung, die drei Jahre nach Anwendung der Gruppenaufsichtsregeln, d. h. bis spätestens 31.12.2018, vorgenommen werden soll und in entsprechenden Vorschlägen der Europäischen Kommission münden könnte (Art. 242 (2) SII RRL). Bereits bis zum 31.12.2017 soll die Europäische Kommission die Anwendung der Gruppenaufsicht (Titel 3 der Solvency II-Richtlinie) generell prüfen und dabei besonders die Zusammenarbeit der Aufsichtsbehörden innerhalb des Kollegiums der Aufsichtsbehörden, die Funktionsweise des Kollegiums der Aufsichtsbehörden und die Aufsichtspraktiken bei der Festsetzung der Kapitalzuschläge berücksichtigen.

69 Unterstellt wird in Art. 212 (1) e) SII RRL / § 283 VAG 2016 anscheinend, dass der Gruppenaufseher die nationale Aufsichtsbehörde im Land des obersten Mutterunternehmens der Gruppe ist. Wenn dies nicht der Fall ist – was möglich ist –, wäre die nationale Aufsichtsbehörde des Mutterunternehmens ebenfalls als Mitglied des Aufsichtskollegiums zu nennen.

70 Helsinki-Protokoll (2000).

71 Zum group-support-Regime vgl. Krämer (2008, S. 333 ff., Faber-Graw (2011), S. 121 f.

Um sich der Thematik von Gruppen-Diversifikationseffekten zu nähern, ist zunächst zu klären, wie unter Solvency II eine Gruppe definiert ist und auf welcher Ebene die Beaufsichtigung erfolgt (7.2). Dann wird dargestellt werden, mit welchen beiden Methoden die Gruppensolvenz berechnet werden kann, um danach auf mögliche Ursachen der Gruppen-Diversifikationseffekte einzugehen (7.3).

7.2 Gruppen-Definition und Ebenen der Beaufsichtigung

7.2.1 Gruppen-Definition

Die Solvency II-Richtlinie und das VAG 2016 enthalten eine *allgemeine* Gruppen-Definition (Art. 212 (1) c) SII RRL / § 7 Nr. 13 VAG 2016). Zu beachten ist, dass damit noch keine Gruppen definiert werden, die einer Solvency II-Gruppenaufsicht unterliegen („Versicherungsgruppen"). Dazu sind weitere qualifizierende Merkmale notwendig (z. B. dass es sich bei bestimmten Gruppengesellschaften um Versicherungsunternehmen im EWR handelt, vgl. 7.2.2).

Nach der Solvency II-Richtlinie sind drei Fälle von Gruppen zu unterscheiden (vgl. Abbildung 7-1):

1. Fall: Vertikale Gruppen (Unterordnungsgruppe)

2. Fall: Horizontale Gruppen (Gleichordnungsgruppe)

3. Fall: Horizontale „Vertragsgruppen"

Die Fälle 1 und 2 sind in der Solvency II-Richtlinie zusammen geregelt (Art. 212 (1) c) i) SII RRL / § 7 Nr. 13 a) VAG 2016), werden hier jedoch separat aufgeführt und entsprechen auch der Finanzkonglomeraten zugrunde liegenden Gruppen-Definition (vgl. Art. 2 Nr. 12 FICOD).

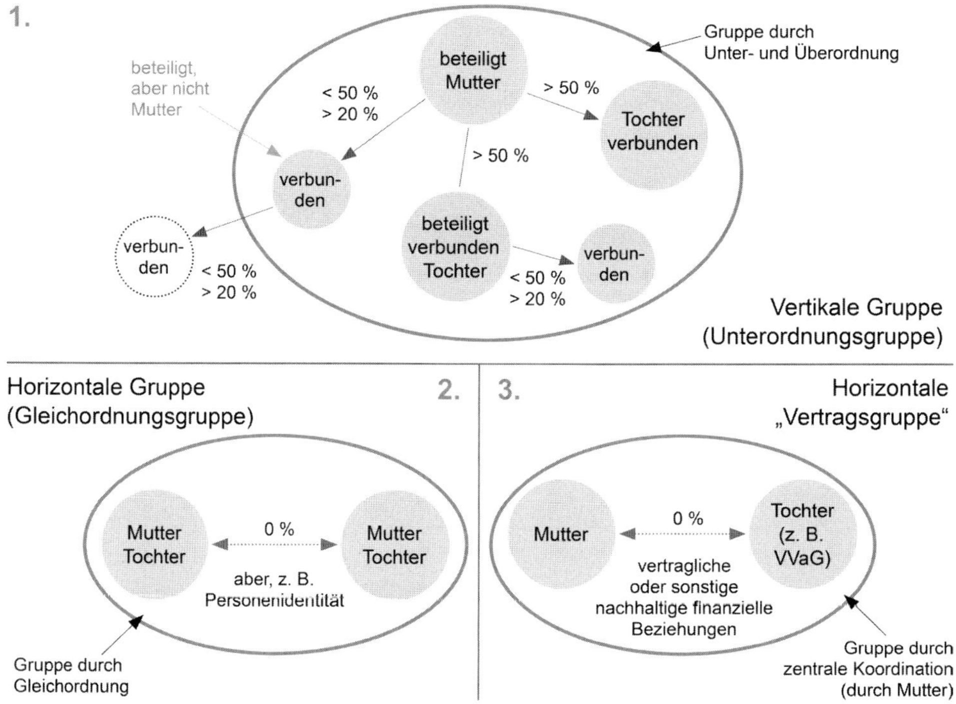

Abbildung 7-1: Gruppen-Definitionen nach der Solvency II-Richtlinie (Art. 212 (1) c) SII RRL / § 7 Nr. 13 VAG 2016)

1. Fall: Vertikale Gruppe

Eine Gruppe wird über Beteiligungen *vertikal* definiert. Man könnte auch von einer „Unterordnungsgruppe“ im Gegensatz zu einer „Gleichordnungsgruppe“ (2. Fall) sprechen. Beteiligung bedeutet dabei das direkte Halten oder das Halten im Wege der Kontrolle von mindestens 20 % der Stimmrechte oder des Kapitals an einem Unternehmen (Art. 13 Nr. 20 SII RRL / § 7 Nr. 4 VAG 2016). Beteiligungen unterhalb von 20 % sind nicht Teil der Gruppen-Definition.[72] Es wird dann i. d. R. von keinem signifikanten Einfluss ausgegangen.

Die vertikale Gruppe besteht aus einem beteiligten Unternehmen, dessen Tochterunternehmen und den Unternehmen, an denen das beteiligte Unternehmen oder dessen Tochterunternehmen eine Beteiligung halten (Art. 212 (1) c) i) SII RRL / § 7 Nr. 13 a) VAG 2016). Tochterunternehmen (nach Art. 13 Nr. 16 SII RRL / Art. 1 Nr. 48 SII DV / § 7 Nr. 29 VAG 2016) sind dadurch gekennzeichnet, dass an ihnen ein Unternehmen mindestens

72 Man beachte, dass im Bankensektor und in anderen Fällen die Beteiligungsgrenze bei 10 % liegt. Die 20 %-Beteiligungsgrenze kann aus der gesellschaftsrechtlichen Sperrminorität von 25 % hergeleitet werden. Da bestimmte Entscheidungen auf der Hauptversammlung eine ¾-Mehrheit benötigen (z. B. Satzungsänderungen), reicht bei nicht vollständiger Anwesenheit aller Aktionäre i. d. R. eine 20 %-Stimmbeteiligung für eine sog. Sperrminorität.

50 % der Stimmrechte hält (Mutterunternehmen nach Art. 13 Nr. 15 SII RRL / § 7 Nr. 23 VAG 2016). Es liegt ein dominanter Einfluss vor.[73]

Der einfachste Fall einer (Versicherungs-)Gruppe ist dadurch gegeben, dass ein Versicherungsunternehmen A eine 100 %-Beteiligung an einem anderen Versicherungsunternehmen B hält (vgl. Abbildung 7-2). Die Gruppe besteht dann aus dem Mutterunternehmen (VU A) und dem Tochterunternehmen (VU B). Statt einer 100 %-Beteiligung ist für dieses Mutter-Tochter-Verhältnis in einer vertikalen Gruppe eine mindestens 50 %-Beteiligung ausreichend. Wenn die Beteiligungsquote weiter abgesenkt wird (unter 50 %, aber oberhalb 20 %), ist VU A zwar kein Mutterunternehmen mehr, aber weiterhin ein beteiligtes Unternehmen (Art. 212 (1) a) SII RRL/ § 7 Nr. 4 VAG 2016). Entsprechend ist VU B kein Tochterunternehmen mehr, aber ein verbundenes Unternehmen (Art. 212 (1) b) SII RRL / Art. 1 Nr. 49 SII DV / § 7 Nr. 30 VAG 2016). Beteiligtes Unternehmen und verbundenes Unternehmen bilden weiterhin eine vertikale Gruppe.

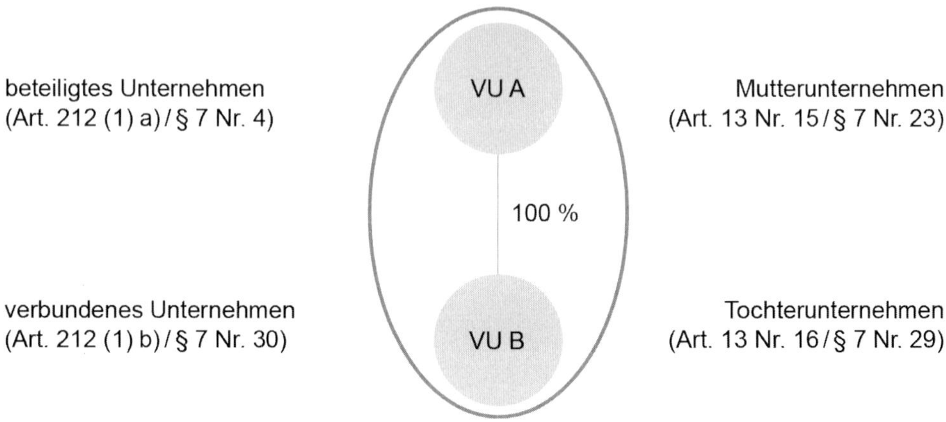

Abbildung 7-2: Einfachster Fall einer Solvency II-Gruppe

Zu beachten ist, dass bei Beteiligungen auch das indirekte Halten zu berücksichtigen ist, d. h. auch Kapital- bzw. Stimmanteile, die über andere Gruppenunternehmen gehalten werden, sind in die Prüfung der Gruppen-Definition miteinzubeziehen. Die Prozentsätze aus der direkten Beteiligung und der indirekt gehaltenen Beteiligung sind zu addieren, um zu prüfen, ob ein verbundenes Unternehmen oder gar ein Tochterunternehmen vorliegt.

Tochterunternehmen von Tochterunternehmen gelten wiederum als Tochterunternehmen (Art. 13 Nr. 16 SII RRL / § 7 Nr. 29 VAG 2016). Die Unter- bzw. Überordnungsverhältnisse können also innerhalb einer Gruppe mehrstufig ausfallen (vgl. Abbildung 7-1). Beispiel: Ein verbundenes Unternehmen des Tochterunternehmens eines Tochterunternehmens ist Teil der Gruppe. Umgekehrt ist ein verbundenes Unternehmen eines (nur) verbunde-

73 Ein Tochterunternehmen liegt für Zwecke der Gruppenaufsicht auch dann vor, wenn der Gruppenaufseher einen dominanten Einfluss unabhängig von niedrigeren Stimmrechtsanteilen oder Kapitalbeteiligungen annimmt (§ 7 Nr. 23 VAG 2016).

nen Unternehmens (nicht Tochterunternehmen!) kein Gruppenunternehmen (z. B. eine 30 %-Beteiligung einer 35 %-Beteiligung).

Ausgangspunkt der Solvency II-Gruppe ist nicht die Gruppe der Unternehmen mit Solo-Berechnungen („Solvency II-Solo-Gruppe").[74] Zusätzlich sind beispielsweise bestimmte (Zwischen-)Versicherungsholdinggesellschaften sowie weitere Nicht-Versicherungsunternehmen im oder außerhalb des Finanzsektors ebenfalls in den Gruppensolvenzberechnungen zu berücksichtigen. Eine Versicherungsholdinggesellschaft („Holding"), die als Tochterunternehmen ein Schaden-/Unfall-Versicherungsunternehmen (SUV) und ein Lebensversicherungsunternehmen (LV) hält, ist jedoch in die Gruppensolvenzberechnungen einzubeziehen, obwohl die Holding nach der Solvency II-Richtlinie keiner Solo-Aufsicht unterliegen muss (vgl. Abbildung 7-3).

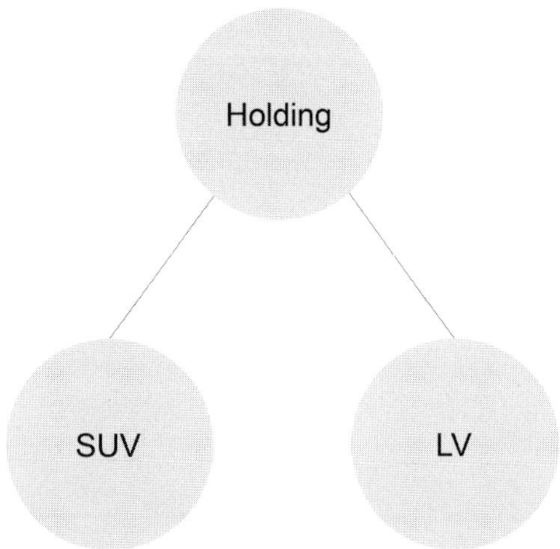

Abbildung 7-3: Beispiel einer Versicherungsgruppe (I): Holdingstruktur

Grundsätzlich sind weltweit alle Unternehmen der Gruppe miteinzubeziehen (sog. Weltprinzip, vgl. Faber-Graw (2011), S. 120). Der Sitz der Unternehmen ist für die Zugehörigkeit zur Solvency II-Gruppe irrelevant; der Sitz des Unternehmens in oder außerhalb des EWR (sog. Dritt-Staaten-Unternehmen) kann allerdings relevant für die Gruppenaufsicht oder die Gruppensolvenzberechnungen sein. „Dritt-Staaten" (auch „Drittländer") sind alle Staaten, die keine Staaten des EWR sind.

74 Bei den QIS-Gruppensolvenzberechnungen wurde oft von den Unternehmen vereinfachend nur die „QIS-Solo-Gruppe" betrachtet, also die Gruppe der Unternehmen, für die QIS-Solo-Ergebnisse vorlagen.

2. Fall: Horizontale Gruppe (Gleichordnungsgruppe)

Horizontale Gruppen sind dadurch definiert, dass zwischen den Gruppenunternehmen gerade keine Kapitalbeteiligung bestehen muss. Es liegt kein hierarchisches Verhältnis wie bei vertikalen Gruppen vor, sondern zwei Unternehmen sind auf gleicher Ebene („gleichgeordnet"). Die Definition solcher Gleichordnungsgruppen erfolgt über einen Verweis auf die sog. (frühere) Konzernbilanzrichtlinie (Art. 12 (1) 83/349/EWG). Danach bilden Unternehmen einen Konzern, die aufgrund eines geschlossenen Vertrages oder einer Satzungsbestimmung dieser Unternehmen einer einheitlichen Leitung unterstehen, oder das Verwaltungs-, Leitungs- oder Aufsichtsorgan dieses Unternehmens sowie dasjenige eines oder mehrerer Unternehmen sich mehrheitlich aus denselben Personen zusammensetzen, die während des Geschäftsjahres und bis zur Aufstellung des konsolidierten Abschlusses im Amt sind. Diese Konzernabschluss-Regelung wird für die aufsichtsrechtliche Gruppen-Definition übernommen. Gleichgeordnete Unternehmen bildeten bereits auch unter den Solvency I-Regelungen eine Gruppe. Es handelt sich also nicht um eine Solvency II-Neuregelung.

Eine horizontale Gruppe liegt beispielsweise vor, wenn ein VVaG, der das Lebensversicherungsgeschäft betreibt, und ein zweiter VVaG, der das Krankenversicherungsgeschäft betreibt, den gleichen Vorstand haben. Wegen des deutschen Spartentrennungsgebotes (§ 15 (4) VAG 2016) ist das Betreiben des Lebens- und Krankenversicherungsgeschäfts in einer rechtlichen Einheit nicht möglich. Eine Lösung besteht darin, über die personelle Verflechtung eine Gruppe zu bilden, da bei VVaGs Kapitalbeteiligungen nicht möglich sind. Es können auch mehr als zwei Unternehmen gleichgeordnet sein (vgl. Abbildung 7-4). Das Beispiel zeigt drei gleichgeordnete VVaGs, einen Lebensversicherer (LV), einen Schaden-/Unfall-Versicherer (SUV) und einen Krankenversicherer (KV) als gleichgeordnete Unternehmen ohne (gegenseitige) Kapitalbeteiligungen, aber mit mehrheitlich identischen Vorständen.

Abbildung 7-4: Beispiel einer Versicherungsgruppe (II): Gleichordnungsstruktur

Die Gruppentypen Unterordnungsgruppe (Fall 1) und Gleichordnungsgruppe (Fall 2) können in Kombination auftreten. Eine in der Praxis vorzufindende Gruppenstruktur ist, dass gleichgeordnete VVaGs Tochterversicherungsunternehmen gebündelt über eine (Zwischen-)Versicherungsholdinggesellschaft halten (vgl. Abbildung 7-5).

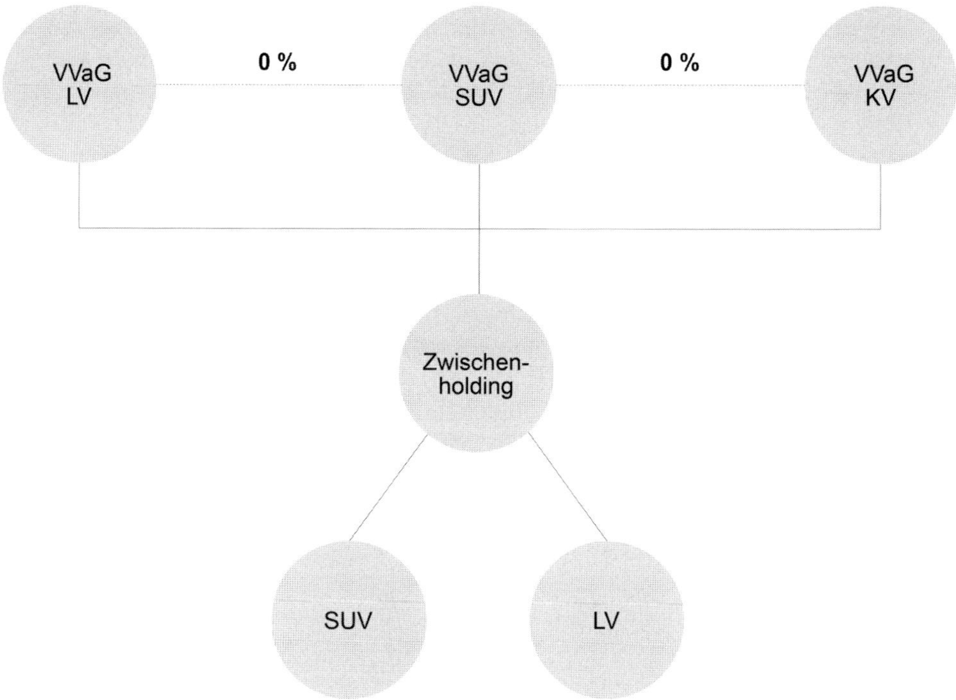

Abbildung 7-5: Beispiel einer Versicherungsgruppe (III): Kombination aus Gleichordnungs- und Holdingstruktur

Ein besonderes Beispiel für eine Kombination aus Gleichordnungs- und Unterordnungsgruppe sind zwei gleichgeordnete VVaGs (Gleichordnungsgruppe), wobei einer davon Tochterversicherungsunternehmen als Beteiligung hält (Unterordnungsgruppe). Der VVaG mit diesem Tochterunternehmen bildet dann handelsrechtlich einen Teilkonzern, für den eine (konsolidierte) Teilkonzernbilanz erstellt wird, während für die gesamte Gruppe – also inkl. des anderen VVaG – keine Konzernbilanz verlangt ist (vgl. Abbildung 7-6).

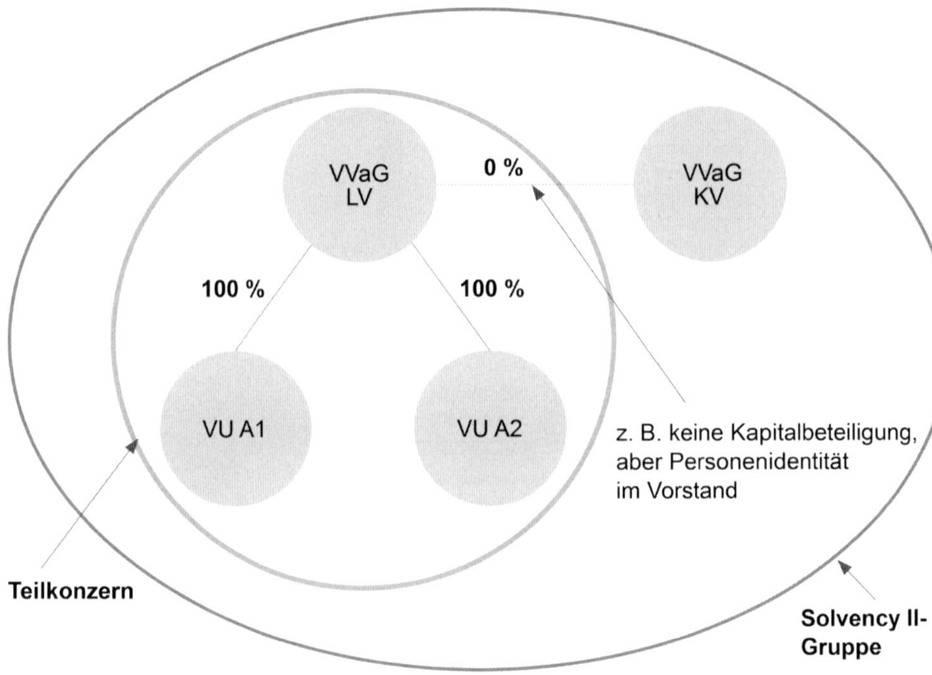

Abbildung 7-6: Beispiel einer Versicherungsgruppe (IV): Teilkonzernstruktur

3. Fall: Horizontale „Vertragsgruppe“

Die horizontale „Vertragsgruppe“ (Art. 212 (1) c) ii) SII RRL / § 7 Nr. 13 b) VAG 2016) ist eine Gruppe, die auf der Einrichtung von vertraglichen oder sonstigen starken und nachhaltigen finanziellen Beziehungen zwischen den Unternehmen der Gruppe beruht. Eines dieser Unternehmen übt durch zentrale Koordination einen beherrschenden Einfluss auf die Entscheidungen aller der Gruppe angehörenden Unternehmen aus, darunter auch die Finanzentscheidungen; das Unternehmen, das die zentrale Koordination ausübt, wird als Mutterunternehmen und die anderen Unternehmen werden als Tochterunternehmen betrachtet. Für deutsche Versicherungsunternehmen sind keine solchen Vertragskonstruktionen bekannt (vgl. Maier/Nielsen (2014), S. 2). Eventuell können sie bei Einrichtungen der betrieblichen Altersversorgung oder in anderen Ländern auch bei Versicherungsunternehmen auftreten.

Zusätzlich besteht die Möglichkeit, dass Aufseher dominanten oder signifikanten Einfluss unabhängig von den obigen Gruppen-Definitionen für Zwecke der Gruppenaufsicht gegeben sehen und so eventuell zusätzliche Unternehmen als zur Gruppe zugehörig bzw. nicht nur als verbundene Unternehmen, sondern als Tochterunternehmen, und beteiligte Unternehmen damit auch als Mutterunternehmen erachtet werden (Art. 212 (2) SII RRL / § 7 Nr. 29 VAG 2016). Gruppenaufseher können allerdings auch Unternehmen von der

Gruppenaufsicht bzw. von den Gruppensolvenzberechnungen befreien. Dazu ist jedoch zunächst zu klären, welchen Umfang die Solvency II-Gruppenaufsicht hat.

7.2.2 Gruppenbeaufsichtigung

7.2.2.1 Fälle der Beaufsichtigung von Versicherungsunternehmen auf Gruppenebene

Die Solvency II-Gruppenbeaufsichtigung ist nach vier Fällen zu differenzieren (Art. 213 (2) a)–d) SII RRL / § 245 (2) VAG 2016, vgl. Abbildung 7-9):

a) Mutter-Versicherungsunternehmen nach Art. 213 (2) a) SII RRL / § 245 (2) Nr. 1 VAG 2016

b) Mutter-Versicherungsholdinggesellschaften nach Art. 213 (2) b) SII RRL / § 245 (2) Nr. 2 VAG 2016

c) Mutter-Dritt-Staaten-VU/-Versicherungsholdinggesellschaften nach Art. 213 (2) c) SII RRL / § 245 (2) Nr. 3 VAG 2016

d) Mutter-gemischte-Versicherungsholdinggesellschaften nach Art. 213 (2) d) SII RRL / § 245 (2) Nr. 4 VAG 2016

Bei den vier Fällen kann von einer Beaufsichtigung von Versicherungsgruppen gesprochen werden (Art. 1 Nr. 2 SII RRL). Man beachte, dass die Gruppen-Definition nicht versicherungsspezifisch war, die Beaufsichtigung als Versicherungsgruppe allerdings erfordert, dass zumindest bestimmte Unternehmen der Gruppe dem Versicherungssektor zuzurechnen sind. Auf die Fälle a)–d) soll im Folgenden näher eingegangen werden, weil sich die Art der Beaufsichtigung unterscheiden kann.

a) Gruppenbeaufsichtigung durch Halten einer Beteiligung an einem Versicherungsunternehmen

An einem Versicherungsunternehmen beteiligte Versicherungsunternehmen unterliegen der (vollen) Solvency II-Gruppenaufsicht nach den Art. 218–258 SII RRL / §§ 250–299 VAG 2016 (Art. 213 (2) a) SII RRL / § 245 (2) Nr. 1 VAG 2016). Es ist dabei unerheblich, ob eine Beteiligung an einem Versicherungsunternehmen gehalten wird, das im EWR seinen Sitz hat (und damit Solvency II-Soloregeln unterliegt) oder ob eine Beteiligung an einem Versicherungsunternehmen gehalten wird, das in einem Dritt-Staat (außerhalb des EWR) seinen Sitz hat (beispielsweise in der Schweiz, in den USA oder in Japan). Dieses Dritt-Staaten-Versicherungsunternehmen unterliegt den lokalen aufsichtsrechtlichen Anforderungen und nicht den Solvency II-Soloregeln. Unerheblich ist, ob das Dritt-Staaten-Aufsichtsregime nach Art. 227 SII RRL / § 258 VAG 2016 (oder nach Art. 172 bzw. Art. 260 SII RRL / § 288 VAG 2016) als gleichwertig anerkannt ist (Dritt-Staaten-Äquivalenz).

b) Gruppenbeaufsichtigung als Tochter einer Versicherungsholding oder einer gemischten Finanzholding

Versicherungsunternehmen, deren Mutterunternehmen eine Versicherungsholdinggesellschaft („insurance holding company", IHC) oder eine gemischte Finanzholdinggesellschaft („mixed financial holding company", MFHC) ist, die ihren Sitz im EWR hat, unterliegen der (vollen) Solvency II-Gruppenaufsicht nach den Art. 218–258 SII RRL (Art. 213 (1) b) SII RRL / § 245 VAG 2016). Diese volle Gruppenbeaufsichtigung gilt also auch für Versicherungsunternehmen, die Tochterunternehmen einer Versicherungsholdinggesellschaft oder einer gemischten Finanzholdinggesellschaft im EWR sind.

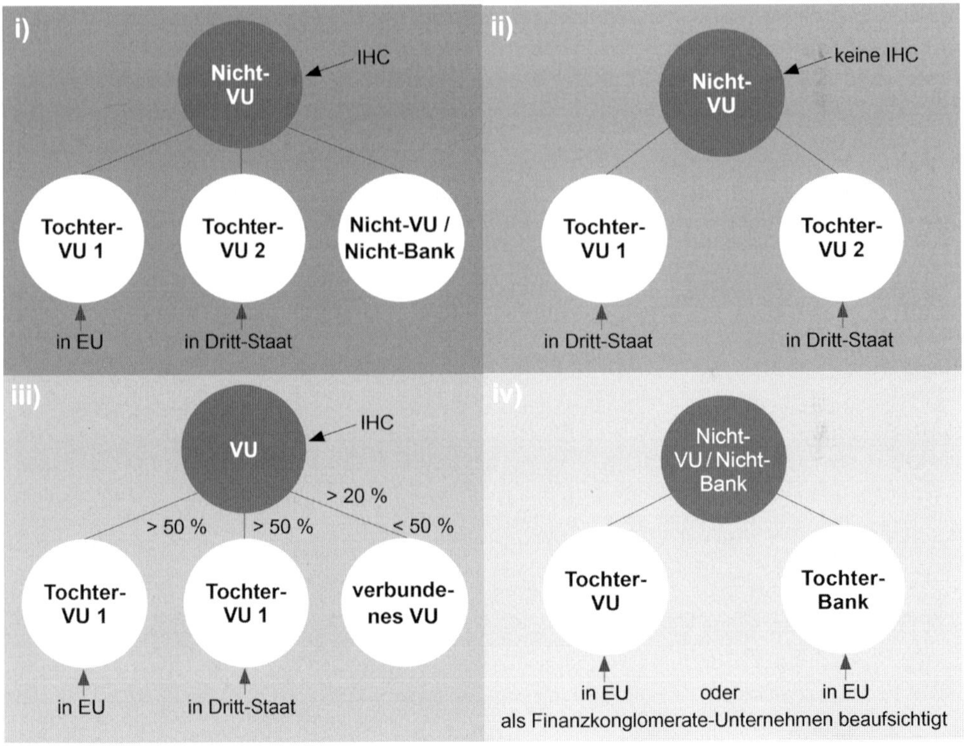

Abbildung 7-7: Definition der Versicherungsholdinggesellschaft (§ 7 Nr. 31 VAG 2016): i) Versicherungsholdinggesellschaft (IHC) durch das Halten von hauptsächlich Tochterversicherungsunternehmen, von denen eines seinen Sitz in der EU hat (hier: Tochter-VU 1); ii) Keine Versicherungsholdinggesellschaft, da alle Tochterversicherungsunternehmen ihren Sitz in Dritt-Staaten haben. iii) Versicherungsunternehmen und Versicherungsholdinggesellschaft (analog i)) sind gleichzeitig möglich – die Beaufsichtigung erfolgt dann als Versicherungsunternehmen und nicht als Versicherungsholdinggesellschaft (§ 293 VAG 2016). iv) Das Mutterunternehmen ist gemischte Finanzholdinggesellschaft und daher keine Versicherungsholdinggesellschaft. In den Fällen i), iii) und iv) liegen Versicherungsgruppen vor, nicht jedoch bei ii).

Versicherungsholdinggesellschaften, die nicht auch Versicherungsunternehmen sind, betreiben kein Versicherungsgeschäft. Sie sind allerdings Mutterunternehmen, deren

Haupttätigkeit im Erwerb und Halten von Beteiligungen an Tochterunternehmen besteht, wobei diese Tochterunternehmen ausschließlich oder hauptsächlich Versicherungsunternehmen (mit Sitz inner- oder außerhalb der EU) sind und mindestens ein Tochterunternehmen ein Versicherungsunternehmen mit Sitz in der EU ist (Art. 212 (1) f) SII RRL / § 7 Nr. 31 VAG 2016) (vgl. Abbildung 7-7). Eine Versicherungsholdinggesellschaft ist ein solches Mutterunternehmen allerdings nur dann, wenn es keine gemischte Finanzholdinggesellschaft ist (Art. 212 (1) f) SII RRL / § 7 Nr. 31 VAG 2016). Die Eigenschaft, eine „gemischte Finanzholdinggesellschaft" zu sein, schließt also aus, eine „Versicherungsholdinggesellschaft" zu sein (vgl. Abbildung 7-7 iv)). Für Versicherungsholdinggesellschaften gelten nach der Solvency II-Richtlinie nicht die Anforderungen wie für Versicherungsunternehmen.[75] Beispielsweise sind die Rechtsformen für Versicherungsholdinggesellschaften nicht wie für Versicherungsunternehmen vorgegeben. Die Rechtsform einer GmbH ist daher für eine Versicherungsholdinggesellschaft möglich, obwohl die GmbH (in Deutschland) keine zulässige Rechtsform für ein Versicherungsunternehmen wäre (vgl. Art. 17 i. V. m. Anhang III SII RRL / § 173 i. V. m. § 8 (2) VAG 2016).

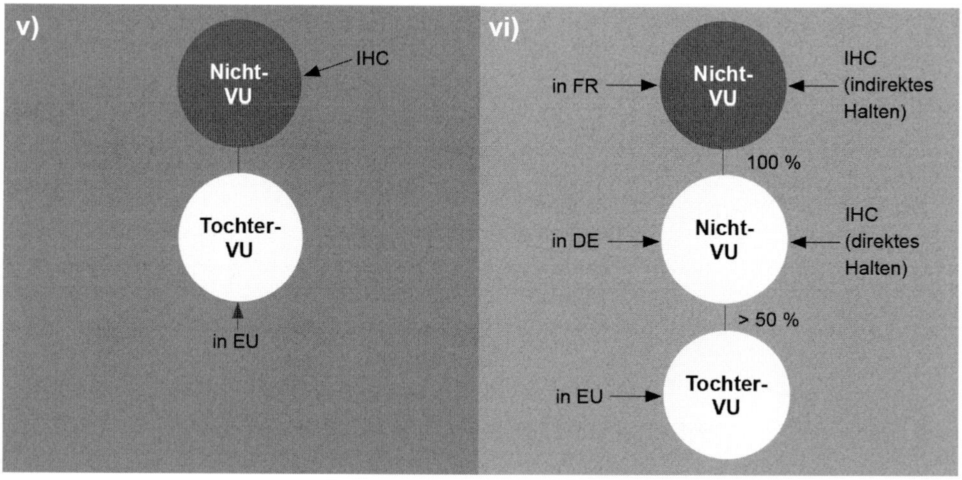

Abbildung 7-8: Definition der Versicherungsholdinggesellschaft (§ 7 Nr. 31 VAG 2016): v) Für das Vorliegen einer Versicherungsholdinggesellschaft reicht ein einziges Tochterversicherungsunternehmen in der EU. Zusammen bilden diese bereits eine Versicherungsgruppe. vi) Eine Beteiligungsgesellschaft einer Beteiligungsgesellschaft ist wiederum Versicherungsholdinggesellschaft, wenn die Zwischen-Beteiligungsgesellschaft bereits eine Versicherungsholdinggesellschaft ist (siehe v)), da auch das indirekte Halten von Tochterversicherungsunternehmen zu berücksichtigen ist (§ 7 Nr. 29 VAG 2016). Die Beaufsichtigung als Versicherungsgruppe erfolgt auf der obersten Ebene in der EU (hier: Frankreich).

Gemischte Finanzholdinggesellschaften sind nicht der Aufsicht unterliegende Mutterunternehmen, die zusammen mit ihren Tochterunternehmen, von denen mindestens eines ein beaufsichtigtes Unternehmen ist, das seinen Sitz in der EU hat, und anderen Unter-

75 Im deutschen VAG unterliegen allerdings Versicherungsholdinggesellschaften und gemischte Finanzholdinggesellschaften (mit Sitz in Deutschland) wesentlichen Regelungen wie Versicherungsunternehmen (vgl. § 293 VAG 2016).

nehmen ein Finanzkonglomerat bilden (Art. 212 (1) g) i. V. m. Art. 2 Nr. 15 FICOD / § 7 Nr. 11 VAG 2016). Als beaufsichtigte Unternehmen („regulated entities") gelten Kreditinstitute, Versicherungsunternehmen (inkl. Rückversicherungsunternehmen), Wertpapierfirmen, Vermögensverwaltungsgesellschaften („asset management companies") oder Verwalter alternativer Investmentfonds („alternative investment fund manager", AIFM) (Art. 2 Nr. 4 FICOD).

Finanzholdinggesellschaften (financial holding company, FHC) sind das Pendant zu den Versicherungsholdinggesellschaften im Bankensektor („Bankholdinggesellschaften"). Die Kennzeichnung „gemischt" deutet hier an, dass Beteiligungen an Bank- und Versicherungsunternehmen gehalten werden. Eine gemischte Finanzholdinggesellschaft ist eventuell oberstes Mutterunternehmen eines Finanzkonglomerats. Das Versicherungstochterunternehmen wäre dann ein Unternehmen, das beaufsichtigt ist und auch unter die Beaufsichtigung auf Finanzkonglomerateebene fallen würde (vgl. Abbildung 7-7 iv)).

c) Gruppenbeaufsichtigung als Tochter eines Dritt-Staaten-Unternehmens

Einer Gruppenaufsicht nach den Art. 260–263 SII RRL / §§ 288–291 VAG 2016 unterliegen Versicherungsunternehmen, deren Mutterunternehmen eine Versicherungsholdinggesellschaft, eine gemischte Finanzholdinggesellschaft oder ein Versicherungsunternehmen mit Sitz in einem Dritt-Staat ist (Art. 213 (2) c) SII RRL / § 245 (2) Nr. 3 VAG 2016). Die Beaufsichtigung auf Ebene der Gruppe hängt dabei von der (vorläufigen) Gleichwertigkeit des Gruppenaufsichtsregimes im Dritt-Staat nach Art. 260 SII RRL / § 288 VAG 2016 ab (unabhängig von der (vorläufigen) Dritt-Staaten-Äquivalenz in anderen Bereichen). Bei vorliegender Gleichwertigkeit stützen sich die Aufseher auf die (vorläufig) gleichwertige Gruppenaufsicht des Dritt-Staats (Art. 262 SII RRL / § 290 VAG 2016).

Das in der Schweiz geltende Aufsichtssystem, das auf Versicherungsunternehmen in einer Gruppe anwendbar ist, wird als gleichwertig betrachtet (Europäische Kommission (2015a), Art. 3). Auch das in Bermuda geltende Aufsichtssystem für die Beaufsichtigung von Versicherungsunternehmen in einer Gruppe wird als den Solvency II-Gruppen-Anforderungen gleichwertig erachtet, mit Ausnahme der Vorschriften für firmeneigene Versicherungsunternehmen („captives") und Special Purpose Insurers (Europäische Kommission (2016a), Art. 3). Für das japanische Aufsichtssystem ist wie auch für andere Länder (Australien, Bermuda, Brasilien, Kanada, Mexiko und die USA) eine (vorläufige) Gleichwertigkeit zwar für andere Bereiche, aber nicht für die Gruppenaufsicht festgestellt worden (vgl. Europäische Kommission (2015b) bzw. Europäische Kommission (2015c)).

Sofern keine (vorläufige) Gleichwertigkeit vorliegt, erfolgt eine sinngemäße Anwendung der Art. 218–258 / §§ 250–299 außer den Art. 236–243 SII RRL / §§ 267–272 VAG 2016 oder eine Beaufsichtigung durch andere Methoden (Art. 262 (1) SII RRL / § 290 (1) VAG 2016). Die Aufsichtsbehörden können insbesondere die Gründung einer Versicherungsholdinggesellschaft oder einer gemischten Finanzholdinggesellschaft, die ihren Sitz in der EU hat, verlangen und auf die Versicherungsunternehmen der Gruppe, an deren Spitze diese Versicherungsholdinggesellschaft bzw. gemischte Finanzholdinggesellschaft steht, die Solvency II-Gruppenaufsicht anwenden.

d) Gruppenbeaufsichtigung als Tochter einer gemischten Versicherungsholding

Versicherungsunternehmen, deren Mutterunternehmen eine gemischte Versicherungsholdinggesellschaft („mixed insurance holding company“, MIHC) ist, unterliegen einer eingeschränkten Solvency II-Gruppenaufsicht nach Art. 265 SII RRL / § 292 VAG 2016 (Art. 213 (2) d) SII RRL / § 245 (2) Nr. 4 VAG 2016). Die Beaufsichtigung beschränkt sich im Wesentlichen auf die Beaufsichtigung von gruppeninternen Geschäften zwischen dem Versicherungsunternehmen und der gemischten Versicherungshodinggesellschaft (Art. 265 SII RRL / § 292 VAG 2016). Die Säule I-Anforderungen nach einer Gruppensolvenzberechnung gelten nicht. Auch ist nicht verlangt, dass auf Gruppenebene ein wirksames Governance-System besteht, wie dies für Gruppen in den Fällen a) und b) verlangt ist (Art. 246 i. V. m. Art. 41 SII RRL / § 275 i. V. m. § 23 VAG 2016).

Die eingeschränkte Beaufsichtigung auf Gruppenebene ist dadurch gerechtfertigt, dass eine gemischte Versicherungsholdinggesellschaft ein Mutterunternehmen ist, das weder ein Versicherungsunternehmen noch ein Dritt-Staaten-Versicherungsunternehmen noch eine Versicherungsholdinggesellschaft noch eine gemischte Finanzholdinggesellschaft ist und unter ihren Tochterunternehmen sich aber mindestens ein Versicherungsunternehmen im EWR befindet (Art. 212 (1) g) SII RRL / § 7 Nr. 11 VAG 2016). „Gemischt“ meint hier, dass neben (hauptsächlich) Nicht-Versicherungsgeschäften auch das Versicherungsgeschäft betrieben wird.

Denkbar wäre z. B. ein Automobilhersteller-Konzern, in dem ein Versicherungstochterunternehmen gehalten wird. Dass die Anwendung einer Versicherungsgruppenaufsicht auf einen Automobilhersteller nicht sinnvoll wäre, reflektiert die Vorschrift in Bezug auf eine nur eingeschränkte Beaufsichtigung auf Gruppenebene.

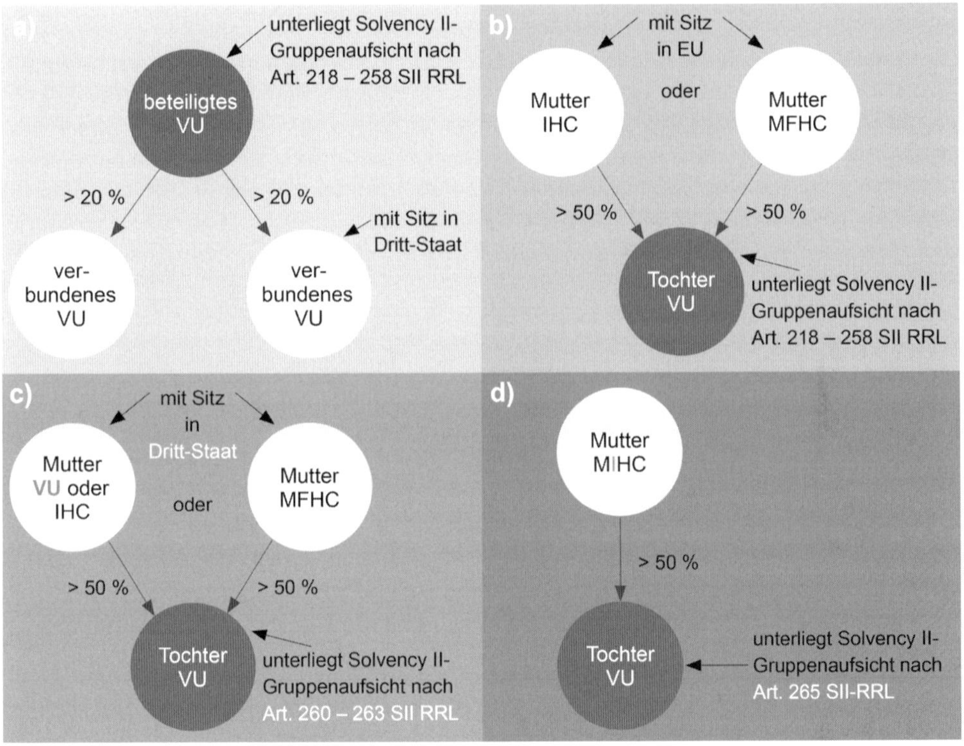

Abbildung 7-9: Versicherungsgruppenbeaufsichtigung (Art. 213 (2) a)–d) SII RRL / § 245 (2) Nr. 1–4 VAG 2016)

Eine gruppenweite Beaufsichtigung bedeutet nicht, dass die beteiligten Aufsichtsbehörden Dritt-Staaten-Versicherungsunternehmen, Versicherungsholdinggesellschaften, gemischte Finanzholdinggesellschaften oder gemischte Versicherungsholdinggesellschaften einzeln zu beaufsichtigen haben (Art. 214 (1) SII RRL sowie Erwägungsgrund 96 der Solvency II-Richtlinie / § 246 (1) VAG 2016). Die Solvency II-Solo-Regeln für Versicherungsunternehmen sind allerdings weiterhin anzuwenden, sofern die Solvency II-Regeln zur Gruppenbeaufsichtigung nichts anderes bestimmen (Art. 213 (1) Unterabs. 2 SII RRL / § 245 (1) Satz 2 VAG 2016). Die Beaufsichtigung auf Ebene der Gruppe ist also nicht befreiend im Hinblick auf die Solo-Aufsicht. Die zusätzliche Beaufsichtigung auf Ebene eines Finanzkonglomerats kann hingegen zumindest in Teilen befreiend im Hinblick auf die Solvency II-Gruppenaufsicht sein (Art. 215 (2) SII RRL / § 247 (2) VAG 2016).

Die volle Solvency II-Gruppenaufsicht nach Art. 218–258 SII RLL / §§ 250–299 VAG 2016 (Fälle a) und b), s. o.) erfolgt nur auf Ebene des obersten Mutterversicherungsunternehmens, der obersten Mutterversicherungsholdinggesellschaft oder der obersten gemischten Mutterfinanzholdinggesellschaft, das seinen bzw. die ihren Sitz in der EU hat (Art. 215 (1) SII RRL / § 247 (1) VAG 2016, vgl. 7.2.3).

7.2.2.2 Befreiungsmöglichkeiten von der Gruppenaufsicht

Die Solvency II-Richtlinie sieht die Möglichkeit vor, in bestimmten Fällen Unternehmen, die zur Solvency II-Gruppe gehören, von der Gruppenaufsicht insgesamt (Säule I–III) zu befreien (Art. 214 (2) a)–c) SII RRL / § 246 (2) Nr. 1–3 VAG 2016). Es handelt sich jeweils um eine Einzelfallentscheidung des Gruppenaufsehers. Die anderen betroffenen Aufsichtsbehörden sind vorab durch den Gruppenaufseher zu konsultieren (Art. 214 (2) Unterabs. 3 SII RRL / § 246 (2) Satz 3 VAG 2016).

Unternehmen können von der Gruppenaufsicht befreit werden, wenn das einzubeziehende Unternehmen im Verhältnis zu den mit der Gruppenaufsicht verfolgten Zielen nur von untergeordneter Bedeutung ist (Art. 214 (2) b) SII RRL / § 246 (2) Nr. 2 VAG 2016). Mehrere Unternehmen derselben Gruppe können nur befreit werden, wenn sie in der Gesamtbetrachtung von untergeordneter Bedeutung sind. Bisher sind dazu keine konkreteren Kriterien oder gar quantitative Schwellenwerte (z. B. Prozentsatz der Bilanzsumme) von Seiten der Aufseher festgelegt worden. Es ist jedoch davon auszugehen, dass eine risikoorientierte Sichtweise zugrunde zu legen ist. Das heißt, dass die Risiken, die von dem Unternehmen für die gesamte Gruppe ausgehen, zu betrachten sind. Umsätze und Bilanzsummen können Indikatoren für diese Risikosicht sein, sind jedoch vermutlich nicht ausreichend.

Sofern unter Solvency I eine Befreiung von der Gruppenaufsicht erfolgte, sollte i. d. R. auch eine Befreiung unter Solvency II weiterhin möglich oder zumindest übergangsweise akzeptabel sein.[76] Bei regulierten Unternehmen ist abzuwägen, ob die Regulierung auf Solo-Ebene nicht ausreichend ist oder ob eine dazu zusätzliche Überwachungsebene erforderlich ist. Bestehen bleibt ja außerdem die Berücksichtigung der Beteiligungsrisiken (z. B. Aktienrisiko) bei den Versicherungsunternehmen, die weiter unter die Solvency II-Gruppenaufsicht fallen und die Beteiligungen an von der Solvency II-Gruppenaufsicht befreiten Unternehmen halten.

Ein zweiter Befreiungsgrund liegt vor, wenn „die Einbeziehung des Unternehmens im Verhältnis zu den mit der Gruppenaufsicht verfolgten Zielen unangemessen oder irreführend wäre“ (Art. 214 (2) c) SII RRL / § 246 (2) Nr. 3 VAG 2016). Der Hinweis auf die Unangemessenheit lässt als Grund für die Befreiung den Aufwand für die Gruppe durch eine Einbeziehung zu. Häufig dürften untergeordnete Bedeutung und die hier genannten Unangemessenheit und eventuelle Irreführung miteinander einhergehen, sodass die Befreiungsmöglichkeiten alternativ zu prüfen sind. In gewisser Weise ist eine Irreführung bei gleichgeordneten Unternehmen möglich: Wenn der Schwerpunkt der Gruppenaktivitäten in einem Teilkonzern unterhalb eines VVaG liegt und der gleichgeordnete VVaG nur ein „Anhängsel“ dazu darstellt, ist eine konsolidierte Betrachtung eventuell tatsächlich unangebracht. Im Unterschied zu Solvency I ist die Konsolidierungsmethode nun die Standardmethode (vgl. 7.3.1). Andererseits ist die Kombination mit der Abzugs- und Aggregationsmethode weiterhin möglich (unter Genehmigungsvorbehalt des Gruppenaufsehers).

76 Voraussetzung für die Befreiung nach § 104b VAG 2015 war, dass das gruppenangehörige Unternehmen für die zusätzliche Beaufsichtigung *ohne Bedeutung* war.

Außerdem können Unternehmen von der Gruppenaufsicht befreit werden, wenn sich das Unternehmen in einem Dritt-Staat befindet, in dem der Übermittlung der notwendigen Informationen rechtliche Hindernisse entgegenstehen (Art. 214 (2) a) SII RRL / § 246 (2) Nr. 1 VAG 2016). Die Befreiung eines verbundenen Unternehmens von der Gruppenaufsicht kann zu einer Bewertung mit Null auf Solo-Ebene (beim beteiligten Unternehmen) führen (Art. 13 (2) SII DV). Hier wirkt eventuell eine Entscheidung auf Gruppenebene auf die Solo-Ebene zurück.

Da sich die Solvency II-Befreiungsmöglichkeiten an den bisherigen Solvency I-Befreiungsmöglichkeiten orientieren (vgl. § 104b (4) VAG 2015), ist davon auszugehen, dass die BaFin-internen Prozesse für Genehmigungen, Befreiungen etc. erst einmal den Solvency I-Prozessen folgen werden. Für eine Befreiung in den drei Fällen wird also ein begründeter Antrag an den Gruppenaufseher zu stellen sein. Je nach Sachlage wird der Gruppenaufseher alleine entscheiden können. Sofern Unklarheiten und Erläuterungsbedarf bestehen, können diese durch Rücksprache in Aufsichtsgesprächen, mit Telefonaten, mit Briefen etc. geklärt werden. Bei komplexeren Fällen werden sicherlich auch die Grundsatzreferate beteiligt werden, sodass sich eine einheitliche Aufsichtspraxis herausbilden wird. Handelt es sich um eine grenzüberschreitende Gruppe, wird im Aufsichtskollegium darüber diskutiert, aber auch bei ausländischen Unternehmen entscheidet der Gruppenaufseher.

7.2.2.3 Befreiungsmöglichkeit von den Gruppensolvenzberechnungen

Die Solvency II-Richtlinie sieht des Weiteren eine Befreiungsmöglichkeit eines verbundenen Unternehmens (mit Sitz in einem Dritt-Staat oder in einem Mitgliedstaat) von den Gruppensolvenzberechnungen vor (Art. 229 SII RRL / § 260 VAG 2016). Bei Nicht-Verfügbarkeit der notwendigen Informationen erfolgt ein Buchwertabzug von den anrechnungsfähigen Gruppen-Eigenmitteln bei dem beteiligten Unternehmen.

Zu der Befreiungsmöglichkeit nach Art. 229 SII RRL / § 260 VAG 2016 sind drei Hinweise anzubringen:

1. Vom Wortlaut der Vorschrift her ist die Nicht-Verfügbarkeit der notwendigen Informationen der betroffenen *Aufsichtsbehörden* gemeint. Aber wie sollen Gruppen bei Nicht-Verfügbarkeit der notwendigen Informationen auf Gruppenebene Gruppensolvenzberechnungen durchführen? Unabhängig davon, ob Aufsichtsbehörden die Informationen vorliegen haben oder nicht, sind die Gruppen zur Durchführung der Gruppensolvenzberechnungen verpflichtet. Ohne notwendige Informationen bleibt der Gruppe dann faktisch auch nur die Möglichkeit eines Buchwertabzuges. Die Befreiungsmöglichkeit greift dann bei Nicht-Verfügbarkeit der Informationen für das die Gruppensolvenzberechnungen durchführende Gruppenunternehmen.

2. Die Zielrichtung der Befreiungsmöglichkeit ist der Fall nicht-kooperativer Aufsichtsbehörden (also eher in Nicht-EU-Staaten). Trotzdem kann bei Minderheitsbeteiligungen der Fall auftreten, dass notwendige Informationen auf Gruppen-

ebene nicht verfügbar sind, weil der Minderheitsgesellschafter rechtlich keine Möglichkeit hat, die Informationsherausgabe zu erzwingen.

3. Der Buchwertabzug auf Gruppenebene kann zu einer Bewertung mit Null auf Solo-Ebene führen (Art. 13 (2) SII DV). Hier wirkt wiederum eine Entscheidung auf Gruppenebene auf die Solo-Ebene zurück (widerlegbar).

Bei der gerade dargestellten Befreiungsmöglichkeit nach Art. 229 SII RRL / § 260 VAG 2016 handelt sich um eine „Säule I-Befreiung", d. h. nur um eine teilweise Befreiung von der gesamten Solvency II-Gruppenaufsicht (im Gegensatz zu den zuvor dargestellten Befreiungsmöglichkeiten nach Art. 214 (2) a)–c) / § 246 (2) Nr. 1–3 VAG 2016). Säule II- und III-Gruppenregelungen sind unabhängig von der Befreiung von den Säule I-Gruppensolvenzberechnungen weiterhin voll zu erfüllen. Fehlende Informationen sind natürlich in Bezug auf das Gruppen-Risikomanagement (Säule II) und die Gruppen-Berichterstattung (Säule III) ebenfalls problematisch.

7.2.3 Ebenen der Beaufsichtigung

Die Solvency II-Beaufsichtigung auf Gruppenebene erfolgt grundsätzlich *ausschließlich* auf der Ebene des obersten Mutterunternehmens im EWR (Art. 215 SII RRL / § 247 VAG 2016). Sind in den Fällen a) und b) der Beaufsichtigung als Versicherungsgruppe die beteiligten Versicherungsunternehmen, die Versicherungsholdinggesellschaft oder die gemischte Finanzholdinggesellschaft selbst Tochterunternehmen eines anderen Versicherungsunternehmens, einer anderen Versicherungsholdinggesellschaft oder einer anderen gemischten Finanzholdinggesellschaft mit Sitz im EWR, so gelten die Regeln für eine volle Solvency II-Gruppenaufsicht (Art. 218–258 SII RRL / §§ 250–299 VAG 2016) nur auf Ebene des obersten Mutterversicherungsunternehmens, der obersten Mutterversicherungsholdinggesellschaft bzw. der obersten gemischten Mutterfinanzholdinggesellschaft mit Sitz im EWR (Art. 215 (1) SII RRL / § 247 (1) VAG 2016). Damit wird generell eine Mehrfachregulierung und -beaufsichtigung nach Solvency II auf Gruppenebene vermieden.[77]

Von der Gruppen-Definition her kann nicht ausgeschlossen werden, dass ein Unternehmen zu zwei verschiedenen Gruppen gehört („Doppelgruppe") und unter eine *„zweifache"* Solvency II-Gruppenaufsicht fällt. Dies kann beispielsweise Tochterversicherungsunternehmen betreffen, die gleichzeitig verbundene Unternehmen (Beteiligung > 20 %) einer anderen Gruppe sind (vgl. Abbildung 7-10).

77 Zu einem Beispiel für eine Mehrfachregulierung einer internationalen Versicherungsgruppe siehe z. B. Wicke/ Jurecka (2005), S. 519 ff.

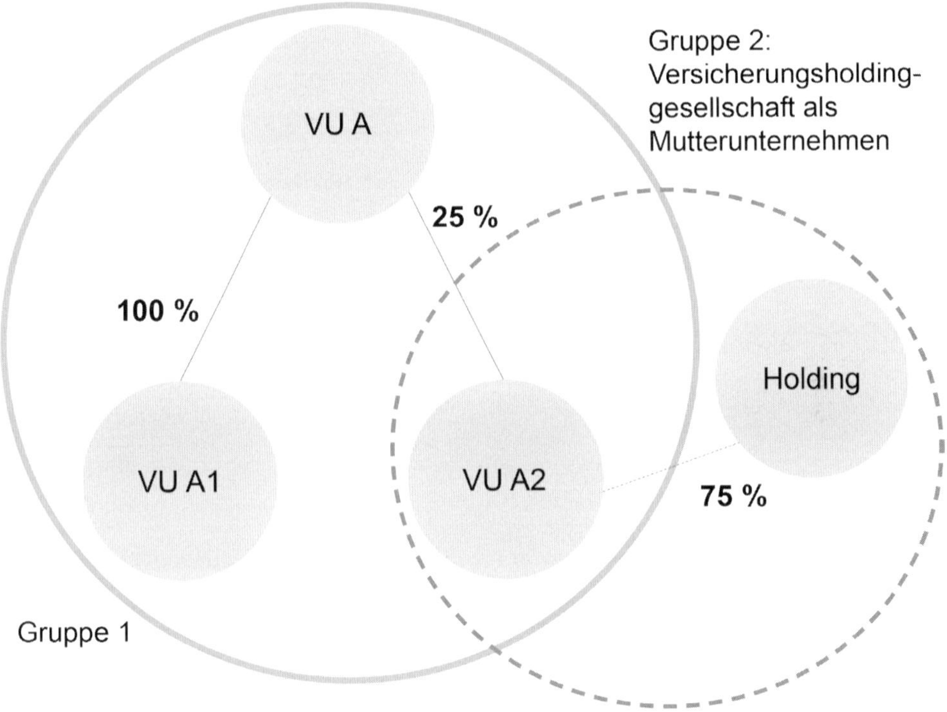

Abbildung 7-10: Beispiel einer Versicherungsgruppe (V): Doppelgruppe

Nicht ausgeschlossen ist auch, dass eine zusätzliche Beaufsichtigung auf Finanzkonglomerateebene erfolgt. Allerdings kann diese teilweise befreiend auf Versicherungsgruppenebene sein: Ist das oberste beteiligte Mutterversicherungsunternehmen, die oberste Mutterversicherungsholdinggesellschaft oder die oberste gemischte Mutterfinanzholdinggesellschaft mit Sitz im EWR Tochterunternehmen eines Unternehmens, das einer Finanzkonglomeratebeaufsichtigung unterliegt, so kann der Solvency II-Gruppenaufseher beschließen, von der Überwachung der Risikokonzentration (Art. 244 SII RRL / § 273 VAG 2016) und/oder der Überwachung der gruppeninternen Transaktionen (Art. 245 SII RRL / § 274 VAG 2016) auf Ebene dieses obersten Mutterunternehmens bzw. dieser obersten Muttergesellschaft abzusehen (Art. 215 (2) SII RRL / § 247 (2) VAG 2016). Die anderen betroffenen Aufsichtsbehörden sind durch den Gruppenaufseher zu konsultieren (Art. 215 (2) SII RRL / § 247 (2) VAG 2016). Ergebnis der Gruppenaufseher-Entscheidung wäre beispielsweise, dass die gleichen gruppeninternen Geschäfte durch die Gruppe nicht zweifach zu melden sind.

Die Solvency II-Richtlinie sieht jedoch vor, dass Aufsichtsbehörden der Mitgliedstaaten das auf nationaler Ebene oberste Unternehmen einer Solvency II-Gruppenaufsicht unterwerfen können (Art. 216 (1) SII RRL / § 248 (1) VAG 2016). Grundvoraussetzung für eine solche Subgruppenaufsicht ist, dass eine Untergruppe der gesamten Versicherungsgruppe nach der Solvency II-Gruppen-Definition besteht, die ihren Sitz in dem Mitgliedstaat hat (vgl. Abbildung 7-11 a) bzw. b)).

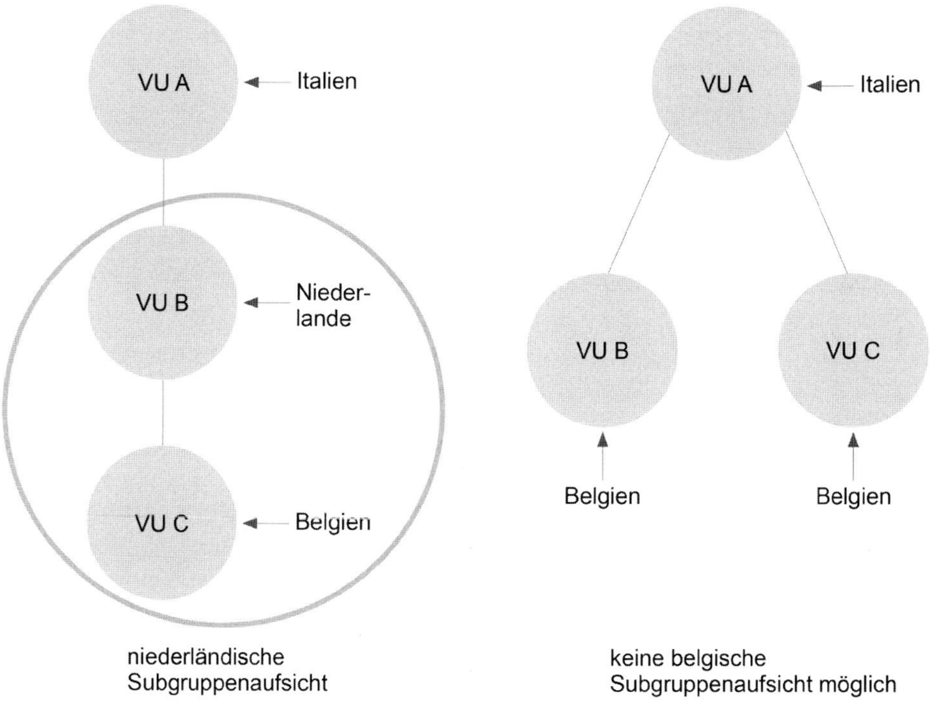

Abbildung 7-11: Voraussetzungen nationaler Subgruppenaufsicht

Bemerkenswert ist, dass es sich bei der Subgruppenaufsicht (teilweise auch als Teilgruppenaufsicht bezeichnet, vgl. Faber-Graw (2011), S. 117) um ein Wahlrecht der Mitgliedstaaten im Gruppenkontext handelt. Je nach Umsetzung dieses Wahlrechts in das jeweilige nationale Recht können internationale Gruppen auf unteren Ebenen der Gruppe einer (zusätzlichen) Subgruppenaufsicht unterliegen; eventuell sogar mehrfach, sofern die rechtliche (mehrstufige) Struktur der Gesamtgruppe mehrere nationale Subgruppen enthält, ggf. sogar auf einer Stufe mehrere Subgruppen in einem Land (Abbildung 7-12).[78]

78 Für ein anderes Beispiel einer mehrfachen Subgruppenbeaufsichtigung vgl. FMA (2012), S. 81.

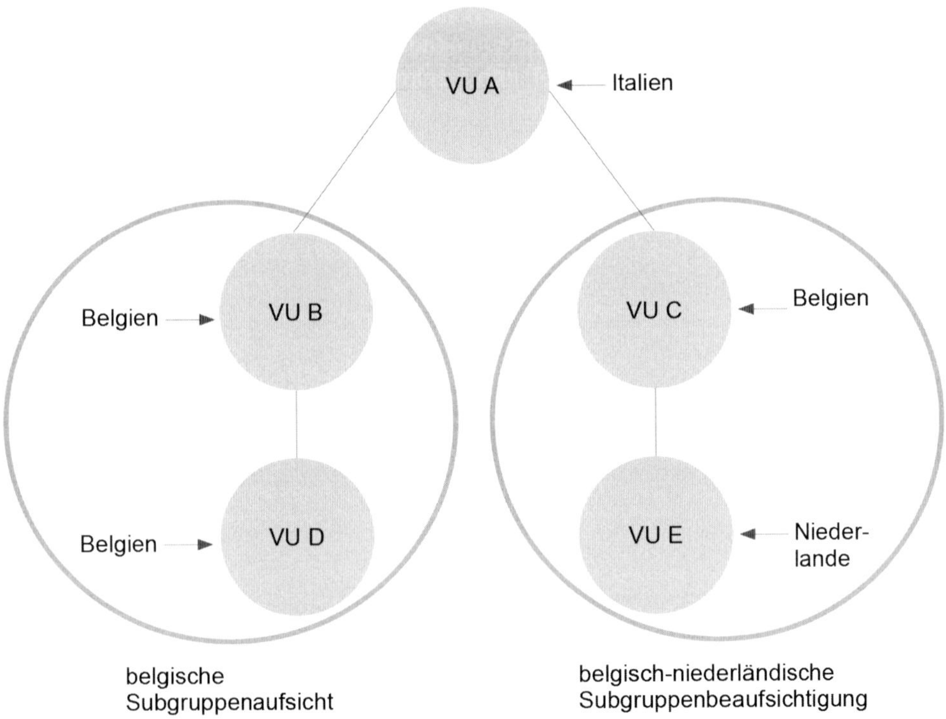

Abbildung 7-12: Illustration einer „zweifachen" Subgruppenaufsicht in einem Land

Diese Subgruppenaufsicht durchbricht die Behandlung einer Gruppe als eine ökonomische Einheit. Nationale Subgruppen müssen auch nicht die Risikostruktur der Gruppe abbilden. So könnte eine Gruppe spartenspezifisch strukturiert sein (z. B. Leben, Nicht-Leben und Rückversicherung) und die jeweiligen Sparten unter Zwischenholdings in unterschiedlichen Ländern gebündelt haben – die Ausgleichseffekte zwischen den Sparten auf Gesamtgruppenebene kämen in einer jeweiligen nationalen Subgruppenaufsicht (damit bezogen auf nur eine Sparte) genauso wenig zum Tragen wie eventuelle Risikoverteilungsmechanismen über eine gruppeninterne Rückversicherung. Die Subgruppenaufsicht kann so zu ungleichen Wettbewerbsbedingungen im Hinblick auf eine flexible Kapitalallokation in der Gruppe führen. Vor diesem Hintergrund könnte es einen „Wettbewerb" zwischen den Ländern geben, jeweils Subgruppen im eigenen Land, die Teil von Gruppen mit Sitz im anderen Land sind, zu beaufsichtigen.

Vorteil der Subgruppenaufsicht ist ein gewisses „ring fencing" von lokalem Kapital im Land. Umgekehrt steht das lokal gebundene Kapital nicht mehr für andere Teile der Gruppe (außerhalb der Subgruppe) zur Verfügung, was Nachteile bedeutet für die Versicherungsnehmer der Gruppenunternehmen anderer Länder, deren Insolvenzsicherungssysteme und dortige Gläubiger in der Insolvenz. Die nationalen Aufsichtsbehörden haben bei der Entscheidung über eine Subgruppenaufsicht deren Wirkung auf den Schutz der Versicherungsnehmer (Art. 27 SII RRL / § 294 (1) VAG 2016) und die Finanzstabilität

(Art. 28 SII RRL / § 294 (2) VAG 2016) auch in anderen Mitgliedstaaten mitabzuwägen und gerade nicht nur den Schutz des heimischen Marktes.

Aus obigen Gründen ist die Subgruppenaufsicht durch mehrere Mechanismen in ihrer Anwendung als Aufsichtsinstrument beschränkt:

- Eine Subgruppenaufsicht ist nur möglich, wenn das oberste Unternehmen der Subgruppe seinen Sitz nicht in dem Mitgliedstaat hat, in dem das oberste Unternehmen der Gesamtgruppe seinen Sitz hat (Art. 216 (1) SII RRL / § 248 (1) VAG 2016).[79] Da der Gruppenaufseher i. d. R. die nationale Aufsichtsbehörde des Sitzlandes des obersten Mutterunternehmens ist, hätte der Gruppenaufseher ja bereits die Verantwortung für die Beaufsichtigung auf Gesamtgruppenebene (also einschließlich der Subgruppe). Durch eine Subgruppenaufsicht wäre demnach nur ein begrenzter zusätzlicher Informationsgewinn zu erwarten.
- Bei der Subgruppenaufsicht handelt es sich um eine optionale Einzelfallentscheidung des jeweiligen nationalen Aufsehers – es besteht keine Verpflichtung zu einer Subgruppenaufsicht. Es besteht vielmehr eine Konsultations- und Begründungspflicht:
  - Vor einer Entscheidung über eine Subgruppenaufsicht ist der Gesamtgruppenaufseher und das oberste Mutterunternehmen der Gesamtgruppe durch die nationale Aufsichtsbehörde zu konsultieren (Art. 216 (1) Unterabs. 1 SII RRL / § 248 (1) Satz 1 VAG 2016).
  - Eine Entscheidung für eine Subgruppenaufsicht ist dem Gesamtgruppenaufseher und dem obersten Mutterunternehmen der Gesamtgruppe durch die nationale Aufsichtsbehörde zu erläutern (Art. 216 (1) Unterabs. 2 SII RRL n. F. / § 248 (1) Satz 2 VAG 2016). Der Gruppenaufseher hat dann das Aufsichtskollegium über diese Entscheidung zu unterrichten (Art. 216 (1) Unterabs. 2 SII RRL n. F. / § 248 (1) Satz 2 VAG 2016).
- Nicht-EWR-Subgruppen können nicht einer Subgruppenaufsicht unterzogen werden (vgl. Faber-Graw (2011), S. 117).
- Die nationale Subgruppenaufsicht kann auf Teile der Gruppenaufsicht begrenzt werden (Art. 215 (2) SII RRL / § 247 (2) VAG 2016). So kann beispielsweise auf die Anforderung zu Subgruppensolvenzberechnungen verzichtet und die nationale Subgruppenaufsicht auf die Beaufsichtigung von subgruppeninternen Geschäften begrenzt werden.
- Eine nationale Subgruppenaufsicht ist nicht (mehr) möglich, wenn das oberste Mutterunternehmen der Subgruppe Teil der Beaufsichtigung einer Gruppe mit zentralisiertem Risikomanagement ist (Art. 216 (6) SII RRL / § 248 (6) VAG 2016). Gruppen können also eine Subgruppenaufsicht vermeiden, wenn sie eine Genehmigung zur Beaufsichtigung als Gruppe mit zentralisiertem Risikomanagement (Art. 237 SII RRL / § 268 VAG 2016) anstreben. Für die Aufsichtsbehörden einer Gruppe besteht kein „Wahlrecht" zwischen einer Beaufsichtigung der Gruppe mit

79 Voraussetzung für die Subgruppenaufsicht ist, dass das Mitgliedstaaten-Wahlrecht im nationalen Recht umgesetzt ist.

zentralisiertem Risikomanagement und der Subgruppenaufsicht: Bei Vorliegen der Voraussetzungen für die Beaufsichtigung einer Gruppe mit zentralisiertem Risikomanagement ist der Antrag (zwingend) zu genehmigen – die Weiterführung einer Subgruppenaufsicht kann gerade kein Argument gegen die Genehmigung sein.[80]

- Die Europäische Kommission kann delegierte Rechtsakte erlassen, in denen festgelegt ist, unter welchen Umständen die Entscheidung für eine nationale Subgruppenaufsicht durch eine nationale Aufsichtsbehörde getroffen werden kann (Art. 216 (7) SII RRL / § 248 VAG 2016). Damit besteht die grundsätzliche Möglichkeit, willkürliche oder uneinheitliche Entscheidungen der nationalen Aufsichtsbehörden in Bezug auf internationale Gruppen durch europäische Rechtsetzung zu harmonisieren. Die Festlegung von detaillierten Kriterien für eine nationale Subgruppenaufsicht ist zu Solvency II-Beginn in der Delegierten Verordnung zur Solvency II-Richtlinie allerdings nicht vorgesehen (vgl. Art. 358 SII DV mit seinem allgemeinen Hinweis auf objektive Unterschiede der Geschäfte, der Organisation oder des Risikoprofils zwischen der Subgruppe und der Gruppe).[81] Solche Kriterien hätten zu berücksichtigen, dass nationale Aufseher zum einen bereits die Solo-Aufsicht über Unternehmen der Subgruppe ausüben und dass sie zum anderen über das Aufsichtskollegium an der Gesamtgruppenbeaufsichtigung teilhaben (beispielsweise auch an der aufsichtlichen Gruppenberichterstattung). Damit verbleiben nur objektive Besonderheiten im Verhältnis der Subgruppe zur Gesamtgruppe, die ggf. eine Subgruppenaufsicht rechtfertigen könnten.
- Bei der Überprüfung der Gruppenaufsicht durch die Europäische Kommission bis 31.12.2017 (Art. 242 (1) SII RRL) ist besonders eine funktionierende Zusammenarbeit der Aufseher im Aufsichtskollegium im Fokus. Subgruppenaufsicht könnte als Indiz für eine nicht ausreichende Kooperationsbereitschaft gedeutet werden.

Auf Subgruppenebene als verbindlich anzuerkennen sind die Methodenwahl (Konsolidierungs- vs. Abzugs- und Aggregationsmethode) und die Anwendung eines gruppeninternen Modells (Art. 216 (3) bzw. (4) SII RRL / § 248 (3) bzw. (4) VAG 2016). Damit wird eine gewisse Konsistenz zwischen Beaufsichtigung auf Gesamt- und Subgruppeebene sichergestellt. Die nationale Aufsichtsbehörde kann somit Entscheidungen des Gruppenaufsehers in dieser Form nicht konterkarieren. Bezüglich des internen Modells besteht jedoch die Möglichkeit des Subgruppenaufsehers, einen Kapitalzuschlag zu verhängen oder, wenn ein solcher nicht angemessen sein sollte, sogar die Anwendung der Standardformel zu verlangen (Art. 216 (4) Unterabs. 2 SII RRL / § 248 (4) Satz 2 VAG 2016). Diese Ausnahmeregelung zeigt die der Subgruppenaufsicht inhärente Gefahr,

80 Anders dargestellt in Faber-Graw (2011), S. 117.

81 Die Entwicklung von konkreten Kriterien mit EU-weiter Geltung für die Ausübung bzw. Nicht-Ausübung der Option der Aufsichtsbehörden auf eine Subgruppenaufsicht wird z. B. mit Verweis auf die Erfahrungen im Verlauf der Krise 2008/2009 befürwortet (so Faber-Graw (2011), S. 117). Dagegen spricht, dass dazu Einigkeit bzw. Klarheit auf EU-Ebene herrschen müsste, ob die Subgruppenaufsicht im Solvency II-Kontext eher die Regel, die Ausnahme oder sogar gar nicht erlaubt sein sollte. Die Ausgestaltung als Mitgliedstaaten-Option spricht dafür, dass in den Mitgliedstaaten unterschiedliche Auffassungen dazu herrschten. Ein Interessenausgleich wird auch dadurch erschwert, dass die Art und die Grade der Betroffenheit in den einzelnen Ländern aufgrund der heutigen und zukünftigen Gruppenstrukturen sehr unterschiedlich ausfallen können.

die Gesamtgruppenbeaufsichtigung zu unterminieren. Auch in anderen Fällen kann es zu widersprüchlichen Entscheidungen des Gesamtgruppenaufsehers und des Subgruppenaufsehers kommen. So könnte der Fall eintreten, dass der Subgruppenaufseher bestimmte (Sub-)Gruppenunternehmen wegen Unwesentlichkeit von der Subgruppenaufsicht befreit, der Gruppenaufseher allerdings nicht von der (Gesamt-)Gruppenaufsicht (vgl. 7.2.2.2).

Die nationale Subgruppenaufsicht kann auf zwei oder mehrere Länder erweitert werden:[82] Nationale Aufsichtsbehörden könnten mit den Aufsichtsbehörden anderer Mitgliedstaaten, in denen sich ein verbundenes Unternehmen befindet, das ebenfalls oberstes Mutterunternehmen auf nationaler Ebene ist, vereinbaren, eine mehrere Mitgliedstaaten umspannende Subgruppenaufsicht durchzuführen (Art. 217 (1) SII RRL / § 249 (1) VAG 2016). Es handelt sich wiederum nur um eine Option und keine Pflicht der nationalen Aufsichtsbehörden (vgl. Faber-Graw (2011), S. 117). Die oben skizzierten Vorgaben für die nationale Subgruppenaufsicht gelten dann entsprechend (Art. 217 (2) SII RRL / § 249 (2) VAG 2016). Für die Umstände, unter denen eine solche Entscheidung getroffen werden kann, sind delegierte Rechtsakte durch die Europäische Kommission vorgesehen (Art. 217 (3) SII RRL n. F.).

Ebenen der Beaufsichtigung

Die verschiedenen Ebenen der Beaufsichtigung im Überblick zeigt Abbildung 7-13.

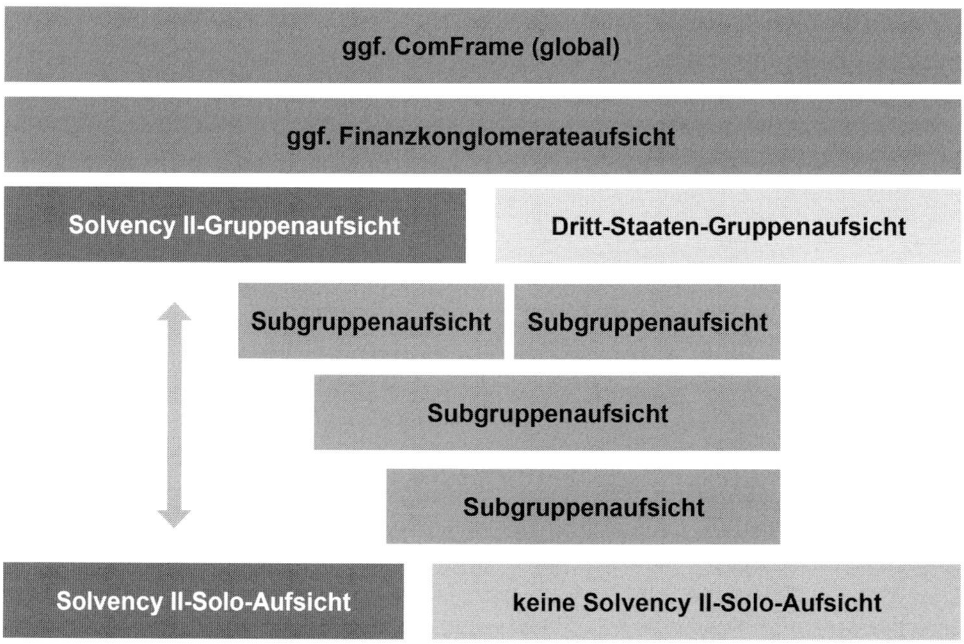

Abbildung 7-13: Verhältnis von Solvency II-Solo-Aufsicht und -Gruppenaufsicht

82 Für ein Beispiel einer mehrere Mitgliedstaaten umspannenden Subgruppe siehe FMA (2012), S. 83.

Für bestimmte Versicherungsunternehmen oder Versicherungsgruppen kann eine zusätzliche Beaufsichtigung als (global oder national) systemrelevante Versicherer hinzukommen, da die Absicht besteht, nicht nur systemrelevante Banken, sondern allgemein systemrelevante Finanzinstitute („financial institutions") einer Systemaufsicht zu unterstellen.

7.3 Gruppensolvenzberechnungen

Gruppen unter der vollen Solvency II-Gruppenaufsicht (Fälle a) und b), s. o.) sind verpflichtet, die Gruppen-Solvenzkapitalanforderungen (Gruppen-SCR) stets mit anrechnungsfähigen Gruppen-Eigenmitteln zu bedecken (Art. 218 (2) bzw. (3) SII RRL / § 250 (2) bzw. (3) VAG 2016). Die Differenz aus Gruppen-Eigenmitteln und dem Gruppen-SCR (= Gruppensolvenz) sollte also (absolut) immer positiv sein („Überschuss"). Dies ist gleichbedeutend mit einer Gruppen-Solvenzquote (auch: Gruppen-Bedeckungsquote), definiert als Quotient aus Gruppen-Eigenmitteln und Gruppen-SCR von mindestens 100 % („Überdeckung").

Die Gruppensolvenzberechnung hat mindestens einmal jährlich zu erfolgen (Art. 219 (1) SII RRL / § 251 (1) VAG 2016). Stichtag für die Gruppensolvenzberechnungen wird i. d. R. der 31.12. eines Jahres sein (Geschäftsjahresende). Unabhängig von den Berechnungszeitpunkten ist das Gruppen-SCR – analog zu den Solo-SCRs – laufend zu überwachen und neu zu berechnen, wenn das Risikoprofil der Gruppe erheblich von den Annahmen abweicht, die dem zuletzt an den Gruppenaufseher gemeldeten Gruppen-SCR zugrunde lagen (Art. 219 (2) SII RRL / § 251 (2) VAG 2016). Gibt es begründete Hinweise („evidence") dafür, dass sich das Risikoprofil der Gruppe seit der letzten Meldung des Gruppen-SCR erheblich geändert hat, kann der Gruppenaufseher eine Neuberechnung verlangen (Art. 219 (2) Unterabs. 2 SII RRL / § 251 (2) Satz 2 VAG 2016).

Die Gruppensolvenzberechnungen sind 2008 erstmals intensiv mit der QIS4 getestet worden (CEIOPS (2009), S. 3). Mittlerweile werden die Gruppensolvenzberechnungen zusätzlich neben der Delegierten Verordnung zur Solvency II-Richtlinie (Delegierte Verordnung (2015)) durch EIOPA-Leitlinien (vgl. EIOPA (2015i)), EIOPA-„Meinungen" (EIOPA (2015e) und sogar Fragen und Antworten (Q&A) konkretisiert. Im Folgenden werden zunächst die Methoden zur Gruppensolvenzberechnung vorgestellt.

7.3.1 Methodenüberblick

Die Solvency II-Richtlinie erlaubt (nur noch) zwei Methoden zur Berechnung der Gruppensolvenz: zum einen die Berechnung auf der Grundlage des konsolidierten Abschlusses, kurz Konsolidierungsmethode (Methode 1, Art. 230–232 SII RRL / §§ 261–264 VAG 2016) und zum anderen die Abzugs- und Aggregationsmethode (Methode 2, Art. 233–234 SII RRL / § 265 VAG 2016). Die dritte unter Solvency I vorhandene Methode (sog.

Buchwertmethode, Methode 2 im Anhang I der Versicherungsgruppenrichtlinie) entfällt unter Solvency II (vgl. Faber-Graw (2011), S. 118).

Die Konsolidierungsmethode („consolidation method") ist dabei das Standardverfahren, während die Abzugs- und Aggregationsmethode („deduction and aggregation method", kurz „d & a method") das Alternativverfahren ist. Dies äußert sich in der Vorschrift, dass die Abzugs- und Aggregationsmethode nur von der Gruppe angewendet werden darf, wenn dies vom Gruppenaufseher gestattet worden ist (Art. 220 (2) SII RRL / § 252 (2) VAG 2016).

Eine Kombination der beiden Methoden ist nach Konsultation der anderen betroffenen Aufseher und der Gruppe selbst möglich (Art. 220 (2) SII RRL / § 252 (2) VAG 2016), aber nur die Konsolidierungsmethode kann ohne weitere Genehmigung durch den Gruppenaufseher angewendet werden. Die Kombination der Methoden kann darin bestehen, dass nur für einzelne Unternehmen der Gruppe die Abzugs- und Aggregationsmethode verwendet wird (z. B. gleichgeordnete VVaGs oder Dritt-Staaten-Versicherungsunternehmen) und für den Rest der (EWR-)Gruppe die Konsolidierungsmethode.

Bei der Konsolidierungsmethode wird die Gruppe so behandelt, als wäre sie ein Einzelunternehmen, also eine ökonomische Einheit. Die Ermittlung der Eigenmittel der Gruppe und die Berechnungen der Kapitalanforderung für die Gruppe (= Gruppen-SCR) erfolgen soweit möglich auf konsolidierter Basis. So ist der Startpunkt der Ermittlung der Gruppen-Eigenmittel eine konsolidierte Solvency II-Bilanz, die aus einer Umbewertung eines HGB- bzw. IFRS-Konzernabschlusses („top-down") gewonnen sein könnte.[83]

Bei der Abzugs- und Aggregationsmethode erfolgt hingegen eine Addition der (anteiligen) anrechnungsfähigen Eigenmittel (Art. 233 (2) SII RRL / § 265 (2) VAG 2016) und eine Addition der (anteiligen) Solvenzapitalanforderungen der Einzelunternehmen (= Solo-SCR) (Art. 233 (3) SII RRL / § 265 VAG 2016). Die Differenz aus dieser Eigenmittel-Summe und der Summe der Solo-Solvenzkapitalanforderungen sollte positiv sein (Art. 233 (1) SII RRL / § 265 (1) VAG 2016). Der Name der Methode veranschaulicht ein gleichwertiges Vorgehen: Jeweils von den Solo-Eigenmitteln werden die Solo-Kapitalanforderungen abgezogen („Abzug") und dann über die zu betrachtenden Gruppenunternehmen aufsummiert („Aggregation"). Vor der Aggregation hat allerdings noch eine Bereinigung um gruppeninterne Verflechtungen (u. a. Darlehen, Beteiligungen, Rückversicherung) zu erfolgen. Nur so lassen sich Doppelzählungen vermeiden.

Bei der Konsolidierungsmethode ist die Berücksichtigung von unternehmensübergreifenden Diversifikationseffekten (Gruppen-Diversifikationseffekten) möglich, nicht hingegen bei der Abzugs- und Aggregationsmethode. Beide Methoden berücksichtigen Ausgleichseffekte in den Einzelunternehmen, aber nur die Konsolidierungsmethode erlaubt die Realisierung von zusätzlichen Gruppen-Diversifikationseffekten im Gruppen-SCR. Dies zeigt sich grundsätzlich darin, dass das Gruppen-SCR niedriger sein kann als die Summe der Solo-SCRs.

83 Alternativ zu diesem top-down-Ansatz können („bottom-up") die Solo-Solvency II-Bilanzen zu einer Gruppen-Solvency II-Bilanz konsolidiert werden. Im Ergebnis sollten sich die Gruppen-Solvency II-Bilanzen nicht unterscheiden.

Die Unterschiede der beiden Methoden lassen sich wie folgt zusammenfassen:

Konsolidierungsmethode (Art. 230 SII RRL / § 261 VAG 2016)	**Abzugs- und Aggregationsmethode (Art. 233 SII RRL / § 265 VAG 2016)**
• Standardverfahren	• Alternativverfahren
• Gruppe so zu behandeln, als sei sie ein Einzelunternehmen • Ermittlung der Eigenmittel und Berechnung der Kapitalanforderung auf konsolidierter Basis (soweit möglich)	• Addition der verfügbaren Eigenmittel und Kapitalanforderungen der Einzelunternehmen • davor Bereinigung um gruppeninterne Verflechtungen (Darlehen, Beteiligungen, Rückversicherung) zur Vermeidung von Doppelzählungen
• Berücksichtigung unternehmensübergreifender Diversifikationseffekte (Gruppen-Diversifikationseffekte)	• keine Berücksichtigung unternehmensübergreifender Diversifikationseffekte (Gruppen-Diversifikationseffekte)

Tabelle 3: Konsolidierungsmethode und Abzugs- und Aggregationsmethode im Vergleich

Wie ergeben sich beim Standardansatz die Gruppen-Diversifikationseffekte?[84]

Das Vorgehen bei der Konsolidierungsmethode lässt sich wie folgt beschreiben (vgl. Abbildung 7-14):

- Schritt 1: Aggregation (Verwendung konsolidierter Daten oder Addition) der Solo-Risiken zum Gesamtgruppenrisiko pro Risikoklasse (vertikal).
- Schritt 2: Aggregation zum Gesamtrisiko unter Verwendung der Korrelationen (→ Diversifikationseffekte) wie beim Solo-Unternehmen (horizontal).

Beim letzten Schritt zur Ermittlung des konsolidierten Gruppen-SCR kommt die Korrelationsmatrix mit ihren Korrelationen zwischen den verschiedenen Risikomodulen wie auf der Solo-Ebene zum Einsatz (vgl. 4.2.4). Das obige Vorgehen stellt also sicher, dass ein Versicherungsunternehmen, das sich in eine Gruppe aufteilt, nicht höhere Kapitalanforderungen hat als ein Einzelunternehmen. Eine Nicht-Anerkennung unternehmensübergreifender Ausgleichseffekte würde Gruppen also ungerechtfertigt schlechter stellen.

84 Zu Diversifikationseffekten vgl. vertiefend beispielsweise CRO Forum (2005) und CRO Forum (2013).

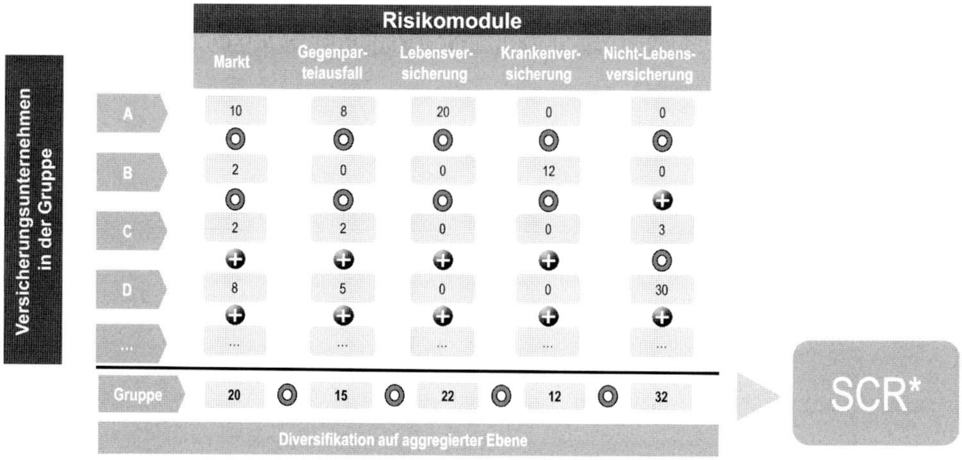

Abbildung 7-14: Gruppen-SCR nach der Konsolidierungsmethode

Zum Vergleich das Vorgehen bei der Abzugs- und Aggregationsmethode (vgl. Abbildung 7-15):

- Schritt 1: Aggregation der Risikoarten – nach Bereinigung um gruppeninterne Beziehungen – innerhalb eines Versicherungsunternehmens (horizontal).
- Schritt 2: Aggregation zum Gesamtrisiko durch Addition der adjustierten SCRs der einzelnen Versicherungsunternehmen (vertikal).

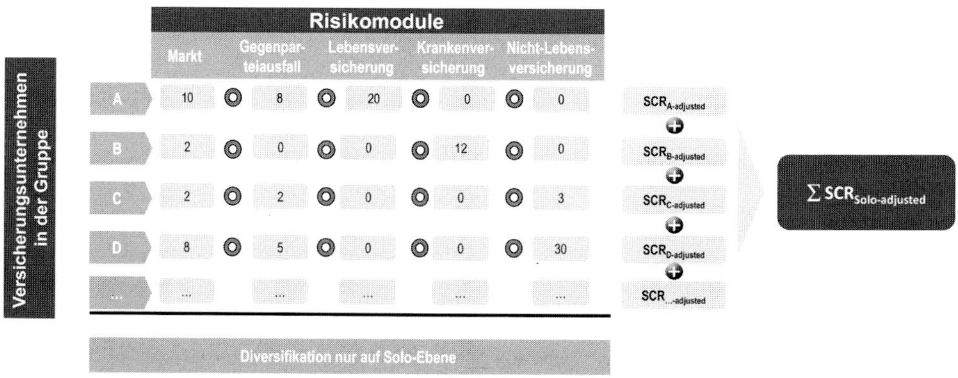

Abbildung 7-15: Gruppen-SCR nach der Abzugs- und Aggregationsmethode

Bei der Abzugs- und Aggregationsmethode kommt die Korrelationsmatrix nur zwischen den Risikomodulen auf Solo-Ebene zum Tragen. Ein Ausgleich beispielsweise zwischen versicherungstechnischen Risiken der Lebensversicherung und versicherungstechnischen Risiken der Schaden-/Unfallversicherung ist wegen der Spartentrennung in einem

Versicherungsunternehmen nicht möglich, auf Gruppenebene aber schon. Die Abzugs- und Aggregationsmethode erlaubt jedoch nicht deren Realisierung im Gruppen-SCR. Nur bei der Konsolidierungsmethode werden solche Gruppen-Diversifikationseffekte Gruppen-SCR-mindernd angerechnet.

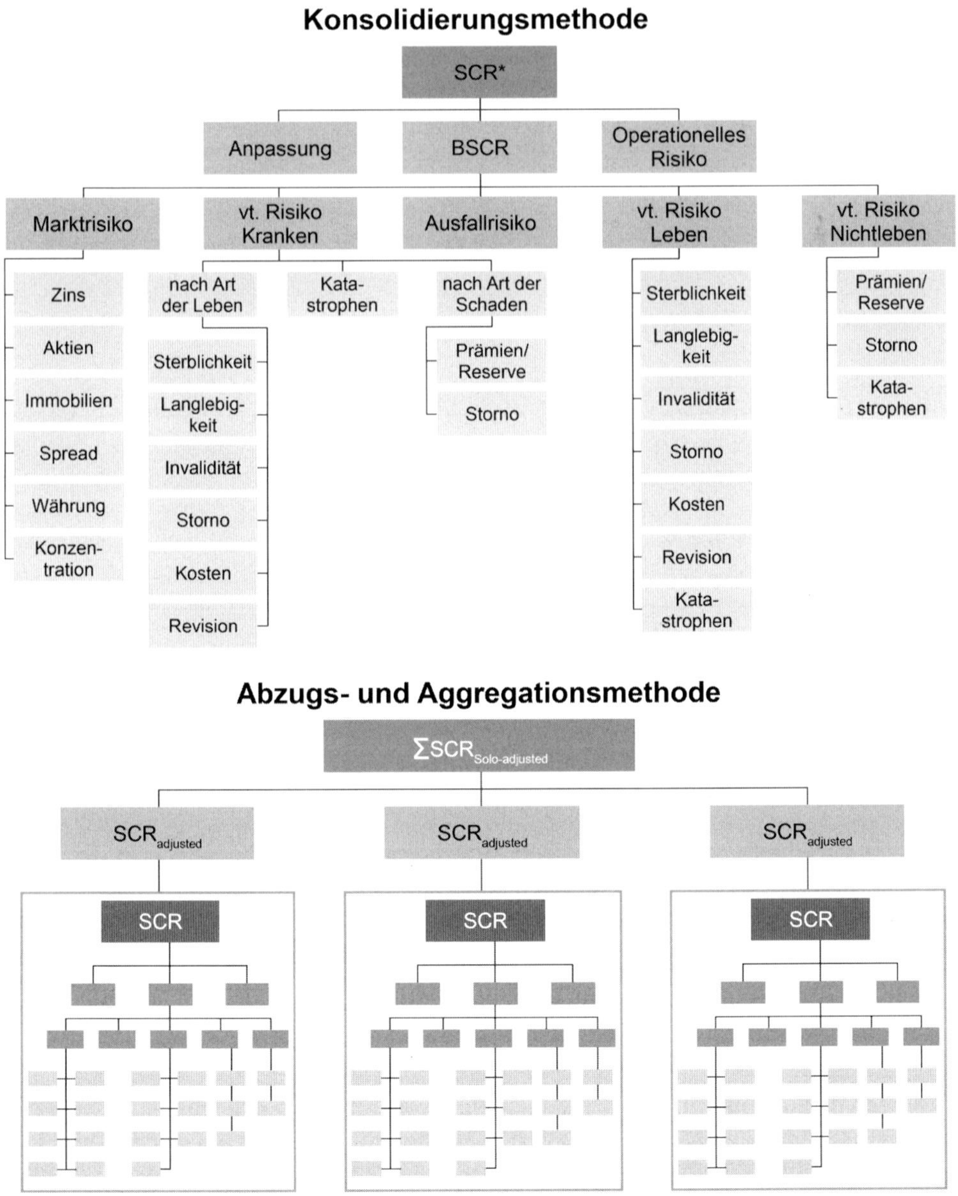

Abbildung 7-16: Illustration der Vorgehensweisen beim Standardansatz auf Gruppenebene

Als methodenunabhängige Grundstruktur teilt sich das Gruppen-SCR in drei Teilkapitalanforderungen auf, deren Summe erst das Gruppen-SCR ergibt:

1. SCR* („SCR Stern") = die Solvency II-Kapitalanforderungen für die sog. Kerngruppe
2. SCR_{NCP} = die Solvency II-Solvenzkapitalanforderungen für nicht-kontrollierte Beteiligungen („non-controlled participations", NCP), also für verbundene Versicherungsunternehmen, die nicht Tochterunternehmen sind (Kapital- bzw. Stimmrechtsbeteiligung zwischen 20 % und 50 %)
3. CR_{OFS} = die (sektoralen) Kapitalanforderungen („capital requirements", CR) für Unternehmen anderer Finanzsektoren („other financial sector", OFS)

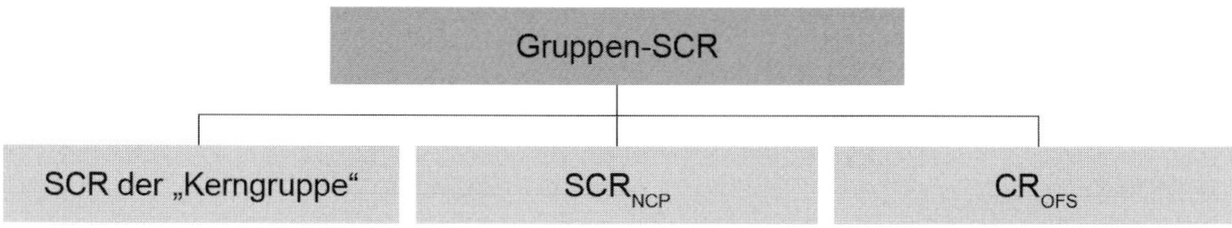

Abbildung 7-17: Struktur der Berechnung des Gruppen-SCR

Die Höhe der Gruppen-Eigenmittel sollte bei beiden Methoden im Wesentlichen übereinstimmen, in Spezialfällen ergeben sich jedoch Abweichungen. Dies gilt z. B. bei Dritt-Staaten-Einheiten in (vorläufig) gleichwertig anerkannten Dritt-Staaten-Aufsichtsregimen, für die bei Anwendung der Abzugs- und Aggregationsmethode die lokalen Kapitalanforderungen einbezogen werden können (Art. 227 SII RRL / § 258 VAG 2016).[85] Die in die Gruppensolvenzberechnung einzubeziehenden Unternehmen sind unabhängig von der Methodenwahl die gleichen.

7.3.2 Gruppensolvenzberechnungen nach der Konsolidierungsmethode

Bei der Konsolidierungsmethode ergibt sich die Solvenzkapitalanforderung für die Kerngruppe (SCR*) grundsätzlich auf Basis konsolidierter Daten der zur Kerngruppe gehörenden Gruppenunternehmen. Die Kerngruppe umfasst „kontrollierende" und „kontrollierte" Einheiten, d. h. Unternehmen, von denen dominanter Einfluss ausgeübt wird:

- „kontrollierende" Einheiten:
  - Versicherungsunternehmen
  - Versicherungsholdinggesellschaften
  - gemischte Finanzholdinggesellschaften, sofern nicht ausgenommen

85 Siehe dazu auch EIOPA (2015e) sowie EIOPA (2016a). Es handelt sich um ein Mitgliedstaaten-Wahlrecht, das in Deutschland umgesetzt ist.

- „kontrollierte“ Einheiten:
  - Unternehmen, über die dominanter Einfluss ausgeübt wird bzw. die unter gemeinschaftlicher Führung mit gruppenfremden Dritten stehen
  - (Rück-)Versicherer (prinzipiell inklusive solcher aus Dritt-Staaten)
  - (zwischengeschaltete) Versicherungsholdinggesellschaften
  - Zweckgesellschaften (SPVs), die nicht EU- oder äquivalent reguliert sind
  - Versicherungsbetriebsgesellschaften („Nebendienstleistungsunternehmen“)[86]

Finanzunternehmen anderer Sektoren (Banken, Pensionsfonds) sind nicht in der Kerngruppe zu berücksichtigen, sondern separat zu betrachten. Das heißt insbesondere, dass diese aus der Solvency II-Gruppenbilanz für Zwecke der Gruppensolvenzberechnung zu entkonsolidieren sind (auch wenn sie Tochterunternehmen sind).

Es werden keine Ausgleichseffekte in der konsolidierten Solvency II-Bilanz berücksichtigt: Die Gruppen-Risikomarge ist gleich der Summe der Solo-Risikomargen der Einzel-Versicherungsunternehmen (Art. 340 SII DV). Dies ist ökonomisch inkonsistent zur Berücksichtigung von Gruppen-Diversifikationseffekten in der Kapitalanforderung der Kerngruppe (SCR*).

Im SCR der Kerngruppe (SCR*) ergeben sich folgende Effekte:

- Zinsänderungsrisiko: Es kann nicht gleichzeitig ein Zinsanstiegs- und Zinsrückgangsschock (in verschiedenen Gruppenunternehmen) eintreten. Daher ist durch separate Ermittlung der Eigenmittelveränderungen für die Szenarien „Zinsrückgang“ und „Zinsanstieg“ das Szenario zu ermitteln, das für die Kerngruppe angenommen wird. Dieses Szenario kann von den Szenarien in den einzelnen Gruppenunternehmen abweichen. Die angenommene Zinsveränderung ist in diesen Fällen nicht der schlechtere Fall aus den Szenarien „Zinsrückgang“ und „Zinsanstieg“ auf Einzelunternehmensebene. Das gesamte Zinsänderungsrisiko auf Gruppenebene entspricht dann nicht der Summe der Zinsänderungsrisiken der Einzelunternehmen, sondern ist niedriger.
- Währungsrisiko: analog zum Zinsänderungsrisiko
- Konzentrationsrisiko: Konzentrationsrisikoberechnung auf Basis konsolidierter Bestände tendenziell niedriger als Summe der Konzentrationen auf Solo-Ebene
- Marktrisiko: keine Ausgleichseffekte durch lineare Stresse (z. B. bei Aktien), aber durch Korrelationsfaktoren zwischen den Anlageklassen

Zudem können sich gerade bei versicherungstechnischen Risiken Effekte aus der Betrachtung konsolidierter Bestände ergeben („gruppenspezifische Parameter“ statt „un-

86 Als Anbieter von Nebendienstleistungen („Nebendienstleistungsunternehmen“, „ancillary services undertaking“) gelten nicht beaufsichtigte Unternehmen, deren Haupttätigkeit im Besitz oder in der Verwaltung von Immobilien, im Management von Datenverarbeitungsdiensten, in Gesundheits- und Pflegedienstleistungen oder in einer ähnlichen Tätigkeit bestehen, die im Verhältnis zur Haupttätigkeit eines oder mehrerer Versicherungsunternehmen den Charakter einer Nebentätigkeit hat (Art. 1 Nr. 53 SII DV).

ternehmensspezifische Parameter"). Die Konsolidierungsmethode kann auch deutlich besser gruppenweite bzw. unternehmensübergreifende Rückversicherungsstrukturen abbilden (vgl. Butzke/Ludwig/Vievers (2011), S. 58). Außerhalb der Kerngruppe sind keine Gruppen-Diversifikationseffekte im Standardansatz anrechenbar. Weitergehende Anrechnungen bedürfen dann eines internen Modells auf Gruppenebene.

Die Teilgruppe der nicht-kontrollierten Einheiten („non-controlled participations", NCP) umfasst alle (Rück-)Versicherungsunternehmen (prinzipiell inklusive solcher Einheiten aus Dritt-Staaten) und Versicherungsholdinggesellschaften, über die signifikanter Einfluss ausgeübt wird (Anteil des Kapitals oder der Stimmrechte zwischen 20 % und 50 %). Das SCR für die NCP-Einheiten ist die Summe der anteiligen Solo-SCRs der NCP-Unternehmen.

Die Teilgruppe der Finanzunternehmen anderer Sektoren („other financial sector", OFS) setzt sich aus den Unternehmen unter signifikantem oder dominantem Einfluss zusammen, die anderen Finanzsektoren zuzuordnen sind. Beispiele sind Banken und Einrichtungen der betrieblichen Altersversorgung (EbAV). Die Kapitalanforderungen („SCRs") der OFS-Unternehmen sind entsprechend den jeweils geltenden Anforderungen unter Berücksichtigung der jeweiligen Beteiligungsquoten bei der Bestimmung der Kapitalanforderung zu berücksichtigen. Beispiele sind für Banken und andere Finanzinstitute die Kapitalanforderungen gemäß Basel II; für EbAVs sind es Kapitalanforderungen gemäß Solvency I, solange Basel III und eine neue Pensionsfondsrichtlinie nicht andere Kapitalanforderungen vorschreiben.[87] Diversifikationseffekte auf Gruppenebene zwischen den Risiken unterschiedlicher Sektoren in separaten rechtlichen Einheiten, die ökonomisch existieren und eventuell der Grund für die Gruppenbildung sind, finden daher unter Solvency II keine Berücksichtigung (vgl. Faber-Graw (2011), S. 119).

Zur Berechnung des Gruppen-SCR ist bei der Konsolidierungsmethode auch noch ein Minimum-Gruppen-SCR zu berechnen (Art. 230 (2) SII RRL / § 261 (2) bzw. (3) VAG 2016), das sich aus der Summe der Solo-MCRs ergibt; bei der Abzugs- und Aggregationsmethode ist ein Minimum-Gruppen-SCR nicht vorgesehen. Es bildet eine Untergrenze („floor") für das konsolidierte Gruppen-SCR und begrenzt damit Gruppen-Diversifikationseffekte. Das Minimum-Gruppen-SCR ist mit anrechnungsfähigen Eigenmitteln zu bedecken, die zur MCR-Bedeckung geeignet sind (Art. 230 (2) SII RRL / § 261 (3) VAG 2016).

Die Berechnung eines „Gruppen-MCR" wird nicht verlangt. Da einer Versicherungsgruppe keine Lizenz entzogen werden kann (die Geschäftserlaubnis wird für Einzelunternehmen erteilt, also nur auf Solo-Ebene), wäre ein solches „Gruppen-MCR" in seinen (ultimativen) aufsichtsrechtlichen Konsequenzen auch nicht vergleichbar mit dem Solo-MCR (vgl. 4.2.3).

87 Sofern die anderen sektoralen Solvenzregeln Gruppenberechnungen erlauben, können solche vorliegenden Ergebnisse in die Solvency II-Gruppensolvenzberechnungen übernommen werden, also z. B. die Gruppen-Kapitalanforderungen einer Bankengruppe als Untergruppe der Solvency II-Gruppe.

7.3.3 Gruppensolvenzberechnungen nach der Abzugs- und Aggregationsmethode

Grundidee bei den Gruppensolvenzberechnungen nach der Abzugs- und Aggregationsmethode ist, die Gruppe als Summe ihrer Bestandteile, also ihrer rechtlichen Einheiten, zu betrachten. Gruppeninterne Verflechtungen sind dabei jedoch zu bereinigen. Grundlage sind die Solo-(S)CR und die Solo-Eigenmittel für die Unternehmen der Kerngruppe, der Gruppe der NCP und der Gruppe der OFS. Das Gruppen-SCR ist dann die Summe der adjustierten Solo-SCR und CR_{ot} (womit Kapitalanforderungen für NCP- und OFS-Gesellschaften zusammengefasst werden). „Adjustiert" bedeutet dabei, dass die SCR beispielsweise für Markt- und Ausfallrisiken um gruppeninterne Geschäfte zu bereinigen sind. Die Abzugs- und Aggregationsmethode ist daher nur scheinbar eine erhebliche Vereinfachung im Vergleich zur Konsolidierungsmethode (vgl. Butzke/Ludwig/Vievers (2011), S. 58).

Die Gruppen-Eigenmittel nach der Abzugs- und Aggregationsmethode ergeben sich im Wesentlichen aus der Summe der Solo-Eigenmittel abzüglich der Eigenmittel, denen gruppeninterne Transaktionen gegenüber stehen.

7.3.4 Berechnung der Gruppen-Eigenmittel

Bei der Berechnung der anrechnungsfähigen („eligible") Gruppen-Eigenmittel sind, sowohl bei der Konsolidierungs- als auch bei der Abzugs- und Aggregationsmethode, Nicht-Transferierbarkeitsbeschränkungen (Art. 222 SII RRL / § 254 VAG 2016) sowie die Eigenmittel-Limite auf Basis der Eigenmittel-Klassifizierung auf Gruppenebene zu beachten. Die Ermittlung ökonomischer Eigenmittel, die Klassifizierung von Eigenmitteln (Einstufung in Qualitätsklassen („tiers")) und deren Limitierung entsprechen grundsätzlich dem Vorgehen auf Solo-Ebene (vgl. 4.1.3).

Die Schritte zur Ermittlung der Gruppen-Eigenmittel nach der Konsolidierungsmethode werden im Folgenden dargestellt. Im Vergleich zur Ermittlung der Solo-Eigenmittel sind die verschiedenen Teilgruppen von Gruppengesellschaften (vgl. 7.3.1) sowie zusätzliche Transferierbarkeitsbeschränkungen zu beachten.

Zunächst sind die konsolidierten verfügbaren Basiseigenmittel der Kerngruppe (vor Transferierbarkeitsbeschränkungen und vor Anwendung der Limite) aus der (Kern-) Gruppenbilanz zu bestimmen (1). Sie ergeben sich als Differenz der Vermögenswerte und Verbindlichkeiten plus die gruppenexternen, nachrangigen Verbindlichkeiten. Nachrangige Verbindlichkeiten, bei denen die Geber der nachrangigen Verbindlichkeiten innerhalb der Gruppe sind, werden bei der Konsolidierung als gruppeninternes Geschäft eliminiert. Die Vermögenswerte und Verbindlichkeiten sind in der Gruppenbilanz wie auf Solo-Ebene zu bewerten (Art. 224 i. V. m. Art. 75 SII RRL / § 74 VAG 2016).

Zu bestimmen sind zudem die verfügbaren Basis-Eigenmittel der NCP-Gesellschaften vor Transferierbarkeitsbeschränkungen und vor Anwendung der Limite auf Gruppenebene (2).

Die Summe aus (1) und (2) stellt die verfügbaren Basiseigenmittel der Kerngruppe und der NCP-Gesellschaften dar (vor Transferierbarkeitsbeschränkungen und vor Anwendung der Limite). Diese Eigenmittelsumme ist in die Qualitätsklassen (tier 1, 2 oder 3) aufzuteilen. Eventuell sind zusätzliche Kriterien für die Eigenmittelklassifizierung auf Gruppenebene zu beachten (vgl. Art. 332 und 333 SII DV).[88]

Zu bestimmen sind die konsolidierten, ergänzenden Eigenmittel der Kerngruppe (vor Transferierbarkeitsbeschränkungen und vor Anwendung der Limite) (3). Gruppeninterne Garantien fallen wie andere gruppeninterne Geschäfte durch die Konsolidierung weg. Die übrig bleibenden ergänzenden Eigenmittel sind diejenigen, bei denen die Forderung gegenüber Gruppenexternen geltend gemacht werden kann (z. B. die Versicherungsnehmer bei Nachschusspflichten).

Der nächste Schritt ist die Identifizierung von „beschränkt-transferierbaren Eigenmitteln“ (aus (1), (2) und (3)) auf Basis der Solo-Eigenmittel (!) vor Anwendung der Solo-Limite. Danach folgt die Kappung der „beschränkt-transferierbaren Eigenmittel“ (für Gruppenberechnung nicht anrechnungsfähig).

Eigenmittelpositionen, deren Transferierbarkeit entsprechend der Anforderungen der Ebenen 1 bis 3 als beschränkt transferierbar angesehen werden könnten, sind:

- Überschussfonds (surplus funds) (Art. 222 (2) a) SII RRL / § 254 (2) Nr. 1 VAG 2016)
- gezeichnetes, aber nicht eingezahltes Kapital (Art. 222 (2) b) SII RRL / § 254 (2) Nr. 2 VAG 2016)
- latentes Steuerguthaben (saldiert)
- Minderheitenanteile
- andere Bilanzpositionen, die durch die Aufsicht als nicht-transferierbar angesehen werden

Zu betonen ist, dass die Schwankungsrückstellungen keinen Transferierbarkeitsbeschränkungen unterliegen sollen. Die Sammelposition der restlichen ökonomischen Eigenmittel (sog. Ausgleichsrücklage, „reconciliation reserve“ nach Art. 70 SII DV) sollte in der Gruppe nicht aufgespalten werden müssen, und einzelne Bestandteile von ihr sollten nicht auf Verfügbarkeit (Transferierbarkeit und Fungibilität)[89] geprüft werden.

Ergebnis der Kappung sind die konsolidierten, verfügbaren Basis- und ergänzenden Eigenmittel der Kerngruppe und NCP-Gesellschaften nach Transferierbarkeit, jedoch vor Anwendung der Limite.

Im nächsten Schritt erfolgt die Anwendung der SCR- bzw. MCR-Limite. Daraus resultieren dann die *anrechnungsfähigen* Eigenmittel der Kerngruppe und der NCP-Gesellschaften zur Bedeckung des Gruppen-SCR bzw. des Minimum-Gruppen-SCR bei der Konsolidierungsmethode.

---

88 Die Verlusttragung von Hybridkapital wird nicht nur an einem Solo-SCR-Bruch festgemacht, sondern auch an einem Gruppen-SCR-Bruch.

89 Zur Unterscheidung von Transferierbarkeit und Fungibilität vgl. vertiefend CRO Forum (2013), S. 19 ff.

Im letzten Schritt erfolgt die Addition der Summe der Eigenmittel der OFS-Gesellschaften (unter Verwendung der sektoralen Eigenmittelanforderungen inkl. deren Limite; z. B. Basel II für Banken und Solvency I für EbAV, ggf. der (Unter-)Gruppen-Eigenmittel nach diesen sektoralen Eigenmittelanforderungen).

Die anrechnungsfähigen Eigenmittel der Gruppe ergeben sich dann als Summe der anrechnungsfähigen Eigenmittel der Kerngruppe und der NCP-Gesellschaften und der Eigenmittel der OFS-Gesellschaften.

Ebenfalls zu beachten sind einige Sonderaspekte (u. a. bei Dritt-Staaten-Einheiten oder bei Bankbeteiligungen), die an dieser Stelle jedoch nicht weiter erläutert werden.

Zu betonen ist, dass sich der Standardansatz auf Gruppenebene noch weit weniger für interne Steuerungszwecke eignet als auf Solo-Ebene. Insbesondere ist daran zu erinnern, dass den Berechnungen ein Ein-Jahres-Horizont zugrunde liegt. Mehrjährige Betrachtungen sind gerade für eine wert- und risikoorientierte Gruppensteuerung, u. a. auf Basis einer mittel- bis langfristigen Kapitalallokation innerhalb der Gruppe, von hohem Interesse.

7.4 Rollen von Solo-, Gruppenaufseher und EIOPA bei der Gruppenaufsicht

In der neuen Solvency II-Gruppenaufsicht verschieben sich die Rollen zwischen den Solo-Aufsehern, dem Gruppenaufseher und der neuen EU-Versicherungsaufsichtsbehörde EIOPA. Die Versicherungsgruppenaufsicht wird sich zukünftig auch von der Bankengruppenaufsicht unterscheiden: Ab Anfang November 2014 (Art. 33 SSM-VO) werden große Bankengruppen (und Einzelinstitute) direkt von der Europäischen Zentralbank (EZB) beaufsichtigt (sog. „single supervisory mechanism", SSM). Diese als einheitlicher Aufsichtsmechanismus bekannte Entwicklung im Bankensektor als Teil der sog. Bankenunion ist für den Versicherungssektor („Versicherungsunion") nicht vorgesehen. Bevor auf die inhaltliche Ausgestaltung der Versicherungsgruppenaufsicht eingegangen wird, soll eine begriffliche Annäherung vorgenommen werden.

7.4.1 Rolle des Gruppenaufsehers bei der Gruppenaufsicht

Der Gruppenaufseher („group supervisor") ist die für die Gruppenaufsicht zuständige („responsible") Aufsichtsbehörde (Art. 212 (1) d) SII RRL / § 279 (1) VAG 2016). Die als Gruppenaufseher bestimmte Aufsichtsbehörde ist für die Koordinierung und Wahrnehmung der Gruppenaufsicht zuständig (Art. 247 (1) SII RRL / § 279 (1) VAG 2016). Während in der englischen (Original-)Fassung der Solvency II-Richtlinie die Abkürzung „group supervisor" verwendet wird, ist in der deutschen Fassung der Solvency II-Richtlinie die umständliche Formulierung „die für die Gruppenaufsicht zuständige Behörde" gewählt worden. Eine analoge Abkürzung („Gruppenaufseher") wäre naheliegend gewesen. Der erste Regierungsentwurf zur VAG-Novelle zur Umsetzung der Solvency II-Richtlinie in deutsches Recht wählte hingegen als Abkürzung den (neu geschaffenen)

Begriff der „Gruppenaufsichtsbehörde", der nun auch im neuen VAG 2016 die offizielle Formulierung ist (§ 279 (1) VAG 2016). Im Folgenden wird von dem „Gruppenaufseher" in Abgrenzung zu den „Solo-Aufsehern" gesprochen. Sowohl „Gruppenaufseher" als auch „Solo-Aufseher" sind „Aufsichtsbehörden" („supervisory authorities") im Sinne der Solvency II-Richtlinie (Art. 13 Nr. 10 SII RRL / § 7 Nr. 1 VAG 2016).[90]

Solvency II ist mit dem Gruppenaufseher-Konzept Forderungen aus der Versicherungswirtschaft nach einer zentralen Aufsichtsinstanz für internationale Gruppen in gewisser Weise nachgekommen. Große Versicherungsgruppen hatten eine starke Rolle eines sog. „lead supervisor" gefordert (vgl. Schneider (2005), S. 405, angelehnt an erste Ansätze für ein lead supervisor-Konzept unter Solvency I, inspiriert von der Finanzkonglomerate-Richtlinie, vgl. Faber-Graw (2011), S. 123). In der neutraleren Bezeichnung „group supervisor" kommt stärker zum Ausdruck, dass es sich bei der Solvency II-Gruppenaufsicht um ein Konzept *kooperativer Gruppenaufsicht* handelt, bei der der Gruppenaufseher in Zusammenarbeit mit den Solo-Aufsehern agiert und auch interagiert (vgl. zur kooperativen Gruppenaufsicht vertiefend GDV (2007)).

Festzulegen ist, welcher der Aufseher einer Gruppe der Gruppenaufseher ist. Fallen alle Versicherungsunternehmen einer Gruppe in den Zuständigkeitsbereich ein und derselben Aufsichtsbehörde, so übernimmt diese die Aufgaben des Gruppenaufsehers (Art. 247 (2) SII RRL / § 279 (2) VAG 2016).[91] In der Regel ist der Gruppenaufseher einer internationalen Versicherungsgruppe der Solo-Aufseher des obersten Mutterunternehmens der Gruppe im EWR (Art. 247 (2) a) SII RRL / § 279 (2) Nr. 1 VAG 2016). Geregelt sind außerdem Sonderfälle, wenn z. B. eine nicht beaufsichtigte Holdinggesellschaft an der Spitze steht (Art. 247 (2) b) SII RRL / § 279 (2) Nr. 2 VAG 2016). Außerdem können die Aufseher einer Gruppe gemeinsam entscheiden, wer aus ihrem Kreise Gruppenaufseher wird (siehe Art. 247 (3)–(6) SII RRL / § 280 VAG 2016).

Die starke Rolle des Gruppenaufsehers bei der Solvency II-Gruppenaufsicht nach der Solvency II-Richtlinie äußert sich vor allem darin, dass dem Gruppenaufseher wesentliche Aufgaben innerhalb der Gruppenaufsicht zugewiesen sind. So übernimmt der Gruppenaufseher die Koordinierung und Wahrnehmung der Gruppenaufsicht, insbesondere den Vorsitz im Aufsichtskollegium („college of supervisors", kurz: College) (zu weiteren Rechten und Pflichten des Gruppenaufsehers siehe Art. 248 SII RRL / § 281 VAG 2016). Außerdem ist der Gruppenaufseher federführend im Genehmigungsprozess eines internen Modells auf Gruppenebene und trifft ggf. auch die Letztentscheidung über die Genehmigung des internen Modells auf Gruppenebene (siehe 7.5).

90 Man beachte, dass in anderen europäischen Richtlinien (z. B. CRD, aber auch in der EIOPA-Verordnung) der Ausdruck „zuständige Behörden" („competent authorities") verwendet wird, dieser jedoch in der Solvency II-Richtlinie nur in dem speziellen Kontext von Sanierungsmaßnahmen (vgl. Art. 268 (2) c) SII RRL) zum Tragen kommt (und dann umfassender ist).

91 Vgl. dazu vertiefend Kraft (2015).

7.4.2 Rolle der Solo-Aufseher bei der Gruppenaufsicht

Die Rolle der Solo-Aufseher als nationale Aufsichtsbehörde eines Gruppenunternehmens ist durch die Mitgliedschaft („member") bzw. Mitwirkung im Aufsichtskollegium geprägt (Art. 248 (3) SII RRL / § 283 (1) VAG 2016). Alle an der Gruppenaufsicht beteiligten Aufsichtsbehörden sollten in der Lage sein, die getroffenen Entscheidungen zu verstehen, insbesondere wenn diese Entscheidungen vom Gruppenaufseher getroffen werden (Erwägungsgrund 107 der Solvency II-Richtlinie). Relevante Informationen sollten daher, sobald sie einer der Aufsichtsbehörden zur Kenntnis gelangen, an die anderen Aufsichtsbehörden weitergeleitet werden. So können sich alle Aufsichtsbehörden eine Meinung anhand der gleichen Informationen bilden.

Die Solo-Aufseher treffen mit dem Gruppenaufseher gemeinsam Entscheidungen (im College), sofern sie als betroffene Aufsichtsbehörde zu betrachten sind (siehe 7.5.2). Die Zusammenarbeit mit anderen Aufsehern und dem Gruppenaufseher sowie insbesondere den Informationsaustausch regeln Koordinierungsvereinbarungen (Art. 248 (4) SII RRL / § 283 (2) VAG 2016). Eine Aufgabenteilung und -verteilung ist möglich (Art. 248 (3) Unterabs. 3 SII RRL / § 283 (1) Satz 3 VAG 2016). Weiterhin explizites Recht der Solo-Aufseher ist die Anrufungsmöglichkeit von EIOPA zur verbindlichen Streitschlichtung, z. B. bei Streit über Koordinierungsvereinbarungen (Art. 248 (4) SII RRL / § 283 (2) VAG 2016).

7.4.3 Rolle EIOPAs bei der Gruppenaufsicht

Die Aufgaben der EU-Versicherungsaufsichtsbehörde EIOPA lassen sich entsprechend ihrer Rechtsgrundlage (EIOPA-VO (2010)) grob in vier Felder einteilen (Abbildung 7-18): Mitwirkung an der Rechtsetzung (Regulierung) (vgl. 3.3 und 3.4), Versicherten- und Verbraucherschutz, Makro- und Mikroaufsicht.

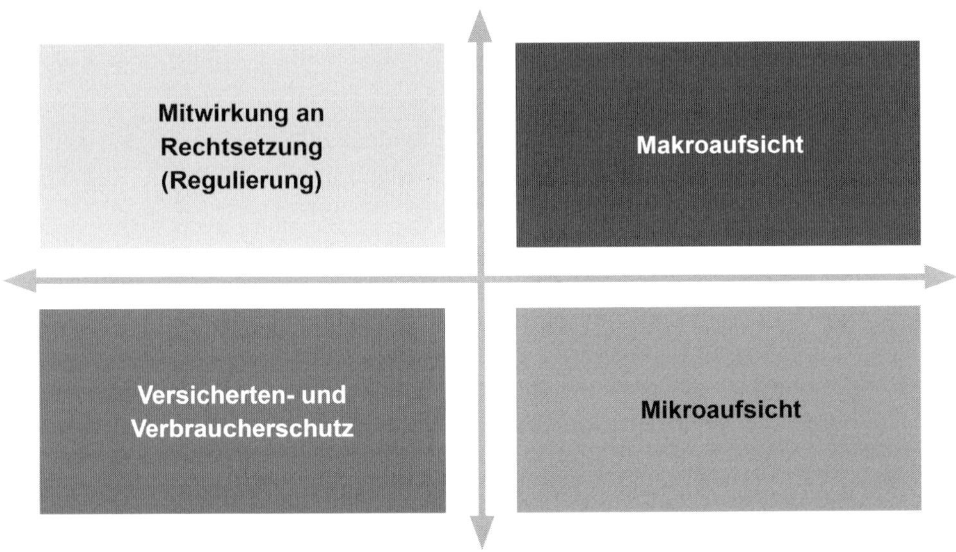

Abbildung 7-18: Überblick über EIOPA-Aufgaben

Mit Makroaufsicht ist gemeint, dass EIOPA innerhalb der EU-Finanzaufsichtsarchitektur zur Zielsetzung der Finanzstabilität beiträgt. Als Teil des Europäischen Systems für Finanzaufsicht (ESFS) (Abbildung 7-19) liefert EIOPA z. B. aggregierte Daten zum Versicherungssektor (vgl. 6.1). Für die operative (Mikro-)Aufsicht einzelner Versicherungsunternehmen und -gruppen sind die nationalen Aufsichtsbehörden zuständig und nicht EIOPA. Trotzdem hat EIOPA eine übergreifende Rolle bei der Beaufsichtigung internationaler Versicherungsgruppen und auch gewisse nachgelagerte Durchgriffsrechte, die es rechtfertigen, die Mikroaufsicht als ein weiteres EIOPA-Aufgabenfeld anzusehen.

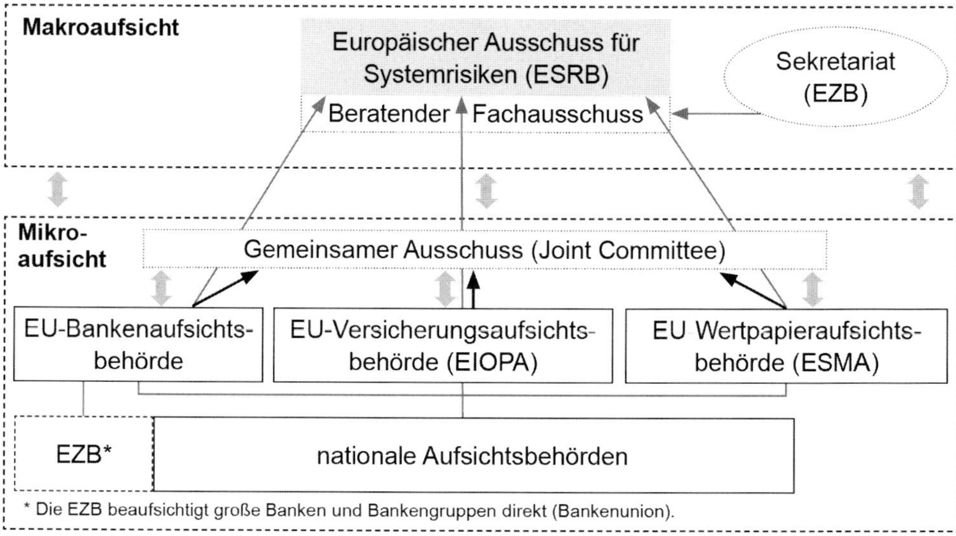

Abbildung 7-19: Aufbau des Europäischen Finanzaufsichtssystems (ESFS): Zusammenspiel von Makro- und Mikroaufsicht[92]

EIOPA hat bei der Solvency II-Gruppenaufsicht eine Sonderstellung in Abgrenzung zu den anderen Aufsehern der Gruppe. Hauptaufgabe von EIOPA ist die Sicherstellung der (College-übergreifenden) Kohärenz der Gruppenaufsicht (EIOPA-VO Art. 21 (1)). Dazu besteht eine generelle Teilnahmemöglichkeit von EIOPA-Mitarbeitern an den College-Aktivitäten (EIOPA-VO Art. 21 (1)). Dies kann auch die Teilnahme an grenzüberschreitenden Vor-Ort-Prüfungenen im Rahmen der Gruppenaufsicht beinhalten, wenn diese gemeinsam von zwei oder mehr Aufsichtsbehörden durchgeführt werden (Art. 255 SII RRL n. F. / § 327 VAG 2016). EIOPA gilt als „Aufsichtsbehörde" für die Zwecke der Zusammenarbeit und Koordinierung im College (EIOPA-VO Art. 21 (2)). EIOPA ist auch „Mitglied" des College (Art. 248 (3) SII RRL / § 283 (1) VAG 2016).

EIOPA kann unverbindlich konsultiert werden und eine nicht bindende Vermittlertätigkeit wahrnehmen (Art. 31 (1) c) EIOPA-VO). Außerdem ist in bestimmten Fällen (vgl. Tabelle 4) als ultimative Möglichkeit eine verbindliche Streitschlichtung („binding mediation", Abk. BM) durch EIOPA vorgesehen, wenn eine Einigung zwischen verschiedenen

92 Ähnlich GDV (2016), S. 16.

nationalen Aufsichtsbehörden in einer Schlichtungsphase nicht möglich ist (Art. 19 (3) EIOPA-VO). Die verbindliche Streitschlichtung der neuen EU-Aufsichtsbehörde ist beispielweise bei der Genehmigung von internen Modellen auf Gruppenebene in der Solvency II-Richtlinie vorgesehen (Art. 231 SII RRL / § 262 VAG 2016). An deren Ende kann eine bindende Entscheidung EIOPAs gegenüber einer nationalen Aufsichtsbehörde oder gar dem Unternehmen stehen, die von der nationalen Aufsichtsbehörde bzw. dem Unternehmen dann umzusetzen ist (Art. 19 (3) bzw. (4) EIOPA-VO).

Anwendungsbereich	SII RL a. F.	SII RL n. F.
Dritt-Staaten-Äquivalenz (Art. 227 (2) SII RRL / § 258 (2) VAG 2016)	K	BM
Genehmigung gruppenweites internes Modell (Art. 231) SII RRL / § 262 VAG 2016)*	K	BM
Zentralisiertes Risikomanagement Gruppen (Art. 237 SII RRL / § 268 VAG 2016)*	K	BM
Kapitalzuschlag zentralisiertes Risikomanagement (Art. 238 (5) SII RRL / § 269 (5) VAG 2016)	K	BM
Bestimmung des Gruppenaufsehers (Art. 247 SII RRL / § 280 VAG 2016)	K	BM
Aufsichtskollegium (College) / Koordinationsvereinbarungen („coordination arrangements") (Art. 248 (4) SII RRL / § 283 (5) VAG 2016)	K	BM
Dritt-Staaten-Äquivalenz (Art. 260 SII RRL / § 288 VAG 2016)	K	BM
Vor-Ort-Prüfung (Art. 33 SII RRL / § 306 (3) bzw. § 327 VAG 2016)		BM
Vor-Ort-Prüfung (service provider) (Art. 38 (2) SII RRL / § 306 bzw. § 327 VAG 2016)		BM
Niederlassung „complying with legal provisions" (Art. 155 (3) SII RRL / § 62 (3) VAG 2016)		BM
Niederlassung Rückversicherung (Art. 158 (2) SII RRL / § 169 (3) VAG 2016)		BM
Sanierungsplan (Gruppe) (Art. 239 (4) SII RRL / § 270 VAG 2016)		BM
Kooperation im College (Art. 248 (2) SII RRL / § 283 VAG 2016)		BM
Informationsaustausch im College (Art. 249 (1a) SII RRL / § 284 VAG 2016)		BM
Vor-Ort-Prüfung (Gruppen) (Art. 255 (2) SII RRL / § 327 VAG 2016)		BM
unverbindliche Konsultation (K) bzw. verbindliche Streitschlichtung („binding mediation", BM)	**7**	**15**

Tabelle 4: EIOPA-Konsultation und Streitschlichtung

Wenn Entscheidungen des Grupperaufsehers bei einer verbindlichen Streitschlichtung durch EIOPA betroffen sind, reicht im Rat der Aufseher von EIOPA eine einfache Mehrheit bei einer Sperrminorität (sog. „blocking minority") nicht (siehe die mit * markierten Fälle). Im Gegensatz zu anderen EIOPA-Entscheidungen wird in diesen Fällen nicht eine einfache Mehrheit, sondern faktisch eine sog. qualifizierte Mehrheit der Vertreter der nationalen Aufsichtsbehörden erforderlich (Art. 44 (1) Unterabs. 3 EIOPA-VO). Bei einer qualifizierten Mehrheit werden die EU-Mitgliedstaaten grob entsprechend ihrer Bevölkerungszahl gewichtet.

Wegen der Vielzahl der durch die Omnibus II-Richtlinie eingeführten Fälle für eine verbindliche Streitschlichtung besteht die Gefahr, dass diese zu einem regelmäßigen, regulären Instrument wird. Ein wichtiges Beispiel für die Möglichkeit der verbindlichen Streitschlichtung ist die Ausgestaltung des internen Modell-Genehmigungsprozesses (siehe 7.5). Ergebnis wäre, dass EIOPA faktisch Teile einer operativen Aufsicht übernimmt, die eigentlich den nationalen Aufsichtsbehörden vorbehalten bleiben sollte (sog. „day-to-day supervision"). Weitere Durchgriffsrechte hat EIOPA im Fall der Verletzung von EU-Recht (Art. 17 EIOPA-VO), in Krisensituationen (Art. 18 EIOPA-VO) sowie in Bezug auf Informationen (Art. 35 EIOPA-VO). Die Befugnisse von EIOPA könnten im Rahmen der Überprüfung des Europäischen Systems der Finanzaufsicht (ESFS) angepasst werden (Europäische Kommission (2014b)).

Auf das Zusammenspiel der Aufseher in eskalierenden Krisensituationen wird im Folgenden eingegangen, da dieses in der Solvency II-Richtlinie grundsätzlich geregelt ist. Für die generelle und konkrete Zusammenarbeit zwischen den Aufsehern einer Gruppe sind gruppenindividuelle Koordinationsvereinbarungen („coordination arrangements") vorgesehen, die abzuschließen sind (Art. 248 (4) SII RRL / § 283 VAG 2015).

7.4.4 Zusammenspiel der Aufseher bei der Aufsichtsleiter auf Gruppenebene

Die aufsichtlichen Eingriffsbefugnisse bei sich verschlechternder Solvenzlage werden unter Solvency II wegen ihrer mehreren Intensitätsstufen, die u. a. an bestimmten Schwellenwerten festgemacht werden, oft als Aufsichtsleiter („supervisory ladder of intervention") bezeichnet. Eine solche Aufsichtsleiter ist nicht nur auf Einzelunternehmensebene, sondern auch auf Gruppenebene vorgesehen. Bei Aufsehern einer (internationalen) Gruppe ergibt sich die Herausforderung des Zusammenspiels der verschiedenen Aufseher.

Wenn sich die Solvabilität der Gruppe (Gruppen-Solvabilität, auch: Konzernsolvabilität) verschlechtert, kann dies daraus resultieren, dass sich die Lage eines Versicherungsunternehmens der Gruppe verschlechtert hat. Aufsichtliche Maßnahmen durch den Solo-Aufseher dieses Unternehmens können dazu führen, dass sich die Situation dort wieder verbessert und auch die Gruppe insgesamt wieder ausreichend kapitalisiert ist.[93] Aber auch wenn die Solvabilität in den Einzelunternehmen gut ist, kann die Gruppe insgesamt deutlich schlechter dastehen (z. B. durch double-gearing-Effekte). Eine Kennzahl dafür ist die Gruppen-Solvenzquote.

93 Es ist darauf hinzuweisen, dass Gruppen per se rechtlich nicht verpflichtet sind, einzelne Gruppenunternehmen zu unterstützen, insbesondere dann nicht, wenn dies andere Gruppenunternehmen oder die Gruppe insgesamt in Schwierigkeiten bringen könnte. Meist besteht jedoch ein großes Interesse der Gruppe daran, die Probleme des Gruppenunternehmens zu lösen. Hilfsmaßnahmen innerhalb der Gruppe (z. B. gruppeninterne Rückversicherung) führen alleine allerdings nicht zur Verbesserung der Lage der Gruppe insgesamt.

Die Gruppen-Solvenzquote ergibt sich als Quotient aus den (anrechnungsfähigen) Gruppen-Eigenmitteln (7.3.4) und dem Gruppen-SCR (vgl. 7.3.2 bzw. 7.3.3). Eine Gruppen-Solvenzquote von unter 100 % bedeutet, dass die Gruppen-Eigenmittel nicht mehr ausreichend hoch und/oder nicht mehr von ausreichender Qualität sind, um das Gruppen-SCR, also die Solvenzkapitalanforderung für die Risiken der Gruppe, zu bedecken. Eine Gruppen-Solvenzquote von über 100 % besagt, dass in der Gruppe mehr als genügend Risikopuffer vorhanden sind. Versicherungsgruppen (Fälle a) und b)) haben stets eine Solvenzquote von mindestens 100 % sicherzustellen (Art. 218 (3) bzw. (4) SII RRL / § 250 (3) bzw. (4) VAG 2016).

Versicherungsgruppen müssen analog den Einzelunternehmen über Verfahren verfügen, um eine Verschlechterung ihrer finanziellen Lage festzustellen (Art. 218 (5) i. V. m. Art. 136 / § 250 (4) i. V. m. § 132 VAG 2016). Eine solche Verschlechterung ist, wenn sie eintritt, unverzüglich dem Gruppenaufseher mitzuteilen (Art. 218 (5) i. V. m. Art. 136 SII RRL / § 250 (4) i. V. m. § 132 VAG 2016). Diese Anzeigepflicht ist ebenfalls entsprechend der Anzeigepflicht der Einzelunternehmen (nach Art. 136 SII RRL / § 132 VAG 2016) gegeben. Nicht jede erhebliche oder fortgesetzte Verschlechterung der Lage bei einem einzelnen Unternehmen muss jedoch auch relevant für die gesamte Gruppe sein. Insofern sind die Anzeigepflichten auf Solo- und Gruppenebene unabhängig voneinander zu sehen.

Wie bei einem Einzelunternehmen mit seinem Solo-SCR ist bei einer Versicherungsgruppe bei einem Gruppen-SCR-Bruch oder einem innerhalb von drei Monaten drohenden Gruppen-SCR-Bruch von dem (obersten) Mutterunternehmen der Gruppe der Gruppenaufseher zu informieren (Art. 218 (5) SII RRL analog Art. 138 (1) SII RRL / § 250 (4) analog § 134 (1) VAG 2016). Der Gruppenaufseher informiert wiederum die anderen Aufseher der Gruppe im College. Im Aufsichtskollegium (College) soll dann die Situation der Gruppe analysiert werden (Art. 218 SII RRL / § 250 VAG 2016).

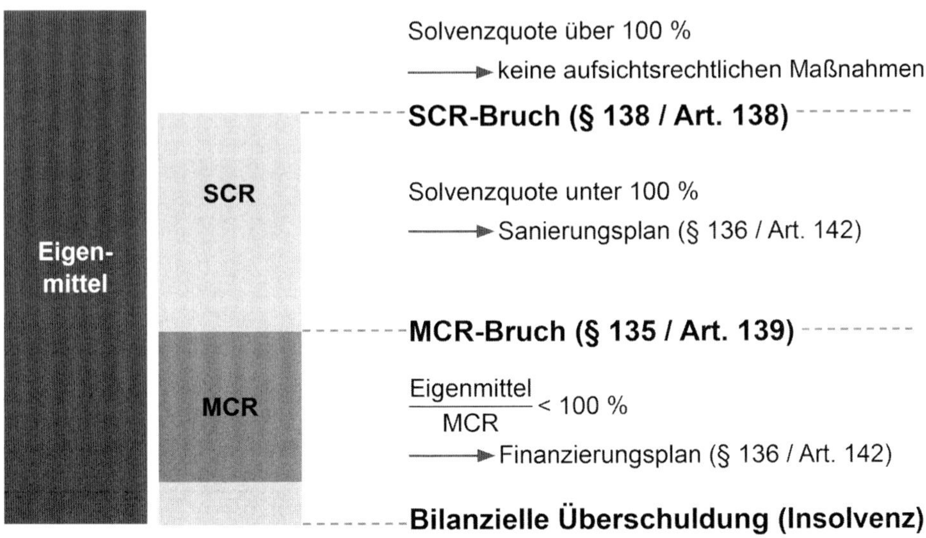

Abbildung 7-20: Aufsichtsleiter auf Solo-Ebene: Aufsichtliche Maßnahmen bei SCR- und MCR-Bruch

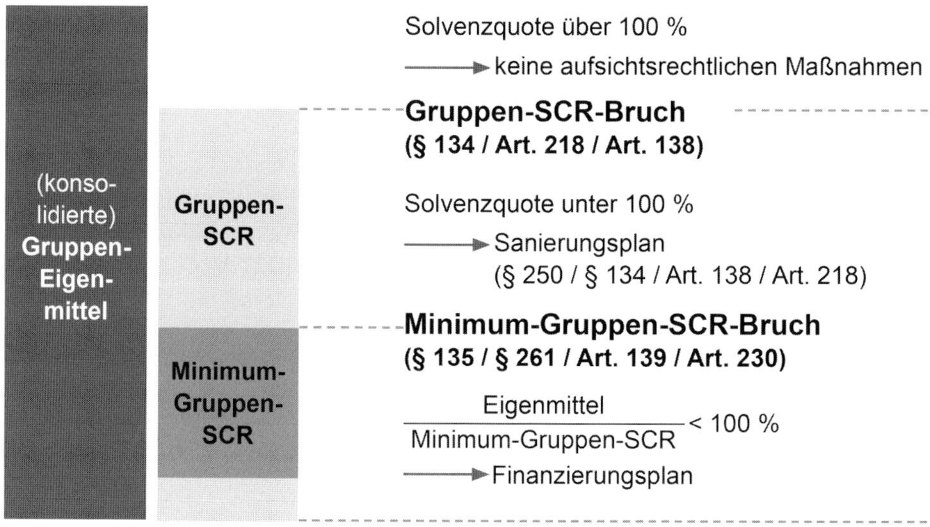

Abbildung 7-21: Aufsichtsleiter auf Gruppen-Ebene: Aufsichtliche Maßnahmen bei Gruppen-SCR-Bruch

Die Aufsichtsleiter auf Gruppenebene greift entsprechend der Solo-Ebene (vgl. 4.2.2): Innerhalb von zwei Monaten nach Feststellung des Gruppen-SCR-Bruchs ist dem Gruppenaufseher ein realistischer Sanierungsplan zur Wiederherstellung gesunder Finanzverhältnisse zur Genehmigung vorzulegen (Art. 218 (4) i. V. m. Art. 138 (2) SII RRL / § 250 (4) i. V. m. § 134 (2) VAG 2016). Der Gruppenaufseher kann von der Gruppe angemessene Maßnahmen verlangen, um innerhalb von sechs Monaten die anrechnungsfähigen Gruppen-Eigenmittel entsprechend aufzustocken und/oder das Risikoprofil so zu senken, dass das Gruppen-SCR wieder bedeckt ist (Art. 218 (4) i. V. m. Art. 138 (3) SII RRL / § 250 (4) i. V. m. § 134 (3) VAG 2016). Die weiteren Regelungen sind wie auf Solo-Ebene auch für Gruppen entsprechend anwendbar (Art. 218 (4) i. V. m. Art. 138 (3) und (4) SII RRL in der durch die Omnibus II-Richtlinie geänderten Fassung / § 250 (4) i. V. m. § 134 (3) und (4) VAG 2016). Bei einem schwerwiegenden Gruppen-SCR-Bruch oder einem schwerwiegenden SCR- bzw. MCR-Bruch bei einem Gruppenunternehmen hat der Gruppenaufseher bzw. haben die Solo-Aufseher unverzüglich eine Sitzung aller an der Gruppenaufsicht beteiligten Aufseher einzuberufen (Art. 249 (2) a) und b) SII RRL / § 284 (5) Nr. 1 und 2 VAG 2016).

Nicht vorhanden auf Gruppenebene ist die Aufsichtsbefugnis, die freie Verfügung über Vermögenswerte einzuschränken (Art. 138 (5) SII RRL / § 134 (5) VAG 2016). Das Einfrieren von Vermögenswerten, als eine sehr starke Aufsichtsmaßnahme, ist also nur national in Bezug auf einzelne Unternehmen möglich. Die Solvency II-Richtlinie und das neue VAG sehen außerdem vor, dass die Solo-MCR-Maßnahmen, insbesondere die Vorlage eines zu genehmigenden Finanzierungsplans, analog auf Gruppenebene bei der Unterschreitung des Minimum-Gruppen-SCR greifen (Art. 230 i. V. m. Art. 139 (1) und (2) SII RRL / § 261 (3) i. V. m. § 135 (1) und (2) VAG 2016). Voraussetzung dafür ist, dass das Gruppen-SCR (teilweise) nach der Konsolidierungsmethode berechnet wird (vgl. 7.3.1). Ausgenommen gegenüber den Solo-Maßnahmen ist wiederum das Einfrieren von Vermögenswerten (Art. 139 (3) / Art. 135 (3) VAG 2016).

Wegen des fehlenden Gruppen-MCR sehen die Solvency II-Richtlinie und das VAG auch nicht den ultimativen Schritt der Aufsichtsleiter vor wie bei Solo-Unternehmen bei einer dauerhaften MCR-Unterschreitung (Widerruf der Erlaubnis zum Geschäftsbetrieb nach Art. 144 SII RRL / § 304 (1) Nr. 2 VAG 2016, vgl. 4.2.3).

Weitere Zwangsmaßnahmen sind auf Gruppenebene zusätzlich generell möglich, durch die nationalen Aufseher (ergänzend zu Art. 141 SII RRL / § 137 VAG 2016) und durch den Gruppenaufseher sogar auch gegenüber Versicherungsholdinggesellschaften und gemischten Finanzholdinggesellschaften (Art. 258 SII RRL / § 287 bzw. § 293 (2) VAG 2016).

Hinzu kommt, dass bei Vorliegen einer Krisensituation, wenn festgestellt durch den Rat, EIOPA ebenfalls Durchgriffsrechte hat (EIOPA-VO Art. 18 (3)). Voraussetzung ist, dass außergewöhnliche Umstände vorliegen, die ein koordiniertes Vorgehen der nationalen Aufsichtsbehörden erfordern, um auf ungünstige Entwicklungen zu reagieren, die das geordnete Funktionieren und die Integrität von Finanzmärkten oder die Stabilität des Finanzsystems der EU als Ganzes oder in Teilen ernsthaft gefährden können (EIOPA-VO Art. 18 (3)). EIOPA erhält damit die Vollmacht, Maßnahmen, insbesondere in Krisenfällen, zu ergreifen, die bisher national getroffen wurden. Als Schutz können Eingriffe in die haushaltspolitische Zuständigkeit im Zusammenhang mit der verbindlichen EIOPA-Streitschlichtung und bei EIOPA-Maßnahmen im Krisenfall durch die Mitgliedstaaten abgewehrt werden (EIOPA-VO Art. 38 (1)). Die Aussetzung der EIOPA-Beschlüsse ist allerdings durch die Mitgliedstaaten im Rat zu bestätigen (EIOPA-VO Art. 38 (2) bzw. (3)). Dieser nationale haushaltspolitische Vorbehalt könnte insbesondere dann eine Rolle spielen, wenn wie bei der Rettung (oder Nicht-Rettung) von Banken erhebliche Steuergelder betroffen sind.

Es sei angemerkt, dass es keine aufsichtliche „Insolvenz der Gruppe“ gibt, da nur die einzelnen Gruppenunternehmen Rechtseinheiten sind. Von einer Insolvenzwahrscheinlichkeit einer Gruppe kann daher nicht gesprochen werden (anders z. B. Marcelli (2015), S. 222). Insbesondere muss die Insolvenz eines Gruppenunternehmens nicht zu weiteren Insolvenzen von anderen Gruppenunternehmen führen (z. B. wenn diese von anderen Gruppen übernommen werden). Mit den Insolvenzen einzelner Gruppenunternehmen endet jedoch ggf. die Existenz der Gruppe. In der Regel hört die Gruppe in ihrer ursprünglichen Form auf zu existieren, wenn das oberste Mutterunternehmen der Gruppe insolvent ist. Die Solvency II-Regeln zur Anrechnung nicht-transferierbarer Eigenmittel (Art. 222 (3) SII RRL / § 254 (4) VAG 2016) sind beispielsweise darauf ausgerichtet, diesen Fall zu vermeiden (vgl. 7.3.4).

7.5 Interner Modell-Genehmigungsprozess

Die neue Rollenverteilung zwischen dem Gruppenaufseher, den Solo-Aufsehern und EIOPA bei der Gruppenaufsicht lässt sich am Beispiel des Genehmigungsprozesses interner Modelle weiter illustrieren. Bei internen Modellen bzw. Partialmodellen sind die Anwendungen des internen Modells für aufsichtliche Zwecke (Art. 112 bzw. 113 SII RRL / § 111 bzw. § 112 VAG 2016), Änderungen eines solchen genehmigten Modells (Art. 115 SII RRL) sowie die Beendigung der Verwendung des genehmigten Modells und der damit verbundenen Rückkehr zum Standardansatz genehmigungspflichtig (Art. 117 SII RRL / § 111 VAG 2016).

Im Folgenden soll nur die (Erst-)Genehmigung eines internen Modells betrachtet werden. Vereinfachend wird von einem vollen internen Modell ausgegangen, spezifische Aspekte von Partialmodellen werden nicht behandelt.

7.5.1 Interner Modell-Genehmigungsprozess bei Solo-Unternehmen

Der Genehmigungsprozess von internen Modellen in Solo-Unternehmen, die nicht Teil einer Gruppe sind,[94] ist wie folgt: Die Aufsichtsbehörde des Solo-Unternehmens entscheidet innerhalb von sechs Monaten nach dem Zugang des vollständigen Antrags (Art. 113 SII RRL / § 112 VAG 2016) über die Genehmigung, ggf. über die zusätzlichen Bedingungen für eine Genehmigung oder die Nicht-Genehmigung. Daraus ergibt sich, dass der Solo-Aufseher die vollständige Prüfung (z. B. den Verwendungstest, sog. „use test", Art. 120 SII RRL / § 113 (1) Nr. 3 und Nr. 4 bzw. § 115 VAG 2016) des internen Modells innerhalb von maximal 6 Monaten durchzuführen hat. Eine Genehmigung oder Nicht-Genehmigung ohne Prüfung (z. B. wegen fehlender Ressourcen) wäre rechtlich bedenklich. Einer eventuellen gerichtlichen Überprüfung würde sie nicht standhalten. Dementsprechend könnten Haftungs- oder gar Schadenersatzrisiken die Folge sein. Gleiches gilt für eine Entscheidung nicht innerhalb der maximal möglichen 6-Monats-Frist, die z. B. zu einer verwaltungsgerichtlichen Untätigkeitsklage führen könnte. Für das beantragende Versicherungsunternehmen gilt ohne Genehmigung weiterhin der Standardansatz.

Um die Risiken des Genehmigungsprozesses für die Unternehmen zu mindern, sind von den europäischen Aufsehern Leitlinien für eine sog. „Vor-Antragsphase" entwickelt worden, die auch von der BaFin angewendet werden (vgl. EIOPA (2013a)). Auf diese wird zunächst – vor dem eigentlichen Genehmigungsprozess auf Gruppenebene – als Exkurs eingegangen, weil er auf Solo- und Gruppenebene identisch angelegt ist.

► **Exkurs: Vor-Antragsphase („pre-application phase")**

Die Vor-Antragsphase („pre-application phase") ist als ein freiwilliger Austausch zwischen den Aufsichtsbehörden und dem Versicherungsunternehmen bzw. der Gruppe zum Entwicklungsstand des internen Modells *vor* einer formalen Antragstellung ge-

94 Für Solo-Versicherungsunternehmen, die Teil einer Gruppe sind, ist ggf. der Gruppen-Genehmigungsprozess (siehe 7.5.2) anzuwenden (Art. 233 (5) SII RRL / § 265 (5) VAG 2016).

dacht.[95] In dieser Phase ist keine Vorab-Genehmigung vorgesehen (kein „pre-approval“). Dafür fehlt eine Rechtsgrundlage.

Auch zur Vor-Antragsphase selbst gibt es keine europäische Rechtsgrundlage (vgl. Walter (2011), S. 231). Die Vor-Antragsphase kann dazu dienen, schon während der Entwicklung eines internen Modells Schwächen aus Sicht der Aufsichtsbehörden aufzudecken (vgl. Walter (2011), S. 232). Die identifizierten Schwächen, die einer Genehmigung entgegenstehen könnten, können dann vor der Antragstellung adressiert werden. Eine Vor-Antragsphase kann auch eine Entlastung für die Aufsichtsbehörden bedeuten, da die Zeit für die Prüfung ab Antragstellung nur 6 Monate beträgt und hohe Ressourcen bei der Aufsichtsbehörde in Anspruch nehmen kann. Insbesondere hilft die Vor-Antragsphase den Aufsichtsbehörden, die Erstanträge zu Solvency II-Beginn zu bewältigen. Die Mitgliedstaaten sind unabhängig davon aber verpflichtet, die nationalen Aufsichtsbehörden mit entsprechenden Ressourcen auszustatten (Art. 27 SII RRL / § 294 (1) VAG 2016). Aufsichtsbefugnisse sind zudem auf fristgerechte Art und Weise wahrzunehmen (Art. 34 (6) SII RRL / § 296 bzw. § 297 VAG 2016).

7.5.2 Interner Modell-Genehmigungsprozess bei Gruppen

Bei der Genehmigung von gruppeninternen Modellen bestehen differenzierte Mitentscheidungsbefugnisse der Aufsichtsbehörden bei den Genehmigungsprozessen. Dabei sind Fallunterscheidungen erforderlich. Die letztendliche Entscheidung kann beim Gruppenaufseher liegen, aber Solo-Aufseher können z. B. durch Kapitalzuschläge diese Entscheidung in gewisser Weise „korrigieren“ (Art. 231 (7) SII RRL / § 263 VAG 2016). EIOPA kann über eine verbindliche Streitschlichtung (EIOPA-VO Art. 19) ebenfalls in die Situation kommen, über die Genehmigung letztlich zu entscheiden.

An dieser Stelle zeigt sich der Einfluss der Gruppenaufsicht auf die Solo-Aufsicht: Die Kapitalanforderungen auf Solo-Ebene werden determiniert durch Entscheidungen auf Gruppenebene und in bestimmten Fällen durch Entscheidungen des Gruppenaufsehers oder EIOPAs, mit denen der Solo-Aufseher nicht konform geht. Die Solvency II-Gruppenaufsicht ist nicht, wie in der Solvency I-Welt nach der Versicherungsgruppenrichtlinie, eine „zusätzliche“ Aufsichts-Ebene zur Solo-Ebene. Vielmehr ist auch die Solo-Aufsicht mit der Gruppenaufsicht verflochten und ist von ihr abhängig. Es liegt ein Verhältnis gegenseitiger Ergänzung vor.

Es sind folgende zwei Fälle für Genehmigungsprozesse auf Gruppenebene zu unterscheiden:

- 1. Fall: Nur das Gruppen-SCR wird mit dem gruppeninternen Modell berechnet („Nur-Gruppen-IM“ nach Art. 230 SII RRL / § 261 VAG 2016)
- 2. Fall: Mit dem gruppeninternen Modell wird neben dem Gruppen-SCR auch das Solo-SCR (mindestens) eines verbundenen Unternehmens der Gruppe berechnet („Gruppen- und Solo-IM“ nach Art. 231 SII RRL / § 262 bzw. § 263 VAG 2016)

95 Zur Vor-Antragsphase vgl. vertiefend Walter (2011), S. 229–234.

Zu differenzieren ist zwischen betroffenen und (weiteren) an der Prüfung des Antrags beteiligten (nationalen) Aufsichtsbehörden:

- die betroffenen Aufsichtsbehörden („supervisory authorities concerned"): Aufsichtsbehörden der Mitgliedstaaten, in denen der Hauptsitz verbundener Versicherungsunternehmen liegt, für die mit dem gruppeninternen Modell das Solo-SCR berechnet werden soll (Art. 347 (3) SII DV). Außerdem ist der Gruppenaufseher eine betroffene Aufsichtsbehörde.
- die an der Prüfung des Antrags beteiligten Aufsichtsbehörden („supervisory authorities involved in the assessment of the application"): Aufsichtsbehörden der Mitgliedstaaten, in denen der Hauptsitz verbundener Versicherungsunternehmen liegt, im Anwendungsbereich des internen Modells, d. h., deren Beitrag zum Gruppen-SCR mit dem gruppeninternen Modell berechnet wird (Solo-SCR wird mit anderem internen Modell oder Standardformel berechnet) (Art. 344 (2) SII DV).

Im ersten Fall ist nur der Gruppenaufseher „betroffene Aufsichtsbehörde" und entscheidet alleine über das interne Modell (natürlich nach entsprechendem Informationsaustausch mit den anderen Aufsichtsbehörden im College).

Im zweiten Fall streben die betroffenen Aufsichtsbehörden eine gemeinsame Entscheidung über die Genehmigung innerhalb von sechs Monaten an (Art. 231 (2) SII RRL / § 262 (2) VAG 2016). Die weiteren Aufsichtsbehörden sind zu konsultieren, haben jedoch kein Stimm- bzw. Vetorecht. Weitere Aufsichtsbehörden im College (z. B. Aufseher über verbundene Versicherungsunternehmen, die nicht Tochterunternehmen sind, oder Aufseher von bedeutenden Zweigniederlassungen)[96] nehmen lediglich (passiv) am Informationsaustausch teil (Art. 248 (3) SII RRL / § 283 VAG 2016). Ihre aktive Teilnahme ist nur in zwei (abschließenden) Fällen möglich (Art. 344 (2) SII DV):

- Erweiterung des gruppeninternen Modells auf wesentliche Geschäftsbereiche, deren Ausnahme aus dem Anwendungsbereich zu einer wesentlichen Unterschätzung des Risikoprofils der Gruppe führt
- Konflikt des gruppeninternen Modells mit einem (kürzlich genehmigten) anderen internen Solo-Modell

Nach der Solvency II-Richtlinie von 2009 war die Rolle von EIOPA auf folgende Punkte beschränkt:

- mögliche EIOPA-Konsultation innerhalb der sechs Monate (Art. 231 (3) SII RRL a. F. / § 262 (3) VAG 2016)
- zwingende EIOPA-Konsultation, wenn die betroffenen Aufsichtsbehörden innerhalb der sechs Monate nicht zu einer gemeinsamen Entscheidung gelangen (Art. 231 (4) SII RRL a. F. / § 262 (4) VAG 2016) und dann unverbindliche Empfehlung durch EIOPA binnen weiterer zwei Monate

96 Der Begriff „bedeutende Zweigniederlassung" wird anhand des Anteils der Prämien der Niederlassung an den Gesamtprämien der Gruppe (> 5 %) und anhand des Markanteils im Mitgliedstaat der Niederlassung (> 5 % nach Sparte) festgelegt (Art. 354 SII DV).

Die letztendliche Entscheidung lag dann beim Gruppenaufseher. Durch die Omnibus II-Richtlinie hat EIOPA jedoch die Möglichkeit einer verbindlichen Streitschlichtung erhalten, sodass EIOPA letztlich die Entscheidung über die Genehmigung determiniert, sofern zumindest eine betroffene nationale Aufsichtsbehörde und der Gruppenaufseher uneinig sind (Art. 231 SII RRL / § 262 VAG 2016). Die Frist dafür beträgt einen Monat, sodass der Genehmigungsprozess spätestens nach sieben Monaten abgeschlossen sein wird.

7.6 Säule II und III auf Gruppenebene

Die Säule II- und Säule III-Anforderungen für Versicherungsgruppen bedürfen keiner ausführlichen Behandlung, da sie im Wesentlichen aus den Säule II- und Säule III-Anforderungen auf Solo-Ebene abgeleitet sind (vgl. 5. bzw. 6.). Im Folgenden wird nur auf gruppenspezifische Besonderheiten eingegangen. Zu beachten ist, dass Säule II- und Säule III-Anforderungen ebenfalls nur für Versicherungsgruppen bzw. -subgruppen gelten, die einer vollen Solvency II-(Sub-)Gruppenaufsicht unterliegen, also in den Fällen a), b) und ggf. c) (vgl. 7.2.1).

7.6.1 Säule II-Anforderungen auf Gruppenebene

7.6.1.1 Überblick

Für Solo-Unternehmen festgelegte Säule II-Anforderungen (Titel I Kapitel IV Abschnitt 2, Art. 41–50 SII RRL / §§ 23–32 VAG 2016) gelten auf Gruppenebene („at the level of the group") entsprechend („mutatis mutandis") (Art. 246 (1) SII RRL / § 275 (1) VAG 2016).[97] Ähnlich wie bei den Säule I-Anforderungen bezüglich der Konsolidierungsmethode werden Gruppen als eine ökonomische Einheit betrachtet und mit Einzelunternehmen (ohne Gruppenzugehörigkeit) gleichgestellt. Gruppenebene bezieht sich auf die unter Solvency II definierte aufsichtsrechtliche (und beaufsichtigte) Gruppe (vgl. 7.2.1 bzw. 7.2.2). Auch die MaRisk VA als nationaler Vorgriff auf die Solvency II Säule II-Anforderungen verlangten, anknüpfend an § 64a VAG 2015, bereits, dass auch auf Gruppen- bzw. Finanzkonglomerateebene im Rahmen einer ordnungsgemäßen Geschäftsorganisation ein angemessenes Risikomanagement vorhanden ist (vgl. BaFin (2009), 2.2). Mit Solvency II sollen nun Versicherungsgruppen auf Ebene der Gruppe „über ein wirksames Governance-System [...] verfügen, das ein solides und vorsichtiges Management des Geschäfts gewährleistet" (Art. 246 (1) i. V. m. Art. 41 (1) SII RRL / § 275 (1) i. V. m. § 23 (1) VAG 2016).

Adressat der Anforderung, auf Gruppenebene über ein wirksames Governance-System zu verfügen (Art. 246 i. V. m. Art. 40 SII RRL) sind allerdings *alle* der Aufsicht auf Ebene der Gruppe unterliegenden *Versicherungsunternehmen*, für deren Versicherungsgruppen

97 Zu den inhaltlichen Anforderungen an das Governance-System auf Gruppenebene siehe auch z. B. Marcelli (2015), S. 33–58. Dem dortigen Sprachgebrauch gemäß diese als „interne Aufsicht in der Versicherungsgruppe" zu bezeichnen, wird nicht gefolgt, um klar abzugrenzen, dass die Aufsicht sowohl der Gruppe als Ganzes als auch der Gruppenunternehmen durch (externe) Aufsichtsbehörden erfolgt und nicht beispielsweise das oberste Mutterunternehmen der Gruppe für andere Gruppenunternehmen eine Aufsichtsrolle übernimmt.

die Säule II-Gruppenanforderungen gelten. Dies sind zum einen Versicherungsunternehmen, die an einem anderen Versicherungsunternehmen beteiligt sind, also zur gleichen Versicherungsgruppe gehörend, ggf. mit Sitz in einem Dritt-Staat (Art. 213 (2) a) SII RRL / § 245 (2) Nr. 1 VAG 2016). Zum anderen sind es die Tochterversicherungsunternehmen von Versicherungsholdinggesellschaften oder einer gemischten Finanzholdinggesellschaft im EWR (Art. 213 (2) b) SII RRL / § 245 (2) Nr. 2 VAG 2016). Die Beaufsichtigung auf *Ebene* des obersten Mutterunternehmens (Art. 215 (1) SII RRL / § 247 (1) VAG 2016) bedeutet nicht, dass die Anforderung nur für diese Unternehmen gilt. Die Anforderung ist demnach nur an bestimmte Versicherungsunternehmen der Gruppe gerichtet (z. B. in Abbildung 7-20 nur an die dunkel-grau markierten Tochterversicherungsunternehmen). Allerdings ist sie nicht nur an das oberste Versicherungsunternehmen und im Allgemeinen auch nicht an alle Versicherungsunternehmen der Gruppe gerichtet, insbesondere nicht an (nur) verbundene Versicherungsunternehmen, die selbst nicht (mehr) an einem Versicherungsunternehmen beteiligt sind (z. B. auf der untersten Ebene einer mehrstufigen vertikalen Gruppe).

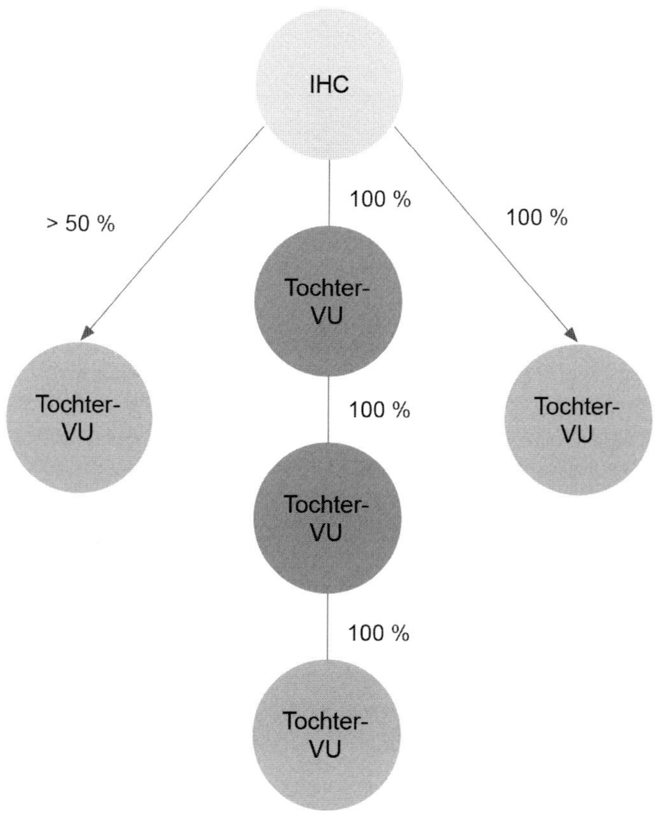

Abbildung 7-22: Adressaten der Gruppen-Anforderungen nach der Solvency II-Richtlinie (dunkelgrau markiert) bei einer Versicherungsgruppe mit Versicherungsholdinggesellschaft (IHC) als oberste Muttergesellschaft und Tochterversicherungsunternehmen

In den Leitlinien zum Governance-System ist vorgesehen, dass das (oberste) beteiligte Versicherungsunternehmen, die (oberste) Versicherungsholdinggesellschaft bzw. die (oberste) gemischte Finanzholdinggesellschaft für die Erfüllung gruppenspezifischer Anforderungen an das Gruppen-Governance-System verantwortlich sein soll (EIOPA (2015f), Leitlinien 65–70). Dies ändert die Zuständigkeit der anderen Versicherungsunternehmen jedoch nicht in eine Alleinzuständigkeit oder letztendliche Verpflichtung des Vorstandes des obersten Mutterunternehmens ab.[98] Die durch die Solvency II-Richtlinie zugewiesene und im VAG ebenfalls umgesetzte (Mit-)Zuständigkeit ist nicht durch die rechtlich nicht bindende EIOPA-Leitlinie abänderbar.

Governance-Anforderungen der Finanzkonglomerate-Richtlinie (Art. 9 FICOD, interne Kontrollmechanismen und Risikomanagement) gelten auf Finanzkonglomerateebene und sind nicht befreiend auf Versicherungsgruppenebene. Eventuell sind in Ausnahmefällen der (nationalen) Subgruppenaufsicht die Säule II-Anforderungen auch auf Subgruppenebene (zusätzlich zur Gesamtgruppenebene) zu erfüllen.

Die analogen Anforderungen an ein Governance-System auf Gruppenebene (vgl. Abbildung 7-21) bedeuten nicht, dass die Solo-Anforderungen für Gruppenunternehmen individuell auf Solo-Ebene gelten. Die Governance-Anforderungen der Solvency II-Richtlinie gelten nicht individuell für Nicht-Versicherungsunternehmen – u. a. Versicherungsholdinggesellschaften, Banken, Pensionsfonds – und auch nicht für Versicherungsunternehmen, die nicht der Solvency II-Aufsicht unterliegen, z. B. kleinste Versicherungsunternehmen und Dritt-Staaten-Versicherungsunternehmen, auch wenn sie Gruppenunternehmen sind. In ihnen sind beispielsweise nicht die unter Solvency II verlangten Governance-Funktionen einzurichten, aber auf Gruppenebene müssen die Risikomanagement-Funktion, die Compliance-Funktion, die versicherungsmathematische Funktion und die interne Revision vorhanden sein (vgl. zu den Schlüsselfunktionen 5.2.4).

98 Eine solche vermeintliche Adressierung wird jedoch fälschlicherweise – auf Basis der EIOPA-Leitlinien – teilweise angenommen, so z. B. Marcelli (2015), S. 34. In der Übergangsleitlinie zum Governance-System war vorgesehen, dass das (oberste) Mutter-Versicherungsunternehmen bzw. die (oberste) Mutter-Versicherungsholdinggesellschaft ein sog. „zuständiges Unternehmen" benennt und es dem Gruppenaufseher mitteilt (EIOPA (2013b), Leitlinie 48). Das zuständige Unternehmen war definiert als das für die Erfüllung der Governance-Anforderungen auf Gruppenebene zuständige Unternehmen (EIOPA (2013b), S. 4). In der endgültigen EIOPA-Leitlinie sind diese der Zuständigkeitszuweisung in der Solvency II-Richtlinie widersprechenden Vorgaben – wie gezeigt – entfallen.

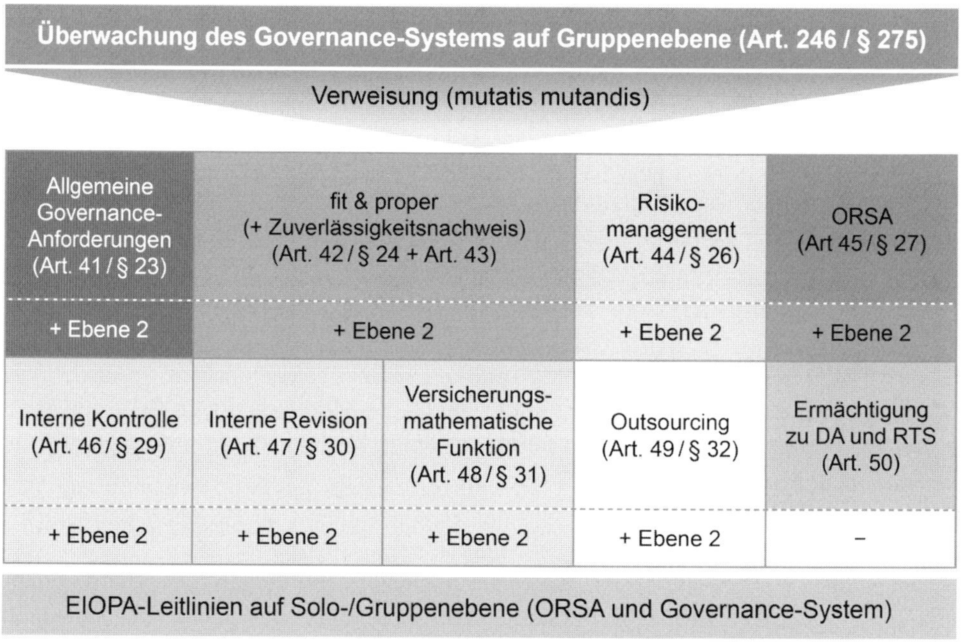

Abbildung 7-23: Säule II-Anforderungen auf Gruppenebene im Überblick[99]

Sinnvollerweise sollte das Risikomanagement in den Gruppenunternehmen so ausgestaltet sein, dass es zu einem Risikomanagement auf Gruppenebene zusammengeführt werden kann („Gruppen-Risikomanagement“). Die Solvency II-Richtlinie verlangt, dass Risikomanagement- und interne Kontrollsysteme sowie das Berichtswesen in bestimmten Gruppenunternehmen konsistent implementiert sind, damit Systeme und Berichtswesen auf Ebene der Gruppe kontrolliert werden können (Art. 246 (1) Unterabs. 2 SII RRL / § 275 (1) Satz 2 VAG 2016).[100] Die Konsistenz-Anforderung gilt für Unternehmen, die nach Art. 213 (2) a) und b) / § 245 (2) Nr. 1 und 2 VAG 2016 in die Gruppenaufsicht einbezogen werden. Betroffen von dieser Regelung in der Solvency II-Richtlinie sind also zum einen an einem (Dritt-Staaten-)Versicherungsunternehmen beteiligte Versicherungsunternehmen (Art. 213 (2) a)) SII RRL / § 245 (2) Nr. 1 VAG 2016), zum anderen Tochterversicherungsunternehmen von Versicherungsholdinggesellschaften und von gemischten Finanzholdinggesellschaften (Art. 213 (2) b) SII RRL / § 245 (2) Nr. 2 VAG 2016).

99 Vgl. zum Gruppen-Governance-System auch Meyer (2011), S. 96 ff.

100 Die deutsche Fassung der Solvency II-Richtlinie verwendet an dieser Stelle den Ausdruck „einheitlich umgesetzt“, während in der englischen Fassung der Ausdruck „implemented consistently“ gebraucht wird. Unabhängig vom Wortlaut ist eine (vollkommen) einheitliche Umsetzung von beispielsweise Risikomanagementsystemen angesichts der Unterschiede in Geschäftsaktivitäten eher kontraproduktiv, da so möglicherweise nicht dem individuellen Risikoprofil des Gruppenunternehmens entsprochen werden kann.

Es ist darauf hinzuweisen, dass die Regelung zur letztlichen Zuständigkeit des Verwaltungs-, Management- oder Aufsichtsorgans (Art. 40 SII RRL)[101] nicht in der Verweisung eingeschlossen ist. Die letztendliche Verantwortung für die Einhaltung der Solvency II-Vorgaben liegt beim Verwaltungs-, Management- oder Aufsichtsorgan. Auch bei Gruppen bleibt es damit bei der Zuständigkeit des Verwaltungs-, Management- oder Aufsichtsorgans des Einzelunternehmens. Es erfolgt also keine Befreiung der Verantwortlichkeit eines Vorstandes eines gruppenangehörigen Versicherungsunternehmens zugunsten des Konzernvorstandes (soweit Konzern und Solvency II-Gruppe übereinstimmen).[102]

Von der Europäischen Kommission auf der Solo-Ebene erlassene delegierte Rechtsakte und technische Regulierungsstandards zum Governance-System (nach Art. 50 SII RRL) gelten über die Verweisung (in Art. 246 SII RRL / § 275 VAG 2016) dann entsprechend auf Gruppenebene.

Gruppenspezifisch verlangt die Solvency II-Richtlinie über die Solo-Anforderungen hinaus, dass interne Kontrollmechanismen der Gruppe in wirksamer Weise folgende Punkte umfassen (Art. 246 (2) SII RRL / § 275 (2) VAG 2016):

- Mechanismen, die wesentliche Risiken erkennen und messen sowie es erlauben, die Risiken mit anrechnungsfähigen Eigenmitteln zu unterlegen
- Berichtswesen und Rechnungslegungsverfahren zur Überwachung und Steuerung von gruppeninternen Transaktionen und Risikokonzentration

Die erste Anforderung kann dazu führen, ein entsprechendes Limitsystem auf Gruppenebene neu aufzubauen. Da die Überwachung von Intra-Gruppen-Geschäften und Risikokonzentrationen bereits bisher Bestandteil der Solvency I-Gruppenaufsicht nach der Versicherungsgruppenrichtlinie war, ist durch die Versicherungsgruppen zu prüfen, ob bestehende Systeme den Solvency II-Anforderungen genügen. Für die aufsichtliche Überprüfung der obigen Anforderungen ist der Gruppenaufseher zuständig (Art. 246 (3) SII RRL / § 275 (3) VAG 2016).

Wenn der Gruppenaufseher zu dem Schluss gelangt, dass das Governance-System auf Gruppenebene erheblich von den Säule II-Anforderungen abweicht und nicht dem Risikoprofil der Gruppe entspricht, kann er einen Kapitalzuschlag auf das konsolidierte Gruppen-SCR vorschreiben (Art. 234 i. V. m. Art. 37 (1) c) SII RRL / § 301 (1) Nr. 3 VAG 2016). Voraussetzung ist, dass diese Abweichungen die Gruppe daran hindern, die Risiken, denen sie ausgesetzt ist oder ausgesetzt sein könnte, angemessen zu erkennen, zu messen, zu überwachen, zu managen und darüber Bericht zu erstatten (Art. 37 (1) c) SII RRL / § 301 (1) Nr. 3 VAG 2016). Außerdem ist durch den Gruppenaufseher vorab zu prüfen, ob

101 Eine direkte Umsetzung des Art. 40 SII RRL ist im VAG 2016 nicht erfolgt. Es ist wohl davon ausgegangen worden, dass die bestehenden deutschen gesellschaftsrechtlichen Regelungen, insbesondere zum Vorstand von Aktiengesellschaften und entsprechende Anknüpfungen für die weiteren zulässigen Rechtsformen von Versicherungsunternehmen, ausreichend sind.

102 Eine spezialgesetzliche Einwirkungsbefugnis für z. B. das oberste beteiligte Versicherungsunternehmen auf gruppenangehörige Versicherungsunternehmen (wie z. B. von Marcelli vorgeschlagen, vgl. Marcelli (2015), S. 229) wäre als eine nicht richtlinienkonforme überschießende Umsetzung anzusehen. Die Unzulässigkeit folgt aus dem Widerspruch zu Art. 40 SII RRL, auch wenn ansonsten die Richtlinienkonformität zu bejahen wäre (vgl. Marcelli (2015), S. 245 f.).

die Anwendung anderer, eventuell milderer Maßnahmen die Mängel wahrscheinlich nicht innerhalb eines angemessenen Zeitrahmens ausreichend beheben würde (Art. 37 (1) c) SII RRL / § 301 (1) Nr. 3 VAG 2016). Die Solo-Vorgaben für die Kapitalzuschläge für Einzelunternehmen (nach Art. 37 SII RRL) gelten auf Gruppenebene entsprechend (Art. 234 Unterabsatz 3 SII RRL). Kapitalzuschläge auf das konsolidierte Gruppen-SCR durch den Gruppenaufseher könnten im Extremfall dazu führen, dass auf Gruppenebene die Kapitalanforderungen nicht erfüllt werden, obwohl sie auf Solo-Ebene erfüllt sind.

Die Festsetzung eines Kapitalzuschlags ist auch auf Gruppenebene bei Governance-Defiziten jedoch insofern außergewöhnlich, als er nur als letztes Mittel verwendet werden sollte, wenn andere aufsichtliche Maßnahmen unwirksam oder ungeeignet sind (vgl. Erwägungsgrund 27 der Solvency II-Richtlinie). Der Begriff „außergewöhnlich" ist vor dem Hintergrund der besonderen Situation einer Gruppe und nicht im Zusammenhang mit der Zahl der in einem bestimmten Markt verhängten Kapitalzuschläge zu sehen (vgl. Erwägungsgrund 27 der Solvency II-Richtlinie).

Gruppenspezifisch sind auch die Überwachung der Risikokonzentrationen und Intra-Gruppen-Geschäfte auf Gruppenebene. Die Regelungen können grundsätzlich den Säule II-Anforderungen zugeordnet werden, teilweise sind sie auch bereits in Säule I relevant (z. B. Eliminierung von gruppeninternen Geschäften bei der Abzugs- und Aggregationsmethode). Sie beinhalten jedoch auch Berichtspflichten, sodass die Anforderungen auch in Säule III für Gruppen einfließen.

7.6.1.2 Überwachung der Risikokonzentrationen auf Gruppenebene

Risikokonzentrationen können sich aus Risikoexponierungen in den Einzelunternehmen zusammensetzen. Dabei können Risiken sowohl aus Versicherungsunternehmen, die Teil der Gruppe sind, als auch aus Nicht-Versicherungsunternehmen stammen. Aus der Verpflichtung, erhebliche Risikokonzentrationen auf Gruppenebene an den Gruppenaufseher zu melden, sowie der Anforderung, ein ordnungsgemäßes Berichtswesen für Risikokonzentrationen auf Gruppenebene einzurichten, ergibt sich, dass Risiken, die zu Risikokonzentrationen auf Gruppenebene führen können, in konsistenter Weise erfasst (d. h. identifiziert und quantifiziert) werden müssen. Dies gilt auch für Nicht-Versicherungsunternehmen.

Erhebliche („significant") Risikokonzentrationen auf Gruppenebene sind dem Gruppenaufseher regelmäßig, mindestens einmal jährlich, zu melden (Art. 244 (2) Unterabs. 1 SII RRL / § 273 (1) VAG 2016). Dies gilt ausnahmsweise nicht, wenn die Überwachung der Risikokonzentration auf Finanzkonglomerateebene erfolgt (Befreiung nach Art. 215 (2) SII RRL / § 247 (2) VAG 2016). Meldepflichtig ist das oberste Mutterunternehmen der Gruppe an den Gruppenaufseher (Art. 244 (2) Unterabs. 2 SII RRL / § 273 (2) VAG 2016). Der Gruppenaufseher ist für die aufsichtliche Überprüfung der Risikokonzentrationen auf Gruppenebene verantwortlich (Art. 244 (2) Unterabs. 3 SII RRL / § 273 (3) VAG 2016). Die Festlegung von Schwellenwerten für bedeutende, meldepflichtige Risikokonzentrationen erfolgt gruppenindividuell durch den Gruppenaufseher nach Konsultation der anderen betroffenen Aufseher und der Gruppe (Art. 244 (3) SII RRL / § 273 (3) VAG 2016). Die Struktur der Gruppe und die Struktur des Risikomanagements der Gruppe sind zu beachten. Die Schwellenwerte basieren auf Solvenzkapitalanforderungen und/ oder versicherungstechnischen Rückstellungen. Besonderes Augenmerk ist auf mögliche Ansteckungsrisiken innerhalb der Gruppe und auf das Risiko von Interessenkonflikten zu legen.

7.6.1.3 Überwachung der Intra-Gruppen-Geschäfte auf Gruppenebene

Die Überwachung gruppeninterner Geschäfte ist keine Solvency II-Neuerung, sondern bereits mit der Versicherungsgruppenrichtlinie vorgeschrieben gewesen. Hintergrund ist, dass gruppeninterne Geschäfte wie auch Risikokonzentrationen die Finanz- bzw. Risikolage der Gruppe erheblich verändern können.[103]

Eine gruppeninterne Transaktion ist eine Transaktion, bei der sich ein Versicherungsunternehmen zur Erfüllung einer Verbindlichkeit direkt oder indirekt auf andere Unternehmen innerhalb derselben Gruppe oder auf mit den Unternehmen der Gruppe durch enge Verbindungen verbundene natürliche oder juristische Personen stützt, unabhängig davon, ob dies auf vertraglicher oder nicht vertraglicher und auf entgeltlicher oder unentgeltlicher Basis geschieht (Art. 13 Nr. 19 SII RRL / § 7 Nr. 14 VAG 2016). Darunter fallen insbesondere Beteiligungen, gruppeninterne Darlehen und Rückversicherungsverträge sowie Beherrschungsverträge (Verlustübernahme!).

Bedeutende („significant") gruppeninterne Geschäfte sind dem Gruppenaufseher regelmäßig, mindestens einmal jährlich, zu melden (Art. 245 (2) Unterabs. 1 SII RRL / § 274 (1) VAG 2016). Dies gilt ausnahmsweise nicht, wenn Überwachung der gruppeninternen Geschäfte auf Finanzkonglomerateebene erfolgt (Befreiung nach Art. 215 (2) SII RRL / § 247 (2) VAG 2016). Außerordentlich bedeutende („very significant") gruppeninterne Geschäfte sind so schnell wie möglich zu melden. Die Meldung erfolgt wiederum durch das oberste Mutterunternehmen, die Prüfung durch den Gruppenaufseher. Die Festlegung der zu meldenden gruppeninternen Geschäfte sowie der Schwellenwert erfolgt ebenfalls wie bei den Risikokonzentrationen.

7.6.2 Säule III-Anforderungen auf Gruppenebene

Die Säule III-Berichtspflichten gegenüber Aufsicht und Öffentlichkeit gelten auch für Gruppen entsprechend (Art. 254 bzw. Art. 256 SII RRL / § 276 bzw. § 277 VAG 2016). Die Anforderung, jährlich einen Bericht über Solvabilität und Finanzlage auf Gruppenebene (Gruppen-SFCR) zu veröffentlichen, ist an beteiligte Versicherungsunternehmen, Versicherungsholdinggesellschaften oder gemischte Finanzholdinggesellschaften ge-

103 Vgl. Erwägungsgrund 109 der Solvency II-Richtlinie: „Risikokonzentration und gruppeninterne Transaktionen könnten die Finanzlage von Versicherungs- und Rückversicherungsunternehmen beeinflussen. Die Aufsichtsbehörden sollten daher die Möglichkeit haben, derartige Risikokonzentrationen und gruppeninterne Transaktionen einer Aufsicht zu unterwerfen, wobei die Art der Beziehungen zwischen beaufsichtigten Unternehmen und nicht der Aufsicht unterliegenden Unternehmen einschließlich Versicherungsholdinggesellschaften und gemischten Versicherungsholdinggesellschaften zu berücksichtigen ist, und auf der Ebene des Versicherungs- oder Rückversicherungsunternehmens geeignete Maßnahmen zu ergreifen, wenn seine Solvabilität unzureichend ist oder unzureichend zu werden droht."

richtet (Art. 256 (1) SII RRL / § 277 (1) VAG 2016). Zu erfüllen ist die Anforderung damit durch das oberste Mutterunternehmen im EWR (Art. 256 (1) i. V. m. Art. 215 (1) SII RRL / § 277 (1) i. V. m. § 247 (1) VAG 2016, vgl. 7.2.3).

Bei den quantitativen Berichtsformaten (QRTs) sind einige nur von Gruppen auszufüllen, da in ihnen gruppenspezifische Informationen, z. B. zu Aspekten der Gruppenaufsicht, zu Risikokonzentrationen (vgl. 7.6.1.2), zu gruppeninternen Geschäften (vgl. 7.6.1.3), zum Gruppen-SCR bzw. zu den Gruppen-Eigenmitteln, verlangt werden (vgl. 6.1). Die Berichtsfristen für Gruppen sind gegenüber den Berichtsfristen für Einzelunternehmen um 6 Wochen erweitert (vgl. Abbildung 6-4). Die Erleichterungen bei den Berichtspflichten (vgl. 6.4.2) auf Gruppenebene sind analog möglich. Explizit geregelt ist, dass der Gruppenaufseher die unterjährige aufsichtliche Berichterstattung auf Gruppenebene beschränken kann, wenn alle Versicherungsunternehmen der Gruppe von der Befreiung auf Solo-Ebene profitieren (Art. 254 (2) Unterabs. 2 SII RRL n. F. / § 281 VAG 2016). Der Gruppenaufseher hat dabei der Wesensart, dem Umfang und der Komplexität der mit der Geschäftstätigkeit der Gruppe verbundenen Risiken Rechnung zu tragen. Analog besteht die Möglichkeit der Befreiung von der Einzelpostenberichterstattung auf Gruppenebene, wobei durch den Gruppenaufseher zusätzlich Finanzstabilitätsaspekte zu berücksichtigen sind (Art. 254 (2) Unterabs. 3) SII RRL n. F. / § 281 (3) VAG 2016).

Es besteht die Option, den ORSA-Prozess für die Gruppenebene und die Ebene des einzelnen Tochterunternehmens gleichzeitig vorzunehmen und die Ergebnisse daraus in einem einzigen Dokument zusammenzufassen (Art. 246 (4) SII RRL / § 275 (4) VAG 2016).[104] Dazu ist eine Genehmigung des Gruppenaufsehers erforderlich, der die Mitglieder des College zu konsultieren hat (Art. 246 (4) SII RRL / § 275 (4) VAG 2016).

Eine ähnliche Möglichkeit zur Zusammenfassung der ORSA-Berichte besteht bezüglich der Berichtspflichten auf Gruppenebene. Der Gruppen-SFCR kann entsprechend dem Gruppen-ORSA-Bericht mit Genehmigung des Gruppenaufsehers die Gruppen-Informationen und die der Tochterunternehmen in einem einzigen Dokument beinhalten (Art. 256 (2) SII RRL / § 277 (2) VAG 2016).

In der deutschen Konzernrechnungslegung ist die Zusammenfassung des Konzernlageberichtes und des Lageberichtes des Mutterunternehmens möglich (DRS 20.22), sodass auch die darin enthaltene Risikoberichterstattung zusammengefasst werden könnte. Konzerne sind bereits heute handelsrechtlich verpflichtet, Chancen und Risiken im Konzernlagebericht darzustellen (§ 315 (1) HGB i. V. m. DRS 20). Sofern diese Darstellung ein eigenständiges Element im Konzernlagebericht ist, kann dieser als Risikobericht bezeichnet werden. Es sind die Risiken des Konzerns abzubilden (§ 315 (1) HGB). Wenn die Risiken der Konzernunternehmen für die Ziele des Konzerns wesentlich sind, sind sie zu berücksichtigen (vgl. Pauli/Albrecht (2014), S. 1195). DRS 20 gilt für alle Mutterunternehmen, die einen Konzernlagebericht gemäß § 315 HGB aufzustellen haben. Kapitalmarktorientierte Konzerne müssen auch zu ihren internen Kontroll- und Risikomanagementsystemen im Hinblick auf den Rechnungslegungsprozess Angaben machen (§ 289 (5) HGB). Da das Ziel des DRS 20 darin besteht, die Konzernrisikolage zutreffend

104 Vgl. vertiefend zum ORSA-Bericht 5.3.3.

darzustellen, besteht zumindest in der Zielsetzung eine gewisse Übereinstimmung mit dem SFCR. Es bleibt abzuwarten, ob ein Bericht sowohl die aufsichts- als auch handelsrechtlichen Anforderungen an die Risikoberichterstattung von Versicherungsunternehmen erfüllen kann. Im Rahmen der zusammenfassenden Darstellung der Risikolage im HGB-Konzernrisikobericht eines Versicherungsunternehmens sind die aufsichtsrechtlichen Solvabilitätsanforderungen und die zu ihrer Deckung vorhandenen Eigenmittel anzugeben (DRS 20.A2.20).

Eine zusätzliche gruppenspezifische Veröffentlichungspflicht für gruppenangehörige Versicherungsunternehmen, Versicherungsholdinggesellschaften und gemischte Finanzholdinggesellschaften besteht darin, die rechtliche Struktur und die Governance- und Organisationsstruktur auf Versicherungsgruppenebene zu veröffentlichen (Art. 256a SII RRL n. F. / § 278 VAG 2016). Die Veröffentlichung soll eine Beschreibung der zu der Gruppe gehörenden Tochterunternehmen, wichtigen verbundenen Unternehmen und bedeutenden Zweigniederlassungen einschließen. Die Veröffentlichung hat jährlich zu erfolgen (Art. 256a SII RRL n. F. / § 278 VAG 2016). Eine Veröffentlichung im jährlichen Gruppen-SFCR ist nicht verlangt, aber möglich. Die Informationen könnten Stakeholdern zusammen mit eventuell weiteren Angaben aus den Anhängen der Konzernjahresabschlüsse helfen, ein vereinfachtes Organigramm der Gruppe zu erstellen, sofern ein solches nicht bereits (freiwillig) veröffentlicht wird.

7.7 Zusammenfassung

Zusammenschlüsse von Versicherungsunternehmen kommen häufig vor und bilden eine ökonomische Einheit, insbesondere auch aufsichtlich begründet (Spartentrennungsgebot). Solche Versicherungskonzerne werden auch aufsichtsrechtlich als eine Einheit, als Gruppen, betrachtet und unterliegen einer Beaufsichtigung auf Gruppenebene unabhängig von den unterliegenden heterogenen rechtlichen Strukturen zwischen den Gruppenunternehmen. Damit ergibt sich neben der Beaufsichtigung der Einzelunternehmen (Solo-Aufsicht) mindestens eine zweite Ebene der Beaufsichtigung. Hinzu kann eine Aufsicht auf nationaler Subgruppenebene oder auf Finanzkonglomerateebene kommen.

Die Solvency II-Gruppenaufsicht ist ein qualitativer Sprung im Vergleich zur Solvency I-Gruppenaufsicht. Während die Solvency I-Gruppenaufsicht auf einem System von nur eher lose harmonisierten, nur einen Rahmen setzenden europäischen Bestimmungen, die durch nationale Regeln teilweise verschärft wurden (vgl. Wicke/Jurecka (2005), S. 518), aufsetzt, setzt die Solvency II-Gruppenaufsicht auf viel stärker harmonisierten Vorgaben auf. Dieser Wandel geht einher mit einer neuen Rollenaufteilung zwischen dem Gruppenaufseher, den Solo-Aufsehern (in den Colleges) und EIOPA, sodass von einem Konzept einer kooperativen Gruppenaufsicht gesprochen werden kann (vgl. dazu GDV (2007)). Offen ist, wie sich die eigentlich vorgesehene, starke Rolle des Gruppenaufsehers bei der Gruppenaufsicht aufgrund der EIOPA-Befugnisse entwickeln wird.

Die Gruppenaufsicht verliert den rein „zusätzlichen" Charakter („Solo-plus-Aufsicht"). Vielmehr ergänzen sich Solvency II-Solo- und Gruppenaufsicht.

Durch die Solvency II-Gruppensolvenzberechnungen wird eine ökonomische, risikobasierte Sicht auf Gruppen eingeführt. Sie beinhaltet insbesondere die Anerkennung von Gruppen-Diversifikationseffekten. So wird zumindest bei der Anwendung der Konsolidierungsmethode im Standardansatz die (Kern-)Gruppe als ökonomische Einheit begrenzt anerkannt. Demgegenüber stehen aber z. B. Transferierbarkeitsbeschränkungen bei den Gruppen-Eigenmitteln, die die rechtliche Struktur innerhalb der Gruppe betonen. Herausforderungen bei den Gruppensolvenzberechnungen sind u. a. die Berücksichtigung der risikomindernden Wirkung der zukünftigen Überschussbeteiligung und latenter Steuern, die Abbildung gruppeninterner und unternehmensübergreifender Rückversicherungsprogramme und die Währungsrisiken in (internationalen) Gruppen.

Für Gruppen sind in der Solvency II-Richtlinie keine speziellen Säule II- oder Säule III-Anforderungen vorgesehen: Säule II- und Säule III-Anforderungen für Einzelunternehmen gelten entsprechend auch auf Solvency II-Gruppenebene. Ebene 2 und 3 konkretisieren, was eine entsprechende Anwendung im Gruppenkontext meint. Es bleibt allerdings eine große Herausforderung für Versicherungsgruppen, eine dafür notwendige Datenlandschaft über die Grenzen komplexer IT-Systeme, diverser Rechnungslegungsstandards sowie Einzel- und Konzernunternehmen hinweg zu implementieren und operativ zu betreiben. Zudem besteht die Befürchtung, dass zusätzliche internationale Ebenen der Beaufsichtigung für internationale Versicherungsgruppen (u. a. ComFrame) zu mehr Berichtspflichten, mehr Arbeitsaufwand und in der Konsequenz zu höheren Kosten sowie möglicherweise strengeren Kapitalanforderungen führen könnten (vgl. Geneva Association [2014], S. 27).

Literaturverzeichnis

BaFin (2005):
Rundschreiben 4/2005 (VA) – Solvabilität der Versicherungsunternehmen, http://www.bafin.de/SharedDocs/Veroeffentlichungen/DE/Rundschreiben/rs_0504_va_solvabilitaetshinweise.html [09.05.2016].

BaFin (2009):
Rundschreiben 3/2009, Aufsichtsrechtliche Mindestanforderungen an das Risikomanagement (MaRisk VA) vom 22.01.2009, http://www.bafin.de/SharedDocs/Downloads/DE/Rundschreiben/dl_rs_0903_als_pdf_va.pdf?__blob=publicationFile&v=5 [09.05.2016].

BaFin (2011):
Ergebnisse der fünften quantitativen Auswirkungsstudie zu Solvency II (QIS5) – Zusammenfassung der Auswertung durch die Bundesanstalt für Finanzdienstleistungsaufsicht, http://www.bafin.de/SharedDocs/Downloads/DE/Versicherer_Pensionsfonds/QIS/dl_qis5_ergebnisse_bericht_bafin.pdf?__blob=publicationFile&v=8 [09.05.2016].

BaFin (2015a):
Anwendung von Solvabilität-II-Bestimmungen der Säule 1 in der Vorbereitungsphase, Erläuterungen der BaFin, https://www.bafin.de/SharedDocs/Downloads/DE/Aufsichtsrecht/dl_erl%C3%A4uterung_bafin_SII_bestimmungens_s%C3%A4ule_1_va.pdf;jsessionid=5D3FADA7F818B4F8416806DD7A6323B4.1_cid372?__blob=publicationFile&v=3 [09.05.2016].

BaFin (2015b):
Erläuterungen zu Leitlinien zur Verwendung interner Modelle, https://www.bafin.de/SharedDocs/Downloads/DE/Aufsichtsrecht/dl_erl_texte_int_modelle_va.pdf?__blob=publicationFile&v=1 [09.05.2016].

BaFin (2015c):
Erläuterungen zu Leitlinien zu unternehmensspezifischen Parametern, https://www.bafin.de/SharedDocs/Downloads/DE/Aufsichtsrecht/dl_erl_texte_usp_va.pdf?__blob=publicationFile&v=3 [09.05.2016].

BaFin (2015d):
Auslegungsentscheidung zur Prüfung der fachlichen Eignung und Zuverlässigkeit, http://www.bafin.de/SharedDocs/Downloads/DE/Auslegungsentscheidung/dl_ae_151230_fachliche_eignung_va.pdf?__blob=publicationFile&v=2 [09.05.2016].

BaFin (2015e):
Auslegungsentscheidung zur versicherungsmathematischen Funktion in Versicherungsunternehmen, http://www.bafin.de/SharedDocs/Veroeffentlichungen/DE/Auslegungsentscheidung/VA/ae_160101_versicherungsmathematische_funktion_va.html [09.05.2016].

BaFin (2015f):
Auslegungsentscheidung zum Outsourcing bei Versicherungsunternehmen, http://www.bafin.de/SharedDocs/Veroeffentlichungen/DE/Auslegungsentscheidung/VA/ae_160101_outsourcing_va.html [09.05.2016].

BaFin (2015g):
Auslegungsentscheidungen: ORSA, http://www.bafin.de/SharedDocs/Downloads/DE/Auslegungsentscheidung/dl_ae_orsa_va.pdf?__blob=publicationFile&v=2 [09.05.2016].

BaFin (2016a):
Solvency II ist eingeführt, Meldung vom 04.01.2016, http://www.bafin.de/SharedDocs/Veroeffentlichungen/DE/Meldung/2016/meldung_160104_start_solvency_II.html [09.05.2016].

BaFin (2016b):
Auslegungsentscheidung zum Risikomanagement in Versicherungsunternehmen, http://www.bafin.de/SharedDocs/Downloads/DE/Auslegungsentscheidung/ae_risikomanagement_va.pdf?__blob=publicationFile&v=2 [09.05.2016].

BaFin (2016c):
Merkblatt zum Berichtswesen für Erst- und Rückversicherungsunternehmen, Versicherungsgruppen und Pensionsfonds (zuletzt aktualisiert am 19.01.2016), https://www.bafin.de/SharedDocs/Downloads/DE/Merkblatt/VA/dl_mb_berichtswesen_va.pdf?__blob=publicationFile&v=3 [09.05.2016].

Butzke, Marcel / Ludwig, Sven / Vievers, Claudius (2011):
Die Standardformel nach Solvency II, in: Bennemann, Christoph/Oehlenberg, Lutz/Stahl, Gerhard (Hrsg.) (2011): Handbuch Solvency II. Von der Standardformel zum Internen Modell, vom Governance-System zu den MaRisk VA, Schäffer-Poeschel Verlag, Stuttgart, S. 39–68.

CEIOPS (2008a):
IGD National Options Database, http://archive.eiopa.europa.eu/fileadmin/tx_dam/files/databases/IGD-National-Options-Database.pdf [09.05.2016].

CEIOPS (2008b):
Issue Paper Own Risk and Solvency Assessment (ORSA), CEIOPS-IGSRR-09/08, https://eiopa.europa.eu/CEIOPS-Archive/Documents/Issues%20papers/IssuesPaper-ORSA.pdf [09.05.2016].

CEIOPS (2009):
Advice for Level 2 Implementing Measures on Solvency II: Assessment of Group Solvency, https://eiopa.europa.eu/CEIOPS-Archive/Documents/Advices/CEIOPS-L2-Final-Advice-Group-solvency-assessment.pdf#search=filename%3ACEIOPS-L2-Final-Advice-Group-solvency-assessment.pdf [09.05.2016].

Conference of the Insurance Supervisory Services of the Member States of the European Union (2002):
Prudential Supervision of Insurance Undertakings (Sharma-Report), http://ec.europa.eu/internal_market/insurance/docs/solvency/impactassess/annex-c02_en.pdf [09.05.2016].

CRO Forum (2005):
A framework for incorporating diversification in the solvency assessment of insurers – The Chief Risk Officer Forum, http://www.thecroforum.org/wp-content/uploads/2012/10/diversification_white_paper_200506101.pdf [09.05.2016].

CRO Forum (2013):
Diversification – Consideration on Modelling aspects & Related Fungibility and Transferability, http://www.thecroforum.org/wp-content/uploads/2013/10/CRO-Forum-Diversification-paper-October-2013-final1.pdf [09.05.2016].

DAV (Hrsg.) (2016):
Der Aktuar in der Lebensversicherung, in: Aktuar Aktuell – Mitteilungen der Deutschen Aktuarvereinigung e. V., Ausgabe 33, April 2016, S. 8–9.

Delegierte Verordnung (2015):
Delegierte Verordnung (EU) 2015/35 der Kommission vom 10. Oktober 2014 zur Ergänzung der Richtlinie 2009/138/EG des Europäischen Parlaments und des Rates betreffend die Aufnahme und Ausübung der Versicherungs- und der Rückversicherungstätigkeit (Solvabilität II), http://eur-lex.europa.eu/legal-content/DE/TXT/PDF/?uri=CELEX:32015R0035&from=DE [09.05.2016].

Delegierte Verordnung zur Änderung der Delegierten Verordnung (2016):
Delegierte Verordnung (EU) 2016/467 der Kommission vom 30. September 2015 zur Änderung der Delegierten Verordnung (EU) 2015/35 in Bezug auf die Berechnung der gesetzlichen Kapitalanforderungen für verschiedene von Versicherungs- und Rück-

versicherungsunternehmen gehaltene Anlageklassen, http://eur-lex.europa.eu/legal-content/DE/TXT/PDF/?uri=CELEX:32016R0467&from=DE [09.05.2016].

Die de Larosière-Gruppe (2009):
The high-level group on financial supervision in the EU, http://ec.europa.eu/internal_market/finances/docs/de_larosiere_report_de.pdf [09.05.2016].

Dreher, Meinrad / Ballmeier, Christoph (2014):
Solvency II und Gruppenaufsicht – Das Verhältnis von Aufsichts- und Gesellschaftsrecht bei der Gruppenaufsicht über Versicherungsunternehmen unter Einbeziehung der Gruppenaufsicht über Kreditinstitute und Finanzkonglomerate, in: Dreher, Meinrad/ Wandt, Manfred (2014), Solvency II in der Rechtsanwendung 2013 – Gruppenaufsicht unter Solvency II – EIOPA, Verlag Versicherungswirtschaft, Karlsruhe, S. 45–115.

Eilert, Hergen (2012):
Anmerkungen zur Debatte über prinzipienbasiertes Aufsichtsrecht, besonders zum aufsichtsrechtlichen Prinzipienbegriff, in: ZVersWiss, 101 (5), 2012, S. 621–628.

EIOPA (2011a):
EIOPA Report on the fifth Quantitative Impact Study (QIS5) for Solvency II, https://eiopa.europa.eu/Publications/Reports/QIS5_Report_Final.pdf#search=filename%3AQIS5_Report_Final.pdf [09.05.2016].

EIOPA (2011b):
Consultation Paper On the Proposal for Guidelines on Own Risk and Solvency Assessment, EIOPA-CP-11/008, https://eiopa.europa.eu/Publications/Consultations/CP8_SII_Guidelines_ORSA.pdf [09.05.2016].

EIOPA (2012):
EIOPA Final Report on Public Consultation No. 11/008 On the Proposal for Guidelines On Own Risk and Solvency Assessment, https://eiopa.europa.eu/Publications/Reports/Final_Report_CP08_ORSA.pdf [09.05.2016].

EIOPA (2013a):
Leitlinien zum Vorantragsverfahren für interne Modelle, https://eiopa.europa.eu/Publications/Guidelines/EIOPA_2013_00210000_DE_TRA.pdf [21.10.2014].

EIOPA (2013b):
Leitlinien zum Governance-System, https://eiopa.europa.eu/Publications/Guidelines/EIOPA_2013_00200000_DE_TRA.pdf#search=00200000%20DE%20TRA [09.05.2016].

EIOPA (2013c):
Long Term Guarantee Assessment, Technical Specifications (Part I), https://eiopa.europa.eu/Publications/QIS/A_-_Technical_Specification_on_the_Long_Term_Guarantee_Assessment__Part_I_.pdf [09.05.2016].

EIOPA (2014):
The underlying assumptions in the standard formula for the Solvency Capital Requirement calculation, https://eiopa.europa.eu/Publications/Standards/EIOPA-14-322_Underlying_Assumptions.pdf#search=filename%3AEIOPA-14-322_Underlying_Assumptions.pdf [09.05.2016].

EIOPA (2015a):
Leitlinien zum Basisrisiko, https://eiopa.europa.eu/Publications/Guidelines/BR_Final_document_DE.pdf [09.05.2016].

EIOPA (2015b):
Leitlinien zur Bewertung versicherungstechnischer Rückstellungen, https://eiopa.europa.eu/Publications/Guidelines/TP_Final_document_DE.pdf [09.05.2016].

EIOPA (2015c):
Leitlinien zu unternehmensspezifischen Parametern, https://eiopa.europa.eu/Publications/Guidelines/USP_Final_document_DE.pdf [09.05.2016].

EIOPA (2015d):
Leitlinien zur Verwendung interner Modelle, https://eiopa.europa.eu/Publications/Guidelines/IM_Final_document_DE.pdf [09.05.2016].

EIOPA (2015e):
Opinion of the European Insurance and Occupational Pensions Authority on the group solvency calculation in the context of equivalence, https://eiopa.europa.eu/Publications/Opinions/Opinion%20on%20group%20solvency%20calculation%20in%20the%20context%20of%20equivalence.pdf [09.05.2016].

EIOPA (2015f):
Leitlinien zum Governance-System, https://eiopa.europa.eu/GuidelinesSII/EIOPA_Guidelines_on_System_of_Governance_DE.pdf [09.05.2016].

EIOPA (2015g):
Leitlinien zu den Methoden für die Bestimmung von Marktanteilen für die Berichterstattung, https://eiopa.europa.eu/GuidelinesSII/EIOPA_DE_Market_Share_GLs.pdf [09.05.2016].

EIOPA (2015h):
Leitlinien über die Berichterstattung zum Zwecke der finanziellen Stabilität, https://eiopa.europa.eu/GuidelinesSII/EIOPA_DE_FS_GLs.pdf [09.05.2016].

EIOPA (2015i):
Leitlinien zur Gruppensolvabilität, https://eiopa.europa.eu/Publications/Guidelines/DE_EIOPA_GLs_GSC.pdf [09.05.2016].

EIOPA (2015j):
Year-end report on Functioning of Colleges and Accomplishments of Action Plan 2014, https://eiopa.europa.eu/Publications/Reports/EIOPA-15-207_End-year_report_on_Functioning_of_Colleges_and_Accomplishments_of_Action_Plan_2014_published.pdf [09.05.2016].

EIOPA (2016a):
EIOPA recommends a consistent approach to the methodology of the group solvency calculation, https://eiopa.europa.eu/Pages/News/EIOPA-suggests-a-consistent-approach-to-the-methodology-of-the-group-solvency-calculation.aspx [09.05.2016].

EIOPA (2016b):
Solvency II is going live, Pressemitteilung vom 04.01.2016, https://eiopa.europa.eu/Publications/Press%20Releases/2016-01-04%20Solvency%20II%20implementation.pdf [09.05.2016].

EIOPA-VO (2010):
Verordnung (EU) Nr. 1094/2010 des Europäischen Parlaments und des Rates vom 24. November 2010 zur Errichtung einer Europäischen Aufsichtsbehörde (Europäische Aufsichtsbehörde für das Versicherungswesen und die betriebliche Altersversorgung), zur Änderung des Beschlusses Nr. 716/2009/EG und zur Aufhebung des Beschlusses 2009/79/EG der Kommission, http://eur-lex.europa.eu/LexUriServ/LexUriServ.do?uri=OJ:L:2010:331:0048:0083:DE:PDF [09.05.2016].

Europäische Kommission (1999):
The Review of the overall Financial Position of an Insurance Undertaking (Solvency II Review), Markt/2095/99, Brüssel 1999, http://ec.europa.eu/internal_market/insurance/docs/markt-2095/markt-2095-99_en.pdf [09.05.2016].

Europäische Kommission (2002):
Überlegungen zur Form eines künftigen Aufsichtssystems, Markt/2535/02-De, Brüssel 2002, http://ec.europa.eu/internal_market/insurance/docs/markt-2535/markt-2535-02_de.pdf [09.05.2016].

Europäische Kommission (2010):
QIS5 Technical Specifications, Annex to Call for Advice from CEIOPS on QIS5, http://ec.europa.eu/internal_market/insurance/docs/solvency/qis5/201007/technical_specifications_en.pdf [09.05.2016].

Europäische Kommission (2011):
Draft Implementing Measures Solvency II (Level 2).

Europäische Kommission (2014):
Bericht der Kommission an das Europäische Parlament und den Rat über die Tätigkeit der Europäischen Aufsichtsbehörden (ESA) und das Europäische System der Finanzaufsicht (ESFS), http://ec.europa.eu/finance/general-policy/docs/committees/140808-esfs-review_de.pdf [09.05.2016].

Europäische Kommission (2015a):
Delegierter Beschluss (EU) 2015/1602 der Kommission vom 5. Juni 2015 über die Gleichwertigkeit der in der Schweiz geltenden Solvabilitäts- und Aufsichtssysteme für Versicherungs- und Rückversicherungsunternehmen auf der Grundlage von Artikel 172 Absatz 2, Artikel 227 Absatz 4 und Artikel 260 Absatz 3 der Richtlinie 2009/138/EG des Europäischen Parlaments und des Rates, http://eur-lex.europa.eu/legal-content/DE/TXT/PDF/?uri=CELEX:32015D1602&from=DE [09.05.2016].

Europäische Kommission (2015b):
Delegierter Beschluss (EU) 2016/310 der Kommission vom 26. November 2015 über die Gleichwertigkeit des japanischen Solvabilitätssystems für Versicherungs- und Rückversicherungsunternehmen mit dem in der Richtlinie 2009/138/EG des Europäischen Parlaments und des Rates festgelegten System, http://eur-lex.europa.eu/legal-content/DE/TXT/PDF/?uri=CELEX:32016D0310&from=DE [09.05.2016].

Europäische Kommission (2015c):
Delegierter Beschluss (EU) 2015/2290 der Kommission vom 12. Juni 2015 über die vorläufige Gleichwertigkeit der geltenden Solvabilitätssysteme in Australien, Bermuda, Brasilien, Kanada, Mexiko und den Vereinigten Staaten, die auf Versicherungs- und Rückversicherungsunternehmen mit Sitz in diesen Ländern anwendbar sind, http://eur-lex.europa.eu/legal-content/DE/TXT/PDF/?uri=CELEX:32015D2290&from=DE [09.05.2016].

Europäische Kommission (2015d):
Durchführungsverordnung (EU) 2015/498 der Kommission vom 24.05.2015 zur Festlegung technischer Durchführungsstandards für die Verfahren zur aufsichtlichen Genehmigung der Verwendung unternehmensspezifischer Parameter gemäß der Richtlinie 2009/138/EG des Europäischen Parlaments und des Rates, http://eur-lex.europa.eu/legal-content/DE/TXT/PDF/?uri=CELEX:32015R0498&from=DE [09.05.2016].

Europäische Kommission (2015e):
Durchführungsverordnung (EU) 2015/460 der Kommission vom 19.03.2015 zur Festlegung technischer Durchführungsstandards hinsichtlich des Verfahrens zur Genehmigung eines internen Modells gemäß der Richtlinie 2009/138/EG des Europäischen Parlaments und des Rates, http://eur-lex.europa.eu/legal-content/DE/TXT/PDF/?uri=CELEX:32015R0460&from=DE [23.03.2016].

Europäische Kommission (2016a):
Delegierter Beschluss (EU) 2016/309 der Kommission vom 26.11.2015 über die Gleichwertigkeit des in Bermuda geltenden Aufsichtssystems für Versicherungs- und Rückversicherungsunternehmen mit dem in der Richtlinie 2009/138/EG des Europäischen Parlaments und des Rates festgelegten System, und zur Änderung des Delegierten Beschlusses (EU) 2015/2290, https://www.nbb.be/doc/cp/de/2016/20160304_eu_2016_309.pdf [09.05.2016].

Europäische Kommission (2016b):
Overview/Planning Level2 legislative measures in the area of financial service, http://ec.europa.eu/finance/general-policy/docs/level-2-measures/level2-measures_en.pdf [09.05.2016].

EZB-Verordnung (2014):
Verordnung (EU) Nr. 1374/2014 der Europäischen Zentralbank vom 28. November 2014 über die statistischen Berichtspflichten der Versicherungsgesellschaften (EZB/2014/50), https://www.ecb.europa.eu/ecb/legal/pdf/oj-jol_2014_366_r_0008-de-txt.pdf [09.05.2016].

Faber-Graw, Petra (2011):
Gruppenaufsicht im Wandel? – Die wesentlichen Veränderungen unter Solvency II im Vergleich zu Solvency I, in: Bennemann, Christoph/Oehlenberg, Lutz/Stahl, Gerhard (Hrsg.) (2011): Handbuch Solvency II. Von der Standardformel zum Internen Modell, vom Governance-System zu den MaRisk VA, Schäffer-Poeschel Verlag, Stuttgart, S. 115–124.

Farny, Dieter (2011):
Versicherungsbetriebslehre, 5. Auflage, Verlag Versicherungswirtschaft, Karlsruhe.

Finanzkonglomerate-Richtlinie (2002):
Richtlinie 2002/87/EG des Europäischen Parlaments und des Rates vom 16. Dezember 2002 über die zusätzliche Beaufsichtigung der Kreditinstitute, Versicherungsunternehmen und Wertpapierfirmen eines Finanzkonglomerats und zur Änderung der Richtlinien 73/239/EWG, 79/267/EWG, 92/49/EWG, 92/96/EWG, 93/6/EWG und 93/22/EWG des Rates und der Richtlinien 98/78/EG und 2000/12/EG des Europäischen Parlaments und

des Rates, http://eur-lex.europa.eu/legal-content/DE/TXT/HTML/?uri=CELEX:32002L0087&from=de [09.05.2016].

FMA (2012):
Solvency II – Eine Einführung in das neue europäische Versicherungsaufsichtsrecht, LexisNexis Verlag, Wien.

GDV (Hrsg.) (2007):
Konzept einer kooperativen Gruppenbeaufsichtigung – Kernthesen zur Gruppenbeaufsichtigung unter Solvency II, Berlin, http://www.gdv.de/wp-content/uploads/2007/11/SII_Gruppenbeaufsichtigung_GDV_de.pdf [09.05.2016].

GDV (Hrsg.) (2016):
Die Positionen der deutschen Versicherer 2016, Berlin, http://www.gdv.de/wp-content/uploads/2016/04/GDV-Politische_Positionen_2016.pdf [09.05.2016].

Geneva Association (Hrsg.) (2014):
Group-Wide Risk and Capital Management of Internationally Active Insurance Groups – Current Practices and Challenges, Genf, https://www.genevaassociation.org/media/463708/ga2013-comframe_survey.pdf [09.05.2016].

Hartung, Thomas (2005):
Überprüfungsverfahren und Marktdisziplin als Instrumente der Versicherungsaufsicht, in: Gründl, Helmut/Perlet, Helmut (Hrsg.) (2005): Solvency II & Risikomanagement – Umbruch in der Versicherungswirtschaft, Gabler-Verlag, Wiesbaden, S. 53–70.

Helsinki-Protokoll (2000):
Protocol relating to the collaboration of the supervisory authorities of the member states of the European Union with regard to the application of Directive 98/78/EC on the supplementary supervision of insurance undertakings in an insurance group, https://eiopa.europa.eu/CEIOPS-Archive/Documents/Protocols/nl194_helsinki_gbfi.pdf#search=filename%3Anl194_helsinki_gbfi.pdf [09.05.2016].

Insurance Europe (Hrsg.) (2015):
European Insurance – Key Facts (August 2015), http://insuranceeurope.eu/sites/default/files/attachments/European%20Insurance%20-%20Key%20Facts%20-%20August%202015.pdf [09.05.2016].

KapitalausstattungsVO (2016):
Verordnung über die Kapitalausstattung von Versicherungsunternehmen (Kapitalausstattungs-Verordnung), http://www.gesetze-im-internet.de/bundesrecht/kapausstv_2016/gesamt.pdf [09.05.2016].

Keune, Christina (2015):
Rechtliche Grundlagen und Grenzen der EIOPA, in: Looschelders, Dirk/Michael, Lothar (Hrsg.): Veröffentlichungen des Instituts für Versicherungsrecht der Heinrich-Heine-Universität Düsseldorf, Band 25, Verlag Versicherungswirtschaft, Karlsruhe.

KPMG (2002):
Study into the methodologies to assess the overall financial position of an insurance undertaking from the perspective of prudential supervision (sog. KPMG-Report), http://ec.europa.eu/internal_market/insurance/docs/solvency/solvency2-study-kpmg_en.pdf [09.05.2016].

Kraft, Mirko (2015):
Die Umsetzung der Solvency II-Gruppenaufsicht im deutschen Versicherungsaufsichtsgesetz (VAG): Inwieweit gilt deutsches Recht für die Beaufsichtigung internationaler Versicherungsgruppen?, in: ZVersWiss, 104 (4), 2015, S. 389–409.

Kraft, Mirko / Porzelt, Julia / Rebhan, Katrin (2015):
Typologie der Versicherungsgruppenstrukturen in Deutschland im Hinblick auf die Solvency II-Gruppenaufsicht: Aspekte struktureller Finanzstabilität im Versicherungssektor, in: ZVersWiss, 104 (5), 2015, S. 501–522.

Krämer, Gerrit Jan (2008):
Die Gruppenaufsicht nach dem Entwurf der Solvency II Rahmenrichtlinie, in: ZVersWiss, 97 (3), 2008, S. 319–342.

Maier, Ricarda / Nielsen, Bengt-Lennart (2014):
Die Gruppenaufsicht unter Solvency II aus Sicht der Aufsicht, in: Dreher, Meinrad/ Wandt, Manfred (2014), Solvency II in der Rechtsanwendung 2013 – Gruppenaufsicht unter Solvency II – EIOPA, Verlag Versicherungswirtschaft, Karlsruhe, S. 1–11.

Marcelli, Riccarda (2015):
Das Governance-System in der Versicherungsgruppe nach Solvency II – Grenzen der Umsetzung versicherungsaufsichtsrechtlicher Vorgaben und ihre Auflösung, Verlag Versicherungswirtschaft, Karlsruhe.

Meyer, Jan Philipp (2011):
Anforderungen an das Governance-System von Versicherungsunternehmen und -gruppen, Bennemann, Christoph/Oehlenberg, Lutz/Stahl, Gerhard (Hrsg.) (2011): Handbuch Solvency II. Von der Standardformel zum Internen Modell, vom Governance-System zu den MaRisk VA, Schäffer-Poeschel Verlag, Stuttgart, S. 87–100.

Nguyen, Tristan (2008):
Rechnungslegung von Versicherungsunternehmen, Verlag Versicherungswirtschaft, Karlsruhe.

Omnibus I-Richtlinie (2010):
Richtlinie 2010/78/EU des Europäischen Parlaments und des Rates vom 24. November 2010 zur Änderung der Richtlinien 98/26/EG, 2002/87/EG, 2003/6/EG, 2003/41/EG, 2003/71/EG, 2004/39/EG, 2004/109/EG, 2005/60/EG, 2006/48/EG, 2006/49/EG und 2009/65/EG im Hinblick auf die Befugnisse der Europäischen Aufsichtsbehörde (Europäische Bankenaufsichtsbehörde), der Europäischen Aufsichtsbehörde (Europäische Aufsichtsbehörde für das Versicherungswesen und die betriebliche Altersversorgung) und der Europäischen Aufsichtsbehörde (Europäische Wertpapier- und Marktaufsichtsbehörde), http://eur-lex.europa.eu/legal-content/DE/TXT/PDF/?uri=CELEX:32010L0078&from=EN [09.05.2016].

Omnibus II-Richtlinie (2014):
Richtlinie 2014/51/EU des Europäischen Parlaments und des Rates vom 16. April 2014 zur Änderung der Richtlinien 2003/71/EG und 2009/138/EG und der Verordnungen (EG) Nr. 1060/2009, (EU) Nr. 1094/2010 und (EU) Nr. 1095/2010 im Hinblick auf die Befugnisse der Europäischen Aufsichtsbehörde (Europäische Aufsichtsbehörde für das Versicherungswesen und die betriebliche Altersversorgung) und der Europäischen Aufsichtsbehörde (Europäische Wertpapier- und Marktaufsichtsbehörde), http://eur-lex.europa.eu/legal-content/DE/TXT/PDF/?uri=CELEX:32014L0051&qid=1402008705091&from=DE [09.05.2016].

Pauli, Marcus / Albrecht, Christoph (2014):
Wachsende Bedeutung der Risikoberichtserstattung in Konzernen durch DRS 20, Betriebs-Berater, Heft 20/2014, S. 1195–1199.

Quick-fix I-Richtlinie (2012):
Richtlinie 2012/23/EU des Europäischen Parlaments und des Rates vom 12. September 2012 zur Änderung der Richtlinie 2009/138/EG (Solvabilität II) hinsichtlich des Zeitpunkts ihrer Umsetzung und des Zeitpunkts ihrer Anwendung sowie des Zeitpunkts der Aufhebung bestimmter Richtlinien, http://eur-lex.europa.eu/LexUriServ/LexUriServ.do?uri=OJ:L:2012:249:0001:0002:DE:PDF [09.05.2016].

Quick-fix II-Richtlinie (2013):
Richtlinie 2013/58/EU des Europäischen Parlaments und des Rates vom 11. Dezember 2013 zur Änderung der Richtlinie 2009/138/EG (Solvabilität II) hinsichtlich des Zeitpunkts ihrer Umsetzung und des Zeitpunktes ihrer Anwendung sowie des Zeitpunkts der Aufhebung bestimmter Richtlinien (Solvabilität I), http://eur-lex.europa.eu/legal-content/DE/TXT/PDF/?uri=CELEX:32013L0058&from=DE [09.05.2016].

Renz, Michael / Best, Guido (2005):
Was bedeutet Solvency II für die Lebensversicherung?, in: Gründl, Helmut/Perlet, Helmut (Hrsg.) (2005): Solvency II & Risikomanagement – Umbruch in der Versicherungswirtschaft, Gabler-Verlag, Wiesbaden, S. 317–336.

Rittmann, Marion (2009):
Neuausrichtung der Versicherungsaufsicht im Rahmen von Solvency II – Implikationen und Ansatzpunkte für die Gestaltung des Risikomanagements in Versicherungsunternehmen, Gabler-Verlag, Wiesbaden.

Rudkowski, Lena (2016):
Transparenzpflichten zur Kontrolle von Finanzdienstleistungsunternehmen, Mohr Siebeck, Tübingen.

Schneider, Jörg (2005):
Rückversicherung und Solvency II – Herausforderungen und Chancen, in: Gründl, Helmut/Perlet, Helmut (Hrsg.) (2005): Solvency II & Risikomanagement – Umbruch in der Versicherungswirtschaft, Gabler-Verlag, Wiesbaden, S. 399–417.

Schubert, Thomas (2005):
Stand der Diskussion und Tendenzen im Projekt Solvency II der EU-Kommission, in: Gründl, Helmut/Perlet, Helmut (Hrsg.) (2005): Solvency II & Risikomanagement – Umbruch in der Versicherungswirtschaft, Gabler-Verlag, Wiesbaden, S. 35–52.

Schulte-Mattler, Hermann / Manns, Thomas (2005):
Basel-II-Rahmenwerk: Ein Meilenstein der Bankenaufsicht, in: Gründl, Helmut/Perlet, Helmut (Hrsg.) (2005): Solvency II & Risikomanagement – Umbruch in der Versicherungswirtschaft, Gabler-Verlag, Wiesbaden, S. 529–554.

Schwarze, Jochen (1998):
Grundlagen der Statistik, Bd. 1, NWB Verlag, Berlin.

Solvency II-Richtlinie (2009):
Richtlinie 2009/138/EG des Europäischen Parlaments und des Rates vom 25. November 2009 betreffend die Aufnahme und Ausübung der Versicherungs- und der Rückversicherungstätigkeit (Solvabilität II), http://eur-lex.europa.eu/LexUriServ/LexUriServ.do?uri=OJ:L:2009:335:0001:0155:de:PDF [09.05.2016].

Solvency II-Richtlinie (2015):
Richtlinie 2009/138/EG des Europäischen Parlaments und des Rates vom 25. November 2009 betreffend die Aufnahme und Ausübung der Versicherungs- und der Rückversicherungstätigkeit (Solvabilität II) [nicht offizielle, konsolidierte Fassung mit dem Stand 31.03.2015], http://eur-lex.europa.eu/legal-content/DE/TXT/PDF/?uri=CELEX:02009L0138-20150331&from=DE [09.05.2016].

Solvency II-Richtlinien-Berichtigung (2014):
Berichtigung der Richtlinie 2009/138/EG des Europäischen Parlaments und des Rates vom 25. November 2009 betreffend die Aufnahme und Ausübung der Versicherungs- und der Rückversicherungstätigkeit (Solvabilität II) (Neufassung), http://eur-lex.europa.eu/legal-content/DE/TXT/PDF/?uri=OJ:JOL_2014_219_R_0013&from=EN [09.05.2016].

VAG-Regierungsentwurf (2012):
Gesetzentwurf der Bundesregierung – Entwurf eines Zehnten Gesetz[es] zur Änderung des Versicherungsaufsichtsgesetzes, http://dip21.bundestag.de/dip21/btd/17/093/1709342.pdf [09.05.2016].

Versicherungsaufsichtsgesetz (2015):
Gesetz über die Beaufsichtigung der Versicherungsunternehmen (Versicherungsaufsichtsgesetz – VAG), Versicherungsaufsichtsgesetz in der Fassung der Bekanntmachung vom 17. Dezember 1992 (BGBl. 1993 I S. 2), das zuletzt durch Artikel 1 des Gesetzes vom 1. August 2014 (BGBl. I S. 1330) geändert worden ist.

Versicherungsaufsichtsgesetz (2016):
Versicherungsaufsichtsgesetz vom 1. April 2015 (BGBl. I S. 434), das durch Artikel 15 des Gesetzes vom 11. März 2016 (BGBl. I S. 396) geändert worden ist, http://www.gesetze-im-internet.de/bundesrecht/vag_2016/gesamt.pdf [09.05.2016].

Versicherungsgruppenrichtlinie (1998):
Richtlinie 98/78/EG des Europäischen Parlaments und des Rates vom 27. Oktober 1998 über die zusätzliche Beaufsichtigung der Versicherungsunternehmen einer Versicherungsgruppe, http://eur-lex.europa.eu/LexUriServ/LexUriServ.do?uri=OJ:L:1998:330:0001:0012:DE:PDF [09.05.2016].

Walter, Thomas (2011):
Die Vorantragsphase, in: Bennemann, Christoph/Oehlenberg, Lutz/Stahl, Gerhard (Hrsg.) (2011): Handbuch Solvency II. Von der Standardformel zum Internen Modell, vom Governance-System zu den MaRisk VA, Schäffer-Poeschel Verlag, Stuttgart, S. 229–234.

Weiler, Wolfgang / Machalett, Volker (2005):
Solvency II – Auswirkungen auf die Eigenmittelbeschaffung und -bewirtschaftung, in: Gründl, Helmut/Perlet, Helmut (Hrsg.) (2005): Solvency II & Risikomanagement – Umbruch in der Versicherungswirtschaft, Gabler-Verlag, Wiesbaden, S. 419–446.

Wicke, Jan / Jurecka, Christoph (2005):
Solvency II in internationalen Versicherungsgruppen, in: Gründl, Helmut/Perlet, Helmut (Hrsg.) (2005): Solvency II & Risikomanagement – Umbruch in der Versicherungswirtschaft, Gabler-Verlag, Wiesbaden, S. 517–528.

Glossar

Begriff	Erläuterung
ASM (Available Solvency Margin)	(anrechnungsfähige) vorhandene → Eigenmittel (als Ist-Solvabilität)
Aufsicht	Bei der Aufsicht von Versicherungsunternehmen kann zwischen der Aufsicht vor Aufnahme der Geschäftstätigkeit (u. a. Zulassungspflicht) und der laufenden Aufsicht nach Aufnahme der Geschäftstätigkeit unterschieden werden. In der Solvency II-Richtlinie werden die Regelungen zur Aufnahme der Tätigkeit (Art. 14–26 SII RRL / §§ 8–15a VAG 2016) weitestgehend unverändert fortgeführt. Neu ist u. a., dass Zulassungen EIOPA zu melden sind und EIOPA ein Verzeichnis der zugelassenen Versicherungsunternehmen auf seiner Webseite veröffentlicht und regelmäßig aktualisiert (Art. 25a SII RRL). Die Änderungen bei der Aufsicht durch die Solvency II-Richtlinie ergeben sich im Wesentlichen jedoch bei der laufenden (Solvenz-)Aufsicht (siehe z. B. → Aufsichtsleiter). Unterschieden wird auch zwischen Mikro- und Makroaufsicht (→ Finanzstabilität).
Aufsichtsbehörde	Als Aufsichtsbehörde gilt diejenige einzelstaatliche Behörde oder gelten diejenigen einzelstaatlichen Behörden, die aufgrund von Rechts- oder Verwaltungsvorschriften für die Beaufsichtigung von Versicherungsunternehmen zuständig sind (Art. 13 Nr. 10 SII RRL). Zur Abgrenzung von anderen internationalen Institutionen mit Aufsichts- oder Regulierungsbefugnissen (wie beispielsweise EIOPA) wird auch von „nationaler Aufsichtsbehörde" gesprochen. Der Begriff „Aufsichtsbehörde" entspricht im Bankenbereich dem Begriff der „zuständigen Aufsichtsbehörde". Entsprechend wird im Englischen von „national competent authorities" (NCA) gesprochen. Nach der Solvency II-Richtlinie ist die „zuständige Behörde" allerdings anders definiert (vgl. Art. 268 (2) c) SII RRL). Die für die → Gruppenaufsicht zuständige Behörde wird als Gruppenaufseher („group supervisor") bezeichnet. Im deutschen → VAG wird der Begriff „Gruppenaufsichtsbehörde" verwendet.
Aufsichtsleiter	Die Eingriffsbefugnisse der → Aufsichtsbehörden bei sich verschlechternder Solvenzlage werden unter Solvency II wegen ihrer mehreren Interventionslinien als Aufsichtsleiter („supervisory ladder of intervention") bezeichnet: 1. Interventionslinie: Bei einem SCR-Bruch oder einem innerhalb von drei Monaten drohenden SCR-Bruch ist die Aufsicht zu informieren. Innerhalb von zwei Monaten nach Feststellung des SCR-Bruchs ist der Aufsicht ein realistischer Sanierungsplan zur Wiederherstellung gesunder Finanzverhältnisse zur Genehmigung vorzulegen. Die BaFin kann angemessene Maßnahmen verlangen, um innerhalb von sechs Monaten die anrechnungsfähigen → Eigenmittel entsprechend aufzustocken und/oder das Risikoprofil so zu senken, dass das → SCR wieder bedeckt ist. 2. Interventionslinie: Bei einer MCR-Unterschreitung ist die Vorlage eines zu genehmigenden Finanzierungsplans vorgesehen (innerhalb eines Monats). Wenn nach drei Monaten das → MCR nicht wieder bedeckt ist, hat die Aufsicht als ultimative Maßnahme die Geschäftserlaubnis zu entziehen. Neugeschäft ist nicht mehr möglich, Bestandsgeschäft ist abzuwickeln.
Ausgliederung	→ Outsourcing

Begriff	Erläuterung
BCR (Basic Capital Requirement)	Das BCR ist vergleichbar mit dem → SCR unter Solvency II. Es stellt eine einfach zu ermittelnde Kapitalanforderung für → G-SIIs dar. Das BCR bildet die Vorstufe zu den stärker risikobasierten → ICS.
Captive	Auch: firmeneigenes Versicherungsunternehmen. Ein Versicherungsunternehmen, das entweder einem Finanzunternehmen, bei dem es sich weder um ein Versicherungsunternehmen noch um eine Gruppe von Versicherungsunternehmen (nach Art. 212 (1) c) SII RRL) handelt, oder einem nicht der Finanzbranche angehörenden Unternehmen gehört und das ausschließlich Risiken des Unternehmens oder der Unternehmen, dem bzw. denen es gehört, oder eines oder mehrerer Unternehmen der Gruppe, der es angehört, (rück-)versichert (Art. 13 Nr. 2 bzw. 5 SII RRL).
Collateral	Englischer Begriff für (gestellte) Sicherheiten. In einigen Ländern wird von ausländischen Rückversicherungsunternehmen die Stellung von Sicherheiten aufsichtsrechtlich vorgeschrieben. Für (Rück-)Versicherungsunternehmen aus äquivalenten → Dritt-Staaten sind Collaterals nicht zulässig (Art. 173 SII RRL).
ComFrame (Common Framework)	Dieses gemeinsame Rahmenwerk der Aufsicht von → IAIGs setzt internationale aufsichtsrechtliche Standards, welche sich insbesondere auf eine effektive gruppenweite Aufsicht von → IAIGs konzentrieren. Die Entwicklung des ComFrame hat im Jahr 2010 begonnen.
Compliance	Einhaltung interner und externer rechtlicher Vorgaben; Überwachung durch die Compliance-Funktion (→ Governance-Funktionen, → Funktion).
Corporate Governance	auf deutsch etwa: Grundsätze der Unternehmensführung; in Deutschland: Corporate Governance-Kodex (seit 2002).
Diversifikationseffekte	Diversifikationseffekte sind nach der Solvency II-Richtlinie (Art. 13 Nr. 37 SII RRL) eine Reduzierung des Gefährdungspotenzials von Versicherungsunternehmen und -gruppen durch die Diversifizierung ihrer Geschäftstätigkeit, die sich aus der Tatsache ergibt, dass das negative Resultat eines Risikos durch das günstigere Resultat eines anderen Risikos ausgeglichen werden kann, wenn diese Risiken nicht voll korreliert sind (→ Korrelation). Diversifikationseffekte ergeben sich in der SCR-Standardformel auf der Modulebene („inter-Modul-Diversifikationseffekte") bei der Aggregation zum Basis-SCR und innerhalb der (Sub-)Module („intra-(Sub-)Modul-Diversifikationseffekte"). Diversifikationseffekte auf Gruppenebene („Gruppen-Diversifikationseffekte") können aus dem Vergleich der Summe der (anteiligen) Solo-SCRs und dem (konsolidierten) Gruppen-SCR bestimmt werden. Sie ergeben sich im Standardsatz aus der unternehmensübergreifenden Betrachtung von (Unter-)Risikokategorien und der Aggregation mit Hilfe der Korrelationsmatrix wie im Falle eines Einzelunternehmens.

Begriff	Erläuterung
Dritt-Staaten-Äquivalenz	Unter Dritt-Staaten-Äquivalenz versteht man die Anerkennung der Gleichwertigkeit von Aufsichtssystemen in Ländern außerhalb der EU / des EWR. Die Solvency II-Richtlinie sieht in drei Fällen vor, eine Gleichwertigkeit zu prüfen: Bei Rückversicherung, die europäische Erstversicherer bei Rückversicherern in Dritt-Staaten abschließen: Wenn die dortige Aufsicht im Hinblick auf Rückversicherung als gleichwertig anerkannt ist, sind die nicht-europäischen Rückversicherer wie die Rückversicherer unter Solvency II-Aufsicht zu behandeln. Europäische Gruppe mit Dritt-Staaten-Versicherungsunternehmen: Wenn im Dritt-Staat die lokalen Solvenzkapitalanforderungen (temporär) gleichwertig sind, können diese in die Solvency II-Gruppenberechnungen bei Anwendung der Abzugs- und Aggregationsmethode übernommen werden (Mitgliedstaaten-Wahlrecht nach Art. 260 SII RRL in Deutschland in § 258 VAG 2016 umgesetzt). Außer-europäische Gruppe mit Subgruppe in der EU / im EWR: Bei gleichwertiger → Gruppenaufsicht kann die Gesamtgruppenaufsicht vom Dritt-Staat aus erfolgen.
Eigenmittel - ökonomische - anrechnungsfähige	Differenz der Vermögenswerte (Aktiva) und Verbindlichkeiten zu Marktwerten in der Solvency II-Bilanz (→ Solvabilitätsübersicht). Die ökonomischen Eigenmittel entsprechen i. d. R. nicht dem bilanziellen Eigenkapital nach HGB oder IFRS, da z. B. Bewertungsreserven miteinbezogen sind. Die vorhandenen Eigenmittel unter Solvency II setzen sich aus den Basiseigenmitteln (ökonomische Eigenmittel + nachrangige Verbindlichkeiten) sowie den ergänzenden Eigenmitteln (häufig außerbilanziell) zusammen. Ergänzende Eigenmittel sind beispielsweise: • nicht eingefordertes und nicht eingezahltes Grundkapital • Nachschusspflichten • Garantien aus Bürgschaften, Verlustübernahme-Verträgen, etc. Die ergänzenden Eigenmittel bedürfen zur Anrechnung der Genehmigung durch die BaFin. Sie sind in ihrer Anrechnung begrenzt. Um zu den anrechnungsfähigen Eigenmitteln zu gelangen, werden die Eigenmittelbestandteile in Werthaltigkeitsklassen (sog. tiers) eingeordnet, die bestimmten quantitativen Limiten unterliegen.
Erhebung (auch: Vollerhebung)	Eine von der BaFin durchgeführte quantitative Abfrage zur Feststellung der → Eigenmittel-Ausstattung unter Solvency II-Bedingungen aller Lebensversicherungsunternehmen im 2. Halbjahr 2014 mit Stichtag 31.12.2013. Parallel führte der GDV einen Test für alle Versicherungsunternehmen und -gruppen durch. Das Testen war vergleichbar mit den europäischen quantitativen Auswirkungsstudien in der Entwicklung von Solvency II („QIS8").
Finanzstabilität	Finanzstabilität ist ein weiteres Ziel der → Regulierung und → Aufsicht unter Solvency II (Erwägungsgrund 16 der Solvency II-Richtlinie). Das vorrangige Ziel bleibt jedoch der Schutz der Versicherungsnehmer und der Begünstigten von Versicherungsleistungen (Art. 27 und 28 SII RRL). Bei Finanzstabilität wird eine eher gesamtwirtschaftliche Perspektive eingenommen, die u. a. auch → systemische Risiken zu identifizieren sucht (sog. Makroaufsicht). Ergänzt wird damit die Betrachtung einzelner Unternehmen und Gruppen (sog. Mikroaufsicht).

Begriff	Erläuterung
fit & proper	fachliche Eignung und persönliche Zuverlässigkeit; Anforderung an Personen, die das Unternehmen tatsächlich leiten oder andere Inhaber von Schlüsselfunktionen (→ Governance-Funktionen). Berufsqualifikationen, Kenntnisse und Erfahrungen sollen ausreichen, um ein solides und vorsichtiges Management zu gewährleisten (→ wert- und risikoorientierte Steuerung).
Funktion	Im Sinne der Solvency II-Richtlinie eine „administrative Kapazität zur Übernahme bestimmter Governanceaufgaben" (Erwägungsgrund 31 der Solvency II-Richtlinie). Funktion ist also nicht gleichbedeutend mit einer organisatorischen Einheit wie einer (internen) Abteilung. Funktionen können auch outgesourct werden (→ Outsourcing), unabhängig davon, dass im → VAG Funktion als „interne Kapazität innerhalb der Geschäftsorganisation zur Übernahme praktischer Aufgaben" definiert wird (§ 7 Nr. 9 VAG 2016). Versicherungsunternehmen können als Ausdruck ihrer Organisationsfreiheit selbst darüber entscheiden, wie die → Governance-Funktionen organisiert sind, um dem Proportionalitätsprinzip zu entsprechen.
Gesamtsolvabilitätsbedarf	Der Gesamtsolvabilitätsbedarf ist die intern geforderte Mindestkapitalanforderung, die sich aus den wesentlichen Risiken binnen eines Jahres gemäß Säule II ergibt (→ ORSA). Die Quantifizierung erfolgt mindestens einmal jährlich, möglichst anhand einer Szenario-Rechnung und Value-at-Risk-Verfahren. Hierbei kann intern ein höheres Konfidenzniveau, z. B. ein 99,75 %-Quantil für Einzelunternehmen und ein 99,9 %-Quantil für die Versicherungsgruppe verwendet werden. Diese Quantile besagen, dass beim 99,75 %-Quantil das „400-Jahres-Ereignis" bzw. beim 99,9 %-Quantil das „1.000-Jahres-Ereignis" überlebt werden soll.
G-SII (Global Systemically Important Insurer)	G-SIIs sind global systemrelevante Versicherungsunternehmen und -gruppen, welche allerdings nicht zwangsläufig die Kriterien für eine → IAIG erfüllen müssen. Sie stellen aus Sicht der Aufseher eine potenzielle Gefahr für die → Finanzstabilität dar. Seit 2013 werden G-SIIs von der → IAIS festgelegt. Einzelne Länder können aber auch national systemrelevante Unternehmen festlegen. Es gelten ähnlich wie für systemrelevante Banken (G-SIFI, Global Systemically Important Financial Institutions) bestimmte Kriterien für die Einstufung.
Governance-Funktionen	Zu den Governance-Funktionen nach der Solvency II-Richtlinie zählen: • Risikomanagement-Funktion • Compliance-Funktion • interne Revision • versicherungsmathematische Funktion Diese Governance-Funktionen sind in der Solvency II-Richtlinie als Schlüsselfunktionen festgelegt. Möglicherweise können neben diesen Governance-Funktionen weitere Schlüsselfunktionen in Unternehmen identifiziert werden.
Governance-System	Die Solvency II-Richtlinie enthält keine explizite Definition zu → Governance (in etwa „gute Unternehmensführung") bzw. zu Governance-System (ähnlich zu „ordnungsgemäßer Geschäftsorganisation" gemäß § 64a VAG 2015 und MaRisk VA). Gekennzeichnet ist das Governance-System nach der Solvency II-Richtlinie durch aufbau- und ablauforganisatorische Bestandteile, u. a. durch → Governance-Funktionen und einen Risikomanagementprozess (→ ORSA).

Begriff	Erläuterung
Gruppenaufsicht	Aufsicht auf Ebene der Gruppe, die die Aufsicht der Einzelunternehmen (sog. Solo-Aufsicht) ergänzt. Sie wird manchmal auch als Konzernaufsicht bezeichnet. Der Solvency II-Gruppenaufsicht unterliegen Versicherungsgruppen. Dabei sind verschiedene Fälle zu unterscheiden, die zu einem unterschiedlichen Umfang der Aufsicht auf Gruppenebene führen (können). Für die Gruppenaufsicht zuständig ist der Gruppenaufseher / die Gruppenaufsichtsbehörde (→ Aufsichtsbehörde). Die Solvency II-Gruppenaufsicht von internationalen Gruppen ist kooperativ angelegt: Die Aufseher einer Gruppe sind in einem Aufsichtskollegium („College"). Vertreter von EIOPA können ebenfalls an den Aktivitäten des Aufsichtskollegiums teilnehmen.
HGB-Bilanz	Bilanz nach dem deutschen Handelsrecht, also der nationalen Rechnungslegung. Die Solvenzbilanz unter Solvency I („Solvency I-Bilanz") entspricht weitestgehend der HGB-Bilanz. Insbesondere werden unter Solvency I die → Eigenmittel aus dem (bilanziellen) Eigenkapital in der HGB-Bilanz abgeleitet, sowie die Kapitalanforderungen teilweise auf Basis der Werte der versicherungstechnischen Rückstellungen in der HGB-Bilanz bestimmt. Für den Wertansatz in der HGB-Bilanz gilt das Vorsichtsprinzip. Wertsteigerungen bei Kapitalanlagen sind daher nicht anzusetzen; Wertansätze entsprechen den Anschaffungskosten (auch sog. Buchwerte).
HLA (Higher Loss Absorbency)	Die HLA ist eine geplante zusätzliche Kapitalanforderung für → G-SIIs, welche deren Systemrelevanz im internationalen Finanzsystem widerspiegeln soll. → G-SIIs müssen also sowohl die Kapitalanforderungen, die durch das → BCR hervorgerufen werden, sowie die Kapitalanforderungen, die durch HLA festgelegt sind, erfüllen. Die Kapitalanforderungen für → G-SIIs sind also die Summe des → BCR und der HLA. Das HLA entspricht einer Erhöhung der Kernkapitalquote bei systemrelevanten Banken.
IAIG (Internationally Active Insurance Group)	Als IAIGs gelten Versicherungsunternehmen und -gruppen, welche ein bestimmtes Maß an internationaler Aktivität sowie eine bestimmte Größe aufweisen. Als internationale Aktivität gelten die Buchung von Prämien in mindestens drei Rechtssystemen und Brutto-Beiträge außerhalb des Heimatlandes von mindestens 10 % der Gesamtprämieneinnahmen. Schwellenwerte für die Größe sind eine Bilanzsumme von mindestens 50 Milliarden US-Dollar oder gebuchte Brutto-Beiträge von mindestens 10 Milliarden US-Dollar.
IAIS (International Association of Insurance Supervisors)	Die IAIS repräsentiert Versicherungsaufseher aus mehr als 200 Rechtssystemen und 140 Ländern. Die Ziele der IAIS sind zum einen die Entwicklung einer globalen und konsistenten Versicherungsaufsicht und die Entwicklung von fairen, sicheren und stabilen Versicherungsmärkten zum Schutz der Versicherungsnehmer. Zudem möchte die IAIS zur globalen → Finanzstabilität beitragen und entwickelte dazu Kriterien für die Einstufung von Versicherungsunternehmen und -gruppen als → G-SII. Ein vergleichbares Gremium auf Bankenseite ist der sog. Basler Ausschuss, in dem die Bankenaufseher aus wichtigen Staaten zusammenkommen, und der internationale Kapitalanforderungen für Banken festlegt (zuletzt: Basel III). Die IAIS wurde im Jahr 1994 gegründet und hat ihren Sitz in Basel in der Schweiz.

Begriff	Erläuterung
ICS (Insurance Capital Standards)	Die ICS sind globale Versicherungskapitalstandards, welche von der → IAIS seit Oktober 2013 entwickelt werden. Diese sollen zukünftig für international aktive Versicherungsgruppen (→ IAIGs) sowie für global systemrelevante Versicherer (→ G-SIIs) gelten. Die ICS sind eine Weiterentwicklung der bisherigen Basiskapitalanforderungen (→ BCR) und Bestandteil des → ComFrame. Unter den ICS sollen die folgenden Risikomodule berücksichtigt werden: → versicherungstechnisches Risiko, → Marktrisiko, → Kreditrisiko und → operationelles Risiko. Gegen Mitte des Jahres 2016 wird die Zustimmung zur ICS-Version 1.0 erfolgen. Die ICS-Version 2.0 soll im Jahr 2019 im Rahmen der Einführung von → ComFrame eingeführt werden. Vergleichbar zu den ICS für Versicherer sind für Banken die Basel III-Kapitalanforderungen.
Infrastruktur	Anlageklasse, die unter bestimmten Voraussetzungen eine abweichende (niedrigere) Kapitalunterlegung im Standardansatz (Markrisikomodul) hat. Als Infrastrukturinvestments können definiert werden Investitionen in Projekte und Beteiligungen (Eigen- oder Fremdkapital) im Rahmen der allgemeinen Daseinsfürsorge zur Wahrnehmung öffentlicher Aufgaben durch den Erwerb, die Errichtung, den Bau, die Sanierung oder den Betrieb von Anlagen u. a. in den Sektoren Transport, Telekommunikation und Ver-/Entsorgung sowie sozialer Infrastruktur (vgl. Art. 1 Nr. 55a SII DV n. F.). Beispiel: Windkraftanlagen.
IKS bzw. ISKS	internes Kontrollsystem bzw. internes Steuerungs- und Kontrollsystem; die Solvency II-Richtlinie verlangt ein wirksames internes Kontrollsystem, das u. a. die interne Revision als Funktion umfasst.
Kapitalzuschlag („capital add-on“)	In Ausnahmenfällen können Aufsichtsbehörden einen temporären Kapitalzuschlag (auch: Kapitalaufschlag) festsetzen. Ein Fall ist, dass das → Governance-System auf Solo- oder Gruppenebene erheblich von den Säule II-Vorgaben abweicht (Art. 37 (1) c) SII RRL / § 301 (1) Nr. 3 VAG 2016). Voraussetzung ist weiter, dass diese Abweichungen das Unternehmen oder die Gruppe daran hindern, die Risiken, denen es oder sie ausgesetzt ist oder ausgesetzt sein könnte, angemessen zu erkennen, zu messen, zu überwachen, zu managen und darüber Bericht zu erstatten. Darüber hinaus ist von der Aufsichtsbehörde zu prüfen, ob die Anwendung anderer, eventuell milderer Maßnahmen die Mängel wahrscheinlich nicht innerhalb eines angemessenen Zeitrahmens ausreichend beheben würden. Die Festsetzung eines Kapitalzuschlags ist insofern außergewöhnlich, als er nur als letztes Mittel verwendet werden sollte, wenn andere aufsichtliche Maßnahmen unwirksam oder ungeeignet sind (Erwägungsgrund 27 der Solvency II-Richtlinie). Der Begriff „außergewöhnlich“ ist vor dem Hintergrund der besonderen Situation eines Unternehmens oder einer Gruppe und nicht im Zusammenhang mit der Zahl der in einem bestimmten Markt verhängten Kapitalzuschläge zu sehen. Das → SCR ist einschließlich aller Kapitalzuschläge zu veröffentlichen.

Begriff	Erläuterung
Korrelation	Beschreibt die stochastische Abhängigkeit zweier Zufallsvariablen. Mit Korrelationen wird die lineare Abhängigkeit zweier Zufallsvariablen beschrieben; andere Formen der stochastischen Abhängigkeit (z. B. bei Extremwerten) können mit Korrelationskoeffizienten nicht direkt erfasst werden (alternativ mit Copulas). Korrelationskoeffizienten können Werte von −1 bis +1 annehmen. Eine Korrelation von +1 entspricht einer Gleichläufigkeit von Risiken (die beiden betrachteten Risiken treten gemeinsam auf). Umgekehrt entspricht eine Korrelation von −1 einer Gegenläufigkeit von Risiken (wenn das eine eintritt, tritt das andere nicht ein und umgekehrt). Bei einer Korrelation von 0 sind die Risiken nicht linear abhängig („unkorreliert"), aber nicht zwingend stochastisch unabhängig. Aus der stochastischen Unabhängigkeit folgt allerdings die Unkorreliertheit. Bei Korrelationskoeffizienten von < 1 (nicht voll korreliert) ist die Summe zweier Risiken größer als die mit Hilfe des Korrelationskoeffizienten aggregierten Risiken. Die Differenz zwischen der Summe der Risiken und der aggregierten Risiken ist ein Maß für → Diversifikationseffekte.
Kreditrisiko	Definiert als das Risiko eines Verlustes oder nachteiliger Veränderungen der Finanzlage, das sich aus Fluktuationen bei der Bonität von Wertpapieremittenten, Gegenparteien und anderen Schuldnern ergibt, gegenüber denen die Versicherungsunternehmen Forderungen haben und das in Form von Gegenparteiausfallrisiken, Spread-Risiken oder Marktrisikokonzentrationen auftritt (Art. 13 Nr. 32 SII RRL / § 7 Nr. 18 VAG 2016). Auch als (Forderungs-)Ausfallrisiko bezeichnet.
Marktrisiko	Unter Solvency II definiert als das Risiko eines Verlustes oder nachteiliger Veränderungen der Finanzlage, das sich direkt oder indirekt aus Schwankungen in der Höhe und in der Volatilität der Marktpreise für die Vermögenswerte, Verbindlichkeiten und Finanzinstrumente ergibt (Art. 13 Nr. 31 SII RRL / § 7 Nr. 20 VAG 2016). Marktrisiken können sich also auf beiden Seiten der Solvency II-Bilanz ergeben (insbesondere Zins(änderungs)risiken). Dem wird durch eine szenariobasierte Betrachtung der Bilanz vor und nach Schock Rechnung getragen, in dem die Veränderung des „net assets values" (NAV) als Basis für die Höhe des → SCR dient.
MCR (Minimum Capital Requirement)	Solo-Versicherungsunternehmen sollen anrechnungsfähige Basiseigenmittel zur Bedeckung der Mindestkapitalanforderung (Minimum Capital Requirement, MCR) halten. Das MCR ist eine lineare Funktion aus (unterschiedlich nach Sparten): • versicherungstechnische Rückstellungen, • verbuchte Prämien, • Risikokapital, • latente Steuern und • Verwaltungsausgaben. Die Berechnung des MCR ähnelt demnach der Berechnung des Solvabilitätsspanne unter Solvency I. Es ist mindestens vierteljährlich zu berechnen. Aus der Begrenzung auf eine Spanne des → SCR ergibt sich, dass für eine MCR-Bestimmung eigentlich auch eine SCR-Berechnung vorzunehmen wäre, die jedoch nur mindestens jährlich vorgesehen ist. Daher kann bei der vierteljährlichen MCR-Berechnung auf das letzte berechnete → SCR Bezug genommen werden.

Begriff	Erläuterung
operationelles Risiko	Unter dem operationellen Risiko wird allgemein das Verlustrisiko verstanden, das sich aus der Unangemessenheit oder dem Versagen von internen Prozessen, Mitarbeitern oder Systemen oder durch externe Ereignisse ergibt (Art. 13 Nr. 33 SII RRL / § 7 Nr. 24 VAG 2016). Operationelle Risiken sind grundsätzlich schwer nicht unternehmensspezifisch modellier- und quantifizierbar und werden daher in der SCR-Berechnung mit Hilfe der Standardformel nur pauschal berücksichtigt. Beispiele für operationelle Risiken sind Betrug durch Beschäftigte oder der Ausfall von IT-Systemen.
ORSA (own risk and solvency assessment)	Unternehmenseigene Risiko- und Solvenzbeurteilung als Teil der Säule II von Solvency II, die die Ermittlung des → SCR mit Hilfe der Standardformel in Säule I ergänzt und erweitert (u. a. um weitere Risikokategorien und eine Mehrjahressicht). Über die Ergebnisse ist ein ORSA-Bericht zu erstellen.
Outsourcing	Vereinbarungen, die zwischen einem Versicherungsunternehmen und einem Dienstleister getroffen werden, aufgrund derer der Dienstleister direkt oder durch weiteres Outsourcing einen Prozess, eine Dienstleistung oder eine Tätigkeit erbringt, die ansonsten vom Versicherungsunternehmen selbst erbracht werden würde (Art. 13 Nr. 28 SII RRL / § 7 Nr. 2 VAG 2016). Im VAG als Ausgliederung und allgemein auch als Auslagerung (an Subunternehmen) bezeichnet. Um Marktentwicklungen Rechnung zu tragen und sicherzustellen, dass die Bedingungen für ein Outsourcing weiterhin erfüllt werden, ist vorgesehen, dass die → Aufsichtsbehörden im Voraus über das Outsourcing kritischer oder wichtiger Funktionen oder Tätigkeiten unterrichtet werden (Erwägungsgrund 37 der Solvency II-Richtlinie).
phasing-in	Bezeichnung für die schrittweise Einführung bestimmter Solvency II-Regelungen (Art. 308a SII RRL). Unternehmen konnten Anträge u. a. zur Genehmigung von internen Modellen, von ergänzenden Eigenmitteln und zur Methode der Gruppensolvenzberechnungen ab dem 01.04.2015 stellen, also vor der Scharfschaltung der Solvency II-Regelungen. Die (nationalen) Aufsichtsbehörden waren ab dem Zeitpunkt befugt, die Anträge zu prüfen und über die Genehmigung zu entscheiden, wobei die Entscheidungen jedoch nicht vor dem Solvency II-Beginn (01.01.2016) wirksam wurden. Die Entscheidungen konnten dann aber direkt zu Solvency II-Beginn gelten.
prinzipienbasiertes Aufsichtsrecht	Im Unterschied zum regelbasierten Aufsichtsrecht („Regulierung durch Regeln", rules-based-regulation) lassen die Vorschriften im prinzipienbasierten Aufsichtsrecht („Regulierung durch Prinzipien", principle-based regulation) den Aufsehern bzw. den beaufsichtigten Unternehmen einen gewissen (rechtlichen) Freiraum bei der Befolgung der Vorschrift. Prinzipienbasierte Vorschriften geben beispielsweise nur das Ziel einer Vorschrift vor und lassen den Weg bzw. die Wege zur Erreichung des Ziels offen. Häufig wird prinzipienbasiertes Aufsichtsrecht auch mit unbestimmten Rechtsbegriffen arbeiten (Beispiele: „wirksames Governance-System", „solides und vorsichtiges Management des Geschäfts", „angemessene Trennung der Zuständigkeiten"). Prinzipienbasiertes Aufsichtsrecht kann trotz einer höheren Einzelfallgerechtigkeit zu mehr Ungleichbehandlungen sowie zu mehr Rechtsunsicherheit beitragen. Umgekehrt sind Prinzipien als flexible Vorgabe weniger gefährdet, Lücken im Regelungsbereich zu lassen bzw. wiederum Umgehungsmöglichkeiten zu schaffen.

Begriff	Erläuterung
Regulierung	(Markt-)Regulierung bezeichnet ein System staatlicher Eingriffe in die Wirtschaft in Form von Gesetzen und institutionell (wie durch die Tätigkeiten von Aufsichtsbehörden). Die Notwendigkeit von Regulierung wird begründet durch Marktversagen, z. B. bei natürlichen Monopolen, externen Effekten oder Informationsasymmetrien. Der Umfang der Regulierung ist eine politische Entscheidung unter Abwägung unterschiedlicher Interessen (u. a. Verbraucherschutz). Unterschieden werden kann zudem zwischen materieller und formeller Regulierung. Die Solvency II-Richtlinie erlaubt keine Produktregulierung im engeren Sinne: Eine Vorab-Genehmigung und -Vorlage von Tarifen und Versicherungsbedingungen kann grundsätzlich nicht verlangt werden (Art. 21 SII RRL).
Risikomodul	Das → SCR berechnet sich im Standardansatz auf Basis von Risikomodulen. In den Risikomodulen werden jeweils gleichartige Risiken zusammengefasst. Für diese Risikokategorien wird jeweils eine Teil-Solvenzkapitalanforderung berechnet, die dann zum gesamten → SCR unter Berücksichtigung von → Korrelationen aggregiert werden.
Risikotragfähigkeit	Unter Risikotragfähigkeit ist zu verstehen, dass zu jedem Zeitpunkt ausreichend Kapital zum Ausgleich der wesentlichen Risiken zur Verfügung steht. Quantitativ dargestellt werden kann die Risikotragfähigkeit in Säule I durch die → Solvenzquote, also dem Verhältnis von (anrechnungsfähigen) Eigenmitteln / SCR.
SCR (Solvency Capital Requirement)	Solvenzkapitalanforderung unter Solvency II (inkl. → Kapitalzuschläge) entsprechend der sog. Soll-Solvabilität („Solvabilitätsspanne") als Kapitalanforderung unter Solvency I. Das SCR ist durch → Eigenmittel zu bedecken und soll sicherstellen, dass Verluste in Höhe eines 200-Jahresereignisses getragen werden können (Value-at-Risk zum Konfidenzniveau 99,5 % auf Ein-Jahres-Sicht). Eine weitere Kapitalanforderung ist das → MCR.
Solvabilitätsübersicht	Bezeichnung im → VAG 2016 für die Solvency II-Bilanz (z. T. auch als Solvenzbilanz betitelt, engl. Solvency II balance sheet). Sie enthält auf der Aktivseite die Vermögensgegenstände und auf der Passivseite die Verbindlichkeiten, die jeweils nach aufsichtsrechtlichen Vorgaben anzusetzen und zu bewerten sind. Die Ansatz- und Bewertungsgrundsätze dieser Bilanz für Aufsichtszwecke können sich von handelsrechtlichen Ansätzen unterscheiden (→ HGB-Bilanz). Die Solvency II-Richtlinie sieht im Wesentlichen eine Bewertung zu Marktwerten sowohl auf der Aktiv- als auch auf der Passivseite vor. Im → VAG 2016 ist festgelegt, dass der Abschlussprüfer die Solvabilitätsübersicht auf Einzel- und auf Gruppenebene prüft (§ 35 VAG 2016).
Solvency	Solvabilität bzw. Solvenz; erweiterter, qualitativer Solvenzbegriff über das Gegenteil „Insolvenz" hinausgehend. Quantitativ kann Solvenz an der Differenz aus → Eigenmitteln und dem → SCR festgemacht werden. Ist die Differenz positiv bedeutet dies, dass das Unternehmen „solvent" ist. Dies entspricht einer → Solvenzquote (Eigenmittel/SCR) von über 100 %. Mit Solvency II wird das neue, ab 01.01.2016 für Versicherungsunternehmen und -gruppen in der EU geltende Versicherungsaufsichtsrecht bezeichnet, das in der Solvency II-Richtlinie verankert ist. Das frühere EU-Versicherungsaufsichtsrecht wird mit Solvency I bezeichnet. Es war in mehreren Richtlinien (für Leben und Nicht-Leben bzw. für Versicherungsgruppen) aufgeteilt. Zu Solvency III analog zu Basel III auf der Bankenseite gibt es noch keine konkreten Überlegungen.

Begriff	Erläuterung
Solvenzquote	Auch als aufsichtsrechtliche Bedeckungsquote (engl. „solvency ratio") bezeichnetes Verhältnis aus verfügbarem Kapital und den damit abzudeckenden Risiken; definiert als Quotient der → (anrechnungsfähigen) Eigenmittel und der Solvenzkapitalanforderung (→ SCR). Die Solvency II-Richtlinie verlangt, dass die Solvenzquote ≥ 100 %. Bei Unterschreitung greifen aufsichtsrechtliche Maßnahmen (siehe → Aufsichtsleiter).
Sozialversicherung	Im Unterschied zu (Privat-)Versicherungsunternehmen unterliegen (gesetzliche) Sozialversicherungssysteme nicht der Solvency II-Richtlinie (Art. 3 SII RRL).
stille Reserven	Differenzen aus Markt- und Buchwerten werden als stille Reserven bezeichnet. Auf der Aktivseite ergeben sich stille Reserven z. B. dadurch, dass die Börsenwerte von Aktien steigen (höherer Marktwert), diese Wertsteigerung aber nicht in der → HGB-Bilanz gezeigt wird (konstanter Buchwertansatz). In manchen Fällen kann es auch zu sog. stillen Lasten kommen, wenn der Marktwert unter dem Buchwert liegt. Dies kann im Falle nicht dauerhafter Wertminderungen bei Kapitalanlagen passieren, die dem Anlagevermögen zugewiesen sind. Auf der Passivseite ergeben sich stille Reserven beispielsweise in dem Fall, dass versicherungstechnische Rückstellungen aufgrund des Vorsichtsprinzips in der → HGB-Bilanz zu hoch sind im Vergleich zu den marktkonsistenten Bewertungen der versicherungstechnischen Rückstellungen unter Solvency II (best estimate + risk margin).
Strategisches Risiko	Die Risiken, welche aus fehlerhaften Geschäftsentscheidungen, aus mangelhafter Umsetzung der strategischen Planung sowie aus unzureichender Analyse der Umwelt und der unzureichenden Anpassung an diese entstehen können.
Stress-Tests (extern)	Stress-Tests sind ein zusätzliches quantitatives Element der → Aufsicht. Stress-Tests sollen dazu dienen, die Widerstandsfähigkeit einzelner Unternehmen oder Teile des Marktes zu testen. Ziel ist es, Aussagen über die → Finanzstabilität zu gewinnen. Herausforderung bei Stress-Tests ist die Interpretation der Ergebnisse vor dem Hintergrund, dass meist keine verlässlichen Aussagen über die Wahrscheinlichkeit der zugrunde gelegten Szenarien getroffen werden können. EIOPA führte 2014 einen europäischen Stress-Test für Versicherungsunternehmen durch parallel zum Banken-Stress-Test. Untersucht wurde, wie sich historische oder hypothetische Szenarien auswirken. Es wurden sowohl → Marktrisiken (Zinsszenarien) als auch → versicherungstechnische Risiken getestet. Für 2016 ist ein erneuter Stress-Test vorgesehen.
Stress-Tests (intern)	Spezielle Szenarioanalysen, anhand derer man überprüft, wie sich bestimmte Krisenszenarien auf den Wert beispielsweise eines Wertpapierportfolios auswirken. Typische Krisenszenarien im Marktrisiko-Management sind beispielsweise ein Börsencrash oder Zins- und Wechselkursschocks. Allgemein gesprochen besteht die Zielsetzung von Stress-Tests darin, die hypothetischen Verluste zu bestimmen, die sich aus dem Eintritt bestimmter Risiken ergeben würden.

Begriff	Erläuterung
Systemisches Risiko	Ein systemisches Risiko liegt vor, wenn sich ein auf ein Element eines Systems einwirkendes Ereignis aufgrund der dynamischen Wechselwirkung zwischen den Elementen des Systems auf das System als Ganzes negativ auswirken kann oder wenn sich aufgrund der Wechselwirkungen zwischen den Elementen die Auswirkungen mehrerer auf einzelne Elemente einwirkender Ereignisse so überlagern, dass sie sich auf das System als Ganzes negativ auswirken können. Ihre besondere Brisanz gewinnen systemische Risiken nicht alleine aus den direkten Schäden, die sie verursachen. Es sind vielmehr die weitreichenden Wirkungen in zentralen gesellschaftlichen Systemen (etwa der Wirtschaft, der Finanzwelt oder der Politik), die den Umgang mit diesem Risikotyp schwierig und zugleich dringlich machen.
Transitionals	Englische Bezeichnung für die Übergangsmaßnahmen / Übergangsregeln / Übergangsbestimmungen zu Beginn der Scharfschaltung von Solvency II, die den Unternehmen einen leichteren Übergang in das neue Aufsichtsregime ermöglichen sollen (Art. 308b–308e SII RRL). Insbesondere sind übergangsweise Vorschriften für die Thematik langfristiger Garantien geschaffen worden: • Zinstransitional: Übergangsmaßnahme bei risikofreien Zinssätzen (§ 351 VAG 2016 / Art. 308c SII RRL); vorübergehende Anpassung der maßgeblichen risikofreien Zinskurve auf Basis eines Solvency I-Zinssatzes vom 01.01.2016 (100 %) – 01.01.2032 (0 %), auch als dynamisches Transitional bezeichnet • Rückstellungstransitional: Übergangsmaßnahme bei versicherungstechnischen Rückstellungen (§ 352 VAG 2016 / Art. 308d SII RRL); vorübergehender Abzug bei versicherungstechnischen Rückstellungen auf Basis der Solvency I-Rückstelllungen vom 01.01.2016 (100 %) – 01.01.2032 (0 %), auch als statisches Transitional bezeichnet Diese Transitionals sind Teil des Maßnahmenpakets zu langfristigen Garantien („long term guarantee package“, LTG-Maßnahmen). Es darf entweder das Zins- oder das Rückstellungstransitional angewendet werden. Beide unterliegen allerdings einem vorherigen Genehmigungsvorbehalt durch die zuständige → Aufsichtsbehörde. Siehe auch → phasing-in.
Treuhänder (des Sicherungsvermögens)	Der Treuhänder für das Sicherungsvermögen nach dem VAG ist ohne Grundlage in der Solvency II-Richtlinie, wurde aber im VAG 2016 beibehalten (siehe auch → verantwortlicher Aktuar). Aufgabe des Treuhänders ist es, das Sicherungsvermögen für die Lebensversicherung, für die (substitutive) Krankenversicherung, für die private Pflegepflichtversicherung und (seit 01.01.2016 auch) für die Unfallversicherung mit Prämienrückgewähr zu überwachen. Das Sicherungsvermögen ist so sicherzustellen, dass nur mit Zustimmung des Treuhänders darüber verfügt werden kann (§ 129 (1) VAG 2016).
URCF (auch: uRcF)	Unabhängige Risikocontrollingfunktion, Übernahme der alten Bezeichnung aus § 64a (3) VAG 2015 für die neue Risikomanagement-Funktion (§ 26 (8) VAG 2016); entspricht im Wesentlichen der Risikomanagement-Funktion nach der Solvency II-Richtlinie. Es gelten nun die Solvency II-Anforderungen an die Risikomanagement-Funktion und nicht mehr die alten Vorgaben aus den MaRisk VA.

Begriff	Erläuterung
VAG	Versicherungsaufsichtsgesetz; in der Neufassung des VAG werden die Vorschriften der Solvency II-Richtlinie in deutsches Recht umgesetzt (Geltung ab 01.01.2016). Die Gliederung des VAG 2016 orientiert sich an der Struktur der Solvency II-Richtlinie.
verantwortlicher Aktuar	Nicht zu verwechseln mit der versicherungsmathematischen Funktion, einer → Governance-Funktion unter Solvency II. Die Aufgaben des „verantwortlichen Aktuars“ und der versicherungsmathematischen Funktion sind nicht deckungsgleich. Der „verantwortliche Aktuar“ nach dem VAG ist ohne Grundlage in der Solvency II-Richtlinie, wurde aber im VAG 2016 beibehalten. Der „verantwortliche Aktuar“ wird sich weiterhin mit der HGB-Bewertung der versicherungstechnischen Rückstellungen beschäftigen.
versicherungstechnisches Risiko	Unter Solvency II definiert als das Risiko eines Verlustes oder einer nachteiligen Veränderung des Wertes der Versicherungsverbindlichkeiten, das sich aus einer unangemessenen Preisfestlegung und nicht angemessenen Rückstellungsannahmen ergibt (Art. 13 Nr. 30 SII RRL / § 7 Nr. 32 VAG 2016). Versicherungstechnische Risiken werden für das Geschäft nach Art der Lebensversicherung und nach Art der Nicht-Lebensversicherung bestimmt. Einen Spezialfall stellt das versicherungstechnische Risiko für das (deutsche) Krankenversicherungsgeschäft dar.
wert- und risikoorientierte Steuerung	solides und vorsichtiges Management des Geschäfts entsprechend der allgemeinen Anforderung an ein wirksames → Governance-System im Sinne nachhaltiger Schaffung von (Unternehmens-)Wert nach Berücksichtigung von Risikokapitalkosten (kalkulatorischer Zinsen auf für das eingesetzte (Eigen-)Kapital); interne Messgrößen: z. B. EVA („economic value added“), RORAC („return on risk adjusted capital“)
Zinskurve	Die Zinskurve (auch: Zinsstrukturkurve) ergibt sich aus den jeweiligen Zinssätzen für unterschiedliche Laufzeiten für einen betrachteten Währungsraum. Unter Solvency II ist die relevante risikofreie Zinsstrukturkurve („risk free rate“) aus risikofreien Zinssätzen maßgeblich für die Bewertung der versicherungstechnischen Rückstellungen in der → Solvabilitätsübersicht. EIOPA veröffentlicht monatlich die anzuwendenden Zinsstrukturkurven. Wegen der Langfristigkeit der Verpflichtungen von Versicherungsunternehmen ist der Effekt aus der Diskontierung der zukünftigen Zahlungsströme auf der Passivseite erheblich. Für eine gewisse Spanne von Laufzeiten beruhen die Zinsstrukturkurven auf beobachtbaren Marktdaten. Danach sind diese nicht mehr verlässlich und die Zinssätze werden stattdessen geschätzt. Diese sog. Extrapolation beginnt für den Euroraum bei einer Laufzeit von 20 Jahren. Diese mathematische Fortschreibung wird durch die Vorgabe eines Endzielzinssatzes („ultimate forward rate“) eingegrenzt. Dieser liegt momentan bei 4,2 %, unterliegt aber einer Überprüfung. Die praktische Ermittlung von Zinsstrukturkurven im Hinblick auf eine marktkonsistente Bewertung ist und bleibt eine große Herausforderung.

Stichwortverzeichnis